Björn Zollenkop

Die Auflösung von Aktienfonds

AF820138

GABLER RESEARCH

Björn Zollenkop

Die Auflösung von Aktienfonds

Eine empirische Untersuchung für den deutschen Kapitalmarkt

Mit einem Geleitwort von Prof. Dr. Wolfgang Harbrecht

GABLER

RESEARCH

Bibliografische Information der Deutschen Nationalbibliothek
Die Deutsche Nationalbibliothek verzeichnet diese Publikation in der Deutschen Nationalbibliografie; detaillierte bibliografische Daten sind im Internet über <http://dnb.d-nb.de> abrufbar.

Dissertation Friedrich-Alexander-Universität Erlangen-Nürnberg, 2009

1. Auflage 2010

Alle Rechte vorbehalten
© Gabler Verlag | Springer Fachmedien Wiesbaden GmbH 2010

Lektorat: Ute Wrasmann | Victoria Steiner

Gabler Verlag ist eine Marke von Springer Fachmedien.
Springer Fachmedien ist Teil der Fachverlagsgruppe Springer Science+Business Media.
www.gabler.de

Das Werk einschließlich aller seiner Teile ist urheberrechtlich geschützt. Jede Verwertung außerhalb der engen Grenzen des Urheberrechtsgesetzes ist ohne Zustimmung des Verlags unzulässig und strafbar. Das gilt insbesondere für Vervielfältigungen, Übersetzungen, Mikroverfilmungen und die Einspeicherung und Verarbeitung in elektronischen Systemen.

Die Wiedergabe von Gebrauchsnamen, Handelsnamen, Warenbezeichnungen usw. in diesem Werk berechtigt auch ohne besondere Kennzeichnung nicht zu der Annahme, dass solche Namen im Sinne der Warenzeichen- und Markenschutz-Gesetzgebung als frei zu betrachten wären und daher von jedermann benutzt werden dürften.

Umschlaggestaltung: KünkelLopka Medienentwicklung, Heidelberg
Gedruckt auf säurefreiem und chlorfrei gebleichtem Papier

ISBN 978-3-8349-1859-8

Geleitwort

Seit dem Platzen der Dotcom-Blase und der Aktienbaisse Anfang des neuen Jahrtausends ist die Zahl der Auflösungen von Aktienfonds sprunghaft angestiegen und es ist zu erwarten, dass es infolge der Finanzmarktkrise zu einem weiteren starken Anstieg der Auflösung von Investmentfonds aller Art kommen wird. Angesichts dieser Entwicklung stellt sich die Frage, welches die Gründe für die Auflösung von Aktienfonds sein könnten. Mit der vorliegenden Arbeit stellt Herr Dipl.-Kfm. Dr. Björn Zollenkop, M.A. (WSU) eine erste umfassende Studie über die theoretischen und empirisch identifizierbaren Bestimmungsgründe für die Auflösung von Aktienfonds in Deutschland vor.

Zu diesem Zweck erhob der Verfasser einen umfassenden Datensatz mit Daten über Fondsvolumen, Nettozuflüsse, Ausgabeaufschlag, Verwaltungskosten, Wertentwicklung und vieles mehr von insgesamt knapp 1.000 in Deutschland zugelassenen Aktienfonds für elf Jahre (1996 bis 2006), von denen im Betrachtungszeitraum insgesamt 301 Fonds aufgelöst wurden.

Zunächst formuliert Herr Zollenkop in seiner Arbeit nach einem umfassenden Literaturüberblick über bereits existierende Studien aus dem angelsächsischen Raum insgesamt rund 35 Hypothesen bezüglich der vermuteten Bestimmungsfaktoren für die Auflösung von Aktienfonds und der Einflussfaktoren auf das Mittelaufkommen der Fonds und begründet diese eingehend theoretisch, um diese dann in seinem empirischen Teil im Rahmen einer umfassenden ökonometrischen Analyse empirisch zu überprüfen. Dabei ergeben sich durchaus auch überraschende Ergebnisse, die nicht mit den vorformulierten Hypothesen korrespondieren.

Die Arbeit ist gut verständlich formuliert. Zudem merkt der Leser bei der Lektüre schnell, mit welcher Begeisterung Herr Zollenkop das hochinteressante Thema bearbeitet hat. Ich wünsche dem Autor, dass seine Arbeit sowohl in der Wissenschaft als auch in der Praxis die große Aufmerksamkeit erreicht, die sie zweifelsfrei verdient hat und Anstoß für weitere Forschungsarbeiten auf diesem hochaktuellen und spannenden Gebiet sein wird.

Prof. Dr. Wolfgang Harbrecht

Vorwort

Nur in den seltensten Fällen beschreibt der Promotionsprozess (lateinisch: promovere – vorwärtsbewegen, procedere – voranschreiten) einen geradlinigen Verlauf als kürzestmögliche Verbindung zwischen den beiden Zeitpunkten der Themenvereinbarung mit dem Doktorvater und der Abgabe der Dissertation. In aller Regel lässt sich der Promotionsprozess viel besser durch einen evolutionären Ansatz beschreiben: mit Fort- wie auch Rückschritten, mit dem einen oder anderen wissenschaftlichen Scharmützel an Nebenkriegsschauplätzen, mit Verirrungen im Theorienwald, gewissen Stolperfallen im Wissensgebirge, dem Kampf mit Gliederungsuntiefen und gegen die Literaturflut. Allen, die mich bei der Überwindung dieser Hindernisse unterstützt und so zur Erstellung der vorliegenden Dissertation beigetragen haben, möchte ich von ganzem Herzen Dank sagen.

Allen voran danke ich meinem Doktorvater, Herrn Professor Dr. Wolfgang Harbrecht für seine Bereitschaft, meine Dissertation zu betreuen. Ich bin ihm dankbar für seine Unterstützung bei der Überwindung inhaltlicher und methodischer Hürden sowie für seine kritische Begleitung im wissenschaftlichen Erkenntnisprozess. Ganz besonders danke ich ihm aber auch für sein Vertrauen und die mir eingeräumten Freiheiten bei der Wahl und Ausgestaltung meines Dissertationsthemas. Mein herzlichster Dank gebührt außerdem Herrn Professor Dr. Ingo Klein für sein Interesse und seine Bereitschaft zur Übernahme des Zweitgutachtens.

Danken möchte ich auch Wieland Weinrich, Alexander Matzner, Claudia Kölper, Beate Huber, Susanne Nahs, Michael Rademacher, Arthur Jaunich, Timo Schwickart, Roland Wassermann und Christoph Dänzer. Sie haben mir als treue Gefährten und Begleiter während des Promotionsprozesses über die eine oder andere Denkblockade und wissenschaftliche Durststrecke hinweggeholfen und außerdem dazu beigetragen, das entbehrungsreiche Forscherleben etwas angenehmer zu gestalten. Mein besonderer Dank gilt Robert Heil,

Herbert Stähr und Björn Münstermann, die mich als Zimmergenossen und gute Freunde während der unterschiedlichen Phasen der Dissertation am intensivsten begleitet haben. Für inhaltliche Diskussionen und methodische Anregungen danke ich Regine Meyer und Ramona Busch sowie insbesondere Thomas Kick, dem ich für ein Jahrzehnt treuer Freundschaft herzlichen Dank sage. Robert Braun möchte ich insbesondere für seine Unterstützung bei der gemeinsamen Vorbereitung des Rigorosums danken. Beim Korrekturlesen der Dissertation bzw. einzelner Kapitel haben mich meine Mutter, Marieluise Zollenkop, Thomas Kick, Gaby Kachelrieß und Axel Mensch unterstützt – herzlichen Dank!

Mein größter Dank gilt aber meinem Bruder Michael und meinen Eltern. Sie haben mich stets gefördert, in allen Lebenslagen unterstützt und mir den notwendigen Rückhalt, Ihre Liebe und Geborgenheit gegeben. So haben sie erst meine Dissertation und darüber hinaus auch meinen gesamten bisherigen Lebensweg ermöglicht. Meiner Mutter und meinem viel zu früh verstorbenen Vater sei diese Arbeit in Dankbarkeit gewidmet.

Björn Zollenkop

Inhaltsübersicht

Inhaltsverzeichnis

Verzeichnis der Abbildungen

Verzeichnis der Übersichten

Verzeichnis der Abkürzungen

a.M.	am Main
Aufl.	Auflage
Bd.	Band
bez.	bezüglich
bzw.	beziehungsweise
ca.	circa
CAPM	Capital Asset Pricing Model
c.p.	ceteris paribus (unter sonst gleichen Bedingungen)
DAX	Deutscher Aktienindex
d.h.	das heißt
ebd.	ebenda
et al.	et alii (und andere)
etc.	et cetera (und so weiter)
EUR	Euro
f.	folgende
FF	Franc Français (Französischer Franc)
Forts.	Fortsetzung
ggf.	gegebenenfalls
Hrsg.	Herausgeber
i.A.	im Allgemeinen
i.d.R.	in der Regel
Jg.	Jahrgang
KAG	Kapitalanlagegesellschaft(en)

Max.	Maximum
Med.	Median
Min.	Minimum
Mio.	Millionen
Mrd.	Milliarden
o.Jg.	ohne Jahrgang
o.V.	ohne Verfasserangabe
S.	Seite
SEC	Securities and Exchange Commission
sog.	sogenannte(s)
Sp.	Spalte
Ts.	Taunus
u.a.	und andere
u.U.	unter Umständen
v.a.	vor allem
vgl.	vergleiche
Vol.	Volume (Band)
vs.	versus
WKN	Wertpapier-Kennnummer
z.B.	zum Beispiel
z.T.	zum Teil

1 Einleitung

1.1 Problemstellung und Zielsetzung der Arbeit

Mit der Auflösung von Fonds trat in den vergangenen Jahren ein neues Phänomen in der deutschen Asset-Management-Branche auf, das zuvor praktisch keine Rolle gespielt hatte: Seit Beginn des neuen Jahrtausends stieg die Zahl der Aktienfonds, die aufgelöst wurden, sprunghaft an. Waren in den Jahren 1996 bis 2001 weniger als zehn Fonds pro Jahr von der Liquidierung betroffen, so wurden daraus seit 2002 rund 50.[1] Branchenvertreter gehen von einer künftig noch weitaus massiveren Bereinigung der Produktpalette aus, einige prognostizieren sogar, dass rund die Hälfte aller Fonds verschwinden wird.[2] Zu einem Teil ist diese Entwicklung Ergebnis der hohen Zahl neu aufgelegter Aktienfonds im Zuge des Aktienbooms Ende der 90er Jahre: Nach gut 50 neuen Fonds 1998 stieg die Zahl auf jeweils mehr als 100 zusätzliche Fonds in den Jahren 1999 bis 2001. Wurden dementsprechend in Deutschland 1996 noch rund 300 Aktienfonds vertrieben, war 2006 mit knapp 700 Aktienfonds mehr als die doppelte Zahl auf dem Markt.

In den USA gehören nicht nur Auflösungen, sondern auch Fusionen von Fonds seit jeher zur gängigen Praxis. So wurde in den Jahren 1962 bis 1999 durchschnittlich jeder sechste Fonds mit einem anderen fusioniert – besonders viele in den 70er Jahren, als volatile Märkte zu einer Konsolidierung in der Fondsindustrie führten, und während des starken Wachstums der Branche in den 90ern.[3] Dagegen waren in Deutschland bis 2004 keine Fusionen unterschiedlicher Fonds zugelassen, sondern lediglich die Auflösung eines Fonds möglich – i.d.R. bei gleichzeitiger Empfehlung eines alternativen Fonds, in den

---

1 Vgl. o.V. (2003c), S. B2; o.V. (2004b); o.V. (2005a), S. 23; vgl. auch Abschnitt 5.2.3 der vorliegenden Arbeit. Nicht einbezogen wurde hierbei jeweils die reguläre Auflösung von Fonds mit Laufzeitbegrenzung.

2 Vgl. z.B. o.V. (2005b), S. 21. Eine ähnliche Entwicklung ist in den USA zu beobachten: Dort wurden rund 1.900 Fonds zwischen 1994 und 2003 aufgelöst. Während die „Failure Rate“ in den 50er bis 80er Jahren bei rund 10–20% lag, stieg sie auf 36% in den 90er Jahren, vgl. Bogle (2005), S. 20.

3 Vgl. DING (2006), S. 1.

die Anleger ihre Anteile (kostenlos) tauschen konnten.[4] Erst mit dem Inkrafttreten des neuen Investmentgesetzes in Deutschland wurde mit der „Übertragung aller Vermögensgegenstände eines Sondervermögens“[5] die Möglichkeit der Zusammenfassung verschiedener Fondsvermögen geschaffen[6] und damit die Zusammenlegung verschiedener Fonds erlaubt. Fusionen spielen daher auf dem deutschen Markt erst seit kurzem eine Rolle.

In der Wirtschaftspresse sind lediglich unzureichende Begründungen für Fondsschließungen und -fusionen angegeben. Hier werden etwa Schlagworte wie „Bereinigung der Produktpalette“, „zu hohe Verwaltungsgebühren“, „schwere Vermittelbarkeit des Produktes“[7] oder „schlechte Marktbedingungen“ genannt.[8] Im deutschen und europäischen Raum waren – mit Ausnahme von Großbritannien – aufgelöste Fonds bislang noch nicht Gegenstand einer wissenschaftlichen empirischen Untersuchung und auch international wurden bisher erst wenige Studien zu dieser Thematik veröffentlicht. Die wissenschaftliche Betrachtung der Gründe für Auflösungen ist jedoch sowohl aus der Perspektive der Investoren als auch der Fondsgesellschaften von Bedeutung.

Für die Anleger bringt die Auflösung eines Fonds erhebliche Nachteile mit sich: Aufgrund der Natur eines Fonds gehen diese zunächst von einem potenziell zeitlich unbegrenzten Investment aus[9] – die Liquidierung steht also mit hoher Wahrscheinlichkeit im Widerspruch zu ihrem Anlagehorizont. Zudem müssen die Fondsbesitzer die kompletten Abwicklungskosten zahlen, während der Abwicklungsphase entfällt ein langfristig orientiertes Management des Portfolios und die darin enthaltenen Werte müssen in ggf. nicht optimalem Umfeld möglicherweise mit hohen Abschlägen veräußert werden.[10] Auch wenn Fondsgesellschaften i.d.R. einen oder mehrere andere Fonds der Kapi-

---

4 Es besteht jedoch keine Verpflichtung der Fondsgesellschaften, ihren Kunden „Ausweichangebote“ zu unterbreiten, vgl. Körkel (2002).

5 Vgl. § 40 InvG.

6 Eine entsprechende Regelung wurde bereits im Zuge der Erarbeitung des Vierten Finanzmarktförderungsgesetzes im Jahr 2002 diskutiert, scheiterte damals jedoch an steuerrechtlichen Fragen.

7 Z.T. wurden die Produkte nach Bekunden der Fondsgesellschaften nicht einmal von geschulten Beratern richtig verstanden, vgl. ALICH (2001), S. 47.

8 Vgl. z.B. Alich (2001), S. 47; o.V. (2004b).

9 Vgl. WILDERINK (2003), S. 59.

10 Vgl. WILDERINK (2003), S. 200.

talanlagegesellschaft (KAG) anbieten,[11] in den das zuvor investierte Vermögen ohne Anfallen eines Ausgabeaufschlags neu angelegt werden kann, entsteht für den Anleger zumindest der Aufwand für die Informationsbeschaffung über den neuen oder die alternativ angebotenen Fonds, für die Entscheidungsvorbereitung und für die Durchführung der Neuanlage. Möglicherweise entspricht keine der empfohlenen Alternativen genau dem Anlageziel und der Strategie des aufgelösten Fonds bzw. den Interessen des Investors. Unter Umständen fallen für den neuen Fonds auch höhere Gebühren an als für den alten.[12] Bietet die Investmentgesellschaft keinen „kostenlosen" Wechsel in einen ihrer anderen Fonds an, so wird oftmals bei einer Neuanlage ein Ausgabeaufschlag erhoben und die Such- und Informationskosten des Anlegers fallen dann wesentlich höher aus.

Das Interesse der Investoren, nicht in Fonds zu investieren, die von einer Auflösung betroffen sein könnten, hat sich im Jahr 2008 durch die Einführung der Abgeltungssteuer zum 1. Januar 2009 weiter verstärkt: Da Anlagen in Aktienfonds, die vor dem Stichtag getätigt werden, nicht von der Abgeltungssteuer betroffen sind,[13] nehmen gerade im Jahr 2008 viele Anleger Umschichtungen in ihrem Depot vor, um ihre Mittel möglichst langfristig zu investieren. Eine Auflösung zählt für den Fiskus wie ein Verkauf des Fonds; erfolgt sie nach dem 1. Januar 2009 und wird wieder in einen anderen Fonds investiert, unterliegen die Erträge bei dessen Verkauf der Abgeltungssteuer.[14]

Zwar wird bei der Fusion von Fonds, die vor 2009 erworben wurden, keine Abgeltungssteuer bei einem späteren Verkauf des (aufnehmenden) Fonds erhoben, da im Zuge der Verschmelzung keine neuen Anteile am Sondervermögen erworben werden, sondern die neuen Anteile in die Rechtsposition der alten Anteile treten.[15] Dennoch bleiben auch bei einer Fusion einige der erwähnten Nachteile bestehen. So ist insbesondere ungewiss, ob der aufnehmende Fonds genau den gewünschten Anlagezielen des Investors entspricht,

---

[11] Hierzu sind sie jedoch nicht verpflichtet, vgl. Abschnitt 2.1.2 der vorliegenden Arbeit.

[12] Vgl. O.V. (2002b), S. 35; SCHWERDTFEGER (2007), S. 196; SCHWERDTFEGER (2008), S. 140.

[13] Vgl. NARAT (2008c), S. b05.

[14] Vgl. O.V. (2008b), S. 47.

[15] Vgl. O.V. (2008a), S. 49.

und auch die Gebühren können in gewissem Rahmen abweichen.[16] Für Anleger ist somit von hohem Interesse, welche Faktoren die Auflösung (bzw. seit 2004 auch die Fusion) von Fonds maßgeblich beeinflussen, um so Indikatoren für die Fondsauswahl ableiten zu können.

Neben diesen Gründen aus Investorensicht ist die Thematik der Auflösung von Fonds auch für Fondsgesellschaften von großer Bedeutung. Auch wenn ihnen jeweils selbst die Entscheidung obliegt, ob sie Fonds auflösen und wenn ja, welche, kann auch Ihnen die wissenschaftliche Untersuchung der Einflussfaktoren wichtige Erkenntnisse liefern. Zwar ist aus Sicht einer Kapitalanlagegesellschaft sicherlich die Profitabilität eines Fonds das ausschlaggebende Kriterium – neben strategischen Gründen, die sich etwa aus der Bereinigung von Überschneidungen in der Produktpalette nach einer Fusion der Gesellschaft bzw. des Mutterkonzerns[17] oder aus Marketinggesichtspunkten ergeben können. Dennoch ist außer der internen Kalkulation auch eine übergreifende Marktsicht wichtig, um das Verhalten der Wettbewerber besser antizipieren, am Markt kritische Erfolgsfaktoren ableiten und besser einschätzen zu können, wie Investoren auf bestimmte Charakteristika von Fonds reagieren.

Angesichts der geschilderten hohen Relevanz und der bislang in der Wissenschaft nur sehr geringen – bzw. für den deutschen Markt aufgrund der bis dato mangelnden Datenbasis nicht existenten – Behandlung soll die vorliegende Arbeit dazu beitragen, diese Forschungslücke zu schließen. Es soll daher die Forschungsfrage behandelt werden, welche Einflussfaktoren die Auflösung von Aktienfonds bestimmen. Im Zuge dessen sollen grundsätzlich drei Bereiche von Faktoren auf ihre Relevanz untersucht werden: Erstens fondsbezogene Faktoren, wie etwa das Volumen, Mittelaufkommen, Alter, die Performance oder Gebühren. Zum Zweiten fondsgesellschaftsbezogene Einflussfaktoren, wie Größe und generelle Performance der Investmentgesellschaft oder die Stellung des Fonds innerhalb der KAG. Und schließlich segmentbezogene Faktoren, wie die Größe und Attraktivität des Anlagebereichs und das relative Abschneiden eines Aktienfonds im Vergleich zur Konkurrenz in seinem Segment.

---

16 Vgl. UTTICH (2008), S. 19, sowie Abschnitt 2.1.2, S. 11 der vorliegenden Arbeit.

17 So z.B. nach der Fusion von Dresdner Bank (mit ihrer Fondstochter Dit) und Allianz, vgl. KÖRKEL (2002).

Diese Einflussfaktoren sollen zunächst theoretisch unter Berücksichtigung der relevanten Literatur diskutiert werden. Anschließend sollen die abgeleiteten Hypothesen für die in den Jahren 1996 bis 2006 auf dem deutschen Markt vertriebenen Aktienfonds überprüft werden. Hierfür wurde aus diversen Quellen eigens ein Datensatz mit knapp 1.000 Fonds erstellt, der mehr als 30 zu testende Variable beinhaltet.

In einem zweiten Schritt sollen zudem indirekte Einflüsse auf die Auflösung untersucht werden, also Faktoren, deren Wirkung nicht direkt messbar ist oder die einen starken Einfluss auf untersuchte, hoch relevante direkte Einflussfaktoren, wie etwa das Anlageverhalten der Investoren, ausüben. Somit kann ein noch breiteres Bild über wichtige Indikatoren gewonnen werden. Nach der theoretischen Diskussion sollen auch sie mit dem für diese Arbeit generierten Datensatz getestet werden.

1.2 Gang der Untersuchung

Die Untersuchung der Auflösung von Fonds erfolgt in den sich anschließenden fünf Kapiteln. Dabei bilden die Kapitel 2 bis 4 den theoretischen Teil der Arbeit. Zunächst werden im Grundlagenkapitel 2 die für die Arbeit wesentlichen Begriffe definiert (Abschnitt 2.1) und kurz die Grundlagen des Fondswesens als Gegenstand der behandelten Materie dargestellt (2.2). Anschließend wird in Kapitel 3 der derzeitige Stand der Forschung vorgestellt, wobei zunächst auf Studien zur Performancemessung von Aktienfonds (3.1) und zu Charakteristika von Fonds sowie dem Nachfrageverhalten eingegangen wird (3.2), bevor Untersuchungen über den Erfolg von Fondsgesellschaften (3.3) und schließlich die bislang publizierten Forschungsarbeiten zur Auflösung von Fonds behandelt werden (3.4). Auf dieser Grundlage aufbauend, werden in Kapitel 4 Hypothesen abgeleitet, wobei zunächst potenzielle direkte (4.1) und anschließend indirekte Einflussfaktoren (4.2) auf die Auflösung diskutiert werden. Kapitel 5 stellt den empirischen Teil der Untersuchung dar. Hier wird zuerst in die verwendete Methodik eingeführt (5.1) und die Bildung sowie Aufbereitung des für die Untersuchung generierten Datensatzes werden beschrieben (5.2). Die folgende deskriptive Statistik (5.3) vermittelt die wesentlichen Charaktristika der Fonds im Untersuchungsumfang und liefert bereits erste

Indizien über die Validität der theoretisch abgeleiteten Determinanten der Auflösung. In Abschnitt 5.4 werden schließlich die Hypothesen für die direkten Einflussfaktoren empirisch überprüft, bevor sich der folgende Abschnitt 5.5 den indirekten Faktoren widmet. Mit einem Überblick über die wesentlichen Ergebnisse und einem Ausblick auf künftigen Forschungsbedarf schließt die Arbeit in Kapitel 6.

2 Definitionen und Grundlagen des Forschungsgegenstands

Die Basis für die Betrachtung der Auflösung von Aktienfonds soll zunächst mit der Definition der für die Arbeit wichtigsten Begriffe geschaffen werden (2.1). Anschließend liefert Abschnitt 2.2 einen Überblick über die Grundlagen des Fondswesens, das den übergreifenden Betrachtungsgegenstand der Untersuchung darstellt.

2.1 Begriffliche Definitionen

Für die vorliegende Untersuchung ist das Verständnis der beiden Begriffe „Aktienfonds" und „Auflösung eines Fonds" konstituierend. Diese sollen daher im Folgenden – auch unter Einbezug der relevanten Gesetzesnormen – näher definiert werden.

2.1.1 Der Begriff des Aktienfonds

Der Begriff „Aktienfonds" lässt sich sowohl aus juristischer als auch aus wirtschaftlicher Sicht definieren. Nach der Legaldefinition des § 2 Abs. 1 InvG sind Investmentfonds „von einer Kapitalanlagegesellschaft verwaltete Publikums-Sondervermögen", wobei nach § 2 Abs. 2 InvG Sondervermögen „Investmentfonds [sind], die von einer Kapitalanlagegesellschaft für Rechnung der Anleger nach Maßgabe dieses Gesetzes [des InvG] und den Vertragsbedingungen [...] verwaltet werden, und bei denen die Anleger das Recht zur Rückgabe der Anteile haben." Diese teilweise zirkuläre von Abs. 1 auf Abs. 2 und vice versa verweisende Definition der Begriffe Investmentfonds und Sondervermögen klärt § 30 Abs. 1 InvG derart, dass der Begriff „Investmentfonds" als Sammelbezeichnung für alle Formen von Sondervermögen (Publikums-, Spezial-, richtlinienkonforme oder nicht richtlinienkonforme Sondervermögen) zu verstehen ist, im Wesentlichen jedoch die beiden Begriffe synonym verwendet werden können.[18] Neben dem Recht auf Rückgabe sind für Investmentfonds die

---

18 Vgl. auch VELTMANN (2007), S. 40f.

Kapitalanlage „nach dem Grundsatz der Risikomischung in Vermögensgegenständen" nach § 1 InvG sowie die sich im Begriff „Sondervermögen" widerspiegelnde Trennung des Fondsvermögens vom Gesellschaftsvermögen der Kapitalanlagegesellschaft nach § 30 Abs. 1 InvG konstitutive Eigenschaften. Der entsprechenden Richtlinie der BaFin zufolge setzt die Verwendung der Bezeichnung „Aktienfonds" „bei der Namensgebung oder im Vertrieb voraus, dass [...] mindestens 51% des Wertes des Investmentvermögens im die Fondskategorie bezeichnenden, d.h. namensgebenden Vermögensgegenstand, angelegt sein müssen", d.h., dass also mehrheitlich in Aktien investiert werden muss.[19] Voneinander abzugrenzen sind zudem Publikums- von Spezialfonds: Während Anteile an einem „Spezial-Sondervermögen" nach § 91 Abs. 1 InvG von nicht mehr als 30 Anlegern gehalten werden dürfen, die keine natürlichen Personen sind, können Anteile an einem Publikumsfonds von jedermann erworben werden.[20]

Wirtschaftlich gesehen entspricht ein Aktienfonds einem Depot, das aus einer Vielzahl von Einzelwerten besteht und von einer Kapitalanlagegesellschaft entsprechend der vereinbarten Anlagestrategie gemanagt wird.[21] Ein wichtiger Bestandteil dieser Strategie ist die Festlegung des Anlagespektrums, wie etwa Aktien, als primäres Investitionsziel. Innerhalb dieser Klassen lassen sich Fonds zusätzlich nach ihrem Anlageschwerpunkt differenzieren. Als Kriterien kommen z.B. Branchen, Themen, Regionen oder Länder bzw. eine Kombination aus ihnen in Betracht.[22] Zu unterscheiden sind hierbei aktiv und passiv verwaltete Fonds, wobei die Anlagestrategie letzterer in der Nachbildung eines Aktienindex besteht.[23]

Die vorliegende Arbeit hat als Publikumsfonds aufgelegte, in Deutschland zum Vertrieb zugelassene, aktiv verwaltete Aktienfonds zum Gegenstand der Untersuchung. Um die Lesefreundlichkeit zu erhöhen, werden – sofern nicht

---

19 Vgl. Artikel 2 Abs. 1, BaFin (2004).

20 Vor Inkrafttreten des Investmentgesetzes im Jahr 2004 waren lediglich zehn Anteilseigner zulässig; um den Anforderungen der Praxis gerecht zu werden, wurde diese Zahl erhöht, vgl. Kestler (2003), S. 676.

21 Vgl. Laux (2002), S. 442.

22 Vgl. Ochner (1995), Sp. 37.

23 Vgl. Gerke (2002), S. 608.

explizit anders vermerkt – die Begriffe „Fonds“ und „Investmentfonds“ synonym zur Bezeichnung „Aktienfonds“ verwendet.

2.1.2 Der Begriff der Auflösung eines Fonds

Der Begriff der „Auflösung“ eines Fonds bezeichnet in der juristischen Terminologie die „Kündigung der Verwaltung eines Sondervermögens“.[24] Nach § 38 InvG ist die Kapitalanlagegesellschaft berechtigt, einseitig den Verwaltungsvertrag gegenüber der Gesamtheit der Anleger zu kündigen. Das Sondervermögen bleibt zunächst bestehen und die Depotbank tritt an die Stelle der KAG,[25] bevor sie verpflichtet ist, nach § 39 InvG das Vermögen abzuwickeln und an die Anleger auszuschütten. Da das Recht der KAG zur Kündigung im Gegensatz zum Interesse des Anlegers steht, der beim Erwerb der Anteile von einer potenziell unbegrenzten Anlage ausgegangen ist,[26] sieht der Gesetzgeber besondere Schutzmechanismen für die Anteilseigner vor. So beträgt z.B. die Ankündigungsfrist für die Auflösung seit Inkrafttreten des neuen Investmentgesetzes im Jahr 2004 nach § 38 Abs. 1 InvG 13 Monate,[27] nachdem die alte Regelung des Vorgängergesetzes lediglich drei Monate vorgesehen hatte; Letztere ist somit noch für den größten Teil des Untersuchungszeitraums der vorliegenden Arbeit relevant.[28]

Auch wenn eine Kündigung eine „empfangsbedürftige Willenserklärung“ darstellt, die erst „mit Zugang beim Empfänger wirksam“[29] ist und so grundsätzlich eine Mitteilung an jeden Anleger notwendig wäre, sieht das InvG aufgrund der hohen Zahl an Investoren besondere Veröffentlichungsvorschriften vor:[30]

---

[24] Von den beiden weiteren Möglichkeiten der Auflösung eines Fonds aufgrund der Insolvenz der Kapitalanlagegesellschaft nach § 38 Abs. 3 InvG sowie der Kündigung des Investmentvertrags durch die Depotbank nach § 38, Abs. 4 InvG (vgl. WILDERINK (2003), S. 53, 71–83) soll im Rahmen der vorliegenden Arbeit abgesehen werden.

[25] Vgl. KÖNIG (o.J.), S. 7.

[26] Vgl. WILDERINK (2003), S. 59.

[27] Die ausnahmsweise mögliche außerordentliche, fristlose Kündigung „aus wichtigem Grund“, der jedoch „praktisch kaum denkbar“ ist, soll in der vorliegenden Arbeit nicht weiter thematisiert werden, vgl. WILDERINK (2003), S. 64f.

[28] Vgl. ENTZIAN (2004), S. 85. Die alte Bestimmung wurde in § 13 Abs. 1 KAGG geregelt.

[29] KÖNIG (o.J.), S. 6.

[30] Vgl. WILDERINK (2003), S. 67.

Die öffentliche Bekanntmachung hat nach § 38 Abs. 1 InvG im elektronischen Bundesanzeiger sowie im Jahresbericht oder Halbjahresbericht zu erfolgen. Die Kündigungsfrist beginnt dabei erst, wenn die Berichte den Anlegern zugänglich gemacht werden, so dass sich die Frist de facto immer um die verbleibende Zeit bis zum nächsten Rechenschafts- bzw. Halbjahresbericht verlängert.[31]

Aus juristischer Sicht wird nach einer Auffassung der Standpunkt vertreten, die Auflösung eines Fonds muss „vom Gedanken des Anlegerschutzes geleitet" sein, so dass Gründe, „die überwiegend im Interesse Dritter", z.B. der Gesellschafter der KAG liegen, ausscheiden.[32] Dies ergibt sich demnach aus den Grundsätzen des Investmentgesetzes, die in § 9 Abs. 1 InvG[33] sowie explizit in § 9 Abs. 2 Nr. 1 InvG festgelegt sind: „Die Kapitalanlagegesellschaft ist verpflichtet, bei der Ausübung ihrer Tätigkeit im ausschließlichen Interesse ihrer Anleger und der Integrität des Marktes zu handeln". Bei „unvermeidbaren" Interessenkonflikten hat die KAG diese stets „unter der gebotenen Wahrung der Interessen der Anleger" zu lösen.[34] Eine Auflösung ließe sich aus wirtschaftlichen Gründen also im Wesentlichen insofern begründen, als eine Weiterführung des Fonds (z.B. wegen sehr geringen Volumens bei gleichzeitig hohem Research-Aufwand) zu ungerechtfertigt hohen Gebühren für die Anteilseigner führen würde.

Folgt man der in der Rechtswissenschaft vertretenen widersprüchlichen Ansicht, bezieht sich § 9 Abs. 2 InvG „ausdrücklich nur auf die Aufgaben der KAG", d.h. die besonderen Pflichten des Treuhänders, die sich auf „die Verwaltung des Sondervermögens als Treugut und damit auf die Pflichten aus dem Investmentvertrag"[35] beschränken. Dementsprechend ist das gesetzliche Recht zur Kündigung dieses Vertrags nach § 38 InvG hiervon nicht berührt, sondern begründet vielmehr „die Möglichkeit [...], die zeitlich unbegrenzte Ver-

31 Vgl. WILDERINK (2003), S. 68.

32 KÖNIG (o.J.), S. 4; vgl. KÖNIG (1998), S. 55–58.

33 „Die Kapitalanlagegesellschaft hat die Sondervermögen mit der Sorgfalt eines ordentlichen Kaufmanns für gemeinschaftliche Rechnung der Anleger zu verwalten." Vor Inkrafttreten des Investmentgesetzes 2004 galt die sinngemäße Regelung des § 10 Abs. 1 KAGG.

34 INVG (2007) § 9, Abs. 2, Nr. 3.

35 WILDERINK (2003), S. 59f.

waltungspflicht zu beenden", so dass „das besondere unternehmerische Risiko eines Dauerschuldverhältnisses [...] auf diese Weise begrenzt werden" [36] soll. Somit darf dieser Argumentation zufolge die KAG eigene betriebliche Erfordernisse über das Interesse der Anleger stellen, da bereits Frist und Form der ordentlichen Kündigung nach § 38 Abs. 1 InvG dem Anlegerschutz ausreichend dienen.[37]

In der Presse und populärwissenschaftlichen Literatur wird z.T. davon ausgegangen, dass mit der Auflösung eines Fonds zwingend das Angebot zu einem kostenlosen Umtausch der Anteilsscheine gegen Anteile eines anderen Fonds der Fondsgesellschaft abgegeben werden muss.[38] Eine solche Regelung findet sich allerdings nicht in den gesetzlichen Vorschriften und wird in der rechtswissenschaftlichen Literatur auch nicht aus allgemeinen Bestimmungen abgeleitet.[39] Allerdings wird der aufschlagsfreie „Umtausch" bei Auflösung eines Fonds regelmäßig von der BaFin gefordert[40] und in aller Regel bieten die Fondsgesellschaften diesen auch an, alleine schon, um das Kapital in der Gesellschaft zu halten.

Mit Inkrafttreten des neuen Investmentgesetzes wurde auch das in § 23 Abs. 1 Satz 3 InvG geregelte Sacheinlageverbot gelockert, so dass nach § 40 InvG die zuvor untersagte Zusammenlegung von Fonds ermöglicht wurde. Voraussetzung hierfür ist – neben der Einhaltung aufsichtsrechtlicher Regelungen – insbesondere, dass sich die Anlagegrundsätze (§ 40 Satz 2) sowie die Gebührenstruktur (Satz 3) der zu fusionierenden Fonds „nicht wesentlich" voneinander unterscheiden. Nach der Begründung der Bundesregierung kann die Zusammenlegung von Sondervermögen zu einer „wünschenswerten Straffung der Produktpalette einer Kapitalanlagegesellschaft führen und dadurch Transparenz für den Anleger schaffen"[41], was ebenfalls zu einer Harmonisierung mit den entsprechenden Regelungen anderer europäischer Staaten führt.[42] Da diese Regelung erst seit 2004 gilt, spielt diese Möglichkeit der Fusion von

---

36 WILDERINK (2003), S. 60.
37 Vgl. WILDERINK (2003), S. 60.
38 Vgl. z.B. FISCHER (1997), S. 19.
39 Vgl. KÖNIG (o.J.), S. 8.
40 Vgl. WILDERINK (2003), S. 62.
41 Zitiert nach ENTZIAN (2004), S. 87.
42 Vgl. ENTZIAN (2004), S. 87.

Fonds für den empirischen Teil der vorliegenden Arbeit praktisch keine Rolle und soll deshalb auch nicht weiter explizit erörtert werden, wenngleich Fondsgesellschaften sicherlich vielfach eine Verschmelzung zweier Fonds der Auflösung vorziehen dürften.[43]

Von dem in der vorliegenden Arbeit verwendeten Begriff der „Auflösung eines Fonds“ abzugrenzen sind drei semantisch ähnliche Termini aus dem Fondsumfeld: Nicht gemeint ist die im Alltagssprachgebrauch „Schließung“ genannte „Aussetzung der Rücknahme“ von Anteilen von Fonds, soweit als Ausnahme vorgesehen und möglich nach § 37 Abs. 2 InvG[44] bzw. bei Immobilienfonds nach § 81 InvG und Hedge-Fonds nach § 116 InvG.[45] Zu unterscheiden ist auch die Schließung von Laufzeitfonds zu dem von Beginn an festgelegten Endzeitpunkt sowie die Schließung für neue Investoren, d.h. das Einstellen der Anteilsausgabe, so dass kein Investor (oder alternativ auch nur kein Neukunde) mehr Fondsanteile erwerben kann.[46] Im Interesse einer leichteren Lesbarkeit der Arbeit werden im Folgenden gleichwohl die Begriffe „Liquidierung“ und „Schließung“ zur „Auflösung“ eines Fonds synonym verwendet.

2.2 Grundlagen des Fondswesens

Nach der Definition dieser für die vorliegende Arbeit entscheidenden Begriffe werden nun in einem kurzen Abriss wesentliche Grundlagen des Fondswesens dargestellt. Dabei werden die Funktionen und die Bedeutung von Aktienfonds sowie die Entwicklung und die Struktur des deutschen Fondsmarktes erläutert, was das Grundverständnis des Forschungsgegenstands dieser Arbeit fördern soll.

---

43 Vgl. DING (2006), S. 11f.

44 Soweit dies in den Vertragsbestimmungen vorgesehen ist, kann das Rückgaberecht ausgesetzt werden, „wenn außergewöhnliche Umstände vorliegen, die eine Aussetzung unter Berücksichtigung der Interessen der Anleger erforderlich erscheinen lassen“, § 37(2) InvG. Dies kann insbesondere dann in Betracht kommen, „wenn die Liquidität des Sondervermögens nicht ausreicht, sämtliche Rücknahmepreise an die Anleger zu zahlen und eine rasche Verwertung von Vermögensgegenständen nicht möglich oder nicht wirtschaftlich ist“, VELTMANN (2007), S. 184.

45 Vgl. z.B. NARAT (2007c), S. 28f.

46 Vgl. z.B. LINDENBERG (2007), S. 30.

2.2.1 Funktionen und Bedeutung von Fonds

Die Bedeutung von Investmentgesellschaften kann analog zur Existenzberechtigung von Banken und anderen Finanzdienstleistern im Rahmen der Neuen Institutionenökonomik mit dem Prinzip der Finanzintermediation erklärt werden.[47] Intermediäre können zu einer effizienteren Allokation des Kapitals beitragen, was sich dadurch begründet, dass die strikten Annahmen eines vollkommenen Marktes der neoklassischen Finanzierungstheorie – wie gleicher Zugang zum Kapitalmarkt für alle Investoren, kostenlose Verfügbarkeit aller Informationen, friktionsloser Kapitalmarkt mit beliebiger Teil- und Handelbarkeit aller Anlagen oder der Nichtexistenz von Steuern und Transaktionskosten – in der Realität nicht erfüllt sind.[48] Anlagegesellschaften stellen ihre Intermediationsdienstleistungen durch die Auflage von Investmentfonds am Markt zur Verfügung – der Anleger erhält dadurch die Möglichkeit, seine Investitionsentscheidung zu delegieren.[49]

Mit dieser Delegation sind für den Investor diverse Vorteile verbunden: Schon mit geringem Kapitaleinsatz kann er durch den Kauf von Anteilen ein gut diversifiziertes Portfolio erwerben und zudem von einer Risikoreduktion profitieren.[50] Da in der Praxis für eine optimale Risikostreuung eine Depotgröße von mehreren Millionen Euro notwendig ist, gilt dieses Argument nicht nur für Kleinanleger, sondern gleichermaßen für vermögende Bankkunden und auch institutionelle Investoren.[51]

Zudem ermöglichen Fonds durch Bündelung großer Investitionsvolumina die Nutzung degressiver Transaktionskosten in Bezug auf Abschluss-, Abwicklungs- und insbesondere Informationskosten:[52] Im Gegensatz zum Einzelanleger verfügen sie über die Ressourcen und das Know-how, um umfangreiche Markt- und Unternehmensexpertisen durchzuführen und können zudem die

---

47 Vgl. KRAUS (2003), S. 17.

48 Vgl. STEINER/BRUNS (2002), S. 3f.

49 Einer Befragung zufolge besteht für 55% der Investoren ein wesentlicher Vorteil eines Fonds darin, dass sie sich nach dem Kauf „um nichts mehr kümmern" müssen, vgl. BVI (2007b), S. 28.

50 Vgl. ZIMMERMANN/ZOGG-WETTER (1992), S. 133.

51 Vgl. SCHMIDT (2006), S. 27.

52 Vgl. SIRRI/TUFANO (1993), S. 188.

Kosten auf alle Anleger umlegen.[53] Zugleich erhofft sich der größte Teil der Investoren von Fonds eine überdurchschnittliche Performance, die sich vom passiv gemanagten Fonds abhebt.[54]

Darüber hinaus nehmen Investmentfonds auch aus volkswirtschaftlicher Sicht wichtige Funktionen wahr:[55] Sie sind sozialpolitisch bedeutend, da sie eine breite Beteiligung der Bevölkerung am Produktivkapital ermöglichen und die Altersvorsorge[56] fördern. Aus finanzierungspolitischer Sicht üben sie eine mit der Fristentransformation von Kreditinstitutionen vergleichbare Funktion aus, indem sie als grundsätzlich langfristig konzipierte Anlageform die Gelder von eher kurz- bis mittelfristig orientierten Sparern in langfristiges Kapital transformieren. Zudem sind Fonds ein wichtiger Abnahmekanal für Neuemissionen, die so dem Kapitalmarkt neue Gelder zuführen. In einer dritten, der kapitalmarktpolitischen Funktion, sorgen Aktienfonds durch ihre Handelsaktivitäten für einen funktionierenden, liquiden Sekundärmarkt bereits emittierter Wertpapiere.

2.2.2 Entwicklung und Struktur des Fondsmarktes

Bis die Funktionen und der Stellenwert von Investmentfonds von einer breiten Öffentlichkeit wahrgenommen und geschätzt wurden, vergingen jedoch seit der Auflegung des ersten Fonds 1924 in den USA[57] und 1949 in Deutschland mit der Gründung der ADIG Jahrzehnte. Nach langsamer Entwicklung in den 50er und 60er Jahren stieg die Zahl der Fonds in den USA erst Mitte der 80er Jahre kräftig an, in Deutschland ein Jahrzehnt später: Erst seit Anfang der 90er Jahre investieren hier Privatanleger verstärkt in Fonds.[58]

In Deutschland lag dies auch daran, dass das Angebot der Fonds – damals insbesondere aus Luxemburg – von zahlreichen Banken eher als Angriff auf

---

53 Vgl. GERKE (1995), Sp. 1031–1033.

54 Vgl. ZIMMERMANN/ZOGG-WETTER (1992), S. 133.

55 Vgl. hierzu und im Folgenden LAUX/PÄSLER (1992), S. 13–21.

56 Die Altersvorsorge ist in Deutschland nach „keinem konkreten Verwendungszweck“ das zweitwichtigste Motiv für die Geldanlage in Fonds, vgl. BVI (2007b), S. 29.

57 Als erster Fonds wurde „The Massachusetts Investors Trust“ im März 1924 als Portfolio mit 45 Aktien und einem Volumen von 50.000 Dollar aufgelegt, vgl. POZEN (1998), S. 55.

58 Vgl. SCHMIDT (2006), S. 10–13.

ihr Geschäft mit Einlagen verstanden wurde. Erst Mitte der 90er akzeptierten sie Investmentfonds als echte Anlagealternative und forderten die Bankkunden verstärkt auf, ihr Vermögen in Fonds umzuschichten. Seit Ende der 90er Jahre gehören Investmentfonds zu den obligatorischen Standardprodukten des Bankvertriebs, die sich immer mehr zum ertragreichen Teil der Vertriebsstrategie entwickelt haben.[59] Während die Zahl der Fondsbesitzer in Deutschland 1996 noch bei 2,3 Mio. lag, stieg sie 2006 auf knapp 8 Mio. an, wovon jeweils rund zwei Drittel Aktienfondsbesitzer waren.[60]

Die Fondsgesellschaften reagierten auf diesen neuen Trend, indem sie versuchten, zum einen durch neue Fondskonzepte weiteres Anlagevermögen anzuziehen und zum anderen sich durch einen differenzierenden Produktleistungswettbewerb dem Preiskampf zu entziehen. Gerade die großen KAG konnten durch eine hohe Innovationsquote ihre Marktstellung weiter ausbauen.[61] Dabei wurden immer stärker auch mehr oder weniger schnelllebige Trends bedient, so dass sich ein Paradigmenwechsel in der Branche vollzog, von dem Prinzip „we sell what we make" zu „we make what will sell".[62]

Wie in den meisten westeuropäischen Ländern, z.B. Frankreich, Italien oder Spanien (Großbritannien bildet hier eine Ausnahme[63]), dominiert auch in Deutschland der Fondsvertrieb über die Kreditinstitute. Je nach Untersuchung erwerben rund zwei Drittel[64] bis drei Viertel[65] der Fondsanleger ihre Anteile über ihre Bank oder Sparkasse, die i.d.R. auch ihre primäre Bankverbindung, also die „Hausbank" darstellt.[66] Mit jeweils rund zehn Prozent rangiert der direkte Vertrieb durch Fondsgesellschaften, Direktbanken und unabhängige

59 Vgl. HILGERT (2003), S. 698.

60 Vgl. DEUTSCHES AKTIENINSTITUT (2008), S. 08.3-Zahl-D. Abweichend hiervon lag die Zahl der Fondsbesitzer nach einer BVI-Studie Ende 2006 mit knapp 16 Mio. fast doppelt so hoch, vgl. BVI (2007b), S. 10; auch hier wird der Anteil der Aktienfondsbesitzer auf knapp zwei Drittel geschätzt, vgl. ebd., S. 11.

61 Vgl. GINSBERG (2003), S. 714.

62 BOGLE (2005), S. 20.

63 Hier findet der Fondsvertrieb im Wesentlichen über unabhängige Vermittler statt, vgl. O.V. (2006g), S. 19.

64 Vgl. VELTMANN (2007), S. 172f.

65 Vgl. BVI (2007b), S. 35; O.V. (2007), S. 21.

66 „Fonds werden in Deutschland nach wie vor verkauft, nicht gekauft", BECK (2006a), S. 25.

Vermittler auf der Absatzstatistik weit dahinter.[67] Diese starke Fokussierung auf einen Vertriebskanal bei gleichzeitig hoher Zahl neuer Produkte[68] führt zu einem hohen Verkaufsdruck bei den Bankberatern und damit zu Umsatzvorgaben, die nur durch schnelleres Kaufen und Verkaufen von Fondsanteilen zu erreichen sind, wodurch sich die Haltedauer von Fonds immer mehr verkürzt.[69] Gleichzeitig hat dies aber auch eine stärkere Fluktuation der verwalteten Fondsvolumina zur Folge und die Investmentgesellschaften müssen ihre Produktpalette immer mehr an Trends und Kundenwünschen ausrichten.[70] Neben Fondsauflegungen rücken dabei auch zunehmend Auflösungen in den Mittelpunkt ihrer Produktstrategie, was im Rahmen der vorliegenden Arbeit näher beleuchtet werden soll.

---

67 Vgl. BVI (2007b), S. 35.

68 Vgl. NARAT (2007d), S. 24.

69 Die Bruttoumsätze entfernen sich so also immer weiter von den Nettoumsätzen, vgl. NARAT (2007e), S. 34; vgl. NARAT (2007a), S. 35.

70 Vgl. HAMMER (2002), S. 25.

3 Literaturüberblick

Seit den wegweisenden Studien von TREYNOR (1965), SHARPE (1966) und JENSEN (1968) wurde, insbesondere für den amerikanischen Markt, eine kaum überschaubare Menge an Literatur zum Themenbereich Asset Management und Performancemessung von Fonds veröffentlicht. Zunächst standen hierbei vor allem die reine Messung der Fondsperformance als Test der Kapitalmarkteffizienz im Sinne Famas[71] sowie die Weiterentwicklung der hierfür notwendigen Methodik im Vordergrund.

Nicht zuletzt angesichts der sprunghaft gestiegenen Investitionen in Aktienfonds und des stark gewachsenen Angebots an Aktienfonds erweiterte sich das Forschungsgebiet im Laufe der Zeit insbesondere um Fragen verschiedener Ausstattungsmerkmale und Charakteristika von Fonds sowie das Nachfrageverhalten der Anleger. Um bei der Formulierung der Hypothesen über Einflussfaktoren auf die Auflösung von Fonds den Stand der Forschung in relevanten Bereichen berücksichtigen zu können, sollen im Folgenden die Ergebnisse einiger Studien erläutert werden. Nach einem kurzen Überblick über Erkenntnisse der Performancemessung von Fonds als Grundlage (3.1) wird in

---

71 Fama systematisierte 1970 die bis dahin durchgeführten Tests zur Informationseffizienz und bettete sie in eine einheitliche Theorie, vgl. FAMA (1970). Anhand der verfügbaren Informationen klassifizierte Fama drei aufeinander aufbauende Stufen: die schwache, mittelstrenge und strenge Effizienz. Die Theorie wurde von GROSSMAN/STIGLITZ (1980) und NEUMANN/KLEIN (1982) weiterentwickelt, indem sie explizit Informationskosten einbezogen, um das sog. Informationsparadoxon zu lösen. In ihrer modifizierten These sind Märkte informationseffizient, wenn Gewinne nur bis zur Höhe der Informationskosten möglich sind, die zu ihrer Realisierung aufgewendet werden müssen. Die Kurse sind dann jedoch „verrauscht" und signalisieren nicht mehr vollständig alle Informationen. Nur wer entsprechende Kosten auf sich nimmt, kann wertvolle Informationen vom „Rauschen" in den Kursen unterscheiden, um einen Gewinn zu erzielen. Die Effizienzthese stellt somit die Frage, ob es möglich ist, nach Abzug der Informationskosten systematisch positive Nettogewinne zu erzielen, vgl. GROSSMAN/STIGLITZ (1980), S. 394 (vgl. auch Ausführungen auf S. 36 der vorliegenden Arbeit). NEUMANN/KLEIN (1982) tragen dieser Definition Rechnung, indem sie die Grenzkosten der Informationsbeschaffung als Unterscheidungskriterium für die Informationsklassen vorschlagen: Die erste Klasse bestimmen „zentral veröffentlichte Informationen [...] zu Grenzkosten von praktisch Null", wie z.B. Medienberichte. In einer zweiten Kategorie sind „dezentral veröffentlichte Informationen" zu testen (z.B. Geschäftsberichte), und in der dritten Klasse werden „vorübergehend monopolisierte Informationen" betrachtet, deren Grenzkosten der Beschaffung zum jeweiligen Zeitpunkt „für die übrigen Marktteilnehmer unendlich groß sind." Vgl. NEUMANN/ KLEIN (1982), S. 170f.

Abschnitt 3.2 auf das Nachfrageverhalten und die Charakteristika von Fonds eingegangen. Anschließend wird die nicht allzu umfangreiche Literatur zum Erfolg von Fondsgesellschaften skizziert (Abschnitt 3.3), bevor im Abschnitt 3.4 die vier existierenden Studien zu Auflösungen und Fusionen von Fonds in den USA, Australien und dem Vereinigten Königreich (UK) sowie relevante Erkenntnisse aus angrenzenden Bereichen, wie der Erforschung des sog. „Survivorship Bias", dargestellt werden.

3.1 Studien zur Performancemessung von Aktienfonds

Den Beginn des Literaturüberblicks sollen internationale (3.1.1) und deutsche (3.1.2) Studien zur Performance von Fonds bilden. Anschließend werden Untersuchungen zur Persistenz der Performance vorgestellt (3.1.3), bevor Abschnitt 3.1.4 die wichtigsten Erkenntnisse zusammenfasst.

3.1.1 Internationale Studien zur Performance von Fonds

Für den amerikanischen Markt kann praktisch keine Studie eine Überperformance aktiv verwalteter Aktienfonds über die relevante Benchmark nachweisen – zumindest wenn korrekterweise die Gebühren berücksichtigt werden. Die wegweisende Studie von SHARPE (1966), in der erstmals ein Performancemaß vorgestellt wird, kann zwar für den Zeitraum von 1944 bis 1963 brutto noch eine dem Dow Jones ähnliche Performance nachweisen, nach Kosten liegen die 34 untersuchten Fonds jedoch etwas hinter der Benchmark zurück. JENSEN (1968), der sein neu entwickeltes Maß „Jensen's Alpha" vorstellt und anwendet, findet in seiner Untersuchung von 115 Fonds zwischen 1955 und 1964 demgegenüber selbst bei Verwendung von Bruttorenditen durchschnittlich negative Alphas. MAINS (1977) kann dieses Ergebnis etwas relativieren und weist brutto eine Überperformance von durchschnittlich rund einem Prozent p.a. nach, netto entspricht die Performance allerdings nur in etwa der Höhe des Marktdurchschnitts.

Eine Ausnahme in der Reihe der amerikanischen Studien stellt die Untersuchung von KON/JEN (1979) dar. Sie findet positive Selektionsfähigkeit bei signifikanten Timingaktivitäten und im Durchschnitt sogar eine Überperformance nach Abzug der Kosten. Als Datensatz dienen ihnen 49 amerikanische Fonds der Jahre 1960 bis 1971. Nachdem bislang nur Maße auf Grundlage des „Capital Asset Pricing Model" (CAPM)[72] verwendet wurden, führen LEHMANN/MODEST (1987) Faktoranalysen auf der Basis der „Arbitrage Pricing Theory" (APT)[73] ein. Sie stellen je nach Verwendung der unterschiedlichen Faktoren große Differenzen fest und ermitteln für die Zeit von 1968 bis 1982 bei 130 Aktienfonds insgesamt netto eine signifikant negative Performance, die deutlicher als bei den CAPM-Maßen ausfällt.

GRINBLATT/TITMAN (1989a) untersuchen mit einer neuartigen Methodik[74] rund 200 amerikanische Fonds der Jahre 1975 bis 1984 und gelangen hierbei zu dem Ergebnis, dass brutto signifikante Überrenditen erzielt werden können, die bei Wachstumsfonds und Fonds mit kleineren Volumina besonders groß sind. Diese Fonds berechnen jedoch auch die höchsten Gebühren, so dass netto für den Anleger keine superiore Performance erzielbar ist. Die Studie bestätigt damit explizit die Informationseffizienzhypothese im Sinne von GROSSMAN/STIGLITZ (1980).[75]

---

72 Aufbauend auf der Portefeuilletheorie von Markowitz liefert das Capital Asset Pricing Model eine Erklärung für die Preisbildung auf dem Kapitalmarkt: Unter der Annahme homogener Erwartungen hält jeder Anleger eine Kombination aus einer risikolosen Anlage und dem Marktportfolio, das aus allen Wertpapieren im Verhältnis ihrer Kapitalisierung besteht. Den linearen Zusammenhang zwischen der erwarteten Portfoliorendite und der Standardabweichung des Portfolios zeigt die Kapitalmarktlinie. Ein einzelnes Wertpapier kann in Relation zum Marktportfolio mit Hilfe der Wertpapierlinie bewertet werden, wobei das Maß für das systematische Risiko verwendet wird, das nicht durch Diversifikation vernichtet werden kann und damit einzig bewertungsrelevant ist. Für eine ausführliche Behandlung vgl. z.B. COPELAND/WESTON (1988), S. 193–219, STEINER/BRUNS (2002), S. 22–30, sowie die grundlegenden Arbeiten von SHARPE (1964), LINTNER (1965) und MOSSIN (1966).

73 Im Gegensatz zum CAPM basiert die von ROSS (1976) entwickelte Arbitrage Pricing Theory nicht auf dem μ/σ-Prinzip der Portfoliotheorie, sondern der weniger restriktiven Prämisse der Arbitragefreiheit, d.h. der Unmöglichkeit, im Gleichgewicht die Rendite durch Kapitalumschichtungen zu steigern, ohne dabei ein höheres Risiko einzugehen oder zusätzliches Kapital aufzuwenden. Als zentrale Neuerung gilt die Annahme, dass sich die Wertpapierrenditen durch ein lineares Modell beschreiben lassen, das mehrere Erklärungsfaktoren einbezieht und nicht nur einen einzigen, wie das Marktportfolio beim CAPM, vgl. ausführlicher z.B. COPELAND/WESTON (1988), S. 219f.

74 GRINBLATT/TITMAN (1989a) vergleichen ihren Datensatz mit hypothetischen Fonds, die sie auf Grundlage veröffentlichter Portfoliogewichte berechnen.

75 Vgl. Fußnote 71 der vorliegenden Arbeit.

Ebenfalls modifiziert werden die traditionellen Maße von FERSON/SCHADT (1996), die mit ihrer sog. „Conditional Performance Evaluation"[76] zwar keine signifikante Überperformance identifizieren, die Verteilung der Alphawerte verschiebt sich aber nach rechts und hat einen Erwartungswert nahe null. Zudem verschwindet bei ihnen das sonst typischerweise nachgewiesene „perverse" Timing.

CHEN/JEGADEESH/WERMERS (2000) identifizieren für alle Fonds, die zwischen 1975 und 1995 existieren, positive Selektionsfähigkeiten der Fondsmanager, die diese jedoch nicht umsetzen können, um die Benchmark im Durchschnitt zu schlagen. Der Grund kann in einer zu seltenen Umschichtung der Fondsportfolios gesehen werden, was auch auf Transaktionskosten zurückzuführen ist. Auch eine der neueren Studien von HANACHI (2000), die den Zeitraum von 1993 bis 1998 untersucht, kann keine Outperformance amerikanischer Fonds feststellen. Da Fonds neben ihrem Anlageschwerpunkt i.d.R. auch zu einem Teil in andere Segmente investieren, erkennt er eine höhere Performance im Vergleich zur Benchmark immer dann, wenn sich die Werte des Anlageschwerpunkts schlechter entwickeln als der Gesamtmarkt.

Etwas differenzierter gestaltet sich die Lage bei Studien zu international investierenden Fonds:

Während DROMS/WALKER (1994) bei ihrer Untersuchung von rund 100 international investierten Aktienfonds der Jahre 1971 bis 1990 keine Überrenditen nachweisen können, ergibt die Studie von EUN/KOLODNY/RESNICK (1991), dass zumindest nach einem der verwendeten Performancemaße die meisten der 13 untersuchten internationalen US-Fonds für die Jahre 1977 bis 1986 den Vergleichsindex schlagen.[77]

DRUMMEN (1992) kann in seiner Untersuchung von 30 europaweit diversifizierten Aktienfonds zwischen 1985 und 1990 zwar keine generelle signifikant positive Performance ermitteln; die Gruppe der Fonds mit Domizilstaat Großbritannien, die immerhin 16 Fonds umfasst, weist jedoch positive Alpha-Werte

---

76 Sie konditionieren relevante Faktoren auf öffentlich verfügbare Informationen und untersuchen damit 67 Aktienfonds der Jahre 1968 bis 1990, vgl. FERSON/SCHADT (1996).

77 Die Sharpe-Ratio bleibt im Schnitt unter dem MSCI World Index, für Jensen's Alpha erreichen jedoch elf der Fonds positive Werte, vgl. EUN/KOLODNY/RESNICK (1991).

bei allen verwendeten Mehrfaktorenmodellen auf. Auch bei der breit angelegten Studie von mehr als 300 europaweiten Fonds der Jahre 1988 bis 1998 durch PLESCHIUTSCHNIG (2000) können für einzelne Domizilländer durchschnittlich positive Performancewerte ermittelt werden.[78]

3.1.2 Deutsche Studien zur Performance von Fonds

Die Studien für den deutschen Aktienmarkt sprechen eine eindeutige Sprache: Keine kann den Nachweis erbringen, dass Aktienfonds nachhaltig ihre Benchmark schlagen. In einer der ältesten Studien betrachtet POSCHADEL (1981) 13 Aktienfonds und gemischte Fonds über den Zeitraum von 1970 bis 1977 und kann keine Überperformance gegenüber den Benchmarkindizes nachweisen. Kleinere Fonds schichten ihr Portfolio laut Poschadel öfter um, können ihr Ergebnis dadurch dennoch nicht verbessern. Auch LERBINGER (1984) stellt fest, dass bei seiner Untersuchung zwischen 1970 und 1979 die Rendite der Fonds „in der überwiegenden Mehrzahl der Fälle schlechter“[79] ist als die Durchschnittsrendite der von ihm aufgestellten Zufallsdepots.

Für einen Datensatz von elf deutschen Aktienfonds ermitteln HARBRECHT/SAXINGER (1992) eine um durchschnittlich 13% niedrigere Ertragsrate gegenüber dem Index des Statistischen Bundesamtes zwischen 1975 und 1989. Die Bruttoperformance, die durch Addierung der Verwaltungskosten berechnet wird, verfehlt die Entwicklung der Benchmark immer noch um sechs Prozent. Im Gegensatz hierzu kommt MÖHLMANN (1993) für die Jahre 1980 bis 1991 zu dem Ergebnis, dass die von ihm betrachteten 13 Aktienfonds durchschnittlich superiore Brutto-, hingegen inferiore Nettorenditen im Vergleich zum DAX und FAZ-Index erzielt haben.

Eine superiore Performance deutscher Aktienfonds können auch die Studien von KASERER/PFAU (1993) und SCHERER (1994) nicht erkennen. Bei KASERER/PFAU (1993) erreichen nur drei der elf von 1981 bis 1993 untersuchten Aktienfonds eine Überrendite, SCHERER (1994) ermittelt, dass keiner der 26 deutschen Aktienfonds und gemischten Fonds zwischen 1974 und 1990 über

---

78 Je nach eingesetztem Modell ergeben sich jedoch stark unterschiedliche Ergebnisse.
79 LERBINGER (1984), S. 67.

Timingfähigkeiten verfügt, d.h. den Markt prognostizieren kann, und gleichzeitig mit Ausnahme von zwei Fonds alle negative oder insignifikante Selektivität aufweisen.

Auch die umfangreichen Analysen von STEINER/WITTROCK (1994), WITTROCK/STEINER (1995) und WITTROCK (2000) zeigen, dass nur einige wenige, nicht aber der Durchschnitt der Fondsmanager in der Lage ist, eine superiore Performance zu erzielen. Bei den 21 untersuchten Aktienfonds der Jahre 1979 bis 1991 verfügen Manager zwar über Timinginformationen, können diese jedoch nicht in überdurchschnittliche Renditen umsetzen. Auch STEHLE/ GREWE (2001) ermitteln eine signifikante Underperformance gegenüber dem DAX.[80] Diese reduziert sich allerdings stark, wenn das Risiko des Fondsportfolios ex ante durch Kreditaufnahme (bzw. Anlage zum risikolosen Zins) dem geschätzten Benchmarkrisiko angepasst wird. Auch in der umfangreichen Untersuchung von 105 deutschen Aktienfonds[81] bei GRIESE/KEMPF (2003) können aktiv verwaltete Fonds die passiven nicht signifikant schlagen; selbst eine aktive Handelsstrategie in „Winner"-Fonds übertrifft nicht die Investition in Indexfonds. Ein ähnliches Bild zeigen zwei Studien jüngeren Datums von SCHOLZ/WILKENS (2006) und ROTTMANN/FRANZ (2007). In ihrer Analyse von rund 50 Fonds zwischen 1995 und 2004 schneidet bei SCHOLZ/WILKENS (2006) das 0,8-Quantil etwas besser ab als der DAX; der Median und Durchschnitt liegen hingegen darunter, signifikante Timingfähigkeiten können nur bei vier Fonds nachgewiesen werden. Bei ROTTMANN/FRANZ (2007) kann für einen Datensatz von 35 bis 66 deutschen Aktienfonds der Jahre 1991 bis 2004 nahezu keine Selektionsfähigkeit von Fondsmanagern nachgewiesen werden. Timingfähigkeiten sind in gewissem Maße in Baisse-Phasen zu erkennen, was vermutlich auf größere Barliquidität in den Portfolios zurückzuführen ist.

---

80 Ihr Datensatz umfasst 18 Fonds zwischen 1973 und 1998, vgl. STEHLE/GREWE (2001).

81 Diese hohe Zahl ergibt sich daraus, dass alle Fonds, die zu einem beliebigen Zeitpunkt der Betrachtungsperiode existierten, einbezogen wurden. Vgl. GRIESE/KEMPF (2003), S. 204.

3.1.3 Studien zur Performance Persistence

Eine zweite grundlegende Frage bei der Untersuchung von Aktienfonds bezieht sich auf die Verlässlichkeit der Performance von Fondsmanagern, ob sich also aus der Vergangenheitsperformance die künftige Performance ableiten lässt und sich diese somit als Auswahlkriterium für Fonds eignet. Zu unterscheiden sind dabei die relative und die absolute Performance Persistence. Relative positive (negative) Persistenz liegt vor, wenn Fonds konsistent überdurchschnittliche (unterdurchschnittliche) Leistungen in Bezug auf die relevante Vergleichsgruppe erzielen. Bei absoluter positiver (negativer) Performance Persistence schneiden Fonds dauerhaft besser (schlechter) als die relevante Benchmark ab.[82] Da auch diese Thematik Einfluss auf das Nachfrageverhalten sowie die Erfolgsaussichten eines Fonds hat, wird im Folgenden ein kurzer Überblick über die Literatur zur sog. Performance Persistence gegeben.

Bereits die wegweisende Studie von SHARPE (1966) hatte auch die Persistenz der Performance berücksichtigt und ihre Existenz bestätigt. Nach mehreren US-amerikanischen Studien mit wenig einheitlichen, i.d.R. nicht signifikanten Ergebnissen, weisen LEHMANN/MODEST (1987) für rund ein Drittel bis ein Viertel der Fonds konsistente, signifikant negative Persistenz nach, wie auch GRINBLATT/TITMAN (1989a), GRINBLATT/TITMAN (1992) und GRINBLATT/TITMAN (1993) positive Performance Persistence in ihren Stichproben finden. HENDRICKS/PATEL/ZECKHAUSER (1993) können zwar keine „absolute" Persistenz belegen, d.h., dass Fonds mit ausgezeichneter relativer Performance den Markt konsistent schlagen; ein „relativer" Persistenz-Effekt kann jedoch insbesondere für kurze Perioden[83] dokumentiert werden. GRUBER (1996), GOETZMANN/IBBOTSON (1994) und BROWN/GOETZMANN (1995) können ebenfalls (relative) persistente Performance bestätigen. Letztere zeigen, dass schlechte Fonds am meisten zur Persistenz beitragen.[84] MALKIEL (1995)

---

[82] Vgl. WERMERS (1997), S. 2.

[83] Eine Strategie, die vierteljährlich die Fonds mit der besten Jahresperformance auswählt, erzielt demnach eine signifikant bessere Performance als der durchschnittliche Fonds, vgl. HENDRICKS/PATEL/ZECKHAUSER (1993).

[84] Zudem zeigen sie, dass eine „Gewinnerstrategie" (vgl. Fn. 83) mit hohem Gesamtrisiko verbunden ist, das aufgrund der hohen Korrelation der Renditen von Gewinnerfonds auch nicht diversifizierbar ist, vgl. BROWN/GOETZMANN (1995), S. 696.

untersucht die Performance Persistence für den Zeitraum von 1971 bis 1991 und kommt zu dem Schluss, dass diese zwar in den 70er Jahren vorhanden, in den 80er Jahren jedoch nur schwach und insignifikant ausgeprägt war. Für die Jahre 1977 bis 1993 können ELTON/GRUBER/BLAKE (1996a) Persistenz nachweisen und zeigen gleichzeitig, dass ihr Ausmaß durch optimale Gewichtung[85] der Portfolios „statistisch wie ökonomisch signifikant“[86] gesteigert werden kann. Ihrer Analyse zufolge ist persistent negative Leistung bei den schlechtesten Fonds sehr hohen Kosten geschuldet.

WERMERS (1997) weist ebenfalls starke Performance Persistence für den US-Markt der Jahre 1974 bis 1994 nach – vor Gebühren erzielt eine Investition in die besten 10% der Vorjahresfonds eine um drei Prozent höhere Rendite als in den durchschnittlichen Fonds des Vorjahres. Er kommt aber zu dem Ergebnis, dass diese Persistenz zu einem Großteil auf eine aktive Momentum-Strategie[87] der Fonds zurückzuführen ist: Fonds, die regelmäßig überproportional in die „Gewinner“-Aktien des vergangenen Jahres investieren, schneiden i.d.R. signifikant besser ab. In Jahren, in denen kein Momentum-Effekt vorliegt, d.h., wenn Werte, die gut laufen, im Folgejahr hinter denen mit schlechter Vergangenheitsperformance zurückliegen, ist auch keine Persistenz mehr festzustellen. Berücksichtigt man diesen Momentum-Effekt in Aktien, ergeben sich auch keine Überrenditen durch Investition in Fonds mit guten Vergangenheitswerten.

Für den europäischen Markt untersuchen BAKARIC/BITSCHNAU (1996) Fonds mit Domizil und Anlageschwerpunkt Deutschland, Vereinigtes Königreich (UK), Frankreich und Schweiz. Bei ihrer Stichprobe von 1985 bis 1995 können sie unter Verwendung von Roherträgen nur für UK Persistenz von Gewinner-Fonds belegen. Bei der Berücksichtigung von risikoadjustierten Performancemaßen kann für alle Länder positive Persistenz nachgewiesen werden. Für

---

85 Vgl. ELTON/GRUBER/BLAKE (1996a), S. 148–153.

86 „Employing modern portfolio theory to form optimal portfolios based on past performance leads to the selection of portfolios of mutual funds that have a positive and both economically and statistically significant return compared to a portfolio that places an equal amount in each fund that is considered“, ELTON/GRUBER/BLAKE (1996a), S. 157.

87 Im Unterschied dazu entspricht passives Momentum-Investment einer „Buy-and-Hold-Strategie“. Im Gegensatz zu CARHART (1997), der von einer passiven Strategie als Ursache für Persistenz ausgeht, weist WERMERS (1997) jedoch nach, dass die aktive Strategie hierfür verantwortlich ist, vgl. WERMERS (1997), S. 20.

den britischen Markt identifizieren auch BLAKE/TIMMERMANN (1998) und LUNDE/TIMMERMANN/BLAKE (1999) relative und absolute Persistenz in der Performance[88].

PLESCHIUTSCHNIG (2000) untersucht 333 Aktienfonds unterschiedlicher europäischer Domizilländer mit Anlageschwerpunkt in europäischen Werten. Für diese Untersuchung der Jahre 1988 bis 1998 kann er bei sehr kurzen Betrachtungsperioden von drei bis sechs Monaten (sowie fallweise bei langen Zeiträumen von 24 Monaten und mehr) signifikante Persistenz nachweisen. Im Vergleich zu amerikanischen Studien ist die Persistenz somit für den europäischen Markt wesentlich kurzfristiger, die Höhe der Performancedifferenz liegt mit rund 3,5 bis 5% zwischen den extremen Oktilportfolios jedoch im bekannten Rahmen.[89]

3.1.4 Zusammenfassung

Zusammenfassend kann konstatiert werden, dass im Wesentlichen keine Überperformance aktiv verwalteter Aktienfonds festgestellt werden kann – in der Mehrheit gelingt es also den Fondsmanagern nicht, die gegenüber einer passiven Anlage in Indexfonds wesentlich höheren Kosten zu rechtfertigen. Gewisse Unterschiede ergeben sich hingegen für einzelne Segmente, wie etwa bestimmte Domizilländer oder spezifische Anlagesektoren, bei denen der Erfolg durchaus unterschiedlich ausfallen und daher eine Investition rechtfertigen kann. Performance Persistence ist, insbesondere für den amerikanischen Fondsmarkt, zumindest als relatives Maß vielfach nachweisbar. Im Rahmen dessen ist es daher für Investoren rational, die Vergangenheitsperformance als (positives oder negatives) Auswahlkriterium heranzuziehen.

3.2 Studien zu Charakteristika von Fonds und Nachfrageverhalten

Nach der Vielzahl von Studien zur Performance von Fonds verschob sich der Fokus der empirischen Kapitalmarktforschung in diesem Bereich immer mehr

---

88 Vgl. LUNDE/TIMMERMANN/BLAKE (1999), S. 146.
89 Vgl. PLESCHIUTSCHNIG (2000), S. 256f.

hin zu den Auswirkungen ihrer Charakteristika und dem Nachfrageverhalten von Investoren. Drei Themenbereiche, die für die Fragestellung der vorliegenden Arbeit von direkter Relevanz sind, haben dabei eine breite wissenschaftliche Resonanz erfahren. Zum Ersten ist dies die Frage, wie Investoren auf die Performance von Fonds reagieren (Abschnitt 3.2.1). Zum Zweiten setzt sich eine Reihe von Studien mit Fondsgebühren auseinander (3.2.2) und drittens wurde von einer Vielzahl von Wissenschaftlern die Größe von Fonds untersucht (3.2.3). Alle drei Bereiche sollen nachfolgend in einem kurzen Überblick dargestellt werden.

3.2.1 Studien zur Beziehung zwischen Performance und Mittelaufkommen

Bereits seit langem wurde beobachtet und empirisch nachgewiesen, dass die Mittelzuflüsse in Aktienfonds positiv mit der Vergangenheitsperformance korrelieren: „There is no doubt that investors chase past performance."[90] Zu den entsprechenden Erkenntnissen gelangten u.a. (für verschiedene Zeiträume und Untersuchungsumfänge) die Studien von SPITZ (1970), IPPOLITO (1992), PATEL/ZECKHAUSER/HENDRICKS (1994), WARTHER (1995), SIRRI/TUFANO (1998), BERGSTRESSER/POTERBA (2002) sowie für den deutschen Markt KRAHNEN/SCHMID/THEISSEN (1997). Wie SAWICKI/FINN (2002) nachweisen, stützen Anleger ihre Kaufentscheidung besonders bei jungen und kleinen Fonds auf die Vergangenheitsperformance, wobei das geringe Volumen das wichtigere Kriterium ist.[91] Viele Investoren geben sogar an, dass die zurückliegende Rendite ihr wichtigstes Kriterium für eine Investitionsentscheidung ist, wie die Investoren-Befragung von CAPON/FITZSIMONS/PRINCE (1996) ergeben hat.[92]

In gewissem Maße ist dies auch eine durchaus rationale und vielversprechende Strategie, da in vielen Studien zumindest eine schwache Persistenz in der Performance nachgewiesen wurde.[93] GRUBER (1996) zeigt etwa, dass es sich lohnen kann, von Performance Persistence auszugehen und Geld in

---

90 GRUBER (1996), S. 799.

91 Vgl. SAWICKI/FINN (2002), S. 844.

92 Nur wenige Studien können den Einfluss der Performance nicht nachweisen, wie z.B. KEHR et al. (1994) für den deutschen Markt, vgl. ebd., S. 356.

93 Wenngleich auch negative Persistenz sehr viel eindeutiger und öfter nachgewiesen wurde als positive, vgl. Literaturüberblick in Abschnitt 3.1.3, S. 23.

Fonds mit guter Vergangenheitsperformance zu investieren und aus solchen mit schlechter Performance wieder abzuziehen. Diese Strategie erzielte deutlich bessere Ergebnisse als der durchschnittliche aktiv wie auch passiv verwaltete Fonds. Dabei erwies sich eine eher kurzfristige Handelsstrategie von Vorteil: Der höchste Gewinn konnte bei einer angenommenen Investitionsperiode von einem Vierteljahr erzielt werden und sank mit der Dauer bei einer Frist von einem und von drei Jahren deutlich.[94] Abgesehen von der Vorteilhaftigkeit der Investition, ist die bevorzugte Anlage in Fonds, die in der Vergangenheit gut abgeschnitten haben, sehr gut nachvollziehbar, da diese häufig in der Finanzpresse herausgestellt und auch vom Marketing der Fondsanbieter sehr viel stärker beworben werden.[95] Auch uninformierte Anleger kommen dadurch mit diesen Fonds in Berührung – Vergangenheitsperformance ist zudem im Gegensatz zu den Stammdaten oder anderen Kennzahlen eine Größe, die üblicherweise bei Publikationen deutlich angegeben wird und daher mit sehr geringen Informationskosten verfügbar ist.

Seit Mitte der 90er Jahre setzte sich jedoch zunehmend die Erkenntnis durch, dass es sich bei dem Zusammenhang zwischen Fondsperformance und Zuflüssen (international „Performance Flow Relationship", kurz PFR genannt), um keine lineare, sondern eine konvexe Beziehung handelt. Fonds, die die besten Ergebnisse erzielen, wachsen demnach überproportional stark, aus schlechten Fonds werden jedoch nicht im erwarteten Maße Mittel abgezogen, was aufgrund der insbesondere bei unterdurchschnittlicher Performance nachgewiesenen Persistenz[96] keinem rationalen Vorgehen entspricht. International bzw. für den amerikanischen Markt belegen die Studien von CHEVALIER/ELLISON (1997), GOETZMANN/PELES (1997), FANT/O'NEAL (2000), DEL GUERCIO/TKAC (2002), LYNCH/MUSTO (2003) und RUENZI (2005) diesen Zusammenhang. Für den deutschen Markt können BER/KEMPF/RUENZI (2007) diese Erkenntnis mit einer Untersuchung von Aktienfonds der Jahre 1990 bis 2003

94 Vgl. GRUBER (1996), S. 801ff. Transaktionskosten (sowie mögliche Ausgabeaufschläge) wurden bei dieser Analyse jedoch nicht einbezogen.

95 Vgl. RUENZI (2005), S. 154. Hierfür spricht auch, dass die Konvexität beim Top-Quintil besonders deutlich ausfällt, vgl. ebd., S. 161; insbesondere innerhalb von Fondsfamilien werden zudem nur für die besten Fonds Anzeigen geschaltet, vgl. JAIN/WU (2000).

96 Vgl. Abschnitt 3.1.3 der vorliegenden Arbeit.

bestätigen; hier ist allerdings die Beziehung weniger ausgeprägt als in den USA.[97]

Lange Zeit war es ein Rätsel, weshalb Investoren zwar gute Performance der Vergangenheit durch zusätzliche Investitionen belohnen, nach schlechter Performance hingegen nicht in dem zu erwartenden Maße Mittel aus dem Fonds abziehen. In der Wissenschaft haben sich mittlerweile mit sog. „Switching Costs" und behavioristischen Effekten[98] zwei Haupterklärungsansätze herausgebildet, die im Folgenden näher erläutert werden sollen.

Unter den „Switching Costs"[99], also den Kosten, die durch den Verkauf des Fonds mit schlechter Performance und den Kauf eines „besseren" Fonds entstehen, lassen sich Transaktionskosten, Informationskosten sowie Steuern und weitere „institutionelle Gründe" subsumieren. Bei den Transaktionskosten fallen neben den reinen Abwicklungsgebühren zum Verkauf und Kauf insbesondere die Ausgabeaufschläge (bzw. Rücknahmeabschläge, die in Deutschland selten, in anderen Ländern allerdings häufiger berechnet werden) ins Gewicht, die in gewissem Maße gleichsam als „Lock-in Effect" wirken.[100] So weist IPPOLITO (1992) nach, dass Nettozuflüsse in Fonds ohne Aufschläge wesentlich höhere Sensitivitäten gegenüber der Performance aufweisen als in solche mit Aufschlägen. SIRRI/TUFANO (1998) zeigen, dass dieser Unterschied bereits

97 Einschränkend sei jedoch darauf hingewiesen, dass das von BER/KEMPF/RUENZI (2007) hier verwendete empirische Modell über keinen Gleichgewichtspunkt im eingeschwungenen Zustand verfügt, so dass ein Fonds, der permanent die höchsten Renditen im Vergleich zu den anderen Fonds ausweist, unbeschränkt Marktanteile gewinnen würde, bis er die 100%-Grenze erreicht. Zudem werden die Nettozuflüsse als Prozentsatz des verwalteten Vermögens definiert, wobei zweifelhaft ist, ob die relative Performance bei großen wie bei kleinen Fonds den gleichen prozentualen Effekt auf das Fondsvermögen bewirken kann, vgl. KRAHNEN/SCHMID/THEISSEN (2006), S. 472.

98 Aufbauend auf den Konzepten der „Bounded Rationality" von SIMON (1955), die von der Beschränkung der menschlichen Informationsaufnahme und -verarbeitung ausgehen, sowie der von KAHNEMAN/TVERSKY (1979) entwickelten Prospect Theory, die die Nutzenfunktion der klassischen Erwartungsnutzentheorie durch eine S-förmige Wertefunktion ersetzt, beschreibt das junge Forschungsfeld der sog. „Behavioral Finance" eine Reihe von Anomalien, Irrationalitäten und Verzerrungen, die ein Abweichen vom Verhalten erklären, das durch die klassische Kapitalmarkttheorie vorausgesagt würde, vgl. HOFÄCKER (2001), S. 210f.

99 Generell versteht man unter „Switching Costs" getätigte Investitionen, die beim Wechsel auf ein anderes Produkt nutzlos werden bzw. nochmals aufgewendet werden müssen, vgl. LIPCZYNSKI/WILSON/GODDARD (2005), S. 297f.

100 Vgl. ALVES/MENDES (2006), S. 16.

für verschiedene Höhen von Aufschlägen signifikant ist. Einschränkend kann angeführt werden, dass Ausgabeaufschläge i.d.R. beim Wechsel der Fonds innerhalb einer KAG weg- oder zumindest sehr gering ausfallen.[101] Voraussetzung ist hierbei jedoch, dass innerhalb der Gesellschaft gleichartige Fonds mit besserer Performance existieren.

Den zweiten Bestandteil der Wechselkosten machen Informationskosten aus, unter denen vor allem Kosten verstanden werden, die mit der Suche nach einem (anderen) Fonds verbunden sind. Die wachsende Zahl an Fonds führt zu einer steigenden Komplexität der Fondsbranche und damit auch zu steigenden Informationskosten. Da Investoren diese gerne vermeiden wollen, stützen sie ihre Entscheidung auf Informationen, die durch Medien und das Marketing der Fondsgesellschaften leicht verfügbar sind.[102] Fonds mit höheren Gebühren, die somit mutmaßlich auch über ein höheres Marketingbudget verfügen, weisen daher auch eine konvexere Performance Flow Relationship auf.[103]

Zudem können Steuern als Switching Costs zu einer Ausstiegshürde werden, wenn sie generell oder innerhalb eines bestimmten Zeitraums beim Verkauf des Fonds anfallen.[104] In Deutschland setzt die Spekulationssteuer starke Anreize, Aktienfonds mindestens zwölf Monate zu halten. Mit der Einführung der Abgeltungssteuer 2009, die dann beim Verkauf der nach dem Stichtag erworbenen Fonds erhoben wird, steigt der Anreiz noch weiter, zuvor investierte Mittel in den Fonds zu belassen, um so der Steuer zu entgehen.[105]

Als weitere sog. institutionelle Gründe, die einen Wechsel der Fonds verhindern, können Fondssparpläne, Renten- und Direktversicherungen oder insbesondere auch Altersvorsorgepläne angeführt werden. Abgesehen von operativen Schwierigkeiten, die Fonds (regelmäßig) zu wechseln, in die mit diesen Instrumenten investiert wird, stehen hierfür normalerweise nur eine begrenzte

---

[101] Vgl. RUENZI (2005), S. 165.
[102] Vgl. SIRRI/TUFANO (1998), S. 1590f.; DEL GUERCIO/TKAC (2002); HUANG/WEI/YAN (2005).
[103] Vgl. SIRRI/TUFANO (1998), S. 1612f.
[104] Vgl. GRUBER (1996), S. 807.
[105] Vgl. NARAT (2008c), S. b05.

Auswahl an Fonds zur Verfügung, unter denen nicht unbedingt auch die besten Fonds zu finden sein müssen.[106]

Die zweite Erklärungshypothese für die Konvexität der Performance-Zufluss-Beziehung besteht neben den Switching Costs in den behavioristischen, also verhaltensbasierten Ansätzen. Ein relevanter Effekt ist der sog. „Status Quo Bias":[107] Investoren neigen dazu, einer einmal beschlossenen Anlagestrategie treu zu bleiben, also immer wieder aufs Neue in denselben Fonds zu investieren, auch wenn sich die Rahmenbedingungen in der Zwischenzeit verändert haben und diese Anlage nicht mehr optimal ist.[108] Dieses Verhalten liegt zum einen darin begründet, dass Menschen Fehler weniger bedauern, die durch Nichthandeln entstehen („Errors of Omission", also z.B. einen Fonds nicht zu verkaufen) als solche, die durch Handeln entstehen („Errors of Commission", z.B. einen Fonds zum falschen Zeitpunkt zu verkaufen).[109] Zum anderen können Fondskäufer die Komplexität ihres Entscheidungsprozesses durch diese Reduktion der betrachteten Alternativen massiv senken, weshalb der Status Quo Bias besonders stark ausgeprägt ist, wenn eine hohe Zahl an Fonds zur Verfügung steht.[110]

Als zweites Phänomen aus dem Forschungsfeld der Behavioral Finance kann hier der Dispositionseffekt[111] angeführt werden. Darunter versteht man die starke Abneigung, Anlageverluste zu realisieren: Investoren verkaufen also Anlagen mit Gewinn zu einem zu frühen Zeitpunkt, versuchen jedoch, Verluste auszusitzen.[112] Neben diesen beiden Effekten können weitere behavioristisch begründete Verhaltensweisen zur Erklärung des Anlegerverhaltens beitragen.[113] So könnte kognitive Dissonanz eine Rolle spielen, der zufolge Men-

---

106 Vgl. GRUBER (1996), S. 807.

107 Der von SAMUELSON/ZECKHAUSER (1988) eingeführte „Status Quo Bias" ist ein auch außerhalb der Finanzbranche weithin beobachtetes Phänomen bei der Entscheidungsfindung.

108 Vgl. KEMPF/RUENZI (2004), S. 104.

109 Vgl. PATEL/ZECKHAUSER/HENDRICKS (1994), S. 55.

110 Vgl. KEMPF/RUENZI (2004), S. 104.

111 Der Dispositionseffekt geht auf die Studien von SHEFRIN/STATMAN (1985) zurück. Ein empirischer Nachweis wurde von ODEAN (1998a) für den Aktienhandel von Privatanlegern geführt.

112 Vgl. KEMPF/RUENZI (2004), S. 104.

113 Neben den dargestellten behavioristischen Effekten führen PATEL/ZECKHAUSER/HENDRICKS (1994) zudem „Window Dressing" an. Demnach würden also Fondsmanager

schen versuchen, die Diskrepanz zwischen ihrer Meinung und empirischen Befunden zu verringern, indem sie nur „passende" neue Erkenntnisse wahrnehmen oder ihre Meinung anpassen, um ihre Entscheidung zu rechtfertigen. Beispielsweise überschätzen Anleger die Performance ihrer Fonds, um zu rechtfertigen, dass sie diese nicht verkaufen.[114] Verstärkt wird dies durch den sog. „Endowment Effect" (Besitztumseffekt), der besagt, dass Menschen Dinge höher bewerten, die sie besitzen, als solche, die sie nicht besitzen.[115] Ein weiteres typisches Verhalten im Anlagebereich ist die Überschätzung ihrer Informationen und ihrer Prognosefähigkeiten („Overconfidence").[116]

Für diese in der Behavioral Finance begründeten Effekte spricht die Erkenntnis von RUENZI (2005), wonach die Performance Flow Relationship in großen (Standard-)Segmenten einen konvexeren Verlauf annimmt als in exotischeren kleinen (Spezial-)Segmenten.[117] Weniger reiche Investoren greifen i.d.R. seltener auf Fonds in Spezialsegmenten zurück, da ihr Portfolio zu klein ist, um eine ausreichende Diversifikation zu erreichen. Somit herrschen in den Standardsegmenten tendenziell weniger erfahrene, weniger gut informierte bzw. beratene Anleger vor, die anfälliger für z.B. den Dispositionseffekt sind. Zudem sind Standardfonds sehr viel bekannter, da in der Wirtschaftspresse wesentlich mehr über sie berichtet wird und sich auch das Marketing der Kapitalanlagegesellschaften auf die breiten Segmente konzentriert.[118]

---

bewusst ihre wahre Portfoliozusammensetzung verschleiern, indem sie ihren Fonds kurz vor Veröffentlichungsstichtagen umschichten. Durch diese Informationsasymmetrie würden demnach Anleger getäuscht und daher ihre Mittel aus Fonds mit schlechter Performance nicht abziehen. Es ist jedoch kaum davon auszugehen, dass Investoren ihre Anlageentscheidung wirklich so sophistiziert treffen, dass sie auf Grundlage von Einzeltiteln im Fonds ihre künftige Strategie bestimmen, da sie die Bewertung von Aktien und die Portfoliozusammenstellung ja gerade nicht selbst vornehmen wollen, sondern delegieren, vgl. ebd. S. 55.

114 Vgl. GOETZMANN/PELES (1997), S. 146–150.

115 Vgl. GOETZMANN/PELES (1997), S. 146f.

116 Vgl. OEHLER (2002), S. 854. „Overconfidence" wurde daneben auch in vielen anderen Bereichen, etwa bei Ärzten, Ingenieuren, Rechtsanwälten oder Meteorologen beobachtet, vgl. ODEAN (1998b), S. 1892f.; FISCHER (2006), S. 319.

117 RUENZI (2005) untersucht für den amerikanischen Markt mehr als 15.000 jährliche Fondsbeobachtungen zwischen 1993 und 2001 und teilt dabei den Markt in ein Standardsegment (mit rund 8.500 Beobachtungen) und ein Spezialistensegment (ca. 6.500 Beobachtungen) auf, vgl. ebd., S. 157.

118 Vgl. RUENZI (2005), S. 155.

Eine weiterführende mögliche Erklärung neben Wechselkosten und verhaltenswissenschaftlich fundierten Gründen liefern GOETZMANN/PELES (1997): Möglicherweise bleiben gar keine „echten" Investoren den Fonds mit schlechter Performance treu, sondern es handelt sich dabei um Mittel der Fondsgesellschaft selbst. Diese würde demnach solche Fonds vor der Auflösung bewahren, um eine langjährige Historie vorweisen zu können, sollte der Fonds doch noch hervorragende Leistungen erzielen.[119]

3.2.2 Studien zur Gebührenstruktur von Fonds

Nach diesem Überblick zur Reaktion der Anleger auf die Performance als eines der zentralsten Charakteristika von Fonds, sollen im folgenden Abschnitt die Gebühren eines Fonds näher betrachtet werden, die die einzige aktiv beeinflussbare Steuerungsgröße der Erträge eines Fonds darstellen.

Generell können Fondsgebühren ebenso aus makro- wie auch aus mikroökonomischer Perspektive betrachtet werden. Aus ersterer Sicht stellen sie, wie GIL-BAZO/MARTÍNEZ (2003) in ihrer Studie ausführen, den Preis dar, den Investoren zu zahlen bereit sind, um Leistungen einer professionellen Verwaltung und Anlage ihrer Mittel zu erhalten. Demnach werden Gebühren von Angebot und Nachfrage bestimmt und haben somit eine gewisse Aussagekraft über den Fondsmarkt. Theoretisch ließe so die Angebotsfunktion Rückschlüsse auf die Kostenfunktion der Fondsgesellschaften zu, die Nachfragefunktion gäbe den marginalen Wert des erbrachten Services aus Sicht der Investoren wieder.[120] Auch in dieser Betrachtungsweise ist der Markt nicht als perfekt anzusehen, sondern birgt Friktionen, wie etwa asymmetrische Informationen bezüglich der Qualität der Fondsverwaltung, die potenziell unterschiedliche Wahrnehmung verschiedener Gebührenarten (z.B. Ausgabeaufschläge vs. Managementgebühren), beträchtliche Such- und Wechselkosten sowie ggf. Missbrauch der Marktmacht dominierender Finanzinstitutionen.[121] Für den

[119] Vgl. GOETZMANN/PELES (1997), S. 152.
[120] Vgl. GIL-BAZO/MARTÍNEZ (2003), S. 3.
[121] Vgl. DERMINE/RÖLLER (1992), S. 86; GIL-BAZO/MARTÍNEZ (2003), S. 4, 6.

spanischen Markt[122] weisen GIL-BAZO/MARTÍNEZ (2003) nach, dass kein signifikanter Zusammenhang zwischen Bruttorendite und Fondsgebühren existiert, Anleger also nicht für das Zahlen eines höheren Preises durch einen höheren Ertrag entschädigt werden. Zudem erheben Fondsgesellschaften, die zu Banken oder Sparkassen gehören, höhere Gebühren, wie auch Fonds mit einem größeren Marktanteil. Die Marktmacht scheint also einen entscheidenden Einfluss auszuüben.[123]

Ein anderer Ansatz von LI (2003) lässt die generelle Marktmacht der verschiedenen Teilnehmer außen vor und geht von Fonds als weitgehend substituierbaren Produkten aus: Anleger investieren zwar nach Vergangenheitsperformance, aber aufgrund des Informationsvorsprungs der Fondsmanager können sie deren Fähigkeiten nur unzureichend beurteilen und die Performance häufig lediglich nach Faustformeln bewerten, nicht jedoch mit risikoadjustierten Maßen.[124] In der Außenwahrnehmung spielt so das Abschneiden des Fonds während der vergangenen Periode eine große Rolle, was kurzfristig aber auch zu einem wesentlichen Teil von der jeweiligen Marktlage abhängt. Zählt ein Fonds in einer Periode zu den „Gewinnern", hat er eine gewisse Marktmacht, höhere Gebühren zu verlangen als ein „Verliererfonds". Wenngleich Fonds so je nach der Bewegung des Marktes abwechselnd zu den Gewinnern und Verlierern zählen, sinkt durch dieses alternierende Abschneiden die relative Preiselastizität der Nachfrage nach Fonds. Gleichzeitig erzeugt dies einen Anreiz für Fondsgesellschaften, durch leichte Produktdifferenzierung eine größere Zahl an Fonds zu erzeugen und so die Wahrscheinlichkeit zu erhöhen, dass einer ihrer Fonds zu den Gewinnern gehört und höhere Gebühren abschöpfen kann. Die Studie von LI (2003) zeigt für den amerikanischen Markt, dass durch diese „unechte" Produktdifferenzierung („spurious financial product differentiation"[125]) der Gewinn der Fondsanbieter um rund 30 Prozent gesteigert werden kann und es dadurch aus Sicht der ge-

---

122 Ähnlich wie der deutsche, wird auch der spanische Markt von Fondsgesellschaften dominiert, die zu Banken oder Sparkassen gehören. Mehr als 90% der Fonds und Fondsvolumina werden von solchen Instituten verwaltet, vgl. GIL-BAZO/MARTÍNEZ (2003), S. 4.

123 Vgl. GIL-BAZO/MARTÍNEZ (2003), S. 23f.

124 Vgl. LI (2003), S. 3.

125 LI (2003), S. 4.

samtwirtschaftlichen Wohlfahrt zu einem Übermaß an Fondsneuauflagen kommt.[126]

Bei mikroökonomischer Betrachtungsweise sind Gebühren die (Haupt-)Ertragsquelle einer Fondsgesellschaft, müssen somit die Aufwendungen decken und bestimmen den Gewinn. Die Kostenstruktur einer KAG lässt sich typischerweise in vier Blöcke unterteilen: Kosten für „Sales und Marketing", Fonds-Management-Kosten im engeren Sinne (unter die Research-Kosten oder auch das Gehalt der Fondsmanager subsumiert werden können), „Middle- und Back-Office-Kosten" (unter die z.B. das Rechnungswesen, das Performance Measurement, Risikocontrolling oder die administrative Handelsabwicklung fallen) sowie „IT und andere Support-Kosten".[127] Die Ausgaben für Marketing und Vertrieb, aus Sicht des Kunden also die Beratungsleistung, werden zu einem Großteil durch den einmalig zu zahlenden Ausgabeaufschlag (aus Anlegersicht direkte Kosten) gedeckt,[128] wobei gerade in den letzten Jahren hierfür zunehmend Teile der Verwaltungsgebühren bei niedrigeren (oder auch keinen) Aufschlägen verwendet werden.[129] Neben den Depotbankgebühren, die an die Depotbank für Administration und Wertpapierverwaltung abgeführt werden, bleiben so die Management- bzw. Verwaltungsgebühren und sog. „Performance Fees"[130] als jährliche, dem Fondsvolumen direkt ent-

---

[126] Vgl. LI (2003), S. 27.

[127] Vgl. MEYER (2006), S. 109f. Zu beachten ist jedoch, dass bei Fondsgesellschaften, die zu einer Bank oder Versicherung gehören, vor allem auch in den ersten Jahren des Untersuchungszeitraums Vertrieb sowie zentrale Funktionen des Fondsmanagements nicht von den Funktionen der Konzernmütter zu trennen sind, so dass eine genaue Zuordnung der Kosten nicht möglich ist, vgl. ebd. S. 111.

[128] Vgl. NARAT (2001c), S. 197.

[129] Vgl. HAMMER (2004b), S. 25.

[130] Unter „Performance Fees" versteht man erfolgsabhängige Jahresgebühren, wobei der Erfolg im Wesentlichen nach drei unterschiedlichen Modellen bestimmt wird: Bei der „Absolute Performance"-Regel fällt die Erfolgsvergütung an, wenn im Geschäftsjahr eine positive Wertentwicklung erzielt wurde. Die „Fixwert-Outperformance"-Regelung sieht vor, dass nur bei Überschreiten eines zuvor definierten fixen Wertes, etwa eines Prozentwertes, ein Erfolgshonorar gezahlt werden muss. Ist eine „Index-Outperformance" vorgesehen, wird nicht die absolute Erfolgsmessung als Kriterium herangezogen, sondern die relative Überrendite gegenüber einer festgelegten Benchmark, wie etwa einem Index. Hierbei kann sie als fester oder gestaffelter Prozentsatz des Wertzuwachses errechnet werden. Unabhängig von der gewählten Form dieser Regelung kann darüber hinaus noch ein sog. „High Water Mark" vereinbart werden, wonach die Erfolgsgebühren nur dann fällig werden, wenn nach Verlustperioden zunächst ein früherer Höchststand wieder erreicht wird, vgl. O.V. (2003d), S. 109.

nommene Gebühren (indirekte Kosten), um die restlichen drei Kostenblöcke der Fondsgesellschaften zu decken.[131] Neben diesen Gebühren entstehen für die Investoren zusätzliche Transaktionskosten aus den Handelsaktivitäten der Fondsmanager, nämlich der sog. „Market Impact" (Markteinfluss)[132] sowie Kommissions- und Abwicklungsgebühren[133]. Da sich diese Transaktionskosten zwar in der Performance niederschlagen, sonst aber für den Investor absolut intransparent sind, verrechnen Fondsgesellschaften möglicherweise lieber niedrigere ausgewiesene Managementgebühren und (über-)kompensieren dies durch überhöhte Kosten bei der Handelsabwicklung bzw. Depotführung über konzerneigene Gesellschaften.[134] Andererseits werden jedoch einer Fondsgesellschaft durch andere Töchter einer Bankengruppe – etwa bei Depotbankgebühren – z.T. Rabatte eingeräumt, was wiederum der Performance und damit den Investoren zugutekommt und dem Fonds zugleich einen Vorteil gegenüber Konkurrenten gewährt, die völlig bankenunabhängig sind und solche Rabatte daher nicht in Anspruch nehmen können.[135]

Geht man von informationseffizienten Kapitalmärkten in der zumindest mittelstrengen Form nach FAMA (1970) aus, müsste der Fonds mit den geringsten Kosten auch die beste Performance erzielen, da sämtliche verfügbaren Informationen bereits in den Preisen verarbeitet sind und mit zusätzlichem Analyseaufwand keine systematischen Überrenditen erzielt werden können, so

---

131 Vgl. NARAT (2001c), S. 197.

132 „Market Impact" bezeichnet die Abweichung des Transaktionspreises vom „fairen" Preis als Folge des tatsächlichen oder potenziellen Handels, vgl. PEROLD/SALOMON (1991), S. 32: Gestalten sich die Auswirkungen des geplanten Kaufs oder Verkaufs so negativ auf den Kurs, kommt vielfach der Auftrag nicht mehr zur Ausführung. Bei Handelsformen, die mit sog. „Market Makern" organisiert sind (alle Kauf- und Verkaufsaufträge werden hier mit einem Market Maker als Gegenpartei abgeschlossen, der wiederum zum ständigen Stellen von Quotes für die von ihm betreuten Handelsobjekte verpflichtet ist, vgl. GERKE (2002), S. 520), kann der Market Impact relativ einfach anhand der Änderung des Bid Ask Spread gemessen werden. In dem vom Market Maker gestellten Preis ist eine Risikoprämie enthalten, die implizit die Größe der Order einbezieht, die Liquidität des Titels, den potenziellen Einfluss noch nicht veröffentlichter Neuigkeiten sowie mögliche spezielle Informationen, die ausschließlich dem Transaktionswilligen bekannt sind, vgl. LOEB (1983), S. 40.

133 Diese transaktionsabhängigen Kosten können ein signifikantes Volumen erreichen, nach Schätzungen alleine durch durchschnittliche Portfolioumschichtungen jährlich 1% an Transaktionskosten, bei starkem Turnover des Fonds entsprechend mehr, vgl. MANN (2004), S. 90.

134 Vgl. NARAT (2003b), S. 22.

135 Vgl. z.B. GIL-BAZO/MARTÍNEZ (2003), S. 17.

dass sämtliche Kosten des aktiven Managements verschwendet sind.[136] Folgt man hingegen der Weiterentwicklung der Definition nach GROSSMAN/STIGLITZ (1980) zur Auflösung des sog. „Informationsparadoxons“[137], so sind Märkte informationseffizient, wenn nach Abzug der Informationskosten nicht systematisch positive Nettogewinne zu erzielen sind.[138] Die Kurse signalisieren dann nicht mehr vollständig alle Informationen, sondern sind „verrauscht“ – nur die Marktteilnehmer, also die Fondsmanager, die durch Übernahme entsprechender Kosten besser informiert sind, können Informationen vom „Rauschen“ in den Kursen unterscheiden und so einen Gewinn erzielen.[139]

Fondsgesellschaften müssen somit also Analysekosten in Kauf nehmen, um bewertungsrelevante Informationen zu identifizieren und nicht mit Underperformance gegenüber dem Markt und so mit Verlust abzuschneiden, sondern nach Möglichkeit durch mehr Informationen oder sophistiziertere Analysen ein besseres Ergebnis als andere Investoren oder Anlagegesellschaften zu erzielen.[140] Managementgebühren im Sinne der Informationsbeschaffung und Analyse sollten somit positiv mit der Performance eines Fonds korrelieren, die sonstigen „unproduktiven“ Verwaltungs- und Vertriebsgebühren sowie Transaktionsgebühren negativ. GOLEC (1996) kann diesen Nachweis führen,[141] MALKIEL (1995) findet zumindest einen unsignifikanten positiven Zusammenhang der Managementgebühren („Advisory Expenses“), der jedoch durch signifikant negative Effekte von Administrations- und Transaktionskosten („Nonadvisory Expenses“) überkompensiert wird.[142]

Andere Studien zeigen ein weniger klares Bild, insbesondere wenn diese Unterscheidung zwischen „produktiven“ und „unproduktiven“ Gebührenbe-

---

[136] Vgl. FAMA (1970), S. 383 sowie die Ausführungen zur Informationseffizienz in Fußnote 71.

[137] Wenn durch die Analyse von Informationen kein Investor Überrenditen zu erwarten hat, da diese im effizienten Markt „augenblicklich“ im Kurs berücksichtigt sind, wird er auch nicht bereit sein, hierfür Aufwand zu betreiben. Sammelt und verarbeitet jedoch kein Marktteilnehmer relevante Informationen, so stellt sich die Frage, wie diese (augenblicklich) in die Preisbildung eingehen können. Dieses Problem wurde in der Literatur unter der Bezeichnung „Informationsparadoxon“ behandelt, vgl. z.B. MÖHLMANN (1993), S. 69.

[138] Vgl. GROSSMAN/STIGLITZ (1980), S. 394; HIRTH/NEUS/SCHMID (1996), S. 135.

[139] Vgl. GROSSMAN/STIGLITZ (1980), S. 394.

[140] Vgl. PLESCHIUTSCHNIG (2000), S. 270.

[141] Vgl. GOLEC (1996), S. 146.

[142] Vgl. MALKIEL (1995), S. 568 ff.

standteilen nicht berücksichtigt wird oder aufgrund der Datenlage nicht möglich ist: Für Aktienfonds, die europaweit anlegen, weist PLESCHIUTSCHNIG (2000) einen schwach negativen Einfluss der Gebühren auf die Rendite von Fonds nach: Dabei entspricht die durchschnittliche Renditedifferenz zwischen den Portfolios von Fonds mit den höchsten und niedrigsten Gebühren in etwa der Differenz der Gebühren.[143] In der Untersuchung von GRUBER (1996) sind die Management Fees bei den Fonds mit der höchsten Performance in etwa so hoch wie die des Durchschnittfonds und niedriger als die der Fonds mit dem schlechtesten Ranking. Zudem steigen demnach die Gebühren bei den besseren Fonds langsamer als bei den schlechteren.[144]

Da sich der Analyseaufwand zur Gewinnung bewertungsrelevanter Informationen in den verschiedenen Märkten unterscheiden sollte, z.B. also zur Beurteilung kleiner ausländischer Nebenwerte für Research, Marktanalyse und Management, aber auch für Kauf und Abwicklung einzelner Werte mehr Aufwand betrieben werden muss als etwa bei inländischen Standardwerten, sollte die Gebührenhöhe stark vom jeweiligen Anlageziel des Fonds abhängen.[145] Für den spanischen Markt bestätigen dies GIL-BAZO/MARTÍNEZ (2003): Fonds, die in inländische Aktien investieren sind deutlich billiger als jene mit Fokus auf europäische oder internationale Werte.[146]

Einige Studien untersuchten explizit den Ausgabeaufschlag von Fonds. Vielfach wird argumentiert, dass durch Aufschläge eine hohe Volatilität in den Zu- und Abflüssen von Anlagegeldern vermieden und insbesondere längerfristige Investoren angelockt werden. So soll verhindert werden, dass eine zu große „technische Liquidität"[147] gehalten werden muss oder sogar Wertpapiere zu einem ungeplanten und somit ungünstigen Zeitpunkt verkauft werden müssen. Insofern sollte sich die Existenz von Aufschlägen positiv auf die Fondsperfor-

---

143 Vgl. PLESCHIUTSCHNIG (2000), S. 273f.

144 Vgl. GRUBER (1996), S. 796f.

145 Vgl. GIL-BAZO/MARTÍNEZ (2003), S. 10.

146 Die Autoren der Studie stellen dabei auch sicher, dass dies nicht lediglich auf unterschiedliche Investmentgesellschaften zurückzuführen ist, vgl. GIL-BAZO/MARTÍNEZ (2003), S. 14.

147 Hierunter wird die Liquidität verstanden, die Fonds halten müssen, um jederzeit den Rücknahmeverpflichtungen gegenüber Investoren nachkommen zu können, vgl. MÖHLMANN (1993), S. 128.

mance auswirken, zumal sie auch nicht dem Fondsvolumen entnommen werden und so nicht direkt zu Lasten der Performance wirken.[148]

Während CARHART (1997) sowie DROMS/WALKER (1994) für Fonds mit Aufschlägen eine im Durchschnitt signifikant schlechtere Performance als für solche ohne dokumentieren, stellt GRUBER (1996) fest, dass sich die Performance bei Fonds mit Ausgabeaufschlägen nicht von der ohne Aufschläge unterscheidet und unter zusätzlicher Berücksichtigung der Aufschläge und realistischen Halteperioden die Investoren von Fonds ohne Aufschläge bessergestellt sind.[149] In der Untersuchung europäischer Fonds von PLESCHIUTSCHNIG (2000) schneiden mittel- und langfristig Fonds mit Ausgabeaufschlägen leicht besser ab, kurzfristig liegen jedoch Fonds ohne Ausgabeaufschläge vorne.[150]

3.2.3 Studien zu Fondsvolumina

Besonderes Forschungsinteresse hat in der jüngeren Vergangenheit die Frage nach der optimalen Größe von Fonds erregt. Im Mittelpunkt standen dabei Untersuchungen, die erforschten, ob es ein Mindestvolumen oder auch ein Maximalvolumen für Fonds gibt und ob die Fondsgröße einen Effekt auf die Performance ausübt.

Allgemeiner Konsens ist, dass eine gewisse Fondsgröße wichtig ist, da sie (gemeinsam mit den Gebühren) direkt die Erträge einer Kapitalanlagegesellschaft bestimmt und diese nur so dauerhaft ihre Kosten decken kann.[151] Ebenso unumstritten ist, dass positive Skaleneffekte („Economies of Scale“) existieren, da Asset Management „eine extrem fixkostenintensive Industrie“[152] ist, und große Teile der Wertschöpfungskette, wie z.B. das Gehalt des Fondsmanagers, die notwendige Informationsbeschaffung, -aufbereitung und –bewertung (Research), die Depotverwahrung sowie weitere Overheadkosten

[148] Vgl. PLESCHIUTSCHNIG (2000), S. 274.
[149] Vgl. GRUBER (1996), S. 789.
[150] Vgl. PLESCHIUTSCHNIG (2000), S. 275f.
[151] Vgl. ZHAO (2005), S. 1369.
[152] MEYER (2006), S. 55.

volumenabhängig sind.[153] Positive Skalenerträge wurden in verschiedenen Studien nachgewiesen, wie etwa von PEROLD/SALOMON (1991), ALEXANDER/ JONES/NIGRO (1998) oder MALHOTRA/MARTIN/RUSSEL (2003), wenngleich manche Studien nur sehr geringe Skaleneffekte nachweisen, wie z.B. ZERA/ MADURA (2001), die errechnen, dass in ihrer Stichprobe für praktisch alle Größenklassen ein Fondswachstum von einem Prozent zu steigenden Fondsausgaben von 0,96% führt[154]. Wie POZEN (1998) betont, wirken Skaleneffekte zudem nicht linear, da oft mit Wachsen des Fonds zusätzliche Analysten und Portfoliomanager mit der Verwaltung betreut werden.[155] Daneben können auch die variablen Kosten, wie Transaktions- und Brokerage-Gebühren, mit der Größe des Fonds sinken.[156] GAO/LIVINGSTON/O'NEAL (2006) zerlegen die Kosten in die drei Bestandteile Managementvergütung, Marketingausgaben und „sonstige Ausgaben“ (wie z.B. Transaktionsgebühren, Kosten aus Veröffentlichungs- und Testierungspflichten etc.) und stellen dabei fest, dass nur bei letzteren „Economies of Scale“ nachweisbar sind; bei den anderen Kostenblöcken, die 70% ausmachen, jedoch praktisch nicht. Dies kann entweder daran liegen, dass keine positiven Skalenerträge existieren, diese durch gleichzeitig auftretende Diseconomies (über-)kompensiert werden oder dass sie schlicht nicht an den Anleger weitergegeben werden, sondern zur Steigerung des Gewinns beitragen.[157]

Wie BAUMOL et al. (1990) hervorheben, ist die Untersuchung von Skaleneffekten auf Fondsebene schwierig, da ein erheblicher Teil der Fixkosten aus Overheadkosten, wie den allgemeinen Managementfunktionen und unterstützenden administrativen Tätigkeiten besteht, also z.B. Unternehmensstrategie und Controlling, Rechnungswesen, Personal- oder Rechtsabteilung, aber auch Gebäude sowie beträchtliche IT-Kosten, deren jeweilige Zuteilung auf

---

153 Vgl. MEYER (2006), S. 55.

154 Vgl. ZERA/MADURA (2001), S. 251.

155 Vgl. POZEN (1998), S. 546.

156 Vgl. INDRO et al. (1999), S. 75.

157 Bei vielen Untersuchungen besteht die allgemeine Problematik darun, zu unterscheiden, ob Economies of Scale nicht existieren oder nur nicht nachweisbar sind, da sie nicht an den Investor weitergegeben werden. DERMINE/RÖLLER (1992) kontrollieren ihre Studie um diesen Effekt und können nachweisen, dass dies keinen Einfluss auf das Ergebnis ihrer Untersuchungen hat, vgl. ebd., S. 86, 91f.

einzelne Produkte problematisch ist.[158] Oftmals werden in den Fondsgesellschaften Kosten nicht verursachergerecht zugeordnet und z.T. werden zudem Leistungen von Muttergesellschaften erbracht, wobei kein klares „Transfer Pricing" definiert ist.[159] Dementsprechend konzentrieren sich zahlreiche Studien auf die Erforschung von Skalenerträgen auf Ebene der Fondsgesellschaften. Deren Nachweis erbringen neben BAUMOL et al. (1990) u.a. LATZKO (1999) und REA/REID/MILLAR (1999). ALEXANDER/JONES/NIGRO (1998) stellen fest, dass Economies of Scale für Anlagegesellschaften auf dem amerikanischen Markt bis zu einer Größe von ca. 10 bis 20 Mrd. Dollar existieren, COLLINS/MACK (1997) gehen von 20 bis 40 Mrd. Dollar aus, für die Skaleneffekte erzielbar sind; für den wesentlich kleineren französischen Markt ist dies nach der Studie von DERMINE/RÖLLER (1992) lediglich für KAG bis 2,9 Mrd. FF, also knapp 450 Mio. Euro der Fall.[160] Steigen die verwalteten Volumina darüber hinaus, kommt es zu konstanten oder sogar sinkenden Skalenerträgen,[161] die auch MEYER (2006) für europäische Fondsgesellschaften nachweist.[162]

Auf Ebene der Fondsgesellschaft bestehen neben Skaleneffekten auch Verbundeffekte („Economies of Scope"), die im Gegensatz zu ersteren nicht durch die Erhöhung der verwalteten Fondsvolumina, sondern der Zahl der von einem Anbieter aufgelegten Fonds entstehen.[163] ALEXANDER/JONES/NIGRO (1998) zeigen in ihrer Studie, dass Gesellschaften, die nur eine Art von Fonds anbieten, durch Ergänzung ihres Produktspektrums hohe Kosteneffizienzen realisieren können. Nach der Untersuchung von ZERA/MADURA (2001) spielen Economies of Scope insbesondere bis zu einer Zahl von 20 Fonds eine Rolle und DERMINE/RÖLLER (1992) kommen in ihrer Untersuchung zu dem Schluss, dass

---

158 Vgl. BAUMOL et al. (1990), S. 194; MEYER (2006),S. 100f.

159 Vgl. MEYER (2006), S. 110f. Erst in den letzten Jahren setzte sich die Forderung nach einer stärkeren Transparenz auf der Kosten- und Gebührenebene durch, was zu „entsprechende[n] Bemühungen zur Entflechtung von Kosten und leistungsgerechter Verrechnung" führte, MEYER (2006), S. 111.

160 Die Größe der KAG im Datensatz rangierte von 100 Mio. FF bis 153 Mrd. FF, vgl. DERMINE/RÖLLER (1992), S. 85.

161 Vgl. DERMINE/RÖLLER (1992), S. 88f.

162 Vgl. MEYER (2006), S. 140.

163 Vgl. KRÄKEL (2002), Sp. 1912f.

für kleinere Fondsgesellschaften[164] Verbundeffekte essenziell sind, da ihre Kosten doppelt so hoch wären, wenn sie in einzelne Sparten aufgespaltet würden. Sie betonen aber gleichzeitig, dass für sehr große Fondsgesellschaften sog. „Diseconomies of Scope" entstehen, also negative Verbundeffekte.[165]

Die Diseconomies of Scale und Scope auf KAG-Ebene sind im Wesentlichen auf die mit der Größe zunehmenden Komplexitätskosten sowie auf einen höheren Bürokratie- und Koordinationsaufwand zurückzuführen.[166] Zudem kommt das Wachstum der Fondsgesellschaften international, aber auch in den Heimatmärkten oft durch den Zukauf anderer (kleinerer) Fondsanbieter zustande, was zum einen die Komplexität zusätzlich treibt, zum anderen häufig mit einer „mangelnden Integration"[167] einhergeht, so dass viele mögliche Kostensynergien im Middle- und Back-Office sowie im Vertrieb nicht gehoben werden.

Doch nicht nur auf Ebene der Fondsgesellschaft, sondern auch auf der des einzelnen Fonds stehen Diseconomies zunehmend im Mittelpunkt der Forschung. Ein erstes Indiz dafür, dass es ein „Maximalvolumen" bei Aktienfonds geben kann, welches nicht überschritten werden sollte, ist die Schließung von Fonds für neue Mittel,[168] wie dies z.B. beim Magellan-Fonds von Fidelity oder dem Vanguard Primecap Fund[169] Ende der 90er Jahre praktiziert wurde.[170]

---

164 Als Größenordnung nennen DERMINE/RÖLLER (1992) hier ein Volumen von 1,3 Mrd. FF, also ca. 200 Mio. EUR, vgl. ebd., S. 89.

165 Der Untersuchung zufolge trifft dies für KAG mit mehr als 5,2 Mrd. FF, ca. 800 Mio. EUR, zu, vgl. DERMINE/RÖLLER (1992), S. 89. Die Tatsache, dass es solche Gesellschaften gibt, die unter Diseconomies of Scope operieren, deutet darauf hin, dass „this young industry has not yet reached a mature competitive equilibrium", ebd. S. 89.

166 CHEN et al. (2004) nennen diese Effekte „Organizational Diseconomies", vgl. ebd. S. 1294. Neben höheren Gehältern, die i.d.R. größere Fondsgesellschaften zahlen bzw. für Manager größerer Fonds gezahlt werden, müssen zudem mit wachsender Größe einer Fondsgesellschaft zusätzliche Strukturen geschaffen werden, und es entsteht höherer Aufwand, neue Mitarbeiter zu rekrutieren, auszubilden und ins Team zu integrieren, vgl. ebd. S. 1298.

167 MEYER (2006), S. 141.

168 Vgl. MALHOTRA/MARTIN/RUSSEL (2003), S. 4.

169 Der Magellan verwaltete bei seiner Schließung für neue Mittel 1997 ein Volumen von 72 Mrd. USD, während 1998 beim Vanguard Primecap Fund bereits bei rund 10 Mrd. USD keine weiteren Zuflüsse zugelassen wurden, vgl. O.V. (1998), S. 53. Ein anderes Beispiel ist die Schließung des Fidelity Contrafund im April 2006 bei einem Volumen von knapp 64 Mrd. USD, vgl., O.V. (2006d), S. 19. Z.T. nutzen Fondsgesellschaften offensichtlich

INDRO et al. (1999) zeigt auch, dass die marginalen Erträge jenseits einer optimalen Größe, die die Kosten für Informationsbeschaffung und Processing decken können, negativ werden, was insbesondere durch die steigenden Transaktionskosten bedingt ist. Diese entstehen nach PEROLD/SALOMON (1991) vor allem durch den höheren „Market Impact“[171] großer Orders bzw. steigenden Opportunitätskosten, wenn dieser Markteinfluss durch sukzessives Platzieren kleinerer Orders abgemildert werden soll. Die Kosten aus dem steigenden Market Impact können die direkten Transaktionskosten – bei denen Economies of Scale erzielt werden – um ein Vielfaches übersteigen, so dass dadurch der komplette Vorteil aus den Selektionsfähigkeiten[172] eines Fondsmanagers zunichte gemacht werden kann.[173] In ihrer Untersuchung der Skaleneffekte, die in den Handelskosten (d.h. Kommissionen und Courtagen, Spread und Market Impact) begründet liegen, kommen EDELEN/EVANS/KADLEC (2007) zu dem Schluss, dass die Fondsgröße keine Rolle spielt, solange das

---

diese Schließung für neue Mittel auch als Marketingeffekt, um im „Schlussverkauf“ zusätzliche Mittel anzuziehen, vgl. o.V. (2006h), S. 50.

170 ZHAO (2004) weist jedoch nach, dass die Schließung keinen Einfluss auf die Performance hat. MANAKYAN/LIANO (1997) zeigen sogar, dass eine solche Schließung nicht den gewünschten Effekt hat, die Performance des Fonds stabil zu halten, sondern, dass diese sich im Gegenteil nach der Schließung verschlechtert, vgl. MANAKYAN/LIANO (1997) S. 263. Daraus kann gefolgert werden, dass entweder nach einer Schließung die implementierten Prozesse, Richtlinien und Instrumente nicht mehr in gleicher Weise funktionieren, z.B. die Anreizszenarien, wie etwa das Mittelaufkommen als Erfolgsmaßstab, oder aber, dass es für eine Schließung andere Gründe gibt, als entstehende Diseconomies abzufedern. So ist nach ZHAO (2004) ein Haupteffekt, dass andere Fonds der Gesellschaft von der Schließung profitieren, da dann vermehrt Mittel in diese investiert werden (sog. „Spillover Effects“); dies umso mehr, als die Schließung für neue Mittel als Zeichen erfolgreicher Fondsgesellschaften angesehen wird und aufgrund ihrer Seltenheit sehr öffentlichkeitswirksam ist, vgl. ZHAO (2004), S. 1885.

171 Letzteres bezeichnet die Abweichung des Transaktionspreises vom „fairen“ Preis als Folge des tatsächlichen oder potenziellen Handels, insbesondere durch hohes Ordervolumen, vgl. PEROLD/SALOMON (1991), S. 32.

172 Die Leistung eines Fondsmanagers kann in Selektionsfähigkeit („Selectivity“) und Timingfähigkeit („Market Timing“) aufgespaltet werden, vgl. FAMA (1972), S. 551. Erstere bezieht sich auf die Fähigkeit, auf Grundlage eines Bewertungsmodells über- oder unterbewertete Wertpapiere zu identifizieren, was auch als „Microforecasting“ bezeichnet wird; Market Timing benennt die Fähigkeit, die Höhe künftiger Marktüberschussrenditen zu prognostizieren und entsprechend das Portfolio-Beta zu verändern; vgl. ZIMMERMANN/ZOGG-WETTER (1992), S. 134.

173 Vgl. STOLL (1993).

relative Handelsvolumen[174] klein bleibt. Während bei Fonds mit kleinem Handelsvolumen positive Skalenerträge bestehen, sind diese bei großem Volumen negativ.[175] Fondsmanager sollten also nur in einem Umfang handeln, bis die marginalen Kosten der Transaktion aufgrund der Diseconomies dem marginalen Mehrwert entsprechen. Nach den empirischen Untersuchungen von EDELEN/EVANS/KADLEC (2007) handeln Fondsmanager jedoch weit über diesen Optimalpunkt hinaus, was neben möglichen mangelnden Fähigkeiten der Fondsmanager zum einen an Mittelzuflüssen liegen kann,[176] die investiert werden müssen. Zum anderen kann dies in sog. Agency-Kosten, insbesondere „Soft Dollars“ begründet liegen. Darunter versteht man die (zumindest in den USA weit verbreitete[177]) Praxis, dass mit den Kommissionen, die für (zu häufiges) Handeln gezahlt werden, neben den eigentlichen Transaktionen weitere Dienstleistungen „im Bündel“ bezogen werden, wie etwa Research-Informationen, Vertriebsunterstützung oder anderweitige Kostenerstattungen. Dadurch besteht für Fondsmanager ein Anreiz zu Handelsvolumina, die das Optimum übersteigen.[178]

Für ein maximal sinnvolles Fondsvolumen spricht auch, dass große Fonds zunehmend an Flexibilität verlieren: Für sie ist es schwerer, ihr Portfolio umzuschichten und die Ausführung von Käufen und Verkäufen dauert länger, so dass sich der „Tracking Error“[179] zur gewünschten Strategie vergrößert. Das

---

174 Das relative Handelsvolumen definieren sie als durchschnittliches Handelsvolumen des Fonds im Vergleich zum durchschnittlichen Handelsvolumen aller Fonds in demselben Anlagesegment.

175 1 USD Handelskosten führt im ersten Fall zur Erhöhung des Fondsvermögens um 0,4 USD, bei großem relativem Handelsvolumen zu einer Verringerung um 0,8 USD, vgl. EDELEN/EVANS/KADLEC (2007) S. 2.

176 Nach EDELEN (1999) sind durchschnittlich rund 30% der Handelsaktivitäten durch Zu- und Abflüsse bedingt, vgl. ebd. S. 448–450.

177 Zur Verbreitung von „Soft Dollars“ vgl. Conrad/Johnson/Wahal (2001), S. 398–400; auch im europäischen Asset Management wird diese Praxis „durchaus angewandt“, MEYER (2006), S. 32.

178 Vgl. EDELEN/EVANS/KADLEC (2007), S. 26–28.

179 Der „Tracking Error“ bezeichnet die Abweichung der Performance eines Fonds von der Benchmark und wird i.d.R. zur Beurteilung einer passiven Anlagepolitik verwendet, vgl. GERKE (2002), S. 775.

heißt, große Fonds können weniger effizient ihre Anlageziele verfolgen, wie BECKERS/VAUGHAN (2001) für den australischen Markt zeigen.[180]

Möglicherweise muss sich mit der Größe des Fonds auch die Strategie des Fondsmanagers ändern. So fallen etwa ab einer gewissen Fondsgröße Unternehmen mit einer geringen Marktkapitalisierung automatisch aus dem Anlagespektrum, bzw. sie können diese im Gegensatz zu kleineren Fonds zumindest nicht übergewichten.[181] Damit diese Titel im Fonds einen Effekt erzielen, müsste ein so hoher Anteil in das Portfolio aufgenommen werden, dass ein späterer Verkauf schwierig oder nur mit sehr hohen Abschlägen möglich wäre.[182] Da gerade bei kleinen, unbekannteren Unternehmen mit entsprechendem Research-Aufwand Informationsvorteile realisiert werden können, sind somit große Fonds von manchen interessanten Investitionsobjekten ausgeschlossen.[183] Zudem erweckt ein großer Fonds wesentlich mehr Aufmerksamkeit, daher werden seine Aktivitäten und insbesondere die Zusammensetzung seines Portfolios[184] sehr viel genauer analysiert, als dies bei kleinen Fonds der Fall ist. Dadurch wird es schwieriger, die Preisgabe von Informationen zu vermeiden und ggf. Informationsvorsprünge zu schützen und zu realisieren. Es kann im Übrigen argumentiert werden, dass die Komplexität eines großen Portfolios (d.h. i.d.R. einer größeren Anzahl von Wertpapieren) stark ansteigt, so dass ähnlich wie auf Ebene der Fondsgesellschaft „Organizational

---

[180] Besonders deutlich zeichnet sich dies bei Fonds ab, die eine aggressivere Strategie verfolgen und auf Wachstumswerte setzen, vgl. BECKERS/VAUGHAN (2001), S. 14–16.

[181] Vgl. BECKERS/VAUGHAN (2001), S. 11.

[182] Bei einem der größten deutschen Fonds, dem DWS Vermögensbildungsfonds I mit rund 7,3 Mrd. Euro Fondsvermögen Ende 2005, wird z.B. eine Marktkapitalisierung von mindestens 700 Mio. Euro für Anlageobjekte erwartet, vgl. O.V. (2006e), S. 19.

[183] Vgl. INDRO et al. (1999), S. 75. Für diese Argumentation spricht auch, dass der Studie von DRACHTER/KEMPF/WAGNER (2007) zufolge Manager kleiner Fonds, die Hintergrundgespräche mit dem Management ihrer Anlageziele als wichtige Quelle erachten, besser abschneiden als Manager kleiner Fonds, die diesen Informationen keine hohe Bedeutung zuweisen; bei großen Fonds können Manager, die direkte Gespräche nutzen, jedoch keine vergleichsweise bessere Performance erzielen, vgl. ebd., S. 62.

[184] Dies ist nur möglich, soweit die Zusammensetzung eines Portfolios, etwa zu Berichtsstichtagen, veröffentlicht wird und sofern hier kein „Window Dressing" betrieben wird – hiermit wird in der Asset-Management-Branche das Verhalten von Fondsmanagern bezeichnet, kurz vor (und ggf. nach) den Berichtsstichtagen ihr Portfolio umzuschichten, um die wahre Zusammensetzung ihres Portfolios zu verschleiern. I.d.R. werden Aktien, die sich schlecht entwickelt haben, durch solche mit guter Vergangenheitsperformance ersetzt, vgl. O'NEAL (2001), S. 1.

Diseconomies" entstehen[185] und durch den steigenden administrativen Aufwand und die zu beherrschende Komplexität die Fondsverwaltung leidet.[186]

Die aufgezeigten Probleme großer Fonds können ebenfalls zu Nachteilen bei der Performance führen; die wissenschaftlichen Untersuchungen gelangen hier zu unterschiedlichen Ergebnissen. Während DROMS/WALKER (1996) keinen signifikanten Zusammenhang nachweisen können, belegen SHUKLA/VAN INWEGEN (1995), CHEN et al. (1992) sowie PLESCHIUTSCHNIG (2000) für europäische Fonds[187] eine positive Korrelation zwischen Fondsvolumen und Performance, wobei letzterer die Problematik betont, dass eine positive Performance des Fonds automatisch zur Steigerung seiner Größe beiträgt und dies u.U.[188] zu einem verstärkten Zufluss neuer Mittel führt.[189] Eine negative Korrelation weisen hingegen u.a. die Studien von CARHART (1997) und MEYER (2006)[190] nach und BECKERS/VAUGHAN (2001) zeigen, dass sich die Performance mit wachsendem Fondsvolumen sehr schnell verschlechtert. Im Umkehrschluss belegt ZHENG (1999), dass Geld, das in kleine Fonds fließt, eher Überrenditen erzielen kann als bei seiner Investition in große Fonds. SAWICKI/FINN (2002) kommen zu dem Ergebnis, dass „kleine" Fonds[191] überdurchschnittlich oft zu den Fonds mit der besten und ebenso selten zu jenen mit schlechter Performance gehören. ELTON/GRUBER/BLAKE (1996b) zeigen jedoch, dass die Ergebnisse einiger Studien möglicherweise durch den Effekt des „Survivorship Bias"[192] verzerrt sind: Berücksichtigen sie diesen in ihrer

---

185 Vgl. CHEN et al. (2004), S. 1294f.

186 Vgl. INDRO et al. (1999), S. 75.

187 Vgl. PLESCHIUTSCHNIG (2000), S. 277.

188 Vgl. Abschnitt 4.2.1.1.3 der vorliegenden Arbeit.

189 Vgl. PLESCHIUTSCHNIG (2000), S. 277.

190 Bei der Studie von MEYER (2006) besteht die negative Relation von Fondsgröße und Performance jedoch nur bei Berücksichtigung des Risikos. Wird dieses außer Acht gelassen, tritt ein positiver Zusammenhang auf, vgl. ebd. S. 164.

191 Die Ergebnisse gelten unabhängig davon, ob Fonds mit einem Volumen von unter 50 Mio. USD, unter 100 Mio. USD oder unterhalb des Medians als „klein" definiert werden, vgl. SAWICKI/FINN (2002), S. 843.

192 Unter dem „Survivorship Bias" versteht man die Verzerrung bei der Performancemessung, die dadurch entsteht, dass nur „überlebende" Fonds in eine Untersuchung eingehen, während aufgelöste bzw. fusionierte unberücksichtigt bleiben. Geht man von konsistenten Gründen für die Liquidierung der Fonds aus (etwa inferiore Performance), kommt es zu einer systematischen Verzerrung (Überschätzung) der Performance in der Stichprobe, vgl. ZIMMERMANN (2000), S. 1.

Untersuchung nicht, so schneiden kleine und große Fonds in etwa gleich gut ab – mit einem leichten Vorteil für kleine. Untersuchen sie hingegen den unverzerrten Datensatz, so ist die Leistung der kleinen Fonds sehr viel schlechter. Dies ist den Autoren zufolge darauf zurückzuführen, dass ein größerer Prozentsatz von Fonds mit geringem Volumen – verglichen mit solchen großen Volumens – aufgelöst oder fusioniert wird.

3.3 Studien zum Erfolg von Fondsgesellschaften

Der überwiegende Teil der Studien im Bereich des Fondswesens beschäftigt sich mit dem Produkt „Fonds" selbst, nur bei sehr wenigen Forschungsarbeiten stehen die Fondsgesellschaft an sich, deren Strategie und Erfolg im Mittelpunkt der Forschung. In der Regel wird lediglich darauf verwiesen, dass die Erträge einer KAG durch einen prozentualen Gebührensatz des Volumens der Einzelfonds bestimmt werden und daher direkt proportional zu diesen sind.[193] Ein Grund für die bislang geringe Erforschung der Unternehmensebene liegt in der sehr eingeschränkt zugänglichen Datenbasis, da – insbesondere in Europa – die meisten Fondsgesellschaften Teil eines Finanzdienstleisters wie eines Bank- oder Versicherungskonzerns sind.[194] Da aber die Auflösung von Fonds eine der zentralen Managemententscheidungen einer Anlagegesellschaft ist, kann eine nähere Betrachtung der Erfolgsfaktoren wichtige Erkenntnisse liefern, weshalb im Folgenden die Ergebnisse dreier Studien dargestellt werden.

Um das Problem der Datenverfügbarkeit zu lösen, untersucht MEYER (2006) die Treiber des ökonomischen Erfolgs anhand eines kombinierten Datensatzes aus Befragungen und Produktdaten von 85 europäischen Fondsgesellschaften zwischen 1998 und 2001. Die Studie zeigt, dass die Größe der Fondsgesellschaft negativ mit der Profitabilität korreliert ist, da die positiven Skaleneffekte aufgrund der Komplexität und fehlender Hebung von Kostensynergien bei Integrationen durch negative überkompensiert werden. Der Autorin zufolge ist dies jedoch den wenigsten Verantwortlichen in den Fonds-

---

193 Vgl. CHEVALIER/ELLISON (1997), S. 1182.

194 Vgl. MEYER (2006), S. 12; PORTER (1980), S. 41.

gesellschaften bewusst: Bei einer Befragung gaben 84% der Teilnehmer einer CEO-Konferenz an, sie gingen durchgängig von Economies of Scale aus. Unabhängig von Skaleneffekten sind mittelgroße Fondsanbieter besonders unprofitabel und in Porters Terminologie „Stuck in the Middle“[195]: Sie verfügen nicht über die Vorteile der Spezialisierung kleiner Fondsgesellschaften, die sich als regionale Gesellschaften oder Nischenanbieter mit besonders innovativen oder einkommensstarken Produkten abgrenzen und profitieren in geringerem Maße von positiven Skalenerträgen als die großen „Spieler“. Die Untersuchung zeigt, dass im europäischen Umfeld bank- oder versicherungszugehörige Fondsgesellschaften unter einem signifikanten Profitabilitätsnachteil gegenüber unabhängigen Anbietern leiden, was auf deren „weitgehende Fokussierung auf ihre Kernkompetenzen“[196] zurückzuführen ist. Erwartungsgemäß hat die durchschnittliche Rendite der einzelnen Fonds einen signifikant positiven Einfluss auf die Profitabilität der Anlagegesellschaft – ihre Bedeutung wird der Untersuchung zufolge jedoch weithin überschätzt. Fondsgesellschaften, deren „Marketing & Sales“-Aufwand einen hohen Prozentsatz der Gesamtkosten darstellen, sind der Studie nach profitabler, da sich die Fondsbranche immer mehr zu einem Käufermarkt mit sehr kurzfristig getroffenen und revidierten Investitionsentscheidungen entwickelt. Dabei liegt Deutschland im europäischen Vergleich noch vor Großbritannien an der Spitze der relativen Marketingausgaben: Bei knapp einem Viertel der KAG im Untersuchungsumfang lag deren Anteil an den Gesamtkosten über 40%, bei fast weiteren 60% der Befragten lag die Quote über 20%.[197]

Einen anderen Ansatz wählt die amerikanische Studie „Valuing Mutual Fund Companies“ von BOUDOUKH et al. (2003): Sie untersucht die Bewertung von Aktienfonds an sich, d.h. also nicht den Wert des investierten Portfolios, sondern den Barwert der generierten Gebühren. Dieser bestimmt sich aus dem gegenwärtigen Wert der verwalteten Mittel, der Volatilität dieses Fonds-

---

195 MEYER (2006), S. 169.

196 MEYER (2006), S. 145. Möglicherweise ist dies jedoch auch auf nicht marktgerechte Transferpreise für Leistungen zwischen Fondsgesellschaft und Mutterkonzern zurückzuführen bzw. darauf, dass u.a. aus steuerlichen Gründen viele Finanzkonzerne „sogar bemüht [sind], keine oder nur geringe Gewinne bei den Fondsleitungsgesellschaften anfallen zu lassen“ BINDERHEIM (1999), S. 85.

197 Vgl. MEYER (2006), S. 28f., 111, 159f.

volumens sowie den Fondscharakteristika, wie etwa Höhe der Gebühren, Alter des Fonds, Anlagekategorie und Bestimmungsfaktoren der Fondszuflüsse und -abflüsse. In einem theoretischen Modell bilden die Autoren die Zahlungsströme der Gebühren und ihre Einflussfaktoren ab. Dabei weisen sie nach, dass die Wachstumsrate der Mittelzuflüsse positiv mit dem Wert des Fonds korreliert ist, ein schnelleres Wachstum des Mittelaufkommens also zu einem höheren Barwert der Gebühren führt. Anhand ihres Modells zeigen BOUDOUKH et al. (2003) außerdem, dass je nach Länge des Betrachtungszeitraums eine Erhöhung des Gebührensatzes[198] den Wert eines Fonds steigen oder sinken lassen kann. Kurzfristig steigert ein höherer Prozentsatz der Managementgebühren zwar die Erträge, die dem Fonds zufließen. Da die Gebühren direkt dem Fondsvermögen entnommen werden, hat dies gleichzeitig einen negativen Effekt auf den Wert des Portfolios, was – entsprechende Sensitivität zwischen Zuflüssen und Rendite vorausgesetzt – auch zu einem Sinken der Wachstumsrate (also der relativen Zuflüsse in den Fonds) führen kann, die langfristig wiederum wesentlich für die zukünftigen Gebühreneinnahmen des Fonds verantwortlich sind. Zudem wirkt die Erhöhung der Gebühren der Studie zufolge auch direkt negativ auf die Fondszuflüsse. Für den Barwert des Fonds wäre daher bei einem längeren Betrachtungszeitraum ein schnelleres Wachstum des Fonds (bei einem niedrigeren Gebührensatz) zu Ungunsten der gegenwärtigen Gebühreneinnahmen besser. Bei der Anwendung ihres Modells auf einen Datensatz für US-amerikanische Aktienfonds der Jahre 1970 bis 2002 kommen sie zu der Erkenntnis, dass das Fondsalter bei weitem den größten Einfluss auf die Wachstumsrate der Mittelzuflüsse hat. Gleichzeitig wirkt sich auch die Vergangenheitsperformance positiv auf die Mittelzuflüsse aus; die diesbezügliche Sensitivität nimmt hingegen mit der Größe des Fonds und dem Alter ab. Bei alten Fonds liegt also eine viel geringere Sensitivität bez. der Rendite vor und sie schrumpfen i.d.R. Zudem wird das Nettomittelaufkommen mit zunehmendem Alter sehr viel vorhersehbarer, die Volatilität der Zuflüsse sinkt und wird im Wesentlichen nur durch „Rendite-Schocks" beeinflusst. Bei jungen Fonds hingegen besteht eine sehr viel größere Volatilität der

[198] Betrachtet werden hier ausschließlich laufende Verwaltungsgebühren; aus Vereinfachungsgründen werden Ausgabeaufschläge etc. vernachlässigt, vgl. BOUDOUKH et al. (2003), S. 31.

Zuflüsse, was sich zugleich auf die Volatilität des Barwertes der Fonds auswirkt. In der empirischen Untersuchung zeigt sich auch, dass die jährlichen Gebühren negativ mit dem Wachstum des Fonds korreliert sind, jedoch positiv mit der Sensitivität der Fondszuflüsse bezüglich der Performance: Fonds mit höheren Gebühren sollten somit aktiver verwaltet und vermarktet werden, so dass Investoren hier stärker auf die Leistungen der Vergangenheit achten. Die beschriebenen Zusammenhänge sind über alle untersuchten Fondskategorien nachweisbar, lediglich die Stärke des Effekts differiert. Zusammenfassend kann somit festgehalten werden, dass für den Erfolg eines Fonds – also eine hohe Bewertung im Sinne des Barwerts der Gebührenströme – ein schnelles Wachstum des verwalteten Vermögens sowie eine hohe Steigerungsrate der Fondszuflüsse entscheidend ist.[199]

Einen komplett anderen, näher an der Produktebene angesiedelten Ansatz, wählen KRAHNEN/SCHMID/THEISSEN (2006), die den Marktanteil von Fonds untersuchen, was in gewisser Weise auch als Erfolgsmaß einer KAG interpretiert werden kann. Für den deutschen Markt prüfen sie insbesondere, welche Auswirkung die Rendite[200] auf den Markterfolg ausübt, können jedoch keinen signifikanten Einfluss nachweisen, obwohl die Performance der Fonds stark untereinander und im Zeitablauf variiert. Die Autoren führen dies im Wesentlichen auf den von ihnen gewählten Untersuchungszeitraum Ende 1986 bis 1998[201] zurück, in dem Publikumsfonds in Deutschland noch in den Kinderschuhen steckten und der Fondsvertrieb fest durch die Vertriebsnetzwerke der Universalbanken (die im Konzern- bzw. Genossenschafts- oder Sparkassenverbund mit den Kapitalanlagegesellschaften der untersuchten Fonds stehen) gesteuert wurde – anders als in den wesentlich wettbewerbsintensiveren USA, wo der untersuchte Effekt auch nachweisbar war. Somit beruhte also der Erfolg einer Fondsgesellschaft auf der Struktur und der damit verbundenen Strategie und weniger auf ihren Produkten bzw. deren Ausgestaltung.

---

199 Vgl. BOUDOUKH et al. (2003), S. 27.

200 Hierbei wird die vom Investor erwartete künftige Rendite auf Basis der vergangenen Rendite verwendet, vgl. KRAHNEN/SCHMID/THEISSEN (2006), S. 476f.

201 Die Untersuchung umfasst 13 Fonds, die in deutsche Aktien investieren. Diese verwalten am Ende des Untersuchungszeitraums 1998 61% des entsprechenden Marktes – zu diesem Zeitpunkt waren 456 Fonds aufgelegt – lassen damit aber auch einen wesentlichen Teil des Marktes unberücksichtigt, beziehen also weder Neuauflagen noch Schließungen mit ein, vgl. KRAHNEN/SCHMID/THEISSEN (2006), S. 471, 473–475.

3.4 Studien zur Auflösung von Fonds

Im Gegensatz zu den USA ist in den meisten europäischen Ländern (mit Ausnahme des Vereinigten Königreiches (UK)) die Auflösung aufgrund der geringen Zahl an Fonds insgesamt – und damit auch der liquidierten – ein relativ neues Phänomen und hat bis Mitte der 90er Jahre praktisch keine Rolle gespielt.[202] Um einen aussagekräftigen Datensatz generieren zu können, musste zunächst eine genügend große Anzahl aufgelöster Fonds sowie eine hinreichend lange Zeitreihe zur Verfügung stehen. Da dies erst seit Anfang des neuen Jahrtausends der Fall ist, liegt in Deutschland ebenso wie in Kontinentaleuropa bislang keine dementsprechende wissenschaftliche Untersuchung vor. Doch auch international und insbesondere in den USA ist die Auflösung von Fonds ein wenig erforschter Bereich; Fragestellungen, die die Performance betreffen, werden in einigen Studien bei der Erforschung des „Survivorship Bias" thematisiert. Lediglich vier Studien, die zunächst vorgestellt werden, widmen sich in ihrer Gesamtheit aufgelösten oder fusionierten[203] Fonds. Im Anschluss soll ein Überblick über Erkenntnisse weiterer Studien gegeben werden, die sich in Nebenbetrachtungen oder mit einzelnen Aspekten der Fondsauflösung befassen.

Für den amerikanischen Markt analysiert ZHAO (2005) zwischen 1992 und 2001 Gemeinsamkeiten und Unterschiede zwischen Fonds[204], die aufgelöst (828 Fonds) bzw. innerhalb (757) oder außerhalb (451) der Fondsfamilie mit einem anderen Fonds fusioniert werden.[205] In allen drei Fällen haben die Fonds kleinere Volumina und geringere Mittelzuflüsse als der Durchschnitt der Fondspopulation. Jüngere Fonds mit dem jeweils geringsten Volumen werden liquidiert, während ältere, größere Fonds i.d.R. fusioniert werden. Zudem werden Fonds, deren Anlageziel einzigartig innerhalb der Anlagegesellschaft ist, eher aufgelöst oder mit Fonds außerhalb der KAG fusioniert, um den entspre-

---

202 Vgl. PLESCHIUTSCHNIG (2000), S. 137.

203 Im Gegensatz zu Deutschland gab es in den meisten Ländern, insbesondere in den USA, keine Einschränkung zur Fusionierung von Fonds, so dass diese Möglichkeit dort meist im Mittelpunkt der Betrachtung steht.

204 Untersucht werden Aktien-, Renten- und Mischfonds.

205 Die Grundgesamtheit bildet dabei ein Datensatz von rund 7.500 Fonds, die durch z.T. mehrere (im Ausnahmefall bis zu acht) Anteilsklassen knapp 16.000 Einzelfonds ausmachen.

chenden Aufwand für spezialisiertes Research und Marketing zu sparen, sich auf einzelne Bereiche zu fokussieren bzw. durch die Fusion einen hinreichend großen Marktanteil zu erreichen. Ein Indiz hierfür ist u.a. die Tatsache, dass bei aufgelösten Fonds deutlich höhere Gebühren erhoben werden als bei überlebenden mit gleichem Anlageziel. Außerdem spielt auch die Größe der Fondsgesellschaft eine Rolle für Fusionen: Große Gesellschaften profitieren demnach am meisten in ihrer Reputation, wenn sie Fonds mit schlechtem Image, d.h. inferiorer Performance, eliminieren. Die Performance des Fonds an sich übt jedoch lediglich bei der Auflösung einen klar signifikant negativen Einfluss aus, nur z.T. hingegen bei der Fusion von Fonds.

CAMERON/HALL (2003) untersuchen 247 australische Investmentfonds zwischen 1980 und 1999 (wovon 88 aufgelöst oder verschmolzen wurden) und finden dabei eine konkave „Gefährdungsfunktion", die ihr Maximum nach fünf bis sechs Jahren aufweist. 25% der Fonds werden nach rund sechs Jahren, 50% nach zwölf Jahren eingestellt. Zudem stellen die Autoren fest, dass für die Entscheidung zur Auflösung Überrenditen wichtiger sind als absolute. Eine größere Volatilität der Renditen und höhere Renditewerte führen in der Studie zu einer geringeren Auflösungswahrscheinlichkeit, positive Ausschläge in der Performance haben dabei einen stärkeren Einfluss als negative. Volumina und Gebühren von Fonds bleiben in der Untersuchung aufgrund mangelnder Datenverfügbarkeit jedoch unberücksichtigt.

In einer dritten Studie betrachten JAYARAMAN/KHORANA/NELLING (2002) die Fusion von knapp 750 US-Fonds im Zeitraum 1994 bis 1997. Dabei stellen sie fest, dass vor der Zusammenlegung die „aufnehmenden" Fonds signifikant höheres Volumen, bessere Performance (zumindest bei Fusionen innerhalb einer Gesellschaft), höhere Zuflüsse und niedrigere Gebühren im Vergleich zu den „Zielfonds" kennzeichnet. Die Performance der aufgenommenen Fonds steigt, die der aufnehmenden sinkt nach der Fusion – die ursprünglichen Investoren des aufgenommenen Fonds profitieren also, zumal für sie auch die Gebühren nach dem Merger sinken. Zwei Jahre danach gehen aber auch die Gebühren in dem neu entstandenen Fonds nach unten, was auf die dann realisierten Economies of Scale in der Fondsadministration zurückzuführen sein könnte. Die beschriebene Entwicklung der Performance und Gebühren ist bei Fusionen innerhalb einer Fondsgesellschaft stärker ausgeprägt als bei der

Verschmelzung von Fonds unterschiedlicher Kapitalanlagegesellschaften. Generell weisen sowohl „Zielfonds“ als auch „aufnehmende“ Fonds im Jahr vor dem Merger netto Mittelabflüsse auf, die sich nach dem Wirksamwerden der Fusion noch verstärken und dabei höher ausfallen als bei den Vergleichsfonds in demselben Anlagesegment. Die Wahrscheinlichkeit einer Fusion korreliert negativ mit dem Volumen und positiv mit der Höhe der Gebühren. Der Grund für Fusionen innerhalb einer Kapitalanlagegesellschaft scheint der Wunsch zu sein, die Angebotspalette um Fonds mit schlechter Performance und hoher Kostenstruktur zu bereinigen; insbesondere Anbieter mit einer großen Zahl an Fonds und vielen verschiedenen Anlagekategorien neigen hierzu, um ihre Reputation zu erhöhen. Diese Fondsanbieter sind seltener in Zusammenlegungen von Fonds unterschiedlicher Gesellschaften involviert – bei diesen Fusionen stehen eher strategische Gründe im Vordergrund.

Für das Vereinigte Königreich führen LUNDE/TIMMERMANN/BLAKE (1999) eine umfangreiche Untersuchung aufgelöster Fonds der Jahre 1972 bis 1995 durch. Ihr Datensatz umfasst mehr als 1.400 überlebende und knapp 1.000 nicht mehr existierende Fonds, wobei hierunter all jene gefasst wurden, die nicht mehr in ihrer vorherigen Form existieren; es zählen also im Gegensatz zu den anderen vorgestellten Studien neben aufgelösten und fusionierten Fonds auch solche mit lediglichem Namenswechsel dazu, so dass die Ergebnisse nur eingeschränkt mit denen der anderen zitierten Studien sowie der vorliegenden Arbeit verglichen werden können.[206] Die Autoren stellen fest, dass in ihrem Datensatz die „Sterberate“ von Fonds invers mit der „Geburtenrate“ korreliert ist: Als die Rate aufgelöster Fonds nach dem Crash vom Oktober 1987 kontinuierlich auf rund 6% bis 8% anstieg, sank gleichzeitig die Zahl neu aufgelegter Fonds von 12% bis 20% in den Achtzigern auf einstellige Werte zwischen 3% und 9% in den Neunzigern. Die Wahrscheinlichkeit einer Fondsauflösung nimmt der Untersuchung zufolge im Verhältnis zum Alter einen umgekehrt U-förmigen Verlauf an: Sie steigt in den ersten 80 Monaten, also rund sechseinhalb Jahre nach Auflegung eines Fonds stark an, erreicht ihren Höhepunkt mit einer Sterberate bei rund acht Jahren und sinkt danach

[206] Vgl. LUNDE/TIMMERMANN/BLAKE (1999), S. 123.

wieder, am stärksten ab einer Lebensdauer von 15 Jahren.[207] Sehr junge und sehr alte Fonds sind also am wenigsten von Auflösung bedroht – 70% der Fonds wurden mit einem Alter zwischen drei und 15 Jahren aufgelöst. Der Studie zufolge sind absolute und insbesondere relative Underperformance (zum jeweiligen Anlagesektor) wichtige Treiber für Fondsauflösungen; vor allem das Abschneiden eines Fonds in den zurückliegenden drei Jahren hat einen großen Einfluss auf die Überlebenswahrscheinlichkeit, da Investoren – nach Interpretation der Autoren – relativ viel Zeit benötigen, um die Performance eines Fonds zu beurteilen; deren Reaktion, nämlich Abzug der Mittel bzw. Meiden des Fonds bei Neuanlagen ist demnach ursächlich für die Auflösung eines Fonds. In Zeiten hoher Volatilität steigt das „Rauschen“ in den Renditen, auf die Anleger ihre Beurteilung der Fondsmanager gründen, so dass sich der Erkenntnisprozess zur Qualitätsbeurteilung verlangsamt. Dieser Zusammenhang erklärt laut LUNDE/TIMMERMANN/BLAKE (1999), weshalb in dem Datensatz in Zeiten hoher Volatilität Fonds weniger von einer Auflösung bedroht sind. Ein abschließender Vergleich der Persistenz der Performance zeigt, dass der gesamte Datensatz über höhere Persistenz verfügt als ein Sample der überlebenden Fonds – aufgelöste Fonds scheinen also gleichförmig (schlechte) Leistung zu erbringen.

Drei weitere Studien analysieren in Nebenbetrachtungen einige Aspekte der Liquidierung von Fonds. So widmen BROWN/GOETZMANN (1995) in ihrer Studie zur Performance Persistence auch einen kurzen Abschnitt dem „Verschwinden“[208] von Fonds. Darin kommen sie zu dem Schluss, dass die relative Vergangenheitsperformance[209] der letzten Jahre, insbesondere des Vorjahres, wesentlicher Bestimmungsfaktor für das Fondssterben ist. Die relative Fondsgröße und das Alter sind signifikant negativ mit dem Einstellen von Fonds korreliert, bei kleinen und jungen Fonds besteht also eine höhere Wahr-

---

[207] Nach einer alternativen Methodik liegt der Höhepunkt der Sterberate zwischen zehn und 15 Jahren, vgl. LUNDE/TIMMERMANN/BLAKE (1999), S. 136.

[208] Vgl. BROWN/GOETZMANN (1995), S. 684–686; unter dem Begriff „Disappearance“ wird sowohl die Auflösung als auch die Fusion von Fonds verstanden.

[209] D.h. die Performance im Vergleich zum Durchschnittsfonds. Getestet wird die Vergangenheit für bis zu drei Jahre, um zu berücksichtigen, dass möglicherweise ein etwas längerer „Track Record“ Entscheidungsgrundlage für eine Fondsschließung ist; der Effekt wird jedoch kleiner, je weiter man in die Vergangenheit zurückblickt, vgl. BROWN/GOETZMANN (1995), S. 686.

scheinlichkeit; bei der Kostenquote liegt klar eine positive Korrelation vor, die nach Einschätzung der Autoren durch operative Fixkosten bedingt ist.

DUKES/ENGLISH (2006) spezialisieren sich in ihrer Untersuchung auf den Sinn und die Wirkung von sog. „12b-1 Fees", d.h. Gebühren, die speziell zur Deckung von Marketing- und Distributionskosten erhoben werden dürfen[210] und eingeführt wurden, um die Überlebensfähigkeit von Fonds zu fördern[211]. Die Autoren stellen jedoch in ihrer empirischen Analyse fest, dass über 60% der aufgelösten oder fusionierten Fonds diese 12b-1 Gebühr erheben und aufgelöste Fonds zudem höhere 12b-1 Gebühren verlangen als überlebende. Außerdem zeigt die Studie, dass nicht überlebende Fonds im Durchschnitt von einer höheren Kostenquote gekennzeichnet sind, höhere Ausgabeaufschläge und niedrigere Rückgabeabschläge berechnen, einen höheren Turnover aufweisen, höhere Barreserven halten sowie kleiner und jünger sind.

Die Frage, ob die absolute oder risikoadjustierte Rendite das relevante Steuerungsmaß für Fondsgesellschaften ist, untersucht EVANS (2004) anhand von sog. Inkubatorfonds[212] sowie dem Wechsel von Fondsmanagern und der Auflösung bzw. Verschmelzung von Fonds für den US-amerikanischen Markt. Dabei stellt er fest, dass im Wesentlichen die absolute Rendite entscheidet und mit der Auflösungswahrscheinlichkeit negativ korreliert ist. In geringerem Maße lässt sich auch ein Einfluss risikoadjustierter Performancemaße nachweisen, insbesondere bei kleineren Fondsgesellschaften. Der Autor begründet dies mit der Tatsache, dass große Fondsgesellschaften i.d.R. ihre Fonds nicht auflösen, sondern sie mit solchen fusionieren, die ähnliche Anlageziele verfol-

---

[210] Die Bezeichnung der seit 1980 in den USA zugelassenen „12b-1 Fees" leitet sich aus der entsprechenden Regelung der amerikanischen Securities and Exchange Commission (SEC) ab; ursprünglich sollten hiervon die Vertriebskosten gedeckt werden, um zusätzliche Zuflüsse in den Fonds zu generieren, die für die Anleger (insbesondere die bereits in den Fonds investiert sind) zu niedrigeren Gesamtkosten führen. Faktisch handelt es sich dabei lediglich um eine zusätzliche Gebühr, die empirischen Studien zufolge zu einer Erhöhung der Gebühren insgesamt führt, vgl. RUENZI (2006), S. 13f., FERRIS/CHANCE (1987); SIGGELKOW (2003).

[211] Vgl. DUKES/ENGLISH (2006), S. 237.

[212] Als Inkubatorfonds werden Fonds bezeichnet, die von Fondsgesellschaften zunächst nur mit eigenen Mitteln und ohne Investitionen von Anlegern aufgelegt werden, um nach einer gewissen Zeit die erfolgreichsten öffentlich unter Verweis auf die positive Historie zu vermarkten, die schlecht laufenden Fonds jedoch wieder einzustellen, vgl. EVANS (2004), S. 4f.

gen. Für sie ist somit in erster Linie die absolute Rendite ausschlaggebend, da diese von der Mehrzahl der Investoren beobachtet wird. Kleineren Gesellschaften fehlt hingegen oft die Möglichkeit zur Fusion und sie müssen somit über die komplette Aufgabe eines Investmentziels bzw. einer -strategie entscheiden, so dass für sie der fundamentalen Bewertung des Fonds eine größere Bedeutung zukommt. Neben der Frage der Renditemessung kontrolliert EVANS (2004) in seiner Untersuchung um weitere Einflussfaktoren und kann eine negative Korrelation der Fondsgröße und des Mittelaufkommens zur Auflösung von Fonds nachweisen. Die Wahrscheinlichkeit der Auflösung bzw. Fusion erhöht sich, wenn die Fondsgesellschaft im vorangegangenen Jahr bereits zwei andere Fonds verschmolzen hat. Die Höhe der Kostenquote eines Fonds hat dieser Untersuchung zufolge keinen signifikanten Einfluss auf die Auflösung.

Eine ganze Reihe wissenschaftlicher Untersuchungen betrachtet die Frage, ob der Survivorship Bias, also die Tatsache, dass die meisten Studien nur während des gesamten Analysezeitraums existierende Fonds berücksichtigen, zu verzerrten Ergebnissen bei der Performancemessung führt. Die meisten Studien bejahen eine Verzerrung im Sinne einer zu hoch ausgewiesenen Rendite, kommen jedoch bei der Abschätzung der Höhe des Effekts zu sehr unterschiedlichen Ergebnissen: Während GRINBLATT/TITMAN (1989a) von einem Survivorship Bias zwischen zehn und 30 Basispunkten ausgehen, ergibt die Analyse von MALKIEL (1995) rund 150 Basispunkte. Die divergierenden Höhen des Survivorship Bias ergeben sich neben den unterschiedlichen Untersuchungszeiträumen[213] auch aus abweichenden Periodenlängen. CARHART et al. (2002) weisen nach, dass mit der Länge des Untersuchungszeitraums die Verzerrung von knapp 0,01% bei der Betrachtung eines Jahres auf rund 1% bei 15 Jahren steigen kann. Die Differenzen lassen sich zudem mit nicht einheitlichen Berechnungsmethoden erklären, wie insbesondere der Risikoadjustierung, sowie daraus, dass teils Bruttorenditen, teils Nettorenditen, also

---

213 Wie GRIESE/KEMPF (2003) ausführen, dürfte der Survivorship Bias in Zeiten sinkender Aktienmärkte deutlich höher ausfallen als in steigenden Marktphasen, vgl. ebd., S. 206f. ELTON/GRUBER/BLAKE (1996b) weisen jedoch zumindest für den amerikanischen Markt der Jahre 1976 bis 1993 nach, dass die Marktphase keinen Einfluss hat, vgl. ebd., S. 1115.

Renditen nach Managementgebühren und Transaktionskosten, verwendet werden.[214]

Unterschiede ergeben sich zusätzlich aus dem jeweils betrachteten Fondsmarkt. Für Deutschland berechnen GRIESE/KEMPF (2003) in ihrer Untersuchung des Erfolgs aktiven Fondsmanagements für die Jahre 1980 bis 2000 einen Survivorship Bias von 0,4%. In einer französischen Studie schätzt BERGERUC (2004) die Höhe auf 0,5%; der Effekt ist aber in dieser Analyse je nach untersuchter Periode und verwendetem Performancemaß nicht durchweg signifikant.

Bei der Untersuchung des Survivorship Bias, der je nach Methodik zwischen 100 und risikoadjustiert 20 Basispunkten[215] beträgt,[216] zeigt WERMERS (1997) darüber hinaus, dass die Renditedifferenz auf eine höhere Nutzung einer aktiven „Momentum-Strategie"[217] durch die überlebenden Fonds zurückzuführen ist.[218] Dadurch erklärt sich ebenso, dass das Gesamtrisiko nicht aufgelöster Fonds nicht viel größer ist als das der überlebenden.[219] Aus einer Simulation schließt die Studie, dass „Momentum-Fonds" zwar die höchsten durchschnittlichen Renditen aufweisen und nur halb so oft verschwinden wie Fonds mit einer „Contrarian-Strategie"[220], aber nicht die Gruppe mit der höchsten Überlebensquote darstellen.

In zusätzlichen Analysen stellen ELTON/GRUBER/BLAKE (1996b), die einen Survivorship Bias von rund einem Prozent identifizieren, fest, dass das Überleben weder vom Anlagesektor noch von der jeweiligen Marktlage abhängt. Größe spielt hingegen eine Rolle: Das Volumen von Fonds, die mit einem

---

214 Vgl. PLESCHIUTSCHNIG (2000), S. 140f.

215 Vgl. WERMERS (1997), S. 14–16, der in anderen Studien nachgewiesene, wesentlich größere Effekt ist demnach vor allem auf signifikant höhere Transaktionskosten und Gebühren bei aufgelösten Fonds zurückzuführen.

216 Im direkten Vergleich mit den aufgelösten Fonds ist die risikoadjustierte Rendite der „Survivor-Fonds" doppelt so hoch.

217 Bei einer Momentum-Strategie werden Werte, die in der Vergangenheit gut abgeschnitten haben, gekauft, solche mit schlechter Vergangenheitsperformance verkauft („buying past winners and selling past losers"), vgl. GRINBLATT/TITMAN/WERMERS (1995), S. 1089.

218 Vgl. WERMERS (1997), S. 21, vgl. auch ebd. S. 24 sowie Fn. 87.

219 Vgl. WERMERS (1997), S. 21.

220 Eine Contrarian-Strategie stellt die gegensätzliche Strategie dar, vgl. GERKE (2002), S. 200.

anderen verschmolzen werden, ist nur ein Sechstel so hoch, jedoch sind auch die aufnehmenden Fonds unterdurchschnittlich groß – sie verfügen über rund die Hälfte des Vermögens eines durchschnittlichen Fonds. Die Untersuchung von BROWN/GOETZMANN (1995) ergibt neben dem Nachweis des Survivorship Bias, dass die Schließung von Fonds eine lineare Funktion des Fondsalters ist.

Zusammenfassend kann konstatiert werden: Sämtliche Studien gelangen zu dem Ergebnis, dass aufgelöste (oder fusionierte) Fonds über eine vergleichsweise geringere Performance verfügen. Unumstrittene Charakteristika sind auch ihr geringeres Volumen sowie niedrigere Mittelaufkommen. Einige Untersuchungen weisen zudem nach, dass höhere Kosten und höhere Gebühren kennzeichnend für nicht überlebende Fonds sind. Sehr uneinheitlich sind jedoch die Aussagen über den Einfluss des Fondsalters; hier ist nicht eindeutig, ob eine lineare (jüngere Fonds haben eine weit höhere Auflösungswahrscheinlichkeit) oder eine wesentlich komplexere Beziehung vorliegt.

4 Potenzielle Einflussfaktoren auf die Auflösung von Aktienfonds

Auf den im Literaturüberblick gewonnenen Erkenntnissen aufbauend, sollen nachfolgend Hypothesen abgeleitet werden, welche Faktoren die Auflösung von Fonds maßgeblich beeinflussen. Unabhängig davon, welcher juristischen Auslegung im Einzelnen zu folgen ist,[221] soll bei den Ausführungen davon ausgegangen werden, dass die entsprechenden Überlegungen der Fondsgesellschaften nicht im Widerspruch zu den gesetzlichen Normen stehen.[222] Zunächst sollen in Abschnitt 4.1 potenzielle direkte Einflussfaktoren erörtert werden, Abschnitt 4.2 diskutiert indirekte Faktoren.

4.1 Potenzielle direkte Einflussfaktoren

Die Diskussion direkter Einflussfaktoren auf die Auflösung soll in drei Bereiche gegliedert werden. Im ersten Teil (Abschnitt 4.1.1) werden Faktoren behandelt, die sich aus den Merkmalen des Fonds selbst ergeben. Der nachfolgende Abschnitt 4.1.2 betrachtet potenzielle Gründe für die Auflösung, die sich auf die Fondsgesellschaft des Fonds beziehen, und in Abschnitt 4.1.3 werden schließlich segmentbezogene Gründe erörtert.

4.1.1 Der Einfluss fondsbezogener Faktoren

Zu Beginn der fondsbezogenen Faktoren werden, ausgehend von der im Literaturüberblick abgeleiteten Bedeutung, zunächst das Volumen (4.1.1.1) des Fonds sowie das Mittelaufkommen (4.1.1.2) behandelt. Anschließend wird der Einfluss der Performance (4.1.1.3) und des Risikos (4.1.1.4) erörtert, bevor

---

221 Vgl. Diskussion im Abschnitt 2.1.2 der vorliegenden Arbeit.

222 Sofern man der restriktiven Gesetzesauslegung nach KÖNIG (1998) folgt, soll also im Rahmen der Arbeit angenommen werden, dass das Vorgehen – auch wenn mit der Ertragssituation der KAG argumentiert wird – im Hinblick auf den Anlegerschutz legitim ist, da alternatives Handeln zu ungerechtfertigt hoher Gebührenbelastung der Fondsbesitzer führen würde.

schließlich das Alter (4.1.1.5) und die Gebühren (4.1.1.6) des Fonds näher untersucht werden.

4.1.1.1 Volumen des Fonds

Als ein zentraler Bestimmungsfaktor der Erträge eines Fonds sollte dessen Volumen eine wichtige Rolle bei der Frage einer Fondsauflösung spielen. Wie bereits im Literaturüberblick in Abschnitt 3.2.3 näher ausgeführt wurde, existieren bei Fonds sowohl positive wie negative Skalenerträge – die positiven sind vor allem durch die Verteilung der hohen Fixkostenbasis auf ein größeres Volumen getrieben, die negativen Skalenerträge beruhen in erster Linie auf Einbußen an Flexibilität und adversen Effekten im Anlageprozess wie dem wachsenden Market Impact und der Beschränkung des möglichen Anlagespektrums.

Um ihre Fixkosten aus Personal-, Research- und sonstigen Overhead-Kosten decken zu können, müssen die Anlagegesellschaften Wert darauf legen, dass ihre Fonds ein „Mindestvolumen" erreichen und damit auch einen entsprechenden Deckungsbeitrag leisten. Neu aufgelegten Fonds wird jedoch mit Sicherheit eine gewisse „Schonfrist" gewährt, die sie benötigen, um diese vorgegebene Größe zu erreichen. Insofern werden sehr kleine und junge Fonds zunächst nicht von einer Auflösung betroffen sein. Das auch in der Presse häufig vorgetragene Argument eines notwendigen Mindestvolumens[223] muss also im Kontext des Lebenszyklus eines Fonds gesehen werden.

Umgekehrt ist es hingegen sehr wahrscheinlich, dass in der Praxis de facto kein Maximalvolumen für einen Fonds existiert, sondern dieser trotz Diseconomies ab einer gewissen Größe nicht mehr aufgelöst wird: Zum einen steuert er sehr konstante Erträge bei, zum anderen erfährt er mit seiner Größe auch eine hohe Visibilität und fungiert vielfach als eines der Flaggschiffe der Fondsgesellschaft. Insofern wird – im Einklang mit den im Literaturüberblick besprochenen Studien[224] die Hypothese aufgestellt, dass das Volumen einen negativen

---

223 Angegeben werden i.d.R. 20–50 Mio. EUR, z.T. wird jedoch auch veranschlagt, dass ein Volumen bereits ab einem Volumen von 10–15 Mio. EUR rentabel wirtschaften kann, vgl. z.B. CSIZI (2006), S. 18, HAMMER (2002), S. 25.

224 Vgl. Abschnitt 3.2.3 der vorliegenden Arbeit.

Einfluss auf die Auflösung von Fonds ausübt. Sehr gut vorstellbar ist jedoch, dass diese Beziehung nicht durchgängig linear verläuft: Es könnte einen gewissen Größenbereich geben, in dem Fonds zwar die von der KAG avisierte Mindestgröße überschreiten und dennoch von der Auflösung bedroht sind, da ihr Volumen bei weitem nicht groß genug ist, um zu den Ertragsstützen der Gesellschaft zu gehören. Der Grund könnte einerseits darin bestehen, dass sie im Vergleich zu den anderen Fonds im Segment oder des Anbieters zu klein und daher zu unbedeutend sind bzw. (selbst wenn sie die unmittelbar mit dem Fonds verbundenen Kosten tragen können) nicht den erwarteten Anteil an Erträgen bringen. Eine andere Ursache könnte aber darin liegen, dass sie in ihrem Anlagesegment zu groß geworden sind, weshalb negative Skaleneffekte eine Rolle spielen und sie im relevanten Bereich keine adäquaten Investitionsziele mehr finden. Demnach wäre also nicht die absolute, sondern die relative Größe eines Fonds entscheidender, so dass es bei der Analyse des absoluten Fondsvolumens zu nicht linearen Bereichen in der Auflösungsbeziehung kommen kann. Diese Einschränkung soll daher in die Hypothese aufgenommen werden:

> HYPOTHESE A1: Die Auflösungswahrscheinlichkeit von Fonds weist eine negative Korrelation zum Fondsvolumen auf, wobei keine durchgängig lineare Beziehung vorliegt.

4.1.1.2 Mittelaufkommen des Fonds

Neben den Kursgewinnen durch das Portfoliomanagement bestimmt das Mittelaufkommen direkt die Entwicklung des Fondsvolumens und damit die Ertragssituation eines Fonds.[225] Sofern ein Fonds Ausgabeaufschläge erhebt, sind die Zuflüsse in einen Fonds zudem auch ein direkter Treiber dieser Ertragsquelle. Wenngleich die Aufschläge i.d.R. als Kompensation für den Vertrieb verwendet werden, beeinflussen diese den „Gewinn" eines Aktienfonds zumindest insofern, als diese Vertriebsprovisionen nicht (oder nur zu einem geringeren Teil) durch die Verwaltungsgebühren gedeckt werden müssen und

---

225 Vgl. CHEVALIER/ELLISON (1997), S. 1182.

somit zu einem höheren Teil zum Fondsergebnis beitragen.[226] Damit sind die Zu- und Abflüsse in analoger Argumentation zum Fondsvolumen von hoher Bedeutung für die Frage, ob ein Fonds weiterhin Bestand haben soll.

Aufgrund der positiven Korrelation mit dem Ertrag eines Fonds ist unmittelbar ein negativer Einfluss auf die Auflösung zu erwarten: (Relativ zum Fondsvolumen) geringere Zuflüsse in einen Fonds oder sogar Abflüsse werden das Management einer Anlagegesellschaft sehr viel eher zur Liquidierung des Fonds veranlassen. Dabei übt ein negatives Mittelaufkommen in zweifacher Weise einen unerwünschten Einfluss auf den Fonds aus. Es entzieht ihm nicht nur Volumen, sondern bei entsprechender Höhe hat es auch eine negative Auswirkung auf die Performance, da Fondsmanager zur Sicherstellung ausreichender Liquidität zu nicht strategiebedingten Verkäufen gezwungen sind, die oft zu Verlusten führen.[227] Reagieren die Investoren auf eine sich verschlechternde Performance des Fonds, kann dies sogar zu einem selbstverstärkenden Effekt und negativer Persistenz in der Performance führen.[228] So zeigt sich auch in der Studie von Zhao (2005), dass alle aufgelösten Fonds Nettoabflüsse zu verbuchen hatten, durchschnittlich mehr als 13% ihres Volumens im Jahr vor dem Ausscheiden.[229]

Doch nicht nur Mittelabflüsse können für einen Fonds zum Problem werden, auch zu hohe (prozentuale) Zuflüsse können das Portfolio in Schwierigkeiten bringen: Wird in einen Fonds zu viel in zu kurzer Zeit investiert – etwa weil aufgrund der guten Performance in der Vergangenheit sehr viele Kaufempfehlungen ausgesprochen wurden und der Fonds eine entsprechend hohe Aufmerksamkeit in der Öffentlichkeit erfahren hat – muss der Fondsmanager nicht auf der Grundlage neuer Informationen, sondern aufgrund der zugeflossenen Liquidität handeln, also sog. „Liquidity Motivated Trading“ betreiben, worunter

---

226 Der Vertrieb erhält i.d.R. zwischen 70% und 100% des Ausgabeaufschlags und häufig zusätzlich als Bestandsprovision 20% bis 40% der Managementgebühren, vgl. KRAUS (2003), S. 76f.

227 Vgl. EDELEN (1999), S. 457–460.

228 Vgl. WERMERS (2002).

229 Vgl. Zhao (2005), S. 1377; nicht auszuschließen ist jedoch, dass hier zumindest teilweise auch schon Ankündigungseffekte eine Rolle gespielt haben.

die Performance leidet.[230] Investiert er die neuen Mittel nicht, erhöht dies die Barquote, was besonders in Hausse-Phasen die Renditen drückt und zudem an satzungsbedingte Grenzen stößt. Die Bestände einzelner Titel im Portfolio zu erhöhen, kann bei zu geringer Markttiefe[231] aufgrund des Market Impacts eine unerwünschte Erhöhung des durchschnittlichen Einstandspreises bewirken oder auch überhaupt nicht durchführbar sein. Der Fondsmanager muss daher in kurzer Zeit in neue Werte investieren, ohne notwendigerweise über neue Analysen und Informationen zu verfügen, die ihn zum Handeln veranlassen würden – in vielen Fällen sicherlich zu Lasten der Rendite.

Möglicherweise hält der Zustrom an neuen Investitionen trotz sich verschlechternder Leistung an, da die Anleger die Performanceeinbußen erst mit Verzögerung erkennen und weiterhin auf Grundlage der Empfehlungen kaufen. Gegebenenfalls hat sich zum Zeitpunkt der hohen Zuflüsse die Marktlage im betreffenden Segment sogar bereits gedreht und der Fondsmanager muss aufgrund der Satzung und nach oben begrenzter Barquote weiterhin in diesen Bereich investieren; evtl. war sogar der Anstieg der Kurse – als „Self-fulfilling Prophecy"[232] – zum Teil oder sogar maßgeblich von dem „Hype" im jeweiligen Segment ausgelöst worden. Besonders prekär ist die Lage, wenn die Zuflüsse in die Fonds gar nicht von der Vergangenheitsperformance, sondern in erster Linie durch das Marketing der Fondsgesellschaften, wie etwa durch das Kreieren neuer „erfolgversprechender" Modethemen, getrieben wurden.

Diese Entwicklung kann dauerhaft oder zumindest mittelfristig zu inferioren Renditen führen, die ggf. sogar die Volumensteigerung durch die Zuflüsse (über-)kompensieren, so dass der Fonds trotz hoher Investitionen nicht wächst, was zu einem u.U. sogar existenziellen Problem werden kann; spätestens, wenn die Investoren die Schwierigkeiten des Fonds erkennen und

230 Vgl. ZHAO (2004), S. 1868; dass ein zu großer Zustrom an Anlagegeldern zum Hindernis werden kann, wurde gerade bei bekannten Flaggschiffen von DWS, Fidelity und Templeton deutlich, vgl. NARAT (2008a), S. 26.

231 Unter der „Markttiefe" versteht man die Fähigkeit des Marktes, große Aufträge ohne großen Effekt auf den Preis zu verarbeiten, vgl. KYLE (1985), S. 1330.

232 Eine „Self-fulfilling Prophecy", d.h. eine sich selbst erfüllende Voraussage, entsteht, wenn der Glaube von Wirtschaftssubjekten an einen bestimmten Zusammenhang und dementsprechendes Handeln dazu führt, dass das antizipierte Ergebnis tatsächlich eintritt, vgl. GERKE (2002), S. 715.

noch zusätzlich Mittel abziehen.[233] Möglicherweise wiegen diese Probleme so stark, dass die Fonds schließlich in letzter Konsequenz aufgelöst werden – ein Schicksal, welches sie wahrscheinlich nicht ereilt hätte, wenn sie nur einen geringeren Zuspruch der Anleger erfahren hätten. Evtl. haben die Fondsgesellschaften also den Fonds zu stark beworben, „zu Tode gehypt" bzw. nicht mit der eigentlich notwendigen (vorübergehenden) Schließung für Neuanlagen reagiert. Wie im Literaturüberblick erwähnt,[234] versuchen manche Fondsgesellschaften dadurch die aufgezeigten Effekte zu mindern. Viele Fondsanbieter vermeiden diesen Schritt jedoch, da auch ein vorübergehendes Einstellen der Ausgabe neuer Anteile negative Marketing Effekte nach sich zieht.[235] Eine andere Strategie einiger KAG ist, auf zu hohe Zuflüsse mit der Auflage thematisch ähnlicher Fonds zu reagieren, damit sich das Mittelaufkommen auf mehrere Aktienfonds verteilt.[236]

Dieses zunächst kontraintuitive Phänomen, dass eine eigentlich als Erfolg zu bezeichnende Merkmalsausprägung (steigendes Mittelaufkommen) bei zu hohen Werten (zu hohes (prozentuales) Mittelaufkommen) zum Misserfolg mutiert, hat unter dem Stichwort „Winner's Curse" – der Fluch des Gewinners – Eingang in die verschiedensten Bereiche der wirtschaftswissenschaftlichen Literatur gefunden.[237] Aufgrund der oben beschriebenen Zusammenhänge soll davon ausgegangen werden, dass ein solcher Winner's Curse auch bei der Auflösung von Fonds vorliegt und daher folgende Hypothese formuliert werden:

> HYPOTHESE A2: Das relative Mittelaufkommen weist eine konvexe Einflussbeziehung zur Auflösung von Fonds auf – nachdem die Wahrscheinlichkeit einer Auflösung zunächst mit zunehmendem

---

233 Vgl. O.V. (2003b), S. 21.

234 Vgl. Abschnitt 3.2.3, S. 41 der vorliegenden Arbeit.

235 Zum Erfolg der Schließung eines Fonds für neue Mittel vgl. Fußnote 170 der vorliegenden Arbeit.

236 Vgl. ZHAO (2002), S. 14.

237 Der Begriff „Winner's Curse" wurde von CAPEN/CLAPP/CAMPBELL (1971) bei der Untersuchung der Versteigerung von Bohrrechten in die Literatur eingeführt, dann auf verschiedene Arten von Auktionen (vgl. z.B. THALER (1988)) und schließlich auf die unterschiedlichsten Bereiche der Wirtschaft ausgeweitet, vgl. THALER (1994).

Mittelaufkommen sinkt, steigt die Wahrscheinlichkeit bei sehr hohen Zuflüssen in den Fonds wieder an.

Im Gegensatz zum eher beständigen, gegenwartsbezogenen Volumen ist der direkte Einfluss des Mittelaufkommens in der jeweiligen Periode eher gering; es ist ein in die Zukunft gerichteter Einflussfaktor, der sehr viel über die künftige Entwicklung der Fondsgröße und den Zuspruch zum Fonds aussagt. Zudem sind die Nettoinvestitionen wesentlich volatiler und interagieren in sehr viel höherem Maße mit den weiteren untersuchten Faktoren als diese untereinander. Insofern kommt dem Mittelaufkommen eine zentrale Bedeutung bei der Frage nach der Auflösung eines Fonds zu, so wie es auch entscheidend für den Erfolg einer Fondsgesellschaft ist, wie im Literaturüberblick der vorliegenden Arbeit dargestellt wurde.[238] Aufgrund der Wichtigkeit des Aufkommens eines Fonds und der Beeinflussung durch andere Faktoren sollen auch diese – als indirekte Einflussfaktoren auf die Auflösung – im theoretischen Teil der Arbeit erörtert werden und, sofern sich die Relevanz in der empirischen Analyse bestätigt, auch dort eigens untersucht werden.

4.1.1.3 Performance des Fonds

Unumstrittenes Ergebnis der im Literaturüberblick dargestellten Studien ist, dass primär Fonds mit schlechter Performance aufgelöst werden. Dies ist unmittelbar verständlich, da positive Renditen das Fondsvolumen und somit die Erträge steigern. Außerdem ist die Performance ökonomisch betrachtet wesentlicher Outputfaktor der Vermögensverwaltung[239] und wird daher auch als das Qualitätsmerkmal schlechthin eines Fonds verstanden. Der zusätzliche Effekt aus der Reaktion der Investoren, der bereits im Rahmen des Literatur-

238 Vgl. BOUDOUKH et al. (2003) sowie Kapitel 3.3, S. 49.

239 Weitere für den Anleger erbrachte Leistungen sind u.a. die schon mit relativ geringem Kapitaleinsatz und zu vertretbaren Kosten erreichbare Diversifikation sowie die Nutzung degressiver Transaktionskosten und Informationskosten, vgl. ZIMMERMANN/ZOGG-WETTER (1992), S. 133; GERKE (1995), Sp. 1031–1033 sowie Abschnitt 2.2.1 der vorliegenden Arbeit.

überblicks[240] dargestellt wurde, soll in Abschnitt 4.2.1.1.1 im Rahmen der Erörterung indirekter Effekte auf die Auflösung erneut aufgegriffen werden.

Einen weiteren indirekten Einfluss übt die Performance dadurch aus, dass sie maßgeblich die Reputation der Fondsgesellschaft insgesamt bestimmt. Abgesehen davon, dass von hohen Renditen eines Fonds auch andere Fonds des Anbieters durch sog. „Spillover-Effekte" profitieren,[241] prägt nicht nur die durchschnittliche Leistung der Gesamtheit der Produkte das Renommee einer KAG, sondern vor allem auch das Abschneiden einzelner. Glänzt ein Fonds durch besonders gute Performance, strahlt dies auf die gesamte Fondsgesellschaft ab.[242] Umgekehrt können einzelne Portfolios, die eine besonders schlechte Leistung aufweisen, die Reputation der gesamten Investmentgesellschaft gefährden. Wird die inferiore Performance des Fonds zum Thema in der Medienöffentlichkeit, kann so sehr schnell auch der Verkaufserfolg aller anderen Fonds beeinträchtigt werden.[243] Das Management hat also einen Anreiz, Fonds mit schlechter Performance vor Bekanntwerden dieses Umstands aufzulösen, d.h. bevor diese z.B. auf unteren Rängen von Rankings auftauchen oder mit schlechten Ratingurteilen versehen werden, was i.d.R. erst nach einer von den Ratingagenturen geforderten Mindesthistorie von drei bis fünf Jahren der Fall ist.[244]

Die Frage, ob einfache Renditen, Überrenditen oder risikoadjustierte Performance den wesentlichen Einflussfaktor für die Auflösung von Fonds bilden sollten, ist nicht eindeutig zu beantworten. Es ist wissenschaftlich praktisch unbestritten,[245] dass der Einbezug des Risikos einen Mehrwert liefert und nur so die Leistung eines Fondsmanagers beurteilt werden kann.[246] Sollten jedoch In-

240 Vgl. Abschnitt 3.2.1 der vorliegenden Arbeit.

241 Vgl. ZHAO (2004), S. 1869.

242 Vgl. NANDA/WANG/ZHENG (2003).

243 Vgl. SIRRI/TUFANO (1993), S. 191.

244 Während bei Standard & Poor's Fund Management Rating Fonds mindestens zwei Jahre existieren müssen, um einbezogen zu werden, sind dies bei Feri-Trust fünf, bei etlichen anderen Agenturen drei Jahre, vgl. DECHOW (2003), S. 59.

245 MILLS (1970) ist einer der wenigen Vertreter der gegenteiligen Mindermeinungen; er argumentiert, dass die Renditen bei einer ex-post Betrachtung als gegeben und nicht mehr als unsicher anzusehen sind und damit das Risiko grundsätzlich keine Rolle mehr spielt, vgl. ebd., S. 1125.

246 Da sich die Rendite eines Portfolios nicht nur durch die Fähigkeiten eines Portfoliomanagers bestimmt, sondern auch von der allgemeinen Marktentwicklung und Zufallseinflüs-

vestoren diese Maße nicht wahrnehmen und sich vollkommen nach der einfachen Rendite richten, könnte auch die KAG diese zum Maßstab nehmen.[247] Ein genaueres Bild wird sich somit erst nach Betrachtung der Einflussfaktoren auf das Mittelaufkommen ergeben, so dass die Spezifikation des Performancemaßes keinen Eingang in die folgende Hypothese finden soll:

> HYPOTHESE A3: Die Auflösungswahrscheinlichkeit ist negativ mit der Performance eines Fonds korreliert.

4.1.1.4 Risiko des Fonds

Unabhängig davon, ob das Risiko in die Berechnung der verwendeten Performancemaße einbezogen wird, könnte es auch an sich, als eigenständige Variable, einen Einfluss auf die Auflösung ausüben. Dabei ist nicht unbedingt eindeutig, ob das Management der Fondsgesellschaft ein zu hohes oder zu geringes Risiko ablehnt.

Gegen ein zu hohes Risiko spricht zum einen, dass i.d.R. die meisten Fonds bewusst als risikoarme Geldanlage positioniert werden, die auch für den wenig erfahrenen Anleger geeignet ist.[248] Zum anderen kann hohes Risiko das Ergebnis eines Principal-Agent-Konflikts[249] sein. Aufgrund der im Literaturüberblick diskutierten empirisch nachgewiesenen Abhängigkeit des Mittelaufkommens von der Vergangenheitsperformance sowie der Tatsache, dass für die Evaluation und Kompensation vieler Fondsmanager die Höhe des verwal-

---

sen determiniert wird, ist die Berücksichtigung des Risikos essenziell; ex ante ist eine höhere Rendite nur unter Inkaufnahme eines höheren Risikos zu erwarten, so dass eine *leistungsbedingt* höhere Rendite nur auf Grundlage gleichen Risikos ermittelt werden kann, vgl. BICKEL (2000), S. 17; WITTROCK (2002), S. 956.

247 Vgl. EVANS (2004), S. 3.

248 Vgl. SHILLER (1984). Nach einer Studie des BVI sind rund 44% aller Investmentfondsbesitzer risikoavers, lediglich 21% risikobereit, vgl. BVI (2007b), S. 23.

249 Unter einem Principal-Agent-Konflikt versteht man generell Interessendivergenzen zwischen Inhabern (Prinzipal) und Managern (Agent) aufgrund von Informationsasymmetrien. In der Fondsbranche besteht ein doppelter Principal-Agent-Konflikt insofern, als der Fondsmanager als Agent gegenüber der Fondsgesellschaft und in deren Vertretung gegenüber dem Investoren handelt. Das Management der KAG kann nicht zweifelsfrei feststellen, ob der Fondsmanager eigene Interessen oder die der Gesellschaft in den Vordergrund stellt, der Anleger weiß wiederum nicht, ob seine eigenen oder Interessen der KAG die größte Rolle spielen und ob die gezahlten Gebühren insofern angemessen sind, vgl. BÜHLER (1994), S. 16; GERKE (2002), S. 633.

teten Volumens eine zentrale Rolle spielt,[250] ergibt sich für diese das Ziel einer möglichst hohen relativen Performance.[251] Ein besonderer Anreiz resultiert aus der ebenfalls diskutierten konvexen Performance Flow Relationship, nach der besonders gute Fonds überproportional hohe Mittelzuflüsse erzielen. In einer Reihe von empirischen Untersuchungen[252] wurde dementsprechend festgestellt, dass sich Fondsmanager zur Mitte des Bewertungszeitraums, also i.d.R. zur Mitte des Jahres, an ihrer bis dahin erreichten Leistung orientieren, um ihre weitere Strategie bis zum Jahresende festzulegen. Zählen sie zu diesem Zeitpunkt zu den „Verlierern", d.h., sie befinden sich in der unteren Hälfte des relevanten Rankings, so ist für sie eine Steigerung des Risikos ihres Portfolios optimal, um die Chance zu erhöhen, bis Ende des Jahres noch in den Kreis der Top-Performer aufzusteigen.[253] Der Fondsmanager „spielt" also (auf Kosten der Investoren) um ein möglichst gutes Abschneiden seines Fonds – ein Verhalten, das auch als „Gambling" bzw. „Gambling for Resurrection" bezeichnet wird.[254] Für Manager, die Mitte des Jahres „Gewinnerfonds" verwalten, besteht ein Anreiz, dieses Ergebnis zu halten, um auch am Jahresende einen oberen Ranking Platz vorweisen zu können. Sie werden ihr Portfoliorisiko keinesfalls erhöhen, sondern es eher senken.

Einige Studien[255] weisen jedoch ein gegensätzliches Verhalten zu diesem „Tournament Behavior" nach, das sog. „Strategic Behavior", das sie auf den Einbezug von Erwartungen zurückführen: Demzufolge antizipieren die Manager von Gewinnerfonds, dass die der Verliererfonds „spielen" und entscheiden sich ebenfalls mit einer gewissen Wahrscheinlichkeit, das Risiko zu erhöhen, um zu verhindern, dass diese ihnen die Topplätze in den Rankings streitig machen. Manager von „Verliererfonds" antizipieren dies wiederum und wählen mit einer gewissen Wahrscheinlichkeit die gegensätzliche Strategie, das Risiko also nicht zu erhöhen. Wie TAYLOR (2003) zeigt, ist im Gleichgewicht die

---

250 Vgl. KHORANA (1996), S. 406.

251 In der Literatur auch „Relative Performance Tournament" genannt, vgl. PALOMINO (2005), S. 352; vgl. auch PATEL/ZECKHAUSER/HENDRICKS (1994).

252 Vgl. z.B. BROWN/HARLOW/STARKS (1996), KOSKI/PONTIFF (1999).

253 Vgl. KEMPF/RUENZI (2002), S. 2; BOUDOUKH et al. (2003), S. 10f.; BROWN/HARLOW/STARKS (1996).

254 Vgl. z.B. BASAK/PAVLOVA/SHAPIRO (2003), S. 2, 16; KEMPF/RUENZI/THIELE (2007), S. 3.

255 Vgl. z.B. CHEVALIER/ELLISON (1997); BUSSE (2001).

Wahrscheinlichkeit höher, dass der Gewinner „spielt".[256] HU/KALE/SUBRAMANIAN (2005) weisen demgegenüber eine U-förmige Beziehung nach: Fondsmanager, deren Performance extrem hoch oder extrem niedrig ist, erhöhen das Risiko. KEMPF/RUENZI (2005) betonen, dass, neben dem Antizipieren des Verhaltens der jeweils anderen Gruppe, die direkte Beobachtung des Risikoverhaltens wesentlich wichtiger ist, was insbesondere in kleinen, spezialisierten Segmenten leichter möglich ist. So weisen Fonds in kleinen Segmenten durchgängig „Strategic Behavior" auf. In großen Segmenten können die Autoren der Studie „Tournament Behavior" bis 1996 zeigen, dem Jahr der Veröffentlichung dieses Phänomens durch BROWN/HARLOW/STARKS (1996); für die Jahre 1997 bis 2001 liegt „Strategic Behavior" vor.[257] Dieselben Mechanismen existieren der Untersuchung zufolge für Fondsgesellschaften: Da die „Star-Fonds", die mit erhöhtem Aufwand vermarktet werden, die höchsten Mittelzuflüsse auf sich vereinen[258] und so deren Fondsmanager den höchsten Profit generieren, konkurrieren sie auch innerhalb einer Fondsgesellschaft mit Fonds ihrer Kollegen. In großen Gesellschaften ist entsprechend „Tournament Behavior" vorzufinden, bei kleineren Gesellschaften „Strategic Behavior".[259]

Neben dieser Steigerung des Risikos könnte jedoch auch zu geringes Risiko nicht im Sinne der Fondsanleger sein: Beim sog. „Herding" imitieren Fondsmanager die Anlageentscheidungen ihrer Kollegen, ohne über eine eigene zugrundeliegende Informationsbasis zu verfügen bzw. obwohl sie auf Basis ihrer Informationen eine andere Entscheidung treffen müssten.[260] Die Manager leisten hierbei also keinen zusätzlichen Mehrwert für ihre Anleger, der die Zahlung von Verwaltungsgebühren rechtfertigen würde. Aus Sicht der Portfoliomanager kann dies rational sein, da unprofitable Handelsstrategien weniger schädlich für seine Reputation gegenüber seiner KAG sowie dem Arbeitsmarkt all-

---

256 Vgl. TAYLOR (2003), S. 374. Dabei wird allerdings die Annahme getroffen, dass weder Gewinner noch Verlierer über superiore Informationen verfügen.

257 Vgl. KEMPF/RUENZI (2005), S. 12–14.

258 Vgl. JAIN/WU (2000); KHORANA/SERVAES (2001); NANDA/WANG/ZHENG (2003).

259 Vgl. KEMPF/RUENZI (2005), S. 4, 14–16.

260 Vgl. HOFFMANN (2001), S. 197; nicht gemeint ist hier Herding aufgrund von „technisch bedingten Faktoren", etwa dadurch, dass Fondsgesellschaften und Banken über dieselben Informationsquellen, wie z.B. Analystenreports, verfügen, vgl. ebd., S. 201.

gemein sind, wenn dieser Fehler von genügend anderen Fonds in gleicher Wiese vollzogen wird,[261] da die Leistung i.d.R. relativ zur vergleichbaren Peer Group evaluiert wird.[262] Dieses „Herdenverhalten" aus Reputationsgründen wurde auch „Sharing the Blame"-Effekt genannt[263] und in einer Reihe von Studien empirisch belegt.[264] Auch für den deutschen Fondsmarkt konnte Herding empirisch sowohl aufgrund von Marktdaten[265] als auch durch die Befragung von Fondsmanagern nachgewiesen werden.[266]

Unabhängig von der bewussten, durch Principal-Agent-Konflikte bedingten Beeinflussung des Risikos, können sich unterschiedliche Volatilitäten von Fonds auch durch die Charakteristik des Fonds an sich oder eine sich verändernde Marktsituation ergeben. So beobachten KRAHNEN/SCHMID/THEISSEN (2006) bei ihrer Untersuchung deutscher Aktienfonds zwischen 1986 und 1998 eine Steigerung der Betas, die zu Beginn meist unter, am Ende der betrachteten Periode aber über 1 lagen. Die Autoren spekulieren, dass dies auch eine Auswirkung des zunehmenden Konkurrenzdrucks sein könnte und sich Fondsmanager dadurch dazu ermuntert sehen könnten, mehr systematisches Risiko einzugehen, um beim in der Werbung primär herausgestellten Rohertrag die anderen Fonds zu übertreffen.[267]

Das Risiko könnte auch mit der Größe des Fonds korreliert sein: Kleine Fonds folgen i.d.R. einer risikoreicheren Strategie, um auf höhere Erträge zu spekulieren und zusätzliche Mittel anzulocken. Außerdem kann mit steigender Diversifikation argumentiert werden: Größere Fonds haben eine höhere Flexibilität, in eine größere Zahl an Wertpapieren zu investieren, die nicht miteinan-

---

261 Dieses Argument geht im Kern bereits auf KEYNES (1936) zurück: „[...] it is better for reputation to fail conventionally than to succeed unconventionally", vgl. ebd., S. 158.

262 Dieses schlechte Abschneiden kann schnell zum Austausch eines Fondsmanagers führen, wie die Studie von KHORANA (1996) zeigt.

263 Vgl. SCHARFSTEIN/STEIN (1990), S. 466.

264 Vgl. z.B. für die USA WERMERS (1999), SIAS (2004), HWANG/SALMON (2004); für das Vereinigte Königreich (UK) WYLIE (2005).

265 Für die Jahre 1988 bis 1993 kann OEHLER (1998) Herding gegenüber der jeweiligen Benchmark sowie der Gesamtmarktentwicklung nachweisen, WALTER/WEBER (2006) finden für einen Datensatz der Jahre 1998 bis 2002 ein etwas größeres Ausmaß an Herding als bei amerikanischen und britischen Studien.

266 LÜTJE/MENKHOFF (2003) untersuchen das Verhalten von 117 Managern deutscher Aktien- und Rentenfonds.

267 Vgl. KRAHNEN/SCHMID/THEISSEN (2006), S. 483, 488f.

der korreliert sind, wodurch die Gesamtvarianz des Portfolios sinkt.[268] Zudem könnte sich die Höhe des Risikos durch die Anlagesegmente bestimmen. So sind vielfach Anlagestrategien in kleinen Nischensegmenten von Haus aus risikoreicher als in Standardsegmenten. Andererseits ist in letzteren die Performance Flow Relationship konvexer, so dass hier ein Anreiz besteht, ein höheres Risiko einzugehen. Ein Gegeneffekt besteht allerdings dadurch, dass Standardsegmente unter höherer Beobachtung durch Presse und Ratingagenturen stehen.[269]

Zusammenfassend lässt sich somit auf Basis dieser theoretischen Grundlagen keine eindeutige Aussage treffen, welchen Einfluss das Risiko auf die Auflösungswahrscheinlichkeit ausübt. Erweitert man den oben erörterten Sharing-the-Blame-Effekt dahingehend, dass gemeinsam und branchenweit begangene Fehler auch für Fondsgesellschaften gegenüber ihren Investoren weniger schlimm sind, kann man folgern, dass Herding eher toleriert wird als zu hohes Risiko im Rahmen des Gamblings, das Anlagegesellschaften nach Möglichkeit verhindern sollten. Die folgende Hypothese soll dem Rechnung tragen:

> HYPOTHESE A4: Die Auflösungswahrscheinlichkeit ist positiv mit dem Risiko eines Fonds korreliert.

4.1.1.5 Alter des Fonds

In der Industrieökonomik werden zwei gegensätzliche Metaphern herangezogen, um den Einfluss des Alters auf die Wahrscheinlichkeit einer Geschäftsaufgabe zu charakterisieren: Das Bild einer Drehtüre oder das eines Waldes. Der Drehtürenvergleich liegt nahe, wenn in einer Branche viele Neueinsteiger in den Markt eintreten, ihn etliche jedoch wenig später auch wieder verlassen. Bei Industrien, auf die der metaphorische Vergleich mit einem Wald zutreffender erscheint, werden die etablierten Spieler durch neu auftretende ersetzt. Ein zu Drehtüren analoges Markteín- und -austrittsverhalten liegt insbesondere in Geschäftsfeldern mit hohen Skaleneffekten vor, in denen es also darauf ankommt, dass ein neues Unternehmen schnell eine entsprechende Größe er-

---

268 Vgl. z.B. GETMANSKY (2005), S. 28.
269 Vgl. RUENZI (2005), S. 159.

reicht, um seine Konkurrenzfähigkeit und somit das Überleben über die ersten Jahre zu gewährleisten und nicht zu den vielen jungen scheiternden Unternehmen zu gehören.[270] Übertragen auf die Fondsbranche würde dies für eine hohe Auflösungswahrscheinlichkeit junger Fonds sprechen, da auch hier die Eintrittsbarrieren (zumindest bei einer etablierten Fondsgesellschaft) eher gering sind und Economies of Scale eine wichtige Rolle spielen; entsprechend schnell könnten Fonds auch wieder eingestellt werden, wenn sie nicht in kurzer Zeit ein hinreichend großes Volumen erreichen.[271]

Neben diesem eng mit dem Fondsvolumen korrelierten Grund ist eine weitere Ursache denkbar, weshalb vor allem junge Fonds aufgelöst werden könnten: In der Regel beziehen Ratings nur Portfolios ein, die über eine gewisse Mindesthistorie verfügen.[272] Für die Investmentgesellschaften besteht somit ein Anreiz, Fonds, die die Erwartungen nicht erfüllen, möglichst wieder einzustellen, bevor sie durch ein schlechtes Abschneiden bei Ratings die Reputation der Gesellschaft insgesamt gefährden.[273]

Eine weitere Ursache für die Liquidierung junger Fonds kann darin gesehen werden, dass die Produktverantwortlichen der KAG oftmals Trends folgen und thematisch entsprechende Fonds auflegen, wie etwa „New Economy"-Fonds Ende der 90er Jahre.[274] Bis diese Trends jedoch evident werden, eine hinreichend große Investorenschar sich dafür interessiert und die Anlagegesellschaften darauf mit Fondsauflegungen reagieren, sind oftmals die lukrativsten Investitionsmöglichkeiten bereits ausgeschöpft oder der Boom im jeweiligen Anlagebereich ist im Begriff, wieder abzuebben, und die Fonds finden somit nicht mehr genügend Investoren. Solche „Trendprodukte" werden daher oft schon nach kurzer Zeit wieder eingestellt.[275]

Umgekehrt sollten ältere Fonds weniger von Auflösung betroffen sein, da sie sich aufgrund ihrer höheren Position auf der Lernkurve durch ein höheres Maß

---

270 Vgl. AUDRETSCH (1995), S. 602f.
271 Vgl. ZHAO (2005), S. 1371.
272 Vgl. Fußnote 244 der vorliegenden Arbeit.
273 Vgl. ZHAO (2005), S. 1371.
274 Vgl. HAMMER (2002), S. 25.
275 Vgl. FREDMAN/WILES (1993), S. 267.

an Effizienz in operativen Fragen auszeichnen.[276] Zudem verfügen sie i.d.R. über einen höheren Bekanntheitsgrad; häufig sind gerade alte Fonds die sog. „Flaggschiff-Fonds", die besonders stark von den Anbietern beworben werden.[277] Entsprechend besteht oft auch eine hohe Korrelation zwischen Fondsvolumen und Alter – die ältesten Fonds sind also auch die größten.[278]

Gegen die Auflösung junger Fonds spricht jedoch, dass für die Fondsgesellschaften mit der Auflegung von Aktienfonds gewisse Investitionen einhergehen – von der Entwicklung der Produktidee über das Erfüllen der rechtlichen Voraussetzung bis zu Marketing und Vertrieb –, so dass sie ihren Fonds zumindest eine gewisse „Schonfrist" gewähren dürften, ggf. auch, um temporär ungünstige Bedingungen am Markt zu überdauern, auch wenn diese die Erwatungen nicht erfüllen. Es ist ebenfalls denkbar, dass Fondsgesellschaften junge Fonds in ihrer Anfangsphase bewusst quersubventionieren und am Leben halten, da die erläuterte Performance Flow Relationship bei jungen Fonds konvexer ausgeprägt ist als bei älteren und Fondsgesellschaften mit diesen insgesamt schneller höhere Mittel generieren können.[279]

Zudem muss der Prozess der Auflösung gewisse rechtliche Rahmenbedingungen erfüllen. An oberster Stelle steht dabei in Deutschland die verpflichtende Ankündigung der geplanten Liquidierung drei bzw., seit dem Jahr 2004, 13 Monate vor der Durchführung.[280] Schon deshalb können also die sehr jungen Fonds nicht im höchsten Maße von der Auflösung betroffen sein.

Die empirischen Befunde der bisherigen Studien liefern, wie in Abschnitt 3.4 dargestellt, widersprüchliche Aussagen: Während mehrere Untersuchungen zu dem Schluss kommen, dass vor allem die jüngsten Portfolios liquidiert werden[281] bzw. die Auflösung von Fonds positiv, linear mit dem Fondsalter korreliert ist,[282] weist etwa die Studie von LUNDE/TIMMERMANN/BLAKE (1999) eine

---

276 Vgl. GIL-BAZO/MARTÍNEZ (2003), S. 15. Zum Konzept der Lernkurve vgl. z.B. JAHNKE (2002), S. 384.

277 Vgl. DECHOW (2003), S. 162f.

278 Vgl. POZEN (1998), S. 545f.

279 Vgl. CHEVALIER/ELLISON (1997).

280 Vgl. Abschnitt 2.1.2 der vorliegenden Arbeit.

281 So stellt etwa ZHAO (2005) fest, dass 45% der liquidierten Portfolios jünger als drei Jahre sind, vgl. ebd. S. 1386.

282 Vgl. z.B. BROWN/GOETZMANN/ROSS (1995).

inverse U-förmige Beziehung nach, d.h., junge und sehr alte Fonds weisen ein geringeres Risiko auf, geschlossen zu werden.

Nachdem sich aus der theoretischen Diskussion kein eindeutiges Bild ableiten lässt, soll die aufzustellende Hypothese diesem Umstand Rechnung tragen:

> HYPOTHESE A5: Nach einer geringen Auflösungswahrscheinlichkeit für sehr junge Fonds steigt diese bei einer Bestandsdauer von einigen Jahren an, sinkt jedoch dann mit steigendem Alter.

4.1.1.6 Gebühren des Fonds

Als letztes fondsbezogenes Merkmal soll der Einfluss der Gebühren auf die Auflösung diskutiert werden. Die Gebühren korrelieren (neben dem Fondsvolumen bzw. dem Mittelaufkommen) direkt mit den Erträgen eines Fonds, so dass der Intuition folgend die Auflösungswahrscheinlichkeit eines Fonds negativ mit der Höhe der Gebührensätze korreliert sein sollte. Wegen ihres negativen Einflusses auf das Volumen und die Performance des Fonds durch die Entnahme der Verwaltungsgebühren aus dem Fondsvermögen sowie wegen möglicherweise konträrer Reaktionen der Investoren auf verschiedene Gebührensätze, hängt die Frage, ob eher niedrige oder hohe Gebühren zu einem Ertragsmaximum führen, aber letztlich von der Länge des Betrachtungszeitraums ab, wie die in Abschnitt 3.3[283] diskutierte Studie von BOUDOUKH et al. (2003) zeigt.

Für eine negative Korrelation spricht, dass durch höhere Gebühren eine bessere Ausstattung des Fonds finanziert werden kann, also z.B. mehr Research-Kapazitäten zur Verfügung stehen[284] oder auch aufgrund höherer zahlbarer Gehälter die besten Fondsmanager gewonnen werden können, wodurch letztlich auch eine bessere Performance erzielt werden kann. Diese Argumentation gilt – wie bereits erwähnt – nicht nur für die Managementgebühren, sondern in gewissem Maße auch für den Ausgabeaufschlag, der zwar

---

[283] Vgl. Seite 47 der vorliegenden Arbeit.

[284] Vgl. die entsprechende Diskussion Abschnitt 3.2.2, S. 36 der vorliegenden Arbeit.

i.d.R. als Vertriebsprovision verwendet wird,[285] wodurch jedoch – etwa im Vergleich zu Fonds ohne Aufschlag – ein größerer Teil der Verwaltungsgebühren für die Fondsverwaltung im engeren Sinne zur Verfügung steht.

Andererseits können hohe Gebühren Zeichen für eine hohe Ausgabenquote eines Fonds und somit für dessen ineffiziente Verwaltung oder aber Einzigartigkeit innerhalb der KAG sein – zwei Gründe, die für die Auflösung sprechen. Die bereits im Literaturüberblick[286] zitierten Studien von JAYARAMAN/KHORANA/NELLING (2002), ZHAO (2005) und DUKES/ENGLISH (2006) bestätigen diese Hypothese, indem sie höhere Gebühren für aufgelöste bzw. fusionierte Fonds nachweisen als für überlebende.

Die Argumentation gilt für Verwaltungsgebühren und Ausgabeaufschläge, hingegen sicherlich nicht für Depotbankgebühren, da diese von den KAG lediglich weitergereicht werden und für die Fondsgesellschaft somit ökonomischer unbedeutend sind.

Zusammenfassend kann somit keine klare Aussage getroffen werden, da der Einfluss auf die Auflösung neben dem relevanten Zeithorizont wesentlich von der weiter unten zu diskutierenden Reaktion der Anleger abhängt. Aufgrund der empirischen Befunde ähnlicher Studien sollen vorläufig folgende Hypothesen aufgestellt werden:

> HYPOTHESE A6A: Die Auflösungswahrscheinlichkeit ist negativ mit der Höhe der Verwaltungsgebühren von Fonds korreliert.
>
> HYPOTHESE A6B: Die Auflösungswahrscheinlichkeit ist negativ mit der Höhe des Ausgabeaufschlags von Fonds korreliert.
>
> HYPOTHESE A6C: Depotbankgebühren üben keinen Einfluss auf die Auflösungswahrscheinlichkeit aus.

---

285 Vgl. Fußnote 226 der vorliegenden Arbeit.
286 Vgl. Abschnitt 3.4 der vorliegenden Arbeit.

4.1.2 Der Einfluss fondsgesellschaftsbezogener Faktoren

Die Auflösung eines Fonds kann nicht als eigenständiges Ereignis gesehen, sondern muss im Kontext der Fondsgesellschaft insgesamt betrachtet werden. Da die KAG ein Interesse daran hat, die Gesamtheit ihrer Fonds, d.h. den Gesamtgewinn aller Fonds zu maximieren, wird sie die Entscheidung zur Schließung eines einzelnen Fonds immer im Zusammenhang mit ihrem gesamten Fondsportfolio sehen und auch die Auswirkungen auf die anderen Fonds berücksichtigen. Nachfolgend soll daher zunächst der Einfluss der Größe der Fondsgesellschaft untersucht werden – in Abschnitt 4.1.2.1 gemessen am verwalteten Fondsvolumen und in 4.1.2.2 anhand der Zahl der von der KAG aufgelegten Aktienfonds. Im Anschluss werden die Rolle der durchschnittlichen Performance einer Anlagegesellschaft (4.1.2.3) sowie die Bedeutung der relativen Performance und Größe eines Fonds innerhalb seiner KAG diskutiert. Den Abschluss bildet die Betrachtung möglicher Spezifika einzelner Gesellschaften, die eine Rolle für die Auflösung von Fonds spielen können (4.1.2.5).

4.1.2.1 Verwaltetes Fondsvolumen und Mittelaufkommen auf Ebene der KAG

Im Literaturüberblick wurde bereits dargestellt, dass nicht nur auf Fonds-, sondern auch auf Gesellschaftsebene Economies of Scale zu erzielen sind.[287] Diese gehen über die aus der Summe der Einzelfonds erklärbaren Skalenerträge hinaus und können mit den hohen Synergien zwischen den einzelnen Fonds erklärt werden,[288] die etwa durch die gemeinsame Nutzung des Middle- und Back-Office, von Computersystemen oder auch des Research entstehen. Zudem kann dadurch eine Marke etabliert werden, die insgesamt positive Marketingeffekte generiert. So sehen sich kleine Fondsanbieter immer weniger imstande, mit den zunehmend steigenden Marketingbudgets und den immer teurer werdenden imagebildenden Kampagnen der großen KAG mitzuhalten.[289] Die Realisierung dieser Skaleneffekte führt zu sinkenden Kosten für die einzel-

---

287 Vgl. Abschnitt 3.2.3, S. 39 der vorliegenden Arbeit.
288 Vgl. LATZKO (1999), S. 334.
289 Vgl. SIRRI/TUFANO (1993), S. 207.

nen Fonds einer Gesellschaft, was sich – auch durch sinkende Transaktionskosten – wiederum positiv auf deren Performance auswirkt.[290]

Ein Teil dieser Skaleneffekte, insbesondere im Investmentdepotgeschäft, ließe sich nicht nur durch die Steigerung des eigenen Fondsvolumens erzielen, sondern auch durch Kooperationen mit anderen Gesellschaften.[291] Auf dem deutschen Markt spielt diese Möglichkeit jedoch – zumindest während des Untersuchungszeitraums – keine Rolle: Die 2004 von Deka und Union Investment geplante Gründung einer gemeinsamen Servicegesellschaft zur Bündelung der Technik im Depotgeschäft scheiterte dem Vernehmen nach an der Wahl einer gemeinsamen Plattform,[292] und erst im Jahr 2008 startete ein neuer Anlauf mit der Absichtserklärung zwischen Deka und Allianz Global Investors, ein Joint Venture für die Fondsbuchhaltung und -administration zu gründen.[293] Eine zweite Möglichkeit, die Basis für den Fixkostenblock zu erweitern, besteht darin, die Infrastruktur der KAG auch für andere Investmentobjekte zu nutzen, wie etwa geschlossene Fonds oder Zertifikate.[294]

Neben der Fixkostendegression spricht für ein möglichst großes Fondsvolumen auf Gesellschaftsebene auch die Tendenz der Fondsanbieter, ihr Verhalten in den unterschiedlichsten Fragen den größten KAG anzupassen, so dass diese Trends setzen können.[295] Zudem ist bei großen Fondsgesellschaften eine Fusion mit anderen Gesellschaften weniger wahrscheinlich. Sollte es doch dazu kommen, werden i.d.R. nicht die Fonds der größeren Gesellschaft aufgelöst – sie sind normalerweise die „aufnehmenden Fonds".[296] Nach Meinung von Branchenkennern können in Deutschland neben Nischenanbietern mit

---

290 Vgl. CHEN et al. (2004), S. 1293.

291 Maßgeblicher Faktor zur Hebung dieser Skaleneffekte ist jedoch die Implementierung von Prozess- und Datenstandards in den kooperierenden Gesellschaften, vgl. MÜNSTERMANN/ ECKHARDT/WEITZEL (2009), S. 3.; MÜNSTERMANN/WEITZEL (2008), S. 6.

292 Vgl. O.V. (2004a), S. 117; O.V. (2008d), S. 585.

293 Vgl. O.V. (2008d), S. 585; O.V. (2008c), S. 15.

294 Die Trennung einzelner Wertschöpfungsschritte, wie etwa „Initiierung" und „Deal Sourcing" von „Verpackung" und „Vertrieb" bei geschlossenen Fonds und die entsprechende Bereitstellung der Strukturierungsexpertise, Plattform und des Vertriebsnetzwerks, wie dies die DWS-Sparte „DWS Access" für reale Vermögenswerte vorsieht, kommt einer Änderung des Geschäftsmodells in der Asset-Management-Branche gleich, bei der der Investmentfondsanbieter zum „verpackungsneutralen" Asset Manager wird, vgl. RICHTER (2008), S. 15f.; zur Innovation von Geschäftsmodellen vgl. ZOLLENKOP (2006).

295 Vgl. KHORANA/SERVAES (1999), S. 1072.

296 Vgl. UTTICH (2008), S. 19.

kostengünstiger Struktur nur Vollanbieter, die ein Vermögen von mindestens 100 Mrd. Euro verwalten, eine notwendige Konsolidierungswelle überstehen.[297]

Aufgrund der beschriebenen Economies of Scale ist es bei großen Fondsgesellschaften somit weniger entscheidend, dass jeder einzelne Fonds positive Deckungsbeiträge generiert. Wenn ein Fonds andere wichtige Merkmale vorweisen kann, z.B. wegen seines ausgefallenen Anlageschwerpunkts zur Abrundung der Produktpalette beiträgt, ist eine größere Gesellschaft in der Lage, auch Fonds zu unterhalten und querzusubventionieren, die ihre direkten Kosten nicht decken können, und damit hinter dem geforderten Fondsvolumen zurückbleiben.

Ein weiterer Vorteil eines hohen, von der Gesellschaft verwalteten Vermögens besteht in der größeren verfügbaren „Manövriermasse“, um die Strategie der einzelnen Fonds aufeinander abzustimmen. Es ist davon auszugehen, dass unterschiedliche Fonds einer Fondsgesellschaft zumindest in Teilen auf dieselbe Research-Abteilung zurückgreifen. Beurteilen nun alle Fondsmanager die zur Verfügung gestellten, ihrer Natur entsprechend unsicheren Informationen, wie etwa die bevorstehende Übernahme eines Unternehmens unabhängig voneinander, reagieren darauf aber in der gleichen Weise, führt dies zu einer deutlichen Steigerung des Risikos auf Gesellschaftsebene. Koordiniert die KAG jedoch die Entscheidungen der Fonds, sind zwei Möglichkeiten denkbar: Einige Fonds können diese Informationen zu nutzen versuchen, während andere eine neutrale oder gegenteilige Position einnehmen, um die Investmentgesellschaft durch diese Streuung des Risikos insgesamt stärker abzusichern („Strategie Risikoteilung“) bzw. die Performance über die einzelnen Aktienfonds hinweg zu „glätten“ und schlechte Fonds aufgrund des davon ausgehenden Reputationsrisikos zu vermeiden („Strategie Glättung“). Alternativ könnten jedoch die „besten Anlageideen“ nur ausgewählten Fonds zur Verfügung gestellt werden und z.B. günstige Neuemissionen nur diesen zugeteilt werden. Es könnten sogar – insbesondere bei sehr sicheren Informationen – explizit die Fonds von „hohem Wert“ für die KAG auf Grundlage der Informationen handeln, während die weniger wertvollen Fonds dazu angehalten werden,

---

297 Vgl. FERBER (2002a), S. 26.

die Gegenposition einzunehmen, um den Preisdruck (Market Impact) für die erstgenannten Fonds abzuschwächen („Strategie Quersubventionierung")[298] und so den Gesamtwert für die Fondsgesellschaft zu maximieren.[299] Als „wertvolle Fonds" kommen für die Anlagegesellschaft drei Kategorien in Frage: Erstens Fonds mit hohen Gebühren und/oder hohem Volumen, da sie ceteris paribus einen höheren Beitrag zu den Gesamterträgen leisten. Zum Zweiten können Fonds mit hoher Vergangenheitsperformance dazu gezählt werden, da Investoren ungleich sensibler auf gute als auf schlechte Performance reagieren; die Zuflüsse aufgrund der Verbesserung eines mittelmäßigen Fonds zum Top-Fonds können die Abflüsse aus einem Fonds überkompensieren, der aus dem Mittelfeld in die unteren Ränge abrutscht.[300] Dieser Anreiz, Fonds mit guter Leistung weiter zu subventionieren, wird durch sog. „Spillover"-Effekte ergänzt: Top-Fonds können bewirken, dass auch in die anderen Fonds einer KAG zusätzliche Mittel fließen, während keine direkten negativen Effekte auf die Zuflüsse durch die Existenz unterdurchschnittlich abschneidender Fonds nachgewiesen werden können.[301] Möglicherweise halten drittens Fondsgesellschaften junge Fonds für wertvoller und subventionieren sie zu Ungunsten von alten, da bei diesen eine höhere Sensitivität gegenüber der Performance be-

---

[298] Vgl. GASPAR/MASSA/MATOS (2006), S. 79f. Ein spezieller Fall der Nutzung von Research-Informationen, der sich empirisch testen lässt, ist die Zuteilung von Anteilen bei einer unterbewerteten Neuemission. Die zitierte Studie zeigt, dass durch das Ausnutzen des sog. „Underpricing Phenomenon" bei IPOs (vgl. RITTER/WELCH (2002), REUTER (2006)) Fonds mit hohen Gebühren durch den Gewinn am ersten Handelstag ihre jährliche Rendite um knapp 0,5% steigern konnten, Fonds mit hoher Vergangenheitsperformance um ca. 0,3%, während die „weniger wertvollen" Pendants lediglich rund 0,1% bzw. 0,17% zulegen konnten, vgl. GASPAR/MASSA/MATOS (2006), S. 92–95. Auch die zweite Möglichkeit der Quersubventionierung, dass die „Unterstützer-Fonds" entgegengesetzte Positionen zu Handelsaufträgen der zu subventionierenden Fonds einnehmen, um den Market Impact abzumildern (also im Extremfall die gegensätzliche Order in gleichem Volumen ausführen oder direkt miteinander handeln, ohne eine Börse zu involvieren (sog. „Cross Trading", diese unterliegen jedoch spezieller Regulierung, vgl. in den USA Rule 17a-7 U.S. Investment Company Act)), kann die Studie GASPAR/MASSA/MATOS (2006) empirisch nachweisen, vgl. ebd., S. 97. Indirekte Möglichkeiten, „wertvolle Fonds" zu fördern, könnten z.B. darin bestehen, diesen vermehrt Research-Kapazitäten zur Verfügung zu stellen oder ihnen schlichtweg die besten Fondsmanager zuzuteilen, vgl. GUEDJ/PAPASTAIKOUDI (2004).

[299] Vgl. GASPAR/MASSA/MATOS (2006), S. 78. Mit dieser Strategie der Quersubventionierung bewegen sich Fondsgesellschaften in einer „rechtlichen Grauzone", RUENZI (2006), S. 26.

[300] Vgl. SIRRI/TUFANO (1998); CHEVALIER/ELLISON (1997).

[301] Vgl. NANDA/WANG/ZHENG (2003).

steht als bei älteren Portfolios: Aufgrund der kürzeren Historie geben die unmittelbar zurückliegenden und daher leichter beeinflussbaren Renditen bei jungen Fonds besser Aufschluss über die Fähigkeiten des Managers. Sich verschlechternde ältere Fonds verzeichnen also geringere Abflüsse als sich verbessernde jüngere Fonds Zuflüsse.[302]

Der Studie von GASPAR/MASSA/MATOS (2006)[303] zufolge herrscht die letztgenannte Strategie der bewussten Quersubventionierung überwiegend vor.[304] Dabei ist eine klare Bevorzugung von Fonds mit hohen Gebühren sowie guter Performance zu beobachten.[305] In der Studie zeigt sich außerdem, dass insbesondere bei großen KAG mit vielen Fonds und einem hohen insgesamt verwalteten Vermögen diese geschilderte Praxis nachweisbar ist. Je größer sie sind, umso eher müssen sie entscheiden, welche Fonds von den nur beschränkt nutzbaren Handelschancen profitieren sollen. Zudem erweitert sich mit der Größe auch die Manövriermasse, mittels derer der Market Impact einer großvolumigen Order abgefedert werden kann. Zudem trifft diese Quersubventionierungsstrategie insbesondere bei Vermögensverwaltern zu, deren Fonds sehr heterogen sind: Es ist leichter, durch Subventionierungen die Performance von kleineren Fonds zu steigern, während größere Fonds weniger unter den „Hilfsmaßnahmen" für andere zu leiden haben. Es zeigt sich zudem, dass alte Fondsgesellschaften junge Fonds quersubventionieren, weniger etablierte KAG jedoch ältere Fonds fördern. Dies lässt sich damit begründen, dass es einer Gesellschaft bei Vorliegen eines „Track Records" möglich

---

302 Vgl. CHEVALIER/ELLISON (1997); GASPAR/MASSA/MATOS (2006), S. 78f.

303 Untersucht wurden die fünfzig größten KAGs am amerikanischen Markt in den Jahren 1991 bis 2001; diese verwalteten rund 80% der in Fonds investierten Mittel, vgl. GASPAR/MASSA/MATOS (2006), S. 80.

304 Eine weitere Studie, in der sich klare Hinweise für „Unterstützerfonds" ergeben, ist die Untersuchung von KACPERCZYK/SIALM/ZHENG (2006): Während sich für die überwiegende Mehrheit der Fonds nachweisen lässt, dass die (z.B. durch Angabe der Wertpapierbestände) zu den Berichtsstichtagen nachvollziehbaren mit den tatsächlichen Handelsstrategien weitestgehend übereinstimmen, existieren einige Fonds, deren reale Strategien extrem von den offengelegten abweichen. Dies deutet auf eine bewusste Verschleierungstaktik hin, was sich am plausibelsten mit Quersubventionen begründen lässt, vgl. ebd. S. 4.

305 Fonds mit hohen Gebühren profitieren durch die Quersubventionierung durch eine Performancesteigerung von vier bis sechs Basispunkten, bei Fonds mit guter Vergangenheitsperformance liegt die Verbesserung bei 21 bis 28 Basispunkten, vgl. GASPAR/MASSA/ MATOS (2006), S. 85f.

ist, gezielt junge Fonds aufzubauen und zu potenziellen Star-Fonds zu entwickeln, während junge Fondsgesellschaften darauf achten müssen, dass sich ihre relativ alten Fonds zu „Flaggschiff-Fonds" mit entsprechend langer, überdurchschnittlicher Historie entwickeln.[306]

Gegen ein zu großes von einer Gesellschaft verwaltetes Vermögen spricht aber, dass – wie bereits in Abschnitt 3.2.3 erläutert – auch auf Ebene der Investmentgesellschaft ein zu großes Fondsvermögen zu Diseconomies of Scale führt.[307] Diese entstehen vor allem durch mangelnde Hebung der Synergien und steigende Komplexität.[308] Ähnlich zu einzelnen Fonds kann es demnach einen Bereich geben, in dem eine KAG auf weitere Neuauflagen verzichtet oder die Komplexität sogar durch Auflösungen zu verringern versucht.[309] Zum einen können dadurch die entsprechenden Entscheidungs- und Back-Office-Prozesse, wie etwa IT oder Rechnungswesen und Controlling, effizienter und somit kostengünstiger werden. Zum anderen können sich Fondsmanager bei weniger breitem Angebot stärker auf die Anlageentscheidungen für einzelne Fonds konzentrieren. Nicht zuletzt wird hierdurch auch das Angebot für den Investor überschaubarer und für die Vertriebsmitarbeiter sinkt die Vielfalt ihres Produktspektrums, so dass sie einen besseren Überblick gewinnen und umfassender über die einzelnen Fonds informiert sind. Gleichzeitig verringern sich dadurch der Schulungsaufwand und die Marketingkosten insgesamt, wie etwa die Kosten für Broschüren und Werbung.[310] Vor diesem Hintergrund reduzierte beispielsweise die Fondsgesellschaft Cominvest in den Jahren 2004 bis 2006 die Zahl der Publikumsfonds[311] und amerikanische Anbieter wie

---

306 Vgl. GASPAR/MASSA/MATOS (2006), S. 89–91. Auf Grundlage der konvexen Flow Performance Relationship treffen GASPAR/MASSA/MATOS (2006) in ihrer Studie die Abschätzung, dass eine solche Quersubventionierung durchaus einen erheblichen Einfluss auf das Ergebnis einer Fondsgesellschaft haben kann: Bei einer unterstellten Performanceumverteilung von 1,5% zwischen den „weniger wertvollen" und „wertvolleren" Fonds errechnet sich ein Nettowachstum des verwalteten Fondsvermögens – und damit proportional einhergehend der Erträge – um 4,2% p.a., was über den betrachteten Zeitraum von zehn Jahren eine Verbesserung um mehr als die Hälfte bedeutet, vgl. ebd., S. 100f.

307 Vgl. DERMINE/RÖLLER (1992).

308 Vgl. CHEN et al. (2004), S. 1294–1299; MEYER (2006), S. 141.

309 Für ihre Studie des amerikanischen Marktes Anfang der 90er Jahre finden COLLINS/MACK (1997) Diseconomies ab einer KAG-Größe von über 40 Mrd. USD, vgl. ebd., S. 70.

310 Vgl. LEENDERTSE (2007), S. 110.

311 Vgl. LEENDERTSE (2007), S. 110.

Fidelity oder Franklin-Templeton treten seit jeher bewusst mit einem sehr fokussierten Angebot auf dem deutschen Markt auf.[312]

Trotz dieser Einschränkung spricht die überwiegende Zahl der Argumente, insbesondere auch die bessere Möglichkeit der Quersubventionierung, für die Vorteilhaftigkeit hoher verwalteter Volumina, so dass die folgende Hypothese formuliert werden kann:

> HYPOTHESE A7: Die Auflösungswahrscheinlichkeit von Fonds korreliert invers mit der Höhe der auf Ebene der Fondsgesellschaft investierten Mittel.

Wesentlich eindeutiger verhält es sich bei dem insgesamt von einer Anlagegesellschaft generierten Mittelaufkommen. Aufgrund der diskutierten Bedeutung der Nettozuflüsse für das Überleben von Fonds lässt sich unmittelbar ableiten, dass die einzelnen Aktienfonds direkt von einem höheren Aufkommen ihrer Gesellschaft profitieren und so die Wahrscheinlichkeit einer Liquidierung sinkt, je besser ein Fondsanbieter im entsprechenden Vergleich abschneidet. Im Gegensatz zu Einzelfonds ist auf Ebene der Gesellschaft von keinem quadratischen Zusammenhang auszugehen, der ein „Winner's Curse" implizieren würde: Aus den Zuflüssen auf KAG-Level ist keine mögliche Beschränkung der Investitionsmöglichkeiten direkt ableitbar, so dass folgende Hypothese aufgestellt werden soll:

> HYPOTHESE A8: Die Auflösungswahrscheinlichkeit der Fonds einer KAG ist negativ mit dem (relativen) Mittelaufkommen der Gesellschaft korreliert.

4.1.2.2 Zahl der Fonds der KAG

Neben der volumenmäßigen könnte auch die zahlenmäßige Größe einer Fondsgesellschaft eine Rolle für die Auflösung von Fonds spielen. Die Argumentation kann zunächst analog geführt werden: So wie Economies of Scale

---

312 Vgl. LEENDERTSE (2007), S. 109f.

beim verwalteten Vermögen wirken, können für die Zahl der Fonds Economies of Scope nachgewiesen werden. Eine KAG kann so administrative Kosten sowie Vertriebs- und Marketingaufwand auf eine größere Zahl von Fonds verteilen, was sich bei diesen in einer geringeren Kostenbelastung niederschlägt.[313] Insbesondere die Marke kann mit zunehmender Zahl der Aktienfonds für eine breitere Basis genutzt werden, wodurch die Suchkosten für die Investoren sinken.[314] Zudem kann die Marke der KAG insgesamt ihren Wert steigern, wenn sie dem Wunsch der Investoren entsprechend durch Auflage zusätzlicher Fonds eine Vielzahl von Segmenten abdeckt. Eine (relativ) große Zahl an Fonds steht selbst bei kleinen, spezialisierten Fondsgesellschaften für eine breite Aufstellung, da i.d.R. zuerst Fonds in noch nicht berücksichtigten Anlagesegmenten aufgelegt werden, bevor mehrere Fonds für denselben Bereich angeboten werden.[315] Zudem wurde in Studien nachgewiesen, dass eine breitere Produktpalette einen höheren Marktanteil zur Folge hat.[316]

Umgekehrt übt die Einzigartigkeit eines Fonds innerhalb der Angebotspalette einer Fondsgesellschaft einen nicht eindeutig bestimmbaren Einfluss auf dessen Auflösungswahrscheinlichkeit aus. Einerseits zieht ein solcher Fonds eine ganz spezielle Investorenschaft an, befriedigt deren spezifische Bedürfnisse und kann so auch für andere Fonds der Fondsgesellschaft zusätzliche Mittel generieren bzw. zusätzlich ihr Renommee erhöhen. Andererseits sind mit solchen „Spezialitätenfonds“ auch überproportional hohe Kosten verbunden, da zusätzliches Know-how aufgebaut, spezielles Research genutzt und auch entsprechend zugeschnittenes Marketing betrieben werden muss. Die Sinnhaftigkeit eines solchen „einzigartigen“ Fonds hängt somit in erster Linie davon ab, ob die zusätzlich akquirierten Mittel die spezifischen Kosten (über-)kompensieren können.[317]

Ein positiver Zusammenhang zwischen Auflösung und der Zahl der Fonds lässt sich damit begründen, dass auch hier Diseconomies auftreten. So steigt mit der Zahl die Komplexität stark an, etwa in der Verwaltung oder der Ver-

---

313 Vgl. DUKES/ENGLISH (2006), S. 247.
314 Vgl. GASPAR/MASSA/MATOS (2006), S. 73f.
315 Vgl. MAMAYSKY/SPIEGEL (2002), S. 28–30.
316 Vgl. MAMAYSKY/SPIEGEL (2002), S. 36.
317 Vgl. ZHAO (2005), S. 1371.

triebsschulung; zudem treten zunehmend Kannibalisierungseffekte auf und das Fondsvolumen sinkt nicht nur pro Fonds, sondern sogar insgesamt.[318]

Es kann außerdem argumentiert werden, dass mit der Zahl der Fonds einer Investmentgesellschaft auch die Wahrscheinlichkeit einer Auflösung steigt, da größere Fondsgesellschaften durch die Streichung einzelner, schlechter Fonds einen gravierenden Imageschaden für die restlichen Fonds vermeiden können[319] und sie zudem bei Liquidierung eines Fonds mit einem geringeren Mittelabfluss rechnen müssen, wenn viele Fonds als Alternativanlage zur Verfügung stehen.[320] Zudem lässt sich wiederum eine Parallele aus der Industrieökonomik ziehen: Dort wird in der Literatur nachgewiesen, dass Institutionen, die zu einem Unternehmen mit vielen unterschiedlichen Einheiten gehören, mit höherer Wahrscheinlichkeit liquidiert werden, als solche, die selbständig und unabhängig sind.[321]

Schließlich kann eine hohe Zahl an Fonds auch ein Anzeichen dafür sein, dass die Fondsgesellschaft eine sog. „Inkubatorstrategie" verfolgt: Die KAG legt eine Reihe von „Inkubatorfonds" auf, die mit einem Grundstock an eigenen Mitteln ausgestattet werden, jedoch nicht oder (aufgrund jeglicher fehlender Werbung und Empfehlung) quasi nicht öffentlich vertrieben werden. Die Portfolios, die nach einigen Jahren eine entsprechend gute Historie aufweisen, werden aggressiv als Flaggschiff- oder Star-Fonds vermarktet; die restlichen, schlechteren werden wieder aufgelöst, bevor sie in Ratings berücksichtigt werden.[322] Auch wenn eine „interne" Anfangsphase für einen Fonds durchaus üblich ist und der Erprobung innovativer Fondskonzepte und -strategien sowie der Evaluierung geeigneter Performancemaße dient,[323] ist eine systematische Auflage von Inkubatorfonds zur Erzeugung einer werbewirksamen Historie problematisch, was sich darin zeigt, dass die überlebenden Inkubatorfonds

---

318 Vgl. DECHOW (2003), S. 20f.

319 Mit jedem neu aufgelegten Fonds steigt das Risiko, dass dieser schlecht läuft. Gerät dieser in den Fokus der Medienöffentlichkeit, kann dies den Verkaufserfolg der anderen Fonds der KAG beeinträchtigen, selbst wenn diese eine eigentlich zufriedenstellende Performance erzielen, vgl. SIRRI/TUFANO (1993), S. 191.

320 Vgl. ZHAO (2005), S. 1370.

321 Vgl. AUDRETSCH (1994), S. 130f.

322 Vgl. MASSA (1998), S. 4f.

323 Vgl. EVANS (2004), S. 20.

nach ihrer Veröffentlichung die überdurchschnittliche Performance nicht halten können, sondern hinter den Durchschnitt zurückfallen.[324]

Insgesamt betrachtet sprechen die theoretischen Überlegungen sowie die im Literaturüberblick[325] diskutierte Untersuchung von JAYARAMAN/KHORANA/NELLING (2002) für

> HYPOTHESE A9: Mit der Zahl der Fonds einer Investmentgesellschaft steigt auch die Wahrscheinlichkeit für die Auflösung einer ihrer Fonds.

4.1.2.3 Durchschnittliche Performance der Fonds der KAG

Ein weiterer Einflussfaktor auf die Auflösung von Fonds könnte die generelle Performance der Fondsgesellschaft sein, d.h. die durchschnittliche Performance aller von der Fondsgesellschaft aufgelegten Fonds. Da sich bereits einzelne Aktienfonds, die durch besonders schlechte Performance auffallen, als Imagerisiko für die gesamte KAG erweisen können, wenn sie zum Gegenstand negativer Berichterstattung in den Medien werden,[326] reagieren möglicherweise erfolgreiche Investmentgesellschaften sehr viel sensibler auf das schlechte Abschneiden einzelner Fonds. Das Image einer Fondsgesellschaft ist für Investoren von hoher Bedeutung: In einer Befragung amerikanischer Investoren beispielsweise wurde zu Gründen für die Investitionsentscheidung die Reputation der Fondsgesellschaft als zweithäufigste Antwort nach der Performance des Fonds genannt – vor direkten Empfehlungen, Service, Produktpalette und Gebühren.[327] Untersuchungen haben zudem ergeben, dass sich Investoren i.d.R. zunächst für eine Fondsgesellschaft entscheiden, um erst im

---

[324] Trotz der schwierigen Datenlage konnte EVANS (2004) in einer Studie für den amerikanischen Markt für die Jahre 1995 bis 2002 128 solcher Inkubatorfonds, wie etwa den „Putnam Research Fund" identifizieren, vgl. ebd. S. 6f., 21. Der Studie zufolge weisen überlebende Inkubatorfonds gegenüber aufgelösten eine um zwei bis 6% höhere risikoadjustierte Rendite auf, in absoluter Höhe beträgt die Differenz mehr als 18%, vgl. ebd. S. 22.

[325] Vgl. Abschnitt 3.4 der vorliegenden Arbeit.

[326] Vgl. SIRRI/TUFANO (1993), S. 191.

[327] Vgl. POZEN (1998), S. 462; hiermit übereinstimmend ist auch nach der Studie von CAPON/FITZSIMONS/PRINCE (1996) die Reputation nach der historischen Rendite das zweitwichtigste Anlagekriterium, vgl. ebd., S. 69.

zweiten Schritt einen individuellen Fonds auszuwählen.[328] Fonds, die von Anlagegesellschaften mit hoher durchschnittlicher Performance (unabhängig von der Wahl des Maßes) aufgelegt werden, könnten somit ceteris paribus eher von Auflösung bedroht sein als Fonds von insgesamt schlechter abschneidenden Anbietern.

In der Literatur wurde dieser Aspekt bislang kaum untersucht; die im Überblick relevanter Studien erläuterte Untersuchung von ZHAO (2005) kann keinen signifikanten Einfluss der durchschnittlichen KAG-Performance auf die Auflösungswahrscheinlichkeit nachweisen.[329] Trotzdem soll folgende Hypothese formuliert werden:

> HYPOTHESE A10: Die Wahrscheinlichkeit der Auflösung eines Fonds korreliert positiv mit der durchschnittlichen Performance der Fonds einer Investmentgesellschaft.

4.1.2.4 Relative Größe und Performance des Fonds in der KAG

Neben den absoluten Werten eines Fonds in Bezug auf sein Volumen, sein Aufkommen und seine Performance spielen für die Entscheidung über seine Auflösung u.U. auch die relativen Größen, gemessen an den weiteren Fonds der Investmentgesellschaft, eine wichtige, ggf. sogar eine bestimmende Rolle. Zum einen entspricht es der Intuition, dass sich eine KAG zuerst von den weniger erfolgreichen, kleineren und weniger aussichtsreichen Fonds in ihrer Angebotspalette trennen wird. Zum anderen kann eine absolut, d.h. über den Gesamtmarkt hinweg betrachtete, mittelmäßige oder sogar überdurchschnittliche Größe oder Performance eines Fonds nach den Maßstäben einer hervorragenden Anlagegesellschaft eher schlecht bewertet werden und unter den internen wie externen Erwartungen zurückbleiben.

Schließlich kann auch argumentiert werden, dass innerhalb der Fondsgesellschaften eine Konkurrenzsituation zwischen den Fondsmanagern vorherrscht, das sog. „Familienturnier", dessen impliziter Bestandteil auch die Auflösung von Fonds darstellt. Während dieses Turnierverhalten zu der unerwünschten

---

328 Vgl. MASSA (2003).
329 Vgl. ZHAO (2005), S. 1386.

Handlungsweise von Fondsmanagern führen kann, das Risiko ihres Portfolios zur Mitte des Jahres zu erhöhen, wenn sie zu diesem Zeitpunkt auf den unteren Rängen rangieren, um so noch eine Chance auf die oberen Ränge zu haben,[330] ist es weitgehend auch Ergebnis einer gewünschten Steuerungslogik: So richtet sich i.d.R. das Gehalt eines Fondsmanagers (zumindest teilweise) nach dem Volumen des Fonds und Beförderungen werden entsprechend der jeweiligen Performance ausgesprochen; zudem erreichen die jeweils besten Fonds einer KAG höhere Zuflüsse[331] und werden auch stärker von Gesellschaften beworben.[332] Aufgrund dieser auch selbstverstärkenden Effekte sind klar die Fonds mit (relativ) geringem Volumen, niedrigem Aufkommen und inferiorer Performance als solche zu identifizieren, die einer höheren Gefahr der Auflösung ausgesetzt sind.

Somit können auch unter Berücksichtigung der Erkenntnisse der Abschnitte 4.1.1.1 bis 4.1.1.3 zusammenfassend die folgenden Hypothesen formuliert werden:

> HYPOTHESE A11A: Die Auflösungswahrscheinlichkeit eines Fonds ist negativ mit seinem relativen Mittelaufkommen innerhalb der Kapitalanlagegesellschaft korreliert.

> HYPOTHESE A11B: Die Auflösungswahrscheinlichkeit eines Fonds ist negativ mit seinem relativen Volumen innerhalb der Kapitalanlagegesellschaft korreliert.

> HYPOTHESE A11C: Die Auflösungswahrscheinlichkeit eines Fonds ist negativ mit seiner relativen Performance innerhalb der Kapitalanlagegesellschaft korreliert.

---

330 Vgl. KEMPF/RUENZI (2005), S. 129–131; BROWN/HARLOW/STARKS (1996), KOSKI/PONTIFF (1999).

331 Vgl. RUENZI (2006), S. 118f.

332 Vgl. JAIN/WU (2000).

4.1.2.5 Fondsgesellschaftsspezifische Faktoren

Neben den in den vorangegangenen Abschnitten dargestellten allgemeingültigen fondsgesellschaftsbezogenen Einflussfaktoren sind auch Gründe für die Auflösung von Fonds denkbar, die spezifisch in der Fondsgesellschaft selbst begründet liegen. So können Fonds aufgrund eines Strategiewechsels einer KAG oder aber als Folge von Fusionen zwischen den Gesellschaften liquidiert werden.

Die strategische Neupositionierung einer Anlagegesellschaft könnte eine Straffung der Produktpalette vorsehen, um sich auf Kernkompetenzen zu konzentrieren, d.h. z.B. auf einige Anlagesegmente. Empirisch konnte für den amerikanischen Markt eine bessere Performance für Fonds von Investmentgesellschaften mit einem stärkeren Fokus nachgewiesen werden.[333] Dies lässt sich damit begründen, dass stärker spezialisierte Investmentgesellschaften Fondsmanager besser evaluieren können und auch für die besten Manager attraktiver sind. Zudem sehen sich solche Fondsanbieter im Vergleich zu Konkurrenten mit breiter gestreuten Anlagespektren mit geringeren Schwierigkeiten konfrontiert, die unterschiedlichen Aktivitäten zu überwachen und entsprechende übergreifende organisatorische Strukturen sowie Anreizsysteme zu etablieren.[334] Es besteht außerdem in geringerem Maße die Gefahr des Aufeinanderprallens verschiedener Kulturen und Investmentstile, die etwa in der Wahl quantitativer Analyse vs. Fundamentalanalyse begründet liegen oder aufgrund der Notwendigkeit verschiedener Research-Ansätze mit entsprechend unterschiedlicher Ressourcenausstattung auftreten können: Während z.B. Blue Chips[335], in die zu einem großen Teil bei Standardsegmenten investiert wird, von Investmentbanken und anderen Marktteilnehmern ausführlich bewertet werden, so dass nur noch wenige weitere Analysen durch den Fondsmanager selbst notwendig sind, besteht z.B. bei Nebenwertefonds ein Hauptteil der Arbeit in der eigenen Bewertung der Werte – neben detaillierter Beschäftigung mit den Abschlüssen und Geschäftsberichten des jeweiligen Unternehmens sind oft auch Unternehmensbesuche und direkte Gespräche

---

333 Vgl. SIGGELKOW (2003), S. 146.
334 Vgl. SIGGELKOW (2003), S.126f.
335 Unter „Blue Chips" versteht man besonders liquide Aktien mit einer hohen Marktkapitalisierung, vgl. GERKE (2002), S. 124.

mit dem Management notwendig und üblich. Es ist leicht vorstellbar, dass diese unterschiedlichen Konzepte und Vorgehensweisen zu nicht vernachlässigbaren Problemen in der täglichen Praxis führen können.[336]

Neben der Rückbesinnung auf Kernkompetenzen kann auch eine Veränderung der Vertriebsstrategie der Banken die Ursache für die Liquidierung von Fonds sein: Seit einigen Jahren gehen viele Banken dazu über, nicht mehr nur Fonds ihrer hauseigenen Anlagegesellschaft, sondern auch Fremdfonds anzubieten. Als eine der ersten deutschen Banken hatte im Jahr 2001 die Commerzbank begonnen, Fonds fremder Anbieter zu vertreiben, im Jahr 2004 lag deren Anteil bei rund 30%. Dies wirkte sich unmittelbar auf das Fondsvermögen der Cominvest aus, die in dieser Zeit massiv an Mitteln verlor; der Vertrieb eigener Fonds über unabhängige Vermittler machte lediglich 20% aus und konnte somit diese Entwicklung nicht kompensieren.[337] Durch den Trend, nicht nur Produkte der KAG aus dem eigenen Konzern anzubieten, sondern auch von Drittanbietern zu vertreiben, muss die hauseigene KAG nicht mehr alle erdenklichen Fondsvariationen anbieten, um die Bedürfnisse der Bankkunden umfassend abzudecken.[338] Kleine, wenig rentable Fonds, die in Spezialsegmenten die Fondspalette abrunden sollten,[339] müssen so nicht länger quersubventioniert werden, sondern können aufgelöst werden. In einigen Konzernen war jedoch in der Folgezeit auch wieder ein gegenläufiger Trend zu erkennen, demzufolge Bankberater in erster Linie auf konzerneigene Produkte zurückgreifen sollten.[340]

Neben der Änderung der Strategie sind Fusionen von Fondsgesellschaften die zweite wichtige Ursache für fondsgesellschaftsspezifische Einflussfakto-

---

336 Vgl. SIGGELKOW (2003), S. 127f., der als Beispiel einen großen kanadischen Fondsanbieter anführt, bei dem ein Direktor, der einen Blue-Chips-Fonds managte, gleichzeitig Vorgesetzter eines Fondsmanagers für Nebenwertefonds war. Der Direktor kürzte dessen Recherchebudget auf ein Volumen, das seinen eigenen Erfahrungswerten entsprach, was zu einer Verschlechterung der Performance des Nebenwertefonds führte, vgl. ebd., S. 128.

337 Vgl. HAMMER (2004b), S. 25.

338 Vgl. LEENDERTSE (2007), S. 110.

339 Vgl. o.V. (2005b), S. 21.

340 Ein Beispiel hierfür ist die Dekabank mit ihrem Slogan „First Choice Deka“, vgl. KÖHLER (2007), S. 27.

ren. Grundsätzlich können diese aus vier Gründen vollzogen werden:[341] Erstens, um mit der neuen Gesellschaft eine signifikante Marktmacht zu erreichen und damit höhere Gebühren gegenüber ihren Anlegern sowie geringere Kosten gegenüber ihren Transaktionspartnern durchsetzen zu können. Zweitens besteht dadurch die Möglichkeit, Skalenerträge zu realisieren, die sich insbesondere auf die „Produktion" der Fonds beziehen, also z.B. auf Teile des Research oder auf die Infrastruktur, wie insbesondere die benötigte Informationstechnologie. Man kann aber auch die Möglichkeit darunter fassen, Kunden eine größere Zahl an Investmentprodukten aus einer Hand anzubieten und so deren Investmentprozess effizienter zu gestalten, also Suchkosten oder sog. „Shopping Costs"[342] zu vermeiden und dadurch eine attraktivere Marke zu entwickeln. Drittens ergeben sich durch die Fusion Verbundeffekte bei der knappen „Ressource" der Fondsmanager. Schließlich können viertens weitere Kostensynergien, etwa in der Verwaltung, realisiert werden. Oft liegt die Ursache für die Fusion von Fondsgesellschaften jedoch in der Fusion der zum Konzern gehörenden Banken begründet, die die Verschmelzung der jeweiligen KAG als Konsequenz nach sich zieht, wie etwa bei der Integration von Activest in Pioneer Investments nach der Fusion der HypoVereinsbank und Unicredit.[343]

Unabhängig von der Motivation der Fusion wird in ihrer Folge i.d.R. die Angebotspalette überprüft und Fonds mit gleichem oder sehr ähnlichem Profil und Anlageschwerpunkt werden aufgelöst.[344] Dabei dienen sicherlich, wie im vorangegangenen Abschnitt erläutert, die relativen Werte in Bezug auf die neue, fusionierte Gesellschaft als Maßstab hinsichtlich Größe, Mittelaufkommen und Performance. Davon abweichend können in Einzelfällen auch ausgefallenere Gründe zur Liquidierung von Fonds führen: So wurden nach der Übernahme des Finanzdienstleisters Tecis durch AWD zwei der besten Fonds der Produktpalette geschlossen, da es Teil der Strategie von AWD ist, keine eigenen Produkte – und somit auch nicht die von Tecis übernommenen Fonds

---

341 Vgl. hierzu ALLEN/PARWADA (2006), S. 123.

342 D.h. tatsächliche oder wahrgenommene Kosten, die dadurch entstehen, dass die verschiedenen Konsumbedürfnisse durch unterschiedliche Anbieter gestillt werden, vgl. KLEMPERER (1992), S. 741.

343 Vgl. WACHTENDORF (2006), S. 29.

344 Vgl. SCHWERDTFEGER (2008), S. 140.

– zu vertreiben, wodurch für die beiden Investmentfonds mit keinen weiteren substanziellen Zuflüssen zu rechnen war.[345]

> HYPOTHESE A12: Die spezifische Situation einer Fondsgesellschaft übt einen Einfluss auf die Auflösungswahrscheinlichkeit ihrer Fonds aus, der über den durch allgemeingültige Faktoren beschreibbaren hinausgeht.

4.1.3 Der Einfluss segmentbezogener Faktoren

Für die Auflösung eines Fonds könnten neben Einflussfaktoren, die sich aus dem Fonds selbst oder aus der Fondsgesellschaft ergeben, auch Charakteristiken des jeweiligen Anlagesegments bestimmend sein. Im Folgenden sollen daher die Attraktivität des Segments (4.1.3.1) sowie die relative Stellung des Fonds im Segment (4.1.3.2) näher auf ihre Wirkung untersucht werden.

4.1.3.1 Attraktivität des Anlagesegments

Die Literatur der Industrieökonomik zeigt, dass tendenziell mehr Firmen aus dem Markt „ausscheiden", wenn in ihrer jeweiligen Industrie nur ein geringes Wachstum vorherrscht. In Analogie dazu würden im Fondsbereich die unterschiedlichen Anlagesegmente für die verschiedenen Branchen stehen und damit wäre eine Auflösung von Fonds in Segmenten mit geringem Mittelzufluss wahrscheinlicher.[346] Da Investoren bevorzugt Fonds aus Anlagebereichen mit guter Vergangenheitsperformance kaufen,[347] schneiden diese Segmente beim Vergleich der Mittelaufkommen sehr gut ab, so dass sich dadurch die Überlebenswahrscheinlichkeit für die hier platzierten Fonds erhöht.[348] Die im Vergleich zu anderen Kategorien höheren Zuflüsse locken jedoch auch neue Fonds an. Zum einen legen Fondsgesellschaften, die in diesen Anlagesegmenten bislang noch nicht vertreten waren,[349] neue Portfolios auf. Zum ande-

345 Vgl. BECK (2003), S. 21.
346 Vgl. HUBERMANN (2004); ZHAO (2005), S. 1369f.
347 Vgl. DECHOW (2003), S. 22.
348 Vgl. GETMANSKY (2005), S. 16, 21f.
349 Vgl. KHORANA/SERVAES (1999).

ren weiten aber auch Fondsanbieter ihre Produktpalette in bereits penetrierten Anlagebereichen aus, wenn diese „in Mode" kommen – insbesondere, wenn ihre dort bereits positionierten Fonds keine Topplatzierung einnehmen. Durch die neuen Fonds liefern sie den Anlageberatern Verkaufsargumente, um weitere Mittel zu akquirieren.[350] Zudem sind Economies of Scale in den Segmenten am höchsten, in denen die KAG bereits präsent ist und somit schon über Research etc. verfügt, so dass dieser Einspareffekt die Selbstkannibalisierung dominieren kann.[351] Es ist außerdem zu beobachten, dass Investmentgesellschaften z.T. die Segmentklassifizierung von Fonds ändern, um diese von relativ unattraktiven Bereichen in solche mit höherem Investoreninteresse zu verlagern, oder dass sie sogar den Fonds umbenennen, um so einen anderen Anlagestil zu suggerieren, ohne dass hierdurch jedoch die Anlagestrategie des Fonds (wesentlich) wechseln würde.[352] Eine radikalere Strategie sieht vor, möglichst viele Fonds aufzulegen, die sich innerhalb eines Segments nur wenig voneinander unterscheiden. Damit erhöhen Fondsgesellschaften die Wahrscheinlichkeit, dass je nach Marktlage einer ihrer Fonds zu den besten gehört und so weitere Anleger anzieht. Durch diese Art „unechter" Produktdifferenzierung[353] investieren Anleger also immer in (wechselnde) „Top-Fonds", bei denen sie ggf. sogar bereit sind, aufgrund der guten Leistung auch höhere Gebühren zu zahlen.[354] Durch die Neuauflagen von Fonds in den attraktiven Segmenten verschärft sich dort der Wettbewerb und erhöht wiederum die Wahrscheinlichkeit einer Auflösung von Fonds.[355]

Jedes Segment verfügt also über seine eigene spezifische, im Zeitablauf variierende Attraktivität, die sich auf die Wahrscheinlichkeit der Liquidierung von Fonds auswirkt, was zur folgenden, allgemein gehaltenen Hypothese führt:

---

[350] Vgl. ZHAO (2002), S. 14.
[351] Vgl. ZHAO (2002), S. 15.
[352] Vgl. COOPER/GULEN/RAU (2005); NAVONE (2003).
[353] „Spurious financial product differentiation over the state space", LI (2003), S. 4.
[354] Nach der Untersuchung von LI (2003) kann die Fondsbranche dadurch rund 30% mehr Gewinn machen, vgl. ebd., S. 4, 27.
[355] Vgl. GETMANSKY (2005), S. 22f. Im Zeitablauf zeigt sich jedoch, dass die Auflösungswahrscheinlichkeit von Fonds nicht durch viele kleine neue, sondern durch große Fonds steigt, vgl. ebd. S. 24.

HYPOTHESE A13: Die unterschiedlichen Segmente üben über die durch Fondscharakteristika oder KAG-Zugehörigkeit erklärbaren Effekte einen spezifischen Einfluss auf die Auflösung von Fonds aus.

Die Zahl der im Anlagesegment vertretenen Fonds kann sowohl als Grad der Wettbewerbsintensität als auch als ein Maßstab für die Attraktivität des Bereichs gesehen werden, weshalb auf Grundlage theoretischer Überlegungen keine eindeutige Aussage zu treffen ist. Aufgrund der Anreize für eine KAG, auf die Aufkommensschwankungen in den verschiedenen Segmenten zu reagieren und neue Fonds aufzulegen – die aber ggf. nach Abebben der „Modewelle" auch wieder aufgelöst werden, wenn sich ihr Konzept als nicht nachhaltig erweist – soll in der formulierten Hypothese dem Argument des erhöhten Wettbewerbs Vorrang gewährt werden:

HYPOTHESE A14: Die Auflösungswahrscheinlichkeit korreliert positiv mit der Zahl der im Segment vertretenen Fonds als Zeichen der Wettbewerbsintensität.

4.1.3.2 Stellung des Fonds im Anlagesegment

Neben den Merkmalsausprägungen des Fonds an sich sowie seiner Positionierung innerhalb ihrer Fondsgesellschaft könnte auch die Stellung im Vergleich zur direkten Konkurrenz, d.h. im relevanten Anlagesegment, die Auflösung eines Fonds beeinflussen. Für das Management der Fondsgesellschaft ist neben Regulierung, direktem Monitoring und performanceabhängiger Entlohnung dieser Wettbewerb im Segment eine geeignete Möglichkeit, um den Principal-Agent-Konflikt[356] abzuschwächen. Während die ersten beiden Alternativen den Handlungsspielraum des Fondsmanagers beschränken, verändern die beiden letzteren seine Nutzenfunktion und gleichen sie der des Investors, also des Prinzipals, an. Da leistungsabhängige Vergütung, zumindest am

[356] Zum Principal-Agent-Konflikt vgl. Fußnote 249 der vorliegenden Arbeit.

deutschen Fondsmarkt, noch nicht weit verbreitet ist, stellt die Konkurrenz das wirkungsvollste Instrument dar.[357]

Der Wettbewerb in einem Segment bewirkt, dass Anleger vorwiegend in Fonds investieren, die mit ihren Zielen kongruent sind, also eine hohe Wertsteigerung beim gewünschten Risikoprofil generieren. Die Effektivität dieses Wettbewerbs hängt davon ab, ob das relative Abschneiden eines Fonds im Segment auch ein guter Indikator für die Fähigkeiten des Fondsmanagers ist. Eine wesentliche Voraussetzung hierfür ist die Abgrenzung der Anlagesegmente. Nur wenn diese so geschnitten sind, dass ausschließlich sehr ähnliche Anlagestrategien miteinander verglichen werden, besitzt ein Vergleich hohe Aussagekraft – andernfalls könnten Unterschiede in der Performance auch auf allgemeine Markttrends zurückzuführen sein.[358] Da Investoren i.d.R. die Aussagekraft der Kategorisierung nicht berücksichtigen, sind dabei nicht überschneidungsfreie, also z.B. ineinander „verschachtelte" Kategorien ein typisches Problem, bei denen ein Fonds neben der eigentlich korrekten Unterkategorie auch zur (allgemeiner gefassten) Oberkategorie gezählt wird.[359]

Problematisch ist außerdem, dass Fondsmanager auf das Ranking innerhalb des Segments reagieren und sich entsprechend anpassen. Ähnlich dem unter dem Stichwort „Familienturnier" beschriebenen Verhalten innerhalb einer KAG[360] erhöhen sie beim sog. „Segmentturnier" ihr Risiko, wenn sie zur Mitte des Jahres keinen Top-Rang in ihrem Anlagebereich erringen, um zum Jahresende doch noch einen Spitzenplatz zu erreichen. Da aufgrund der konvexen Zufluss-Beziehung zwar mit erhöhtem Aufkommen bei „Star-Fonds" zu rechnen ist, bei schlechter Leistung jedoch nicht mit den entsprechenden Abflüssen, kann es für den Fondsmanager rational sein, zum Nachteil der Investoren das Risiko entsprechend zu steigern.[361]

Aufgrund dieser möglichen Risikoanpassung durch die Fondsmanager ist unklar, ob Fondsgesellschaften etwa beim Aufkommen oder Volumen das Seg-

---

357 Vgl. NAVONE (2003), S. 1f.
358 Vgl. NAVONE (2003), S. 2.
359 Vgl. NAVONE (2003), S. 3f.
360 Vgl. Abschnitt 4.1.2.4 der vorliegenden Arbeit.
361 Vgl. z.B. BROWN/HARLOW/STARKS (1996); KOSKI/PONTIFF (1999); ELTON/GRUBER/BLAKE (2003).

ment als relevanten Bezugspunkt wählen oder absolute bzw. familieninterne Referenzpunkte verwenden. Die Relevanz der relativen Segmentperformance hängt von der Frage ab, ob die Anleger (auch auf dem deutschen Markt) die Fonds eines Anlagesegments miteinander vergleichen und so die relative Leistung der Fonds im Segment wahrnehmen oder ob sie nur die Fonds einer zunächst ausgewählten KAG als Vergleichsbasis verwenden oder aber, als dritte Möglichkeit, die Performance aller Fonds – unabhängig von Segment oder Gesellschaft – miteinander vergleichen, d.h. absolute Werte zur Beurteilung heranziehen. Diese Frage wird erst bei der Diskussion möglicher Einflussfaktoren auf das Mittelaufkommen weiter zu klären sein. Zunächst soll daher von einer gewissen Relevanz des Segments ausgegangen und die folgenden, intuitiven Hypothesen aufgestellt werden:

> HYPOTHESE A15A: Die Auflösungswahrscheinlichkeit von Fonds ist negativ mit seinem relativen Aufkommen im Segment korreliert.

> HYPOTHESE A15B: Die Auflösungswahrscheinlichkeit von Fonds ist negativ mit seinem relativen Volumen im Segment korreliert.

> HYPOTHESE A15C: Die Auflösungswahrscheinlichkeit von Fonds ist negativ mit seiner relativen Performance im Segment korreliert.

4.2 Potenzielle indirekte Einflussfaktoren

Nach der Behandlung direkter Determinanten der Auflösung sollen im Folgenden indirekte Faktoren erörtert werden. Wie in der vorangegangenen Diskussion deutlich geworden ist, kommt dem Mittelaufkommen entscheidende Bedeutung für die Frage einer Auflösung zu, so dass in Abschnitt 4.2.1 zunächst potenzielle Faktoren auf die Zuflüsse und Abflüsse diskutiert werden, die somit indirekt auf die Liquidierung von Fonds einwirken. Abschnitt 4.2.2 behandelt anschließend weniger klar messbare, weitere mögliche indirekte Einflussfaktoren.

4.2.1 Potenzielle Einflussfaktoren auf das Mittelaufkommen

Analog zur Untersuchung direkter Determinanten der Auflösung von Fonds soll auch bei der Diskussion der Faktoren, die das Mittelaufkommen beeinflussen, das dreiteilige Gliederungssystem beibehalten werden. Zunächst werden daher fondsbezogene Faktoren analysiert (4.2.1.1), bevor fondsgesellschafts- (4.2.1.2) und schließlich segmentbezogene Einflussfaktoren (4.2.1.3) erörtert werden.

4.2.1.1 Der Einfluss fondsbezogener Faktoren

Aufgrund der bereits im Literaturüberblick[362] dargestellten außerordentlichen Relevanz der Performance (4.2.1.1.1) soll diese als erster Einflussfaktor näher betrachtet werden, gefolgt von dem Risiko des Fonds (4.2.1.1.2). Nach der Erörterung des Einflusses des Fondsvolumens (4.2.1.1.3) werden in Abschnitt 4.2.1.1.4 das Alter und schließlich die Gebühren des Fonds (4.2.1.1.5) diskutiert.

4.2.1.1.1 Performance des Fonds

Wegen seiner grundlegenden Bedeutung auch für andere Einflussfaktoren wurde schon im Literaturüberblick in Abschnitt 3.2.1 ausführlich der Einfluss der Performance auf das Mittelaufkommen dargestellt und die Konvexität der Beziehung erläutert: Gute Performance hat hohe Zuflüsse zur Folge, schlechte Leistung bewirkt aber keine Abflüsse in entsprechendem Ausmaß.

Unklar ist dabei, welcher Beurteilungszeitraum und welches Performancemaß für die Investoren relevant ist. So weist die Studie von NAVONE (2003) nach, dass sich Anleger an der (relativ) kurzfristigen Performance orientieren und die Rendite des jeweils vergangenen Quartals am relevantesten ist.[363] Nach den Untersuchungen von BERKOWITZ/KOTOWITZ (1993) und LUNDE/TIMMERMANN/BLAKE (1999) reagieren Investoren hingegen mit einer relativ lan-

---

[362] Vgl. Abschnitt 3.2.1 der vorliegenden Arbeit.

[363] Untersucht werden rund 800 italienische Fonds der Jahre 1997 bis 2001, vgl. NAVONE (2003), S. 10f.

gen Zeitverzögerung von rund drei Jahren auf die Performance. Sie begründen dies damit, dass die Investoren erst in einem Erkenntnisprozess lernen müssen, die Qualität des Fondsmanagers zu beurteilen.[364] Die zweite Frage betrifft das Beurteilungsvermögen der Anleger, die sicherlich die Performance nicht perfekt einschätzen können, da Fondsmanager über Informationsvorsprünge verfügen. Umstritten ist jedoch, ob Fondskäufer mit praktisch keinen Performancekonzepten vertraut sind und daher im Wesentlichen nach Daumenregeln verfahren[365] oder einfache Renditen oder aber sogar risikoadjustierte Maße verwenden. In der Literatur finden sich, je nach Untersuchung, Belege für einen signifikant positiven Einfluss von einfachen Renditen,[366] Überrenditen,[367] aber auch der Sharpe-Ratio,[368] Jensen's Alpha[369] oder von Multifaktorenmodellen wie dem 4-Faktor-Modell von CARHART (1997)[370]. Zudem werden teilweise statt absoluter Werte die entsprechenden Rangfolgen verwendet.[371] Einige Studien beziehen auch Fondsratings durch Agenturen mit ein, die streng genommen kein reines Performancemaß darstellen, sondern i.d.R. auch weitere Faktoren einbeziehen. Auch bei diesen lässt sich die Konvexität nachweisen: Neuinvestitionen konzentrieren sich extrem auf Fonds mit der höchsten Ratingstufe, Bestandskunden bleiben jedoch investiert, auch wenn sich das Rating verschlechtert.[372]

Nachdem sich aus der Literatur keine eindeutige Aussage über das relevante Performancemaß ableiten lässt, kann die folgende Hypothese nur sehr allgemein formuliert werden:

---

364 Vgl. LUNDE/TIMMERMANN/BLAKE (1999), S. 132. Bei einer Untersuchung auf dem deutschen Markt war für knapp 90% der Befragten die Wertentwicklung des Fonds wichtig, jedoch nur 44% sehen die Wichtigkeit der Performance der letzten fünf Jahre, vgl. BAUER/SAUER/WERBICK (2002), S. 21f.

365 Vgl. LI (2003), S. 3.

366 Vgl. z.B. DEL GUERCIO/TKAC (2002); BERGSTRESSER/POTERBA (2002), PATEL/ZECKHAUSER/HENDRICKS (1994).

367 Vgl. z.B. BARBER/ODEAN/ZHENG (2005); IPPOLITO (1992); LAKONISHOK/SHLEIFER/VISHNY (1992).

368 Vgl. z.B. PATEL/ZECKHAUSER/HENDRICKS (1994).

369 Vgl. z.B. DEL GUERCIO/TKAC (2002); BERGSTRESSER/POTERBA (2002), NANDA/WANG/ZHENG (2003); FANT/O'NEAL (2000).

370 Vgl. z.B. BERGSTRESSER/POTERBA (2002); FRYE (2001); NANDA/WANG/ZHENG (2003).

371 Vgl. z.B. SIRRI/TUFANO (1998); PATEL/ZECKHAUSER/HENDRICKS (1994); BER/KEMPF/RUENZI (2007).

372 Vgl. DECHOW (2003), S. 189; BERGSTRESSER/POTERBA (2002).

HYPOTHESE M1: Die Performance eines Fonds übt einen bestimmenden, positiven Einfluss auf sein Mittelaufkommen aus.

4.2.1.1.2 Risiko des Fonds

Auch wenn das Risiko zumindest z.T. bereits Eingang in die Performance findet, könnten sich Investoren auch sehr explizit daran als Bewertungsmaß orientieren. Die wenigen Studien, die diese Fragestellung explizit testen, kommen überwiegend zu dem Ergebnis, dass die Investoren das Risiko nicht korrekt bewerten können,[373] es nicht wahrgenommen wird[374] oder ihm nur eine marginale Bedeutung zukommt.[375] Möglicherweise spielt für Fondskäufer bei der Auswahl nicht das Risiko eines einzelnen Fonds eine Rolle, sondern lediglich das Risiko des Fondssegments.[376]

In der Untersuchung von RUENZI (2005) ist für die Grundgesamtheit der Fonds ebenfalls kein signifikanter Einfluss des Risikos zu ermitteln.[377] Bei der Aufspaltung in unterschiedliche Segmente stellt RUENZI (2005) aber fest, dass der von erfahrenen Investoren beherrschte Markt von Spezialitätenfonds einen insignifikant negativen Zusammenhang zwischen Risiko und Mittelaufkommen aufweist, das Standardsegment jedoch einen signifikant positiven.[378] Dies ist vermutlich darauf zurückzuführen, dass die Performance Flow Relationship in den Standardsegmenten konvexer ist und zugleich weniger erfahrene Investoren vorherrschen, weshalb für Fondsmanager ein zusätzlicher Anreiz besteht, ein erhöhtes Risiko einzugehen.[379] Demgegenüber überwiegen in spezialisierteren Segmenten professionellere oder reiche Investoren, die über mehr Erfahrung verfügen und/oder professionellere Beratung genießen und daher risikosensitiver sind.[380]

---

373 Vgl. SHILLER (1984).
374 Vgl. NAVONE (2003), S. 11; KEMPF/RUENZI (2004), S. 115; BER/KEMPF/RUENZI (2007).
375 Vgl. IPPOLITO (1992), SIRRI/TUFANO (1998).
376 Vgl. FANT/O'NEAL (2000).
377 Vgl. RUENZI (2005), S. 158.
378 Vgl. RUENZI (2005), S. 159.
379 Vgl. RUENZI (2005), S. 159.
380 Vgl. RUENZI (2005), S. 155.

Trotz dieser Erkenntnis aus dem amerikanischen Markt soll sich die hier aufgestellte Hypothese an der Mehrzahl der Studien orientieren und geht daher davon aus, dass das Risiko keine Rolle spielt:

HYPOTHESE M2: Das Risiko eines Fonds übt keinen signifikanten Einfluss auf sein Mittelaufkommen aus.

4.2.1.1.3 Volumen des Fonds

Die Größe der Aktienfonds kann ebenfalls die Wahl der Investoren beeinflussen. Für etliche Anleger stellt ein hohes verwaltetes Volumen einen Qualitätsindikator dar, da bereits viele andere Fondskäufer dem Management ihre Investitionen anvertrauen.[381] Zudem korrelieren die Marketingausgaben i.d.R. mit der Höhe des Volumens bzw. vielfach werden die großen Flaggschiffe mit sehr großem Aufwand beworben.[382] Außerdem erfahren Aktienfonds, die mehr Mittel verwalten, eine höhere Aufmerksamkeit in der Medienöffentlichkeit, werden also z.B. öfter vorgestellt und diskutiert oder finden Berücksichtigung in entsprechenden Fondsübersichten. Ein weiterer Faktor besteht darin, dass insbesondere in den frühen Jahren des Untersuchungszeitraums Fondssparpläne nur für große Fonds aufgelegt wurden, die damit von stetigen Zuflüssen profitieren konnten. In gleicher Weise werden ausschließlich oder zumindest bevorzugt Investmentfonds mit hohen verwalteten Mitteln für Altersvorsorgeprogramme herangezogen. Besonders in jüngerer Zeit ist in der Investorenschaft die Erkenntnis gewachsen, dass große Fonds aufgrund von Skaleneffekten relativ günstiger wirtschaften können oder bei gleichen Kosten über mehr Mittel für eine bessere Ausstattung des Fonds verfügen – die Größe des Fonds kann somit ein einfach zu beobachtender Maßstab für die Wirtschaftlichkeit sein und damit Einfluss auf die Entscheidung nehmen. In der Öffentlichkeit weniger bekannt sind – wie im Literaturüberblick dargestellt[383] – die Nachteile großer Fonds aufgrund von Diseconomies und die u.U. negative Auswirkung des Volumens auf die Performance. Entsprechend belegen diverse Untersuchungen einen signifikant positiven Einfluss der Größe auf das Mit-

---

[381] Vgl. JORDAN (2001), S. 28.
[382] Vgl. PATEL/ZECKHAUSER/HENDRICKS (1994), S. 60.
[383] Vgl. Abschnitt 3.2.3 der vorliegenden Arbeit.

telaufkommen.[384] Einigen Studien zufolge hat die Größe des Fonds jedoch einen signifikant negativen Einfluss auf das (relative) Fondswachstum, d.h. für größere Fonds ist es schwieriger, in gleichem Ausmaß zu wachsen als für kleinere Fonds.[385]

Aufgrund der Einstimmigkeit der Literatur kann somit folgende Hypothese formuliert werden.

> HYPOTHESE M3: Das Volumen übt einen positiven Einfluss auf das Mittelaufkommen eines Fonds aus.

4.2.1.1.4 Alter des Fonds

Unklar ist, ob das Alter Einfluss auf das Verhalten von Fondskäufern hat und wenn ja, welchen. Während die Studien von KEMPF/RUENZI (2004) und BER/KEMPF/RUENZI (2007) für den deutschen Markt keine signifikante Bedeutung nachweisen können, konstatieren andere Untersuchungen einen negativen Zusammenhang[386] – junge Fonds ziehen also mehr Mittel an als alte. Dieses Ergebnis ist nachvollziehbar, da viele Investmentgesellschaften neue Fonds auflegen, um auf das sich verändernde Anlegerinteresse zu reagieren und gezielt neue Investitionen anzuziehen; entsprechend werden auch diese jungen Fonds sehr aktiv vertrieben. Laut einer internen Studie der Union Investment entfielen beispielsweise in den Jahren 2001 und 2002 unter den zehn absatzstärksten Fonds ein Drittel der Mittel auf Fonds mit einer „Lebenszeit" von unter drei Jahren.[387] I.d.R. werden gerade junge Fonds auch stark in der Berichterstattung der Medien berücksichtigt.[388]

Andererseits ist ein gewisses Alter erforderlich, damit ein Aktienfonds eine Historie vorweisen kann, eine gewisse Reputation und Bekanntheit erreicht und beispielsweise auch in Rankings von Ratingagenturen berücksichtigt

---

384 Vgl. WOERHEIDE (1982); PATEL/ZECKHAUSER/HENDRICKS (1994); FANT/O'NEAL (2000); DEL GUERCIO/TKAC (2002).

385 Vgl. KEMPF/RUENZI (2004); BER/KEMPF/RUENZI (2007); BARBER/ODEAN/ZHENG (2005).

386 Vgl. RUENZI (2005); CHEVALIER/ELLISON (1997); BERGSTRESSER/POTERBA (2002).

387 Vgl. GINSBERG (2003), S. 714.

388 Vgl. KANIEL/STARKS/VASUDEVAN (2007), S. 26.

wird.[389] Sehr oft sind gerade auch die alten Fonds die Flaggschiff-Fonds der Anlagegesellschaften, die besonders intensiv beworben werden und über einen festen Anlegerstamm verfügen,[390] wobei auch eine hohe Korrelation zum Fondsvolumen zu vermuten ist. Möglicherweise spielt zudem eine Rolle, dass Manager jüngerer Fonds aufgrund der mit dem Alter abnehmenden Sensitivität bez. der Performance und der dann entsprechend weniger konvexen Performance Flow Relationship andere Strategien verfolgen als Manager etablierter Fonds.[391] DECHOW (2003) kommt in seiner Studie zum Verhalten von Investoren im Distributionskanal „Discount Brokerage“ entsprechend zu dem Ergebnis, dass sehr junge und sehr alte Fonds auf hohes Anlegerinteresse stoßen – Nettozuflüsse korrelieren demnach negativ mit dem Fondsalter, Bruttozuflüsse hingegen positiv, insbesondere bei den ältesten Fonds.[392]

Diese Erkenntnis soll auch als Grundlage für die folgende Hypothese genutzt werden:

> HYPOTHESE M4: Junge Fonds mit einer gewissen Mindesthistorie sowie sehr alte Fonds können die höchsten Mittelaufkommen auf sich vereinen – es besteht also ein teilweise U-förmiger Zusammenhang zwischen Mittelaufkommen und Alter.

4.2.1.1.5 Gebühren des Fonds

Der Intuition entsprechend sollten Gebühren einen negativen Einfluss auf die Kaufentscheidung von Aktienfonds haben, da sie im Gegensatz zu den meisten Variablen, wie etwa der Performance, ex ante feststehen und sich direkt (bei Ausgabeaufschlägen) oder über das Volumen und damit über die Rendite indirekt auf das Vermögen des Investors auswirken. Alternativ könnte argumentiert werden, dass aus Sicht der Investoren durch die höheren Gebühren eine bessere Ausstattung des Fonds finanziert werden kann, was sich, etwa

---

389 Vgl. BROWN/GOETZMANN (1995), S. 684.

390 So sind Alter und Bekanntheit wichtige Treiber für den Wert einer Marke, vgl. DECHOW (2003), S. 60.

391 Vgl. CHEVALIER/ELLISON (1997).

392 Vgl. DECHOW (2003), S. 162f.

durch intensiveres Research, positiv auf die Performance auswirken kann.[393] Möglicherweise handelt es sich bei der Fondsindustrie auch um einen „Monopolistically Competitive Market", in dem Anbieter, also Fonds, nicht auf der Grundlage des Preises (d.h. der Fondsgebühren), sondern des Services (also der Vergangenheits-Performance) miteinander konkurrieren. Dementsprechend würden sich weniger Anleger nach dem Preis und mehr nach der Performance richten.[394]

Unterscheidet man die einzelnen Gebührenarten und betrachtet zunächst Ausgabeaufschläge, so stellen diverse Studien einen signifikant negativen Zusammenhang zum Mittelaufkommen fest.[395] Für den portugiesischen Markt berichten hingegen ALVES/MENDES (2006), dass die Anleger vorwiegend die Fonds mit den höchsten Ausgabeaufschlägen nachfragen.[396] Bei der Trennung verschiedener Segmente stellt RUENZI (2005) fest, dass der durchschnittliche Investor im Standardmarkt hohe Ausgabeaufschläge bevorzugt, während Investoren in kleineren Segmenten gebühren- und risikoavers sind.[397] Der Autor begründet dies damit, dass Fonds in den kleineren Segmenten überwiegend von wohlhabenden Anlegern gekauft werden, die sich in ihrer Investitionsentscheidung auf Vermögensberater stützen, die i.d.R. nicht durch Ausgabeaufschläge, sondern eine Gebühr auf das Gesamtportfolio entlohnt werden. Schließlich existieren auch Untersuchungen, die keinen signifikanten Einfluss der Aufschläge nachweisen können, wobei es sich möglicherweise um das Ergebnis eines Nettoeffekts handelt: Investoren vermeiden zwar Fonds mit hohen Gebühren, aufgrund des entsprechenden Anreizsystems werden diese jedoch bevorzugt und mit größerem Engagement von den Vertriebsmit-

---

393 Nach der Studie von ALEXANDER/JONES/NIGRO (1998) vermuteten 84% aller Fondskäufer bei Fonds mit höheren Gebühren auch eine bessere Performance. Es lässt sich außerdem nachweisen, dass höhere Gebühren die Sensitivität bez. der Performance des Fonds erhöhen, vgl. BOUDOUKH et al. (2003), S. 18.

394 Vgl. GAO/LIVINGSTON/O'NEAL (2006), S. 10; LUO (2002).

395 Vgl. z.B. KRAUS (2003), S. 259; BER/KEMPF/RUENZI (2007); NANDA/NARAYANAN/WARTHER (2000); BARBER/ODEAN/ZHENG (2005).

396 Das Sample umfasst jedoch eine relativ kleine Stichprobe, da in Portugal zum Untersuchungszeitraum nur lediglich 20% der Fonds einen Ausgabeaufschlag berechneten, während der Großteil der Fonds einen Rücknahmeaufschlag belastete, vgl. ALVES/MENDES (2006), S. 7.

397 Vgl. RUENZI (2005), S. 160.

arbeitern verkauft.[398] Dementsprechend soll auch die Hypothese für die vorliegende Arbeit formuliert werden:

> HYPOTHESE M5A: Ausgabeaufschläge üben keinen signifikanten Einfluss auf das Mittelaufkommen aus, da im Nettoeffekt die Gebührenaversion der Anleger durch höhere Anstrengungen des Fondsvertriebs aufgehoben wird.

Ein ähnlich diverses Bild bietet sich bei den Verwaltungsgebühren.[399] Auch hier existieren Studien, die eine negative Korrelation zu den Zuflüssen nachweisen[400] sowie andere, die einen positiven Zusammenhang feststellen.[401] Die Untersuchung von DECHOW (2003) hat eine „geknickte Preis-Absatz-Funktion" zum Ergebnis: Während die Gebühren zunächst einen signifikant positiven Einfluss ausüben, wird dieser ab einer Höhe von rund 1,5% bis 1,8% negativ.[402] Die getrennte Betrachtung verschiedener Segmente durch RUENZI (2005) liefert auch bei den Verwaltungsgebühren neue Erkenntnisse: In spezialisierten Segmenten haben die Verwaltungsgebühren einen stark negativen Einfluss auf die Fondszuflüsse, in Standardsegmenten ist ein neutraler Zusammenhang zu konstatieren; die vermehrt vorherrschenden privaten Kleinanleger verlassen sich vermutlich – trotz zu unterstellender Gebührenaversion – auch hier auf die Empfehlung ihres Beraters und sind zudem tendenziell dazu verleitet, bekannte Fonds zu kaufen, die z.T. wegen hoher Marketingausgaben auch höhere Gebühren erheben.[403] Für eine negative Korrelation spricht, dass (hohe) Verkaufsgebühren die Rendite eines Fonds schmälern, da sie direkt dem Fondsvermögen entnommen werden und dadurch ein negatives Signal für Anleger darstellen. Wiederum andere Studien können keinen signifikanten

[398] Vgl. SIRRI/TUFANO (1998), S. 1612.
[399] Aufgrund der einfacheren Verfügbarkeit, insbesondere auf dem amerikanischen Markt, werden vielfach statt der Verwaltungsgebühren näherungsweise auch die laufenden Kosten untersucht, die in der „Expense Ratio" Ausdruck finden.
[400] Vgl. z.B. BERGSTRESSER/POTERBA (2002).
[401] Vgl. z.B. BER/KEMPF/RUENZI (2007); NANDA/WANG/ZHENG (2003); BARBER/ODEAN/ZHENG (2005).
[402] Vgl. DECHOW (2003), S. 171f.
[403] Vgl. RUENZI (2005), S. 159f.

Einfluss der laufenden Gebühren identifizieren,[404] was wohl auch auf die Unkenntnis der Fondskäufer zurückzuführen ist. Nach einer Untersuchung von ALEXANDER/JONES/NIGRO (1998) kennen weniger als 20% der Investoren (am US-amerikanischen Markt) die Gebühren ihres Fonds. Zusammenfassend soll hieraus die folgende Hypothese abgeleitet werden:

> HYPOTHESE M5B: Die Verwaltungsgebühren eines Fonds üben keinen signifikanten Einfluss auf sein Mittelaufkommen aus, da sie entweder nicht wahrgenommen werden oder höhere Vertriebsanstrengungen die Gebührenaversion der Investoren ausgleichen.

Depotbankgebühren waren bislang explizit kaum Bestandteil einer Untersuchung des Mittelaufkommens, da diese vielfach in der untersuchten „Expense Ratio" beinhaltet sind. Da es sich auch bei diesen um laufende Kosten handelt, ist daher davon auszugehen, dass deren Einfluss dem der Verwaltungskosten ähnelt, aber aufgrund der geringeren Höhe in der Wahrnehmung der Investoren eine geringere Bedeutung und Aufmerksamkeit genießt. Die einzige dem Autor bekannte Studie mit expliziter Betrachtung der Depotbankgebühren findet einen positiven Zusammenhang, der jedoch nur sehr schwach ausgeprägt ist.[405]

Trotz dieser sehr divergierenden Aussagen in der Literatur soll für die vorliegende Arbeit eine eindeutige Hypothese aufgestellt werden:

> HYPOTHESE M5C: Aufgrund der allgemeinen geringen Wahrnehmung üben Depotbankgebühren keinen signifikanten Einfluss auf das Mittelaufkommen aus.

---

404 Vgl. z.B. WOERHEIDE (1982); FRYE (2001); GUALTIERI/PETRELLA (2005).

405 Aufgrund der Beschränkung der Studie auf Kunden des Kanals „Discount Brokerage" ist zudem von einer ungewöhnlich gut informierten Investorenschicht auszugehen, vgl. DECHOW (2003), S. 172f.

4.2.1.2 Der Einfluss fondsgesellschaftsbezogener Faktoren

Analog zum Vorgehen bei der entsprechenden Analyse direkter Faktoren soll auch hier zunächst der Einfluss der Größe der KAG bezüglich des Fondsvolumens (4.2.1.2.1) und die Anzahl an Fonds (4.2.1.2.2) untersucht werden, bevor der Einfluss der Leistung der Fondsgesellschaft, gemessen an der durchschnittlichen Performance aller Fonds, analysiert wird (4.2.1.2.3). Schließlich wird in Abschnitt 4.2.1.2.4 diskutiert, wie sich die relative Stellung des Fonds in Bezug auf Performance und Volumen in der Anlagegesellschaft auswirkt.

4.2.1.2.1 Verwaltetes Fondsvolumen auf Ebene der KAG

Die Höhe der insgesamt von einer Investmentgesellschaft verwalteten Mittel könnte aus zwei Gründen einen positiven Einfluss auf die Zuflüsse in Fonds dieser Gesellschaft haben. Zum einen sind große Fondsgesellschaften i.d.R. bekannter, in der öffentlichen Berichterstattung präsenter und betreiben mehr Werbung als ihre kleineren Konkurrenten, die mit den immer teurer werdenden Marketingkampagnen der großen Fondsanbieter nicht mithalten können.[406] Diese öffentliche Präsenz wirkt sich direkt auf das Mittelaufkommen aus, denn wie mehrere Studien nachgewiesen haben, werden bevorzugt Fonds gekauft, die für den Anleger sichtbarer sind.[407]

Zum anderen ist Deutschland von einem Universalbankensystem geprägt, weswegen Kunden i.d.R. alle benötigten Finanzprodukte aus einer Hand erhalten, was zu einer sehr festen Bindung an die Hausbank führt. Auch der überwiegende Teil der Fonds wird trotz zunehmender Verbreitung von Online-Brokern und anderen unabhängigern Vermittlern immer noch bei der Haus-

---

406 Vgl. SIRRI/TUFANO (1993), S. 207.

407 Vgl. JAIN/WU (2000); GALLAHER/KANIEL/STARKS (2005). Nach der Analyse von GUALTIERI/PETRELLA (2005) treibt Werbung im Wesentlichen die Bindung der Käufer an ihre Fonds, ist also eher in der Lage, Abflüsse zu verhindern als Zuflüsse zu generieren, während die Berichterstattung abhängig von positiver oder negativer Haltung für Zu- oder Abflüsse sorgt, vgl. ebd., S. 10f. Der Untersuchung von KANIEL/STARKS/VASUDEVAN (2007) zufolge erhöhen Artikel mit einer positiven Konnotation die Zuflüsse stärker, als negativ verfasste zu Abflüssen führen; größere Fonds sind dabei durchschnittlich öfter Gegenstand positiver Artikel als kleine Fonds, vgl. ebd., S. 25.

bank gekauft.[408] Da die großen Fondsgesellschaften in Deutschland im Konzern mit den führenden deutschen Privatbanken bzw. mit den Sparkassen und Genossenschaftsbanken verbunden sind, steht ihnen ein wesentlich höheres Kundenpotenzial zur Verfügung als Investmentgesellschaften, die mit kleineren Banken oder unabhängigen Vermittlern kooperieren.[409]

Nachdem auch in empirischen Studien nachgewiesen wurde, dass die volumenmäßige Größe einer Anlagegesellschaft eine Rolle spielt,[410] folgt daraus direkt:

> HYPOTHESE M6: Die Höhe der insgesamt von einer Fondsgesellschaft verwalteten Mittel korreliert positiv mit dem Aufkommen eines Fonds dieser KAG.

4.2.1.2.2 Zahl der Fonds der KAG

Neben der Größe der Fondsgesellschaft in Bezug auf die verwalteten Mittel könnte auch die zahlenmäßige Größe – die zu einem gewissen Maß mit ersterer korreliert ist – einen Einfluss auf die Zuflüsse ausüben. Aus der allgemeinen Konsumentenforschung ist bekannt, dass Käufer bei ihrer Auswahl nicht nur auf das konkret gewünschte Produkt, sondern auf die gesamte Produktauswahl achten und ein breiteres Angebot aufgrund der größeren Flexibilität bei künftigen Einkäufen klar präferieren. Dabei ist unklar, ob sie diese Sortimentsvielfalt schätzen, da sie zum jeweiligen Zeitpunkt keinen Aufwand betreiben wollen, Entscheidungen für die Zukunft vorwegzunehmen oder sich ihre Präferenzen in der Zukunft ändern könnten.[411] Übertragen auf die Finanzdienstleistungsbranche können viele Investoren nicht ihren Bedarf an künftigen Anlageprodukten absehen oder schätzen die Möglichkeit, Mittel innerhalb

---

[408] Nach der Untersuchung des deutschen Aktienfondsmarktes zwischen 1993 und 2001 von BER/KEMPF/RUENZI (2007) werden 85% des betrachteten Anlagevermögens von Investmentgesellschaften verwaltet, die ihre Fonds hauptsächlich über ihre Mutterbank vertreiben, vgl. ebd., S. 39. Bei einer Befragung im Auftrag des BVI gaben 48% der Investoren an, sie kaufen nur Fonds, die sie bei ihrer Bank bekommen, vgl. BVI (2007b), S. 27.

[409] Vgl. BER/KEMPF/RUENZI (2007), S. 39.

[410] Vgl. z.B. für den deutschen Markt BER/KEMPF/RUENZI (2007).

[411] Vgl. KAHN/LEHMANN (1991), S. 296f.

einer Anlagegesellschaft zwischen möglichst vielen Produkten ohne Ausgabeaufschlag umzuschichten.[412] Der Wert der Wechseloption steigt daher mit der Anzahl der Fonds einer Gesellschaft.[413] Darüber hinaus kann ein Investor Suchkosten bzw. „Shopping Costs" einsparen. Für die Fondsgesellschaft ist zudem eine möglichst breite Marktabdeckung sinnvoll, um die Wünsche vieler unterschiedlicher Anlegergruppen zu befriedigen, die Heterogenität der Anleger also durch eine möglichst weitgehende Produktdifferenzierung auszunutzen.[414] Entsprechend wurde in verschiedenen Studien nachgewiesen, dass Fonds von Gesellschaften mit einem breiten Produktangebot relativ höhere Zuflüsse generieren.[415]

Wenn Investoren zunächst eine Fondsgesellschaft und dann erst einen spezifischen Fonds auswählen,[416] könnte dagegen argumentiert werden, dass sich mit der Zahl der Fonds in der KAG auch die Konkurrenzsituation zwischen ihnen verschärft, d.h. die Selbstkannibalisierung zunimmt und somit eine negative Korrelation zwischen der Fondszahl und den Zuflüssen vorliegen müsste. Bei der Überprüfung dieser Hypothese für den deutschen Markt stellen BER/KEMPF/RUENZI (2007) fest, dass dieser Effekt bei den Fonds in demselben Anlagesegment eines Fondsanbieters zutrifft, bei den anderen Fonds der Gesellschaft jedoch keine Rolle spielt.[417]

Gegen einen positiven Einfluss der Fondsanzahl auf die Zuflüsse spricht auch die empirische Evidenz, dass spezialisiertere Fondsgesellschaften eine bessere Performance erzielen als breit aufgestellte Fondsanbieter – bedingt durch sophistiziertes Research und bessere Prognosefähigkeiten durch die Spezialisierung.[418] In Analysen wurde jedoch gezeigt, dass der positive Effekt eines breiten Produktangebots den Effekt einer besseren Performance dominiert.[419] Entsprechend kann die folgende Hypothese aufgestellt werden:

---

412 Vgl. SIGGELKOW (2003), S. 128f.
413 Vgl. MASSA (2003).
414 Vgl. MAMAYSKY/SPIEGEL (2002).
415 Vgl. SIGGELKOW (2003), S. 146f.; MAMAYSKY/SPIEGEL (2002), S. 36; DECHOW (2003), S. 197.
416 Vgl. MASSA (2003).
417 Vgl. BER/KEMPF/RUENZI (2007), S. 55f.
418 Vgl. CICCOTELLO/MILES/WALSH (2006).
419 Vgl. SIGGELKOW (2003).

HYPOTHESE M7: Die Anzahl der Fonds einer KAG hat einen positiven Einfluss auf die Zuflüsse ihrer einzelnen Aktienfonds.

4.2.1.2.3 Durchschnittliche Performance der Fonds der KAG

In der Literatur ist unumstritten, dass die Fonds einer Investmentgesellschaft, deren Fonds eine hohe Performance erzielen, aufgrund von Spillover-Effekten mit höheren Zuflüssen rechnen können. Die gute Leistung erhöht die Reputation des Anbieters, stärkt die Marke und generiert auch eine größere Aufmerksamkeit und Berichterstattung.[420] Ein zusätzlicher indirekter Effekt ist, dass Fondsgesellschaften mit einer hohen Performance versuchen, auch diese Reputation möglichst intensiv zu nutzen und daher verstärkt neue Fonds auflegen; dies erhöht wiederum die Anzahl und kann so – wie im vorherigen Abschnitt diskutiert – zu einem positiven Einfluss auf das Mittelaufkommen führen.[421]

Unklar ist jedoch, welcher Art die außerordentliche Performance der KAG sein muss. Unter dem Stichwort „Star-Phänomen" wird argumentiert, dass ein einzelner bzw. einzelne Star-Fonds ausreichen, um bei den Investitionen für Spillover-Effekte auf die restlichen Fonds zu sorgen. Da nach dieser Argumentation keine direkten negativen Effekte von Fonds mit besonders schlechter Leistung ausgehen, ist es für die Fondsgesellschaft besser, einen „Top-Fonds" und einen schlechten Fonds zu verwalten als zwei durchschnittliche.[422] Diese Theorie wurde in einigen Studien empirisch bestätigt,[423] in anderen aber auch widerlegt. Der Gegentheorie zufolge ist nicht die Leistung einzelner herausragender Fonds, sondern die durchschnittliche Performance aller Fonds der Anlagegesellschaft entscheidend.[424] Gemäß dieser Argumentation hängt der Nachweis eines „Star-Fonds-Effekts" im Wesentlichen von seiner Definition

---

420 Vgl. KANIEL/STARKS/VASUDEVAN (2007), S. 25.
421 Vgl. KHORANA/SERVAES (1999), S. 1072.
422 Vgl. GASPAR/MASSA/MATOS (2006), S. 74.
423 Vgl. z.B. NANDA/WANG/ZHENG (2003); GUALTIERI/PETRELLA (2005); DECHOW (2003), S. 197.
424 Vgl. IVKOVIC (2002).

ab, welche Fonds also zur Top-Kategorie gezählt werden.[425] Möglicherweise ist die Frage nach Star-Fonds auch eng mit der Größe des Angebots einer KAG korreliert: Legt die Gesellschaft nur genügend Fonds auf, steigt damit auch die Chance, dass sich darunter auch ein im allgemeinen Vergleich herausragender Fonds befindet.[426]

Der letzteren Argumentation soll sich auch die Hypothese der vorliegenden Arbeit anschließen:

> HYPOTHESE M8: Die durchschnittliche Performance aller Fonds einer Investmentgesellschaft übt einen positiven Einfluss auf das Mittelaufkommen der zur KAG gehörenden Fonds aus.

4.2.1.2.4 Relative Größe und Performance des Fonds in der KAG

Unabhängig von der im vorangegangenen Abschnitt diskutierten Frage, wie Spillover-Effekte aufgrund der Leistung der anderen Fonds der Gesellschaft erzeugt werden, spielt für das Mittelaufkommen eines Fonds sicherlich auch sein direktes Abschneiden gegenüber seinen fondsgesellschaftsinternen Mitbewerbern eine Rolle. Dies gilt umso mehr, wenn man davon ausgeht, dass ein Großteil der Investoren sich zunächst für eine Investmentgesellschaft entscheidet und erst danach die konkrete Fondsauwahl trifft.[427] Für dieses Vorgehen spricht wesentlich auch die bereits erwähnte, nach wie vor hohe Kundenbindung an die Hausbank und deren präferierter Vertrieb von Fonds der konzernzugehörigen Investmentgesellschaft.

Bezüglich der Wirkung der Performance und des Fondsvolumens im allgemeinen Vergleich kann direkt auf die Diskussion fondsbezogener Einflussfaktoren auf das Mittelaufkommen in den Abschnitten 4.2.1.1.1 und 4.2.1.1.3 verwiesen werden – die Vorteilhaftigkeit von Fonds mit mehr Volumen und besserer Rendite bleibt für die Investoren auch innerhalb des begrenzteren Spek-

---

[425] Vgl. SIRRI/TUFANO (1998), S. 1619. Daneben könnte auch argumentiert werden, dass das Vorliegen von Star-Fonds zu starken Kannibalisierungseffekten gegenüber den restlichen Fonds der KAG führt, weshalb keine positiven Spillover-Effekte vorliegen; diese These kann jedoch nicht empirisch bestätigt werden, vgl. BER/KEMPF/RUENZI (2007), S. 56.

[426] Vgl. SIRRI/TUFANO (1998), S. 1619.

[427] Vgl. MASSA (2003).

trums der KAG bestehen. Da von einer gewissen Relevanz dieser Faktoren ausgegangen werden soll, können auch die entsprechenden Hypothesen aufgestellt werden:

> HYPOTHESE M9A: Die Zuflüsse in einen Fonds sind positiv mit dessen relativer Größe innerhalb der Fondsgesellschaft korreliert.

> HYPOTHESE M9B: Die Zuflüsse in einen Fonds sind positiv mit dessen relativer Performance innerhalb der Fondsgesellschaft korreliert.

4.2.1.3 Der Einfluss segmentbezogener Faktoren

Zuletzt soll diskutiert werden, inwiefern Faktoren, die sich aus dem jeweiligen Anlagesegment eines Fonds ergeben, einen Einfluss auf das Mittelaufkommen ausüben. Zunächst soll die Bedeutung der Attraktivität des Segments an sich (4.2.1.3.1), anschließend die Bedeutung der Stellung des Fonds im entsprechenden Bereich (4.2.1.3.2) erörtert werden.

4.2.1.3.1 Attraktivität des Anlagesegments

Es wurde vielfach festgestellt, dass sich das Investoreninteresse im Zeitverlauf zwischen verschiedenen Segmenten verschiebt, dass Fondskäufe also gewissen „Modetrends" unterliegen. Zu Beginn des Untersuchungszeitraums waren etwa Sektoren wie „Fernost" oder „Osteuropa" gefragt, um das Jahr 2000 hingegen Fonds zu den Themen „Technologie" oder „Nebenwerte". Die Beliebtheit der jeweiligen Segmente wirkt sich unmittelbar auf die Zuflüsse der einzelnen Fonds in dieser Kategorie aus, die zu den betreffenden Zeiten entsprechend schnell wachsen.[428] Die hohen Mittelzuflüsse in einen Anlagesektor und das Wachstum der dort platzierten Fonds haben zur Folge, dass Fondsgesellschaften neue Fonds in diesem Bereich auflegen[429] – durch die Erhöhung der Zahl an Fonds und die entsprechenden Vertriebsaktivitäten zieht das Segment weiterhin zusätzliche Mittel an, wodurch ein selbstverstärkender

---

[428] Vgl. NAVONE (2003), S. 11; KEMPF/RUENZI (2004), S. 119; GUALTIERI/PETRELLA (2005), S. 9.

[429] Vgl. KHORANA/SERVAES (1999).

Effekt entsteht. Hinzu kommt, dass schnell wachsende „Modesegmente" eine hohe Präsenz in der Medienöffentlichkeit genießen, was wiederum das Interesse und die Investitionsbereitschaft der Anleger erhöht: Bei der Suche registrieren sie sehr viel stärker Fonds mit einem Schwerpunkt auf diesen „aktuellen Themen". Begründen lässt sich dies mit zwei Phänomenen aus dem Gebiet der Behavioral Finance – der selektiven Wahrnehmung („Selective Perception") und der Verfügbarkeitsheuristik („Availability Bias"): Informationen werden umso eher gesucht und verarbeitet, je verfügbarer und präsenter entsprechende Vorstellungen und Beispiele im Gedächtnis sind.[430]

Alternativ kann argumentiert werden, dass durch die hohe Zahl neu aufgelegter Fonds in einem attraktiven Segment auch die Konkurrenz steigt und sich so die hohen Zuflüsse auf mehr Fonds verteilen.[431] Für die Frage nach einem positiven oder negativen Einfluss dieser Variablen ist somit entscheidend, ob der Effekt der steigenden Attraktivität des Segments oder der Konkurrenz-Effekt dominiert.

Es stellt sich die Frage, wie die Attraktivität eines Segments unter den diskutierten Rahmenbedingungen am besten gemessen werden kann. Das in einem Segment investierte Volumen ist sicherlich kein geeigneter Indikator, da in diesem Fall vor allem etablierte, alteingesessene Sektoren eine große Rolle spielen würden. Somit wären das summierte Mittelaufkommen in dem Sektor oder die Zahl der Fonds mögliche Einflussfaktoren. Für Letzteres spricht neben der besseren Überprüfbarkeit des Konkurrenz-Effekts die leichte Beobachtbarkeit dieses Faktors aus Investorensicht. Somit soll die folgende Hypothese formuliert werden:

> HYPOTHESE M10: Die Zuflüsse in einen Fonds sind positiv mit der Zahl der Fonds im betreffenden Sektor korreliert.

4.2.1.3.2 Stellung des Fonds im Anlagesegment

Analog zur Bedeutung des relativen Abschneidens eines Fonds innerhalb seiner Investmentgesellschaft kann auch bei der Stellung im Segment auf die

---

[430] Vgl. DECHOW (2003), S. 77, 165; HOFÄCKER (2001), S. 213f.
[431] Vgl. DECHOW (2003), S. 166.

Erkenntnisse zu den zuvor generell diskutierten Einflussfaktoren Größe und Performance des Fonds verwiesen werden. Ob die relative Stellung im Anlagesektor eine entscheidende Rolle spielt, hängt im Wesentlichen davon ab, ob sich Anleger zunächst für eine Investmentgesellschaft entscheiden und innerhalb dieser einen Fonds auswählen oder im Rahmen der „Asset Allocation" zuerst die Kategorie festlegen und anschließend darin den besten Fonds aussuchen. Aufgrund des in Deutschland stark ausgeprägten Hausbankensystems spricht viel für die erstgenannte Alternative. Vor allem für den US-amerikanischen Markt weisen jedoch einige Studien auch letzteren Zusammenhang nach[432] und begründen so auch das sog. „Segmentturnier", demzufolge Fondsmanager durch die Erhöhung des Risikos zum Halbjahr versuchen, noch die Spitzenplätze der Jahresendlisten im jeweiligen Sektor zu erreichen. Entsprechend kommen diese Studien auch zu dem Ergebnis, dass ordinale Maße einen höheren Einfluss auf das Mittelaufkommen haben als kardinale, d.h., Investoren richten sich nicht nach der absoluten Leistung eines Fonds, sondern hauptsächlich nach der relativen Performance im Vergleich zu den anderen im Segment.[433]

Unabhängig von der Frage, ob die relative Stellung eines Fonds im Vergleich zu den Konkurrenten in seiner KAG oder im Segment wichtiger ist, soll in den folgenden Hypothesen von einem relevanten Einfluss der Stellung im Segment ausgegangen werden:

> HYPOTHESE M11A: Das Mittelaufkommen eines Fonds ist positiv mit seiner Größe im Vergleich zu den Konkurrenten im Segment korreliert.

> HYPOTHESE M11B: Das Mittelaufkommen eines Fonds ist positiv mit seiner Performance im Vergleich zu den Konkurrenten im Segment korreliert.

---

[432] Vgl. z.B. BROWN/HARLOW/STARKS (1996); CAPON/FITZSIMONS/PRINCE (1996); KOSKI/PONTIFF (1999); für den italienischen Markt vgl. NAVONE (2003).

[433] Vgl. RUENZI (2006), S. 70.

4.2.2 Weitere potenzielle indirekte Einflussfaktoren

Neben den im vorherigen Abschnitt dargestellten Faktoren, die durch die Beeinflussung des Mittelaufkommens indirekt auf die Auflösung von Fonds einwirken, sind weitere potenzielle, indirekt wirkende Determinanten denkbar, die sich nicht eindeutig modellieren lassen, aber dennoch im Folgenden kurz diskutiert werden sollen.

Wichtige Einflussfaktoren sind zweifelsohne das Marktumfeld und allgemeiner die gesamtwirtschaftliche Lage. Beispielsweise haben das Platzen der New-Economy-Blase im Jahr 2000 oder die Finanzkrise des Jahres 2008 sicherlich die Entscheidungen über Fondsschließungen maßgeblich geprägt.[434] Dabei wirken diese äußeren Bedingungen nicht nur über negative Renditen oder hohe Mittelabflüsse auf das Mittelaufkommen und die Fondsvolumina, sondern prägen vor allem die generellen Perspektiven für das Fondsgeschäft im Allgemeinen. Gegebenenfalls verschlechtern sich dadurch die Aussichten im jeweiligen Zielsegment – insbesondere bei hohem Spezialisierungsgrad – auf absehbare Sicht dermaßen, dass dort keine Investition mehr attraktiv erscheint. Im äußersten Fall könnte sogar das Anlagesegment insgesamt weitgehend oder vollständig wegfallen, etwa durch eine Revolution im Anlageland oder durch die Verstaatlichung eines Industriezweiges.[435]

Das Marktumfeld für Fonds wird jedoch auch wesentlich von der allgemeinen Investitionsbereitschaft der Anleger geprägt, die sich aus vielfältigen Kriterien wie z.B. Vergangenheitsrendite und wahrgenommenem Risiko zusammensetzt, aber nicht immer mit der realen Marktlage übereinstimmen muss. So verzeichneten Aktienfonds etwa im Jahr 2006 trotz der Hausse an der Börse starke Mittelabflüsse.[436] Entscheidend für die Anziehungskraft von Aktienfonds ist dabei insbesondere auch die Verfügbarkeit und Attraktivität von alternativen Anlageprodukten. Vielfach stand für die Investoren insbesondere die Vermei-

---

[434] Während der Finanzkrise zogen im Oktober 2008 Fondsinvestoren den Rekordwert von knapp 5 Mrd. Euro netto aus Aktienfonds ab, vgl. ATZLER (2008), S. 18. Als Reaktion kündigte etwa der Sprecher der Geschäftsführung von Pioneer Investments Deutschland die Schließung jedes dritten bis vierten Fonds an, vgl. STAUSBERG (2008), S. 15.

[435] Vgl. WILDERINK (2003), S. 56.

[436] Vgl. DRESCHER/NARAT (2006), S. 1; BECK (2006b), S. 25 sowie Abschnitt 5.3.1 der vorliegenden Arbeit.

dung von Risiken im Mittelpunkt – in der Presse bisweilen „German Angst" genannt[437] – die zu hohen Zuflüssen in Geldmarktfonds und andere herkömmliche, z.B. festverzinsliche Sparprodukte führte. Aus denselben Motiven heraus erfuhren zunehmend Zertifikate einen starken Zuwachs, die mit „Risikopuffer" oder „Kapital-Garantie" ausgestattet wurden,[438] wobei wohl den wenigsten Anlegern (bis zur Finanzkrise 2008 und der Insolvenz der US-Investmentbank Lehman Brothers) das den Zertifikaten immanente Emittentenausfallrisiko bewusst war – Investitionen in Zertifikate stellen im Gegensatz zu Fonds kein Sondervermögen dar.[439] Gleichzeitig zeichnete sich gerade in den letzten Jahren auch das umgekehrte Bild ab, dass zunehmend auch Privatanleger in risikoreichere Asset-Klassen investierten, wie z.B. geschlossene Fonds, Hedge-Fonds oder Private Equity Fonds sowie in anderweitige, strukturierte Produkte.[440]

Mit der sich zunehmend verbreitenden Erkenntnis, dass nur wenige Fondsmanager den Index schlagen können und mit dem Aufkommen der sog. „Exchange Traded Funds" (ETF)[441] in Deutschland im Jahr 2000 entschieden sich zunehmend mehr Anleger für passives Fondsmanagement und investierten direkt in einen Index. Dementsprechend stieg die Zahl der an der Deutschen Börse gehandelten Indexfonds von 29 im Jahr 2001 auf 86 fünf Jahre später. Das Volumen der investierten Mittel stieg von rund 6,3 Mrd. Euro (2001) auf mehr als 17,5 Mrd. Euro im Jahr 2006 an.[442]

Einen weiteren wesentlichen Faktor für die Zu- oder Abnahme von Auflösungen können Änderungen der gesetzlichen Rahmenbedingungen darstellen. So

---

[437] Vgl. BECK (2007a), S. 23.

[438] Vgl. SPENDIG (2003), S. b08; BECK (2007b), S. 21.

[439] Vgl. OLBRISCH (2008), S. b05.

[440] Vgl. O.V. (2006f), S. 30.

[441] „Exchange Traded Funds" bezeichnen „Investmentfonds, deren Anteile über eine Börse gehandelt werden", GERKE (2002), S. 302. Die fortlaufende Preisfeststellung ermöglicht es dabei dem Investor, durchgehend zu handeln und ist somit nicht nur auf die normalerweise bei Fonds einmal täglich stattfindende Handelsmöglichkeit mit der KAG beschränkt, vgl. ebd. Während die Bezeichnung ETF in ihrem eigentlichen Wortsinne nichts über die Art des Fonds und seine Anlagestrategie aussagt, werden damit jedoch traditionell und im allgemeinen Sprachgebrauch Indexfonds bezeichnet, vgl. ebd.; KLEE (2008), S. b11.

[442] Vgl. BVI (2007c), S. 53. Dabei wurden nur ETF gemäß Definition der Deutschen Börse AG erfasst. Nach anderer Kategorisierung (entsprechend knapp 150 Indexfonds) lag das Volumen 2006 bei 40 Mrd. Euro, vgl. O.V. (2006b), S. 23.

ist beispielsweise zu vermuten, dass es aufgrund der – bereits erläuterten – Verlängerung der Ankündigungsfrist von drei auf 13 Monate zu einer höheren Zahl an Auflösungen vor und zu einer geringeren Zahl nach dem entsprechenden Stichtag gekommen ist. Ebenso dürfte die Zulassung von Fondsfusionen zu einer Reduktion der Auflösungen geführt haben. Auch die ebenfalls bereits erwähnte Einführung der Abgeltungssteuer, die bis 2008 gekaufte Aktienfonds im Vergleich zu Zertifikaten besser stellt, könnte einen indirekten Einfluss auf Auflösungsentscheidungen ausüben.

5 Empirische Untersuchung der Auflösung von Fonds

Nachdem in den ersten Kapiteln der Arbeit die theoretischen Grundlagen gelegt wurden, sollen nun die abgeleiteten Hypothesen empirisch überprüft werden. Hierzu werden kurz die verwendete Methodik vorgestellt (Abschnitt 5.1) und der für die Untersuchung generierte Datensatz beschrieben (5.2) sowie einer deskriptiven Analyse unterzogen (5.3). Anschließend werden die direkten Einflussfaktoren auf die Auflösung getestet (5.4). Abschnitt 5.5 beschäftigt sich schließlich mit den indirekten Einflussfaktoren.

5.1 Methodik der empirischen Untersuchung

Zunächst soll kurz auf die in der empirischen Untersuchung angewandte Methodik eingegangen werden. Da es sich bei der Analyse der zu untersuchenden Auflösung von Fonds um eine dichotome Variable handelt, die nur die beiden Ausprägungen „Auflösung" (Wert: 1) und „Nichtauflösung" (Wert: 0) annimmt, kann das übliche OLS-Regressionsmodell („Ordinary Least Squares") nicht verwendet werden. Bei diesem wären Ergebniswerte von minus unendlich bis plus unendlich möglich, die bei einer binären Variablen jedoch nicht sinnvoll interpretierbar sind – hier muss sich die geschätzte Wahrscheinlichkeit zwischen Null und Eins bewegen. Zudem werden zentrale Annahmen der OLS-Regression verletzt: So sind die Residuen in diesem Fall nicht normalverteilt, sondern folgen einer Bernoulli- (oder Binomial-) Verteilung.[443] Auch gegen die Homoskedastizitätsannahme der linearen Regression wird verstoßen, d.h., die Varianz des Störterms ist nicht mehr über die verschiedenen unabhängigen Variablen hinweg konstant.[444]

Aufgrund dieser Schwierigkeiten wird für dichotome Variable das Verfahren der sog. „Logistischen Regression" verwendet. Diese greift auf die logistische Funktion mit der folgenden Regressionsgleichung zurück:[445]

---

443 Vgl. Rabe-Hesketh/Everitt (2007), S. 112f.
444 Vgl. Kohler/Kreuter (2006), S. 269; Lee/Lee/Lee (2000), S. 656, 705.
445 Vgl. hier und im Folgenden: Backhaus et al. (2003), S. 420–435.

$$\Pr\,(Aufloesung = 1) = \frac{e^{\beta'_j x_i}}{1 + e^{\beta'_j x_i}}, \text{ mit } \beta'_j x_i = \alpha_0 + \sum_{j=1}^{k} \beta_j x_{ij} + \varepsilon_i$$

mit: x_{ij}: Ausprägung der unabhängigen Variablen j bei Fonds i,

$j = 1, \ldots, k$,

β_j: Gewichtungsfakor der unabhängigen Variablen j,

α_0: Absolutterm; ε_i: Störterm.

Statt der Wahrscheinlichkeit der Auflösung eines Fonds an sich betrachtet man nun das „Chancenverhältnis" („Odds Ratio"), d.h. die Wahrscheinlichkeit des Eintretens des Erfolgs im Verhältnis zur Gegenwahrscheinlichkeit, wobei der „Erfolg" im Kontext der vorliegenden Arbeit in der Auflösung eines Fonds besteht:

$$\text{Odds: } \frac{\Pr\,(Aufloesung = 1)}{1 - \Pr\,(Aufloesung = 1)} = e^{\beta'_j x_i}.$$

Um auch negative Werte für die unabhängigen Variablen zuzulassen, wird das Chancenverhältnis in der sog. „Logit-Transformation" umgewandelt, was zu den sog. „Logits" führt:[446]

$$g(x) = \ln\left(\frac{\Pr\,(Aufloesung = 1)}{1 - \Pr\,(Aufloesung = 1)}\right) = \beta'_j x_i = \alpha_0 + \sum_{j=1}^{k} \beta_j x_{ij} + \varepsilon \,.$$

Die logistische Funktion nimmt graphisch einen S-förmigen Verlauf an (vgl. Abbildung 1) und verfügt über den großen Vorteil, dass der Wertebereich der unabhängigen Variablen nach unten und oben unbegrenzt ist. Sie ist symmetrisch um den Wendepunkt (Pr(Auflösung = 1) = 0,5); die geschätzte Wahrscheinlichkeit ändert sich für die Logits zwischen den Werten -2,5 und 2,5 sehr stark, bei betragsmäßig großen Werten nähert sie sich asymptotisch den Werten Null und Eins an und bleibt damit – wie gefordert – innerhalb der sinnvoll zu interpretierenden Grenzen.[447] Die Schätzung der Koeffizienten erfolgt mittels Maximum-Likelihood-Verfahren.[448]

---

446 Vgl. MENARD (2001), S. 10–13.
447 Vgl. KOHLER/KREUTER (2006), S. 274.
448 Vgl. z.B. HOSMER/LEMESHOW (2000), S. 7–10.

Abbildung 1: Graphische Darstellung der logistischen Funktion

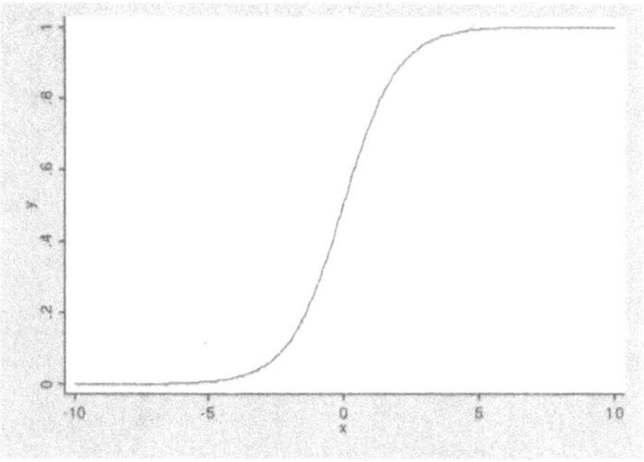

Quelle: Eigene Darstellung.

Während die Vorzeichen und die relative Größe der Koeffizienten in gewohnter Weise interpretiert werden können, ist die Interpretation der absoluten Werte nicht intuitiv möglich, da diese die „logarithmierte Chance der Auflösung" angeben. Zur Interpretation werden daher die Koeffizienten exponiert und so in Odds Ratios umgerechnet, die als „Chance der Auflösung" zu verstehen sind.[449] Werte kleiner eins sind nun als negative Einflussfaktoren zu interpretieren, solche über eins als positive. Um dem Konzept der Odds Ratios Rechnung zu tragen und aufgrund der Definition der Auflösung eines Fonds als „Erfolg", soll bei der Interpretation der Odds Ratios der Begriff „Chance" beibehalten werden, wenngleich der Ausdruck „Chance auf Auflösung" im deutschen Sprachgebrauch nicht unbedingt intuitiv erscheint und man stattdessen eher den Begriff „Risiko" verwenden würde.

449 Vgl. KOHLER/KREUTER (2006), S. 281–283.

Abbildung 2: Graphische Darstellung der Area Under the Receiver Operating Characteristic (ROC) Curve

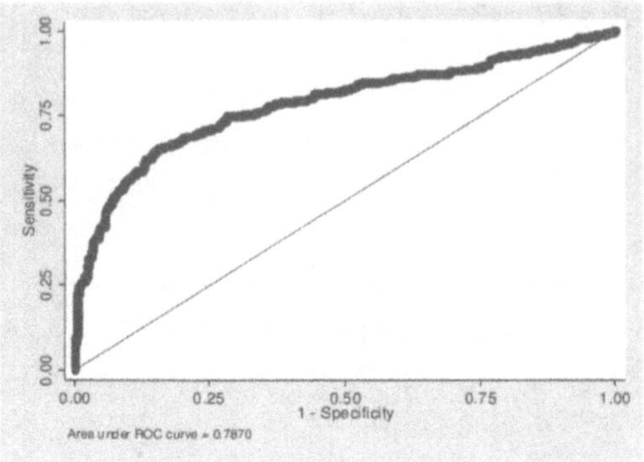

Quelle: Eigene Darstellung.

Anders als beim Verfahren der linearen Regression existiert bei der logistischen Regression kein allgemein akzeptiertes Maß für den „Modellfit", etwa analog dem (korrigierten) Bestimmtheitsmaß R^2.[450] Neben sog. „Pseudo R^2"-Maßen, deren Güte nicht überbewertet werden sollte,[451] kommt eine ganze Reihe unterschiedlicher Maßzahlen zum Einsatz.[452] Im Rahmen der vorliegenden Arbeit soll die u.a. von HOSMER/LEMESHOW (2000) verwendete „Area Under the Receiver Operating Characteristic (ROC) Curve" (AUR) als Gütemaß herangezogen werden.[453] Die ROC Curve trägt allgemein gesprochen den Anteil korrekt klassifizierter Ereignisse („Sensitivity") gegen den Prozentsatz falsch klassifizierter Ereignisse („1 - Specificity") auf (vgl. Abbildung 2). Die Fläche unter der Kurve eignet sich daher als Diskriminierungsmaß für das Model.[454] Nimmt die AUR einen Wert von 0,5 an, kommt dies einem Zufallsergebnis gleich, das Modell verfügt also über keine Aussagekraft. Werte zwischen 0,7 und 0,8 werden von HOSMER/LEMESHOW (2000) als „akzeptabel", Werte

[450] Vgl. KOHLER/KREUTER (2006), S. 286.

[451] Vgl. z.B. KICK/KÖTTER (2007); HOSMER/LEMESHOW (2000) raten komplett von der bisweilen üblichen routinemäßigen Veröffentlichung der R^2-Werte ab, was in der vorliegenden Arbeit befolgt werden soll, vgl. ebd., S. 167.

[452] Vgl. HOSMER et al. (1997).

[453] Vgl. z.B. auch PEPE (2000).

[454] Vgl. HOSMER/LEMESHOW (2000), S. 160f.

zwischen 0,8 und 0,9 als „ausgezeichnet" und Ergebnisse darüber als „außerordentlich" klassifiziert.[455]

5.2 Beschreibung der Datenbasis

Im folgenden Abschnitt wird der für die vorliegende Arbeit zusammengestellte Datensatz beschrieben. Zunächst wird erläutert, aus welchen Quellen der Datensatz generiert (5.2.1) und wie er aufbereitet wird (5.2.2). Abschnitt 5.2.3 gewährt einen allgemeinen Überblick über die wichtigsten Parameter der Grundgesamtheit und anschließend wird beschrieben, welche Variablen gebildet werden, um die potenziellen Einflussfaktoren zu testen.

5.2.1 Generierung des Datensatzes

Zunächst soll der Datensatz näher beschrieben werden, der für die empirische Untersuchung der vorliegenden Arbeit verwendet wird. Der Datensatz beruht auf zwei primären Datenquellen sowie sieben weiteren generellen Quellen. Nach Zusammenstellung der Daten und Vereinheitlichung der unterschiedlichen Datenformate durch Transformation in eine Access-Datenbank wird der Datensatz umfangreich aufbereitet, bevor schließlich die Datenbasis von fast 1.000 verschiedenen Aktienfonds der Jahre 1996 bis 2006 für die Analyse zur Verfügung steht. Abbildung 3 gibt einen Überblick über die einzelnen Schritte zur Generierung des Datensatzes.

[455] Die Autoren verwenden die Begriffe „acceptable", „excellent" und „outstanding", vgl. HOSMER/LEMESHOW (2000), S. 162.

Abbildung 3: Vorgehen bei der Erstellung des Datensatzes.

Quelle: Eigene Darstellung.

Als Primärdatenquellen dienen zum einen die Statistik des „Bundesverband Investment und Asset Management e.V." (BVI)[456], zum anderen die Karlsruher Kapitalmarktdatenbank (KKMDB)[457]. In seiner monatlichen Statistik fasst der BVI die Publikumsfonds der dem Verband angeschlossenen Kapitalanlagegesellschaften zusammen und berichtet u.a. Wertpapierkennnummer (WKN), Fondsname, Fondsgesellschaft, Währung, monatliche Rücknahmepreise, ggf. Ausschüttungen, monatliches Fondsvermögen und Mittelaufkommen sowie Fondsklassifizierung, Auflagedatum bei Neuauflagen und z.T. ggf. auch das Datum der Auflösung.[458] Der Datensatz des BVI unterliegt einem gewissen „Self-Selection Bias"[459], der darin begründet liegt, dass sich einige KAGs

---

456 Bis 2004 nannte sich der Verband „Bundesverband Deutscher Investment-Gesellschaften e.V.", vgl. BVI (2007a), S. 11.

457 Zu Struktur und Inhalt der KKMDB vgl. HERRMANN (1996).

458 Vielfach berichten die KAG jedoch bei beschlossener Auflösung des Fonds keine Daten mehr in den letzten Monaten seines Bestehens, so dass dem BVI dann neben fehlenden Monatsdaten auch kein Auflösungsdatum vorliegt.

459 Unter „Self-Selection Bias" versteht man i.A. die mögliche Verzerrung einer Stichprobe, die dadurch entsteht, dass die zu untersuchenden Einheiten den Einbezug ihrer Daten verweigern können, was ggf. im Profil ihrer Daten begründet liegt; bei gleichartigem Vorgehen der zu untersuchenden Einheiten fehlt ggf. dieses Profil komplett in der Stichprobe. So nehmen z.B. i.d.R. unzufriedene Kunden häufiger an Zufriedenheitsbefragungen des Herstellers teil als zufriedene Kunden, vgl. LEE/LEE/LEE (2000), S. 887.

entschieden haben, nicht dem BVI beizutreten (bzw. nicht während des gesamten Untersuchungszeitraums Mitglied zu sein oder nicht regelmäßig ihre Daten vollständig zur Verfügung zu stellen), so dass ihre Fonds nicht (durchgehend) im Datensatz vorhanden sind. Damit dieser Bias nicht in größerem Maße die Untersuchung aufgelöster Fonds beeinflusst und evtl. Fonds in der Analyse als aufgelöst betrachtet werden, obwohl lediglich die Fondsgesellschaft aus dem BVI ausgetreten ist, wird als zweite Primärquelle die Karlsruher Kapitalmarktdatenbank herangezogen.[460] In ihr sind die Rücknahmepreise aller in Deutschland zum Vertrieb zugelassenen Fonds börsentäglich verfügbar. Zudem werden auch Ausschüttungen von Fonds in der KKMDB gespeichert.

Nach der Bestimmung des grundlegenden Datensamples durch die primären Datenquellen werden weitere Quellen herangezogen, um den Datensatz anzureichern bzw. fehlende Werte zu ergänzen. Wichtigste Quelle hierbei ist „Hoppenstedts Fondsführer" für die verschiedenen im Untersuchungszeitraum beinhalteten Jahre.[461] Neben dem Fondsnamen, der Fondsgesellschaft, dem jährlichen Fondsvolumen, Anlageschwerpunkt und dem Erstausgabedatum des Fonds werden aus Hoppenstedts Fondsführer insbesondere die Gebühren verwendet, d.h. Verwaltungsvergütung, ggf. Ausgabeaufschlag und Depotbankvergütung. Weitere Stammdaten wie Performance Fee, Fondsmanager oder Teile der Erfolgsrechnung des Fonds sind nicht für alle Fonds bzw. nicht über den gesamten Untersuchungszeitraum verfügbar und werden daher nicht in die Analyse einbezogen. Um fehlende Kurse von Fonds zu ergänzen, werden Einzelkursabfragen bei den Onlinediensten „OnVista"[462] sowie „International Fonds Selection"[463] durchgeführt. Zusätzlich wird der Kursteil der entsprechenden Ausgaben des „Handelsblatt" herangezogen. Um bei einigen

---

[460] Für die schnelle Bereitstellung der Daten sei der Abteilung Finanzmärkte und Information (FMI) des Instituts für Finanzwirtschaft, Banken und Versicherungen (FBV) der Universität Karlsruhe (TH), insbesondere Herrn Dr. Torsten Lüdecke, herzlich gedankt.

[461] Vgl. für die Jahre 1997 bis 2007: HOPPENSTEDT (1997ff.-b), für 1997 bis 2002 als CD-ROM: HOPPENSTEDT (1997ff.-a), sowie online für das letzte Untersuchungsjahr 2006: HOPPENSTEDT (2007). Bis zum Jahr 1996 ist die Fondsdatensammlung unter dem Namen „Vademecum der Investmentfonds" erschienen, vgl. für 1996: HOPPENSTEDT (1996).

[462] Vgl. ONVISTA (2007).

[463] Vgl. INTERNATIONAL FONDS SELECTION (2007); inzwischen firmiert die Plattform unter dem Namen „infos GmbH Investment Fonds Selection".

Fonds den genauen Zeitpunkt der Auflösung zu bestimmen und zu überprüfen, ob weitere aufgelöste Fonds in den Primärdatenquellen fehlen, wird eine entsprechende Recherche im „Elektronischen Bundesanzeiger“[464] durchgeführt. Für einige Fonds wird der Bundesanzeiger auch zur Ermittlung von Volumendaten herangezogen.

Schließlich werden für einzelne Fonds deren Rechenschaftsberichte verwendet, insbesondere um Lücken bei den jährlichen Fondsvolumina und bei Gebühren zu schließen, z.T. aber auch, um das Erstauflagedatum zu klären. Da für einige Fonds die Berichte für die benötigten Jahre nicht mehr öffentlich verfügbar sind, werden eine Reihe dieser Daten, sowie teilweise auch Rücknahmekurse und Ausschüttungen, durch direkte Einzelanfragen bei den Fondsgesellschaften ergänzt.[465] In einigen Fällen wurden so auch widersprüchliche Angaben verschiedener (Pflicht-)Veröffentlichungen geklärt, etwa im Elektronischen Bundesanzeiger und Rechenschaftsbericht.

5.2.2 Aufbereitung des Datensatzes

Nach der Konvertierung der verschiedenen Datenformate und der Aufnahme nicht elektronisch vorliegender Werte in eine übergreifende Access-Datenbank wird der Datensatz in einem ersten Schritt um Fonds bereinigt, die aufgrund ihrer Natur nicht in die Analyse einbezogen werden sollen.

---

[464] Vgl. ELEKTRONISCHER BUNDESANZEIGER (2007). Im elektronischen Bundesanzeiger werden alle vom Gesetzgeber vorgesehenen Pflichtveröffentlichungen bez. Fonds publiziert, wie etwa die Ankündigung der Auflösung.

[465] Herzlicher Dank gebührt folgenden Ansprechpartnern der Fondsgesellschaften: Frau Annette Piecha, Frau Wantanie Backhaus, Frau Zeljka Nowak (ABN AMRO); Herrn Olaf Stenzel, Herrn Thorsten Hockauf (Union Investment); Herrn Christian Klein (LRI Invest); Herrn Mario Castellaneta (Oppenheim Pramerica Fonds Trust); dem Team Marketing Retail Products der HSBC Trinkhaus & Burkhardt AG; Frau Verena Losberg (Internationale Kapitalanlagegesellschaft, INKA mbH); Herrn Helmut Tetzlaff (Landesbank Berlin Investment); Herrn Stephan Ulrich (W&W Asset Management); Herrn Dirk Loburg (Allianz Global Investors); Herrn Daniel Böhm (LGT Capital Management); Frau Esther Probst (DZ Bank International) und Herrn Torsten Hansen (MAINTRUST). Ganz besonderer Dank gilt Herrn Willi Schieren (DWS) für die umfangreichen internen Recherchen.

Da Spezialfonds[466] wegen ihres beschränkten Investorenkreises eigenen Gesetzen gehorchen und insbesondere für die Auflösung andere Entscheidungskriterien herangezogen werden, beschränkt sich die vorliegende Arbeit auf die Analyse von Publikumsfonds[467]. Zudem sollen in der Analyse lediglich aktiv verwaltete Aktienfonds untersucht werden, um etwa bei Mischfonds Verzerrungen durch zu große Anteile an Renten- und Immobilienvermögen zu vermeiden. Reine Renten-, Hedge-, Private-Equity- und Immobilienfonds sollen ebenfalls ausgeblendet werden, da sich sowohl die Motivation zur Anlage in derartige Fonds wie auch das Management und die Marktabhängigkeiten grundlegend von den Gegebenheiten bei Aktienfonds unterscheiden und so Gegenstand einer eigenständigen Arbeit wären. Auch passive Indexfonds sollen nicht weiter betrachtet werden, weil bei ihnen die Anlagemotivation nicht in der Generierung von Überrenditen, sondern in der möglichst genauen Nachbildung des zugrundeliegenden Index besteht. Das Management dieser Fonds ist somit bei weitem kostengünstiger und hat im Wesentlichen das Ziel, den sog. Tracking Error[468] zu minimieren. Wollte man das Anlegerverhalten und die Marktgrößen für Indexfonds untersuchen, müsste man zudem Indexzertifikate in die Betrachtung einbeziehen, die den gleichen Zweck verfolgen, nämlich die möglichst exakte Entwicklung eines Index nachzuvollziehen, sich aber in zwei wesentlichen Merkmalen unterscheiden: Zum einen kaufen und verkaufen sie i.d.R. nicht die dem Index zugrundeliegenden Werte („physische Replikation"), sondern bilden diesen synthetisch nach[469], was zur Reduktion

---

466 Als Spezialfonds werden Investmentfonds bezeichnet, „die nur einem begrenzten Anlegerkreis vorbehalten sind", d.h. maximal zehn Anteilinhabern; i.d.R. handelt es sich dabei um institutionelle Investoren wie etwa Versicherungen, Pensionskassen oder Stiftungen, vgl. GERKE (2002), S. 733.

467 Im Gegensatz zu Spezialfonds können bei Publikumsfonds Anteile von jedermann erworben werden, vgl. GERKE (2002), S. 644.

468 Unter dem „Tracking Error" versteht man die Abweichung des gehaltenen Portefeuilles von dem nachzubildenden Index; diese Abweichungen entstehen u.a. durch Transaktionskosten zum Kauf und Verkauf der dem Index zugrundeliegenden Einzelwerte, durch Teilbarkeitsprobleme oder zeitlich verzögerte Umschichtungen bei Veränderungen der Indexzusammensetzung sowie durch besonders starke Gewichtung einer Aktie im Index (wie z.B. die Deutsche Telekom AG Anfang 2000 im DAX), die ein Indexfonds aufgrund gesetzlicher Restriktionen nicht nachvollziehen kann, vgl. EL-HASSAN/KOFMAN (2003), S. 184; WAGNER (1997), S. 184–193; GRIESE/KEMPF (2003), S. 208f.

469 Das Indexaktienportfolio wird mit gehandelten Futures-Kontrakten auf die zugrundeliegende Benchmark und einer Geldmarkt-Position indirekt substituiert. Durch die direkte

der Transaktionskosten und damit zu kostengünstigerem Management führt. Zum anderen werden die Investments in Zertifikate nicht wie bei Fonds als Sondervermögen gehalten, so dass hier ein zusätzliches Ausfallrisiko des Emittenten berücksichtigt werden muss.[470]

Aus dem Datensatz der vorliegenden Arbeit sollen ebenfalls Laufzeit- und Garantiefonds[471] ausgeschlossen werden, da ihre per definitionem beschränkte Fonds-Lebensdauer gerade das Ziel der Untersuchung, die Einflussfaktoren von Auflösungen zu erforschen, konterkarieren würde. Unberücksichtigt sollen auch Dachfonds[472] bleiben. Sie verfügen zum einen über einen andersartigen Investitionsprozess und andere Kostenstrukturen, zum Zweiten sollen bei der Untersuchung von Fondsvermögen und Mittelaufkommen Doppelzählungen aus Anlagen in Dachfonds und deren Investments in andere Fonds vermieden werden.

Unberücksichtigt bleiben ebenso die unterschiedlichen Anteilsklassen eines Fonds, die zwar über eine eigene WKN verfügen, aber keinen eigenständigen Fonds im engeren Sinne, sondern unterschiedliche Anteile des gleichen Portfolios darstellen: Die Investmentstrategie und ihre Umsetzung im Handel der im Portfolio befindlichen Werte ist völlig identisch;[473] die Wertentwicklung der einzelnen Anteilsklassen weicht höchstens dadurch ab, dass einige thesaurierend, andere ausschüttend sind, dass sie in unterschiedlichen Fondswährungen ausgegeben werden, dass ein Ausgabeaufschlag anfällt, dafür jedoch geringere laufende Managementgebühren oder vice versa durch Inkaufnahme

---

Ableitung des Preises eines Futures aus dem Kassakurs des unterliegenden Bezugswertes kann von einem engen Zusammenhang zwischen der Entwicklung des Futures und dem zugrundeliegenden Index ausgegangen werden, vgl. GRAF (2001), S. 4.

470 Vgl. KIRCHNER (2008), S. b20. Zudem besteht eine Benachteiligung von Indexzertifikaten bei Dividendenausschüttungen, sofern sich das Zertifikat nicht auf einen Performance-Index bezieht, vgl. FERBER (2002c), S. i05, RUH (2000), S. i11.

471 Kennzeichen von Garantiefonds ist, dass die Rückzahlung des eingesetzten Kapitals oder eines festgelegten Prozentsatzes davon zum Ende einer definierten Laufzeit sichergestellt wird, vgl. GERKE (2002), S. 347.

472 Als Dachfonds werden Wertpapierfonds bezeichnet, die ihrerseits wiederum in andere Fonds investieren. Sie sind in Deutschland seit dem Dritten Finanzmarktförderungsgesetz aus dem Jahr 1998 zugelassen, vgl. GERKE (2002), S. 209.

473 Vgl. RUENZI (2006), S. 14.

höherer laufender Kosten ein Aufschlag vermieden wird.[474] Ziel der Einführung zusätzlicher Klassen ist es, den Fonds für Anleger mit unterschiedlichen Profilen und Präferenzen wie Anlagedauer, persönliche Besteuerungssituation oder Währungsrisikopräferenz attraktiv zu machen. Zudem können durch die geringfügige Änderung des Preismodells die klassischen Distributionskanäle durch z.B. unabhängige Finanzberater oder Discountbroker erweitert werden. Fondsgesellschaften sind daher insbesondere dann geneigt, neue Anteilsklassen aufzulegen, wenn die Zuflüsse in einen Fonds hinter den Erwartungen zurückbleiben.[475] Um einzig die Auswirkungen von aktiven Investitionsentscheidungen zu untersuchen und auch ggf. das Einstellen einzelner Anteilsklassen nicht mit der generellen Auflösung eines Fonds zu vermischen sowie bei der Auflösung eines Fonds Doppelzählungen durch Berücksichtigung aller einzelnen Anteilsklassen zu vermeiden, werden in der vorliegenden Untersuchung die Wertentwicklung und das Alter der zuerst als Fonds aufgelegten Anteilsklasse betrachtet; Volumina und Mittelzuflüsse werden über die einzelnen Klassen hinweg aggregiert.[476]

---

[474] Vgl. ZHAO (2002), S. 3; POZEN (1998), S. 550–552; FREDMAN/WILES (1993), S. 75.
[475] Vgl. ZHAO (2002), S. 4f., S. 22f.
[476] Vgl. entsprechendes Vorgehen z.B. bei ZHAO (2005), S. 1366.

Abbildung 4: Generierung der Grundgesamtheit durch Bereinigung um nicht untersuchte Fondstypen

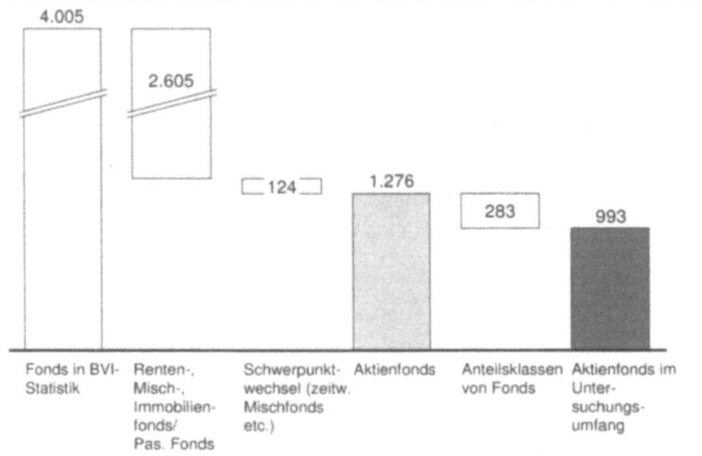

Quelle: Eigene Darstellung.

In einem ersten Schritt werden daher aus dem BVI-Datensatz alle Fonds eliminiert, die keine aktiv verwalteten Aktienfonds darstellen. Dies wird dadurch erschwert, dass der BVI zum Jahr 2006 die Fondskategorisierungen verändert hat und u.a. Indexfonds und Laufzeitfonds nicht mehr getrennt ausweist. Unter Rückgriff auf frühere Klassifizierungen und Verifikation mit anderen Quellen wie Hoppenstedt Fondsführer oder OnVista werden diese entfernt. Von den insgesamt 4.005 Fonds, die während des Untersuchungszeitraums von 1996 bis 2006 in der BVI-Statistik gelistet sind, werden 2.605 Fonds entfernt, die als Renten-, Misch-, Garantie-, Immobilien- und Dachfonds oder passive Fonds identifiziert werden. Weitere 124 Fonds, die nicht während des gesamten Untersuchungszeitraums als reine Aktienfonds klassifiziert, sondern zeitweise einem anderen Schwerpunkt zugeordnet waren, bleiben ebenfalls unberücksichtigt. Von den resultierenden 1.276 Wertpapierkennnummern werden 283 als unterschiedliche Anteilsklassen eines Fonds aus der Analyse ausgeschlossen, so dass sich eine Grundgesamtheit von 993 Aktienfonds im Untersuchungszeitraum ergibt (siehe Abbildung 4).

Anschließend wird der Datensatz auf unplausible Werte untersucht, die etwa durch Verrutschen des Kommas, Übertragung des identischen Wertes der Vorperiode oder fehlende Währungsumrechnung entstehen. Daten, die in verschiedenen Quellen verfügbar sind, werden miteinander abgeglichen und Widersprüche durch Plausibilitätsprüfungen oder das Hinzuziehen weiterer Quellen wie Fondsberichte oder Einzelanfragen geklärt. Schließlich wird auch ein Großteil der fehlenden Werte durch manuelle Recherche ergänzt. Lediglich bei systematischen Lücken, wie etwa beim Fehlen von Fondsgebühren für einzelne Jahre, muss zu Hilfsmaßnahmen wie Durchschnittsbildung oder Fortschreiben des Trends für das folgende Jahr gegriffen werden. In einem letzten Schritt werden die Währungsumstellung bei der Einführung des Euro und Splits von Aktienfonds berücksichtigt. Mehr als 10.000 Werte werden somit insgesamt manuell im Datensatz ergänzt oder korrigiert.

5.2.3 Überblick über den Datensatz

Nach der beschriebenen Datenaufbereitung umfasst die Grundgesamtheit der Untersuchung somit 993 verschiedene Aktienfonds, die einzelnen Jahre schwanken zwischen 300 im Jahr 1996 und dem Maximum von 732 Fonds in den Jahren 2001 und 2002 (vgl. Abbildung 5). Wenngleich zum Ende des Untersuchungszeitraums ein leichter Rückgang in der Zahl der Fonds zu verzeichnen ist, lässt sich insgesamt ein starker Zuwachs konstatieren: In den betrachteten Jahren hat sich die Anzahl von Aktienfonds mehr als verdoppelt, der starke Anstieg ist in der Hausse-Phase der Jahre 1996 bis 2000 sowie leicht nachgelagert 2001 zu verzeichnen.

Abbildung 5: Entwicklung der Anzahl an Aktienfonds

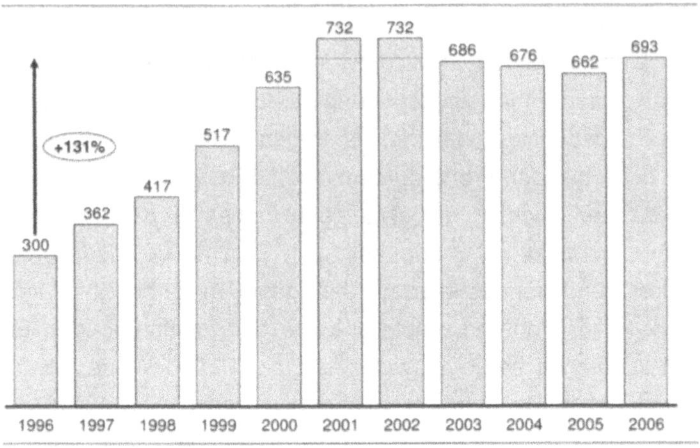

Bestand zum Jahresende. Quelle: Eigene Darstellung.

Dieser „Netto-Betrachtung" des Bestands an Aktienfonds über den Untersuchungszeitraum können die einzelnen Neuauflagen und Auflösungen von Fonds gegenübergestellt werden. Dabei zeigt sich, dass bis 2001 nur wenige Auflösungen zu verzeichnen sind, der Nettoeffekt also den Großteil der neu aufgelegten Fonds abbildet (vgl. Abbildung 6). Während die Stagnation der Fondszahl im Jahr 2002 darauf zurückzuführen ist, dass 55 Neuauflagen derselben Zahl an Schließungen gegenüberstehen, werden aber auch in den Jahren nach 2002 bei schrumpfender Fondspopulation weiter neue Fonds aufgelegt: etwa im Jahr 2005 sogar in ähnlicher Größenordnung wie vor 1999 – ihnen steht jedoch eine noch höhere Zahl an Fondsschließungen gegenüber. 2003 ist das Jahr mit der höchsten Schließungsrate: Mit 74 Fonds findet in diesem Jahr knapp ein Viertel der 301 Auflösungen der gesamten Analysephase statt.

Abbildung 6: Überblick über Auflösungen und Neuauflagen im Untersuchungszeitraum

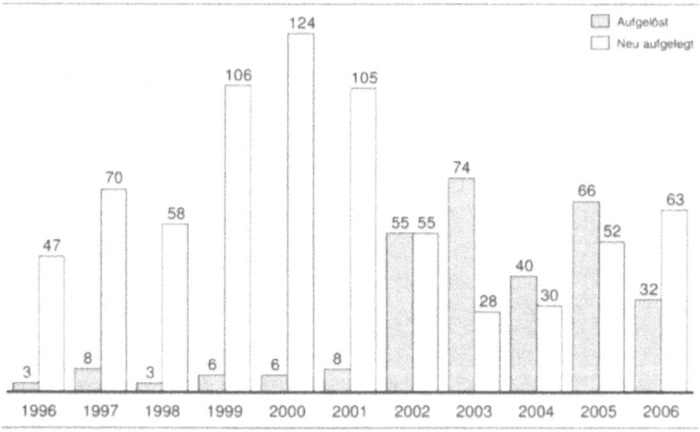

Betrachtung jeweils zum Jahresende. Quelle: Eigene Darstellung.

Übertragen auf prozentuale Anteile ergibt sich daraus in Abbildung 7 die Gegenüberstellung der Rate der Fondsneuauflagen mit der der -auflösungen. Es ist offensichtlich, dass bis einschließlich 2001 die „Geburtenrate" eindeutig die „Sterberate" dominiert und Werte bis zum Zwanzigfachen annimmt. Nachdem im Folgejahr dieselbe Zahl an Fonds eingestellt wie neu aufgelegt wird, kreuzen sich hier die beiden Kurven bei 7%. In den folgenden drei Jahren steigt die Rate der Fondsauflösungen auf bis zu 9,7% und fällt schließlich im letzten Jahr wieder deutlich unter die Geburtenrate ab.

Abbildung 7: Entwicklung der Rate der Fondsauflösungen und -neuauflagen

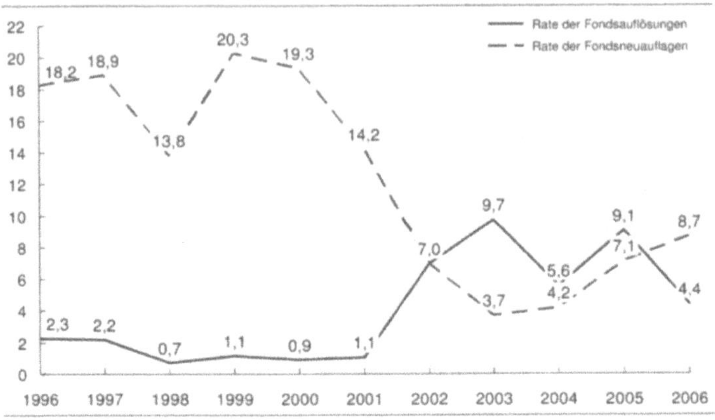

Darstellung in Prozent. Quelle: Eigene Darstellung.

5.2.4 Bildung der Variablen

Im folgenden Abschnitt soll nun dargestellt werden, wie die im theoretischen Teil der Arbeit abgeleiteten möglichen Einflussfaktoren mit der beschriebenen Datenbasis in konkrete, testbare Variablen operationalisiert werden. Dazu stellt sich zunächst die Frage, ob als Untersuchungsdesign eine Querschnitts- oder eine Panelregression verwendet werden soll. Mit elf Jahren liegt der Analysezeitraum am unteren Ende der Mindestanforderungen für ein Panel. Problematisch ist jedoch insbesondere, dass nur wenige Fonds über die volle Dauer existieren – viele Fonds bestehen wesentlich kürzer. Zudem ist zu vermuten, dass aufgrund der Unterschiedlichkeit der Segmente die Lag-Dauer zwischen den einzelnen Fonds stark variiert, so dass die Festlegung eines einheitlichen Lags von z.B. einem Jahr willkürlich wäre. Durch eine Mittlung im Zuge einer Querschnittsregression werden daher die Effekte besser erfasst. Um aber bei der Querschnittsbildung möglichst wenige Informationen zu verlieren, werden die einzelnen Variablen zunächst für jeden Fonds auf jährlicher Basis aufbereitet, ggf. Rankings und relative Werte aus diesen Daten berechnet und erst anschließend werden Durchschnitte gebildet. Um auch einen Überblick über Unterschiede im Laufe der Analyseperiode zu erhalten und zeitliche Veränderungen nachvollziehen zu können, sollen für die deskriptive Statistik[477] Jahreswerte herangezogen werden.

Abschnitt 5.2.4.1 stellt zunächst die Bildung der fondsbezogenen Variablen vor, im darauf folgenden Abschnitt 5.2.4.2 wird erläutert, welche fondsgesellschaftsbezogenen Variablen in die Untersuchung einfließen, und schließlich werden Variablen definiert, die sich auf das Segment beziehen (5.2.4.3).

5.2.4.1 Fondsbezogene Variablen

Das Fondsvolumen wird zum jeweiligen Jahresende gemessen und ist i.d.R. unmittelbar aus den Datenbanken verfügbar. Nur in Ausnahmefällen muss das Vermögen eines Fonds mittels Vorjahreswert, Rendite des Jahres sowie Nettomittelaufkommen abgeschätzt werden. Um die z.T. erheblichen Niveauunterschiede zwischen den Fonds etwas abzuschwächen, hat sich in der wissenschaftlichen Literatur der Standard etabliert,[478] das logarithmierte Fondsvolumen zu verwenden; dem soll auch in der vorliegenden Arbeit gefolgt werden.

Auch das Nettomittelaufkommen lässt sich i.d.R. direkt aus dem Datensatz des BVI auf monatlicher Basis entnehmen und muss nicht wie bei vielen anderen Studien aus dem Fondsvolumen errechnet werden, was zu einer höheren Datenqualität führt.[479] Zu diskutieren ist, ob für die empirische Untersuchung die absoluten Werte der Nettozuflüsse verwendet werden sollen, oder ob eine Normierung sinnvoll ist, d.h. das Mittelaufkommen ins Verhältnis zum Fondsvolumen zu Beginn der Periode gesetzt werden soll. Der Nachteil der Verwendung dieser Wachstumsrate besteht darin, dass die Zuflüsse in sehr kleine Fonds überbewertet werden.[480] Ähnlich wie beim Fondsvolumen besteht die Problematik bei der Nutzung des absoluten Aufkommens in den großen Niveauunterschieden, die zu schlechterer Vergleichbarkeit führen und der gän-

---

477 Vgl. Abschnitt 5.3 der vorliegenden Arbeit.

478 Vgl. z.B. DECHOW (2003), S. 98; DUKES/ENGLISH (2006), S. 246; GIL-BAZO/MARTÍNEZ (2003), S. 10.

479 Vgl. NAVONE (2003).

480 Vgl. GRUBER (1996), S. 798f.

gigen Annahme, dass Zuflüsse mit dem Fondsvermögen positiv korrelieren.[481] Es ist unklar, ob die Wahl des entsprechenden Maßes einen Einfluss auf das Ergebnis hat;[482] in der wissenschaftlichen Literatur ist jedoch eine Tendenz zum normierten, relativen Mittelaufkommen zu erkennen.[483] In der vorliegenden empirischen Untersuchung soll daher zunächst bei der Analyse der direkten Determinanten der Auflösung das relative Mittelaufkommen verwendet werden; bei der anschließenden Untersuchung der Einflussfaktoren auf die Zuflüsse werden absolute Werte berücksichtigt. Rechnerisch können sich für das prozentuale Mittelaufkommen Werte von kleiner -1 dadurch ergeben, dass das Nettomittelaufkommen auf den Volumenwert zum Ende des Vorjahres bezogen wird. Durch einen renditebedingten Volumenzuwachs im Betrachtungsjahr können so mehr Gelder aus dem Fonds abgezogen werden als dieser im Vorjahr verwaltet hatte.

Die Berechnung unterschiedlicher Performancemaße beginnt mit der Umwandlung von Rücknahmekursen in Renditen. Der heutige Stand der Literatur spricht sich überwiegend gegen diskrete und für stetige Renditen zur Performancemessung aus,[484] so dass die Berechnung durch die Division des Kurses der aktuellen Periode durch den der Vorperiode erfolgt und anschließend logarithmiert wird. Soweit es sich nicht um thesaurierende Fonds handelt, werden Ausschüttungen gemäß der „Operation Blanche" taggenau reinvestiert, um Verzerrungen gegenüber ausschüttenden Fonds zu vermeiden.[485] Anschließend erfolgt die Annualisierung der Renditen. Aus den Renditen kann direkt die Volatilität berechnet werden, die ebenfalls annualisiert wird. Mit Hilfe der Renditen wird auch die Volumenveränderung abgeschätzt, die der Fonds durch das aktive Portfoliomanagement erfährt.

---

481 Dieser Zusammenhang wurde jedoch in kaum einer Untersuchung explizit verifiziert, vgl. DECHOW (2003), S. 99.

482 So bleiben z.B. bei der Untersuchung von KEMPF/RUENZI (2004) die Ergebnisse qualitativ unverändert, wenn statt relativer Zuflüsse absolute verwendet werden, vgl. ebd., S. 106.

483 Vgl. z.B. IPPOLITO (1992); SIRRI/TUFANO (1998); ZHENG (1999); ALVES/MENDES (2006).

484 Vgl. z.B. PLESCHIUTSCHNIG (2000), S. 111; BICKEL (2000), S. 35. Neben rechentechnischen Vereinfachungen aufgrund ihrer Additivität, liegt der Vorteil stetiger Renditen darin, dass sie eher normalverteilt sind als diskrete Renditen, vgl. WITTROCK (2000), S. 212f.

485 Die retrograde Berechnung der Reinvestition erfolgt nach der Formel $R_{Pt} = \ln\left[\left(\frac{P_{Pt}}{P_{Pt-1}}\right)\cdot\left(1+\frac{A}{P_{ex}}\right)\right]$, wobei A = Ausschüttung und P_{ex} = Rücknahmepreis am ex-Tag, vgl. DOERKS (1992), S. 239f.

Um die Überrendite eines Fonds bestimmen zu können, ist ein Vergleichsmaßstab notwendig, wofür bei der Performancemessung von Fonds oft ein Index herangezogen wird. Hierbei stellt sich die Frage nach einer geeigneten Benchmark, die möglichst exakt die Anlageziele jedes einzelnen Fonds widerspiegelt.[486] Eine weitere Problematik besteht darin, dass aufgrund der von Fonds zu haltenden Liquidität in Haussezeiten Indizes per se einen Vorteil genießen. Aufgrund dieser Schwierigkeiten und der hohen Zahl unterschiedlicher Fonds soll in der vorliegenden Arbeit auf den Einbezug eines Benchmarkindizes verzichtet und stattdessen die „Peer Group" als Maßstab herangezogen werden.[487] In jeder Periode wird daher der Median der Fonds in demselben Anlagesektor gebildet und zur Generierung der Überrendite von der Fondsrendite subtrahiert.[488]

Als risikoadjustiertes Performancemaß soll für die empirische Untersuchung die Sharpe-Ratio verwendet werden, die neben der einfachen Berechenbar keit – wiederum ohne Notwendigkeit einer Benchmark – den Vorteil eines hohen Verbreitungsgrades besitzt. Die Sharpe-Ratio berechnet sich aus der Differenz der Fondsrendite und dem risikolosen Zinssatz, die durch die Standardabweichung dividiert wird.[489] Als Substitut für den risikolosen Zinssatz wird der einmonatige Euribor bzw. vor 1999 der einmonatige Fibor gewählt.[490] Der kurzfristige Zinssatz entspricht dem gewählten grundsätzlichen monatlichen Renditeintervall des vorliegenden Datensatzes und kann so als monatliche Anlagealternative des Fondsmanagers gesehen werden.[491]

---

486 Zur Abhängigkeit des Ergebnisses von der Indexwahl vgl. z.B. STEINER/WITTROCK (1994), S. 607.

487 Zu diesem Vorgehen vgl. z.B. LUNDE/TIMMERMANN/BLAKE (1999), S. 131f.

488 Vgl. BOUDOUKH et al. (2003), S. 17.

489 Vgl. SHARPE (1966).

490 Euribor kürzt die „Euro Interbank Offered Rate" ab und bezeichnet den Zinssatz, zu dem sich Kreditinstitute bester Bonität gegenseitig Geld zur Verfügung stellen, vgl. Gerke (2002), S. 292. Der Fibor, „Frankfurt Interbank Offered Rate", ist die analoge Vorgängervariante, vgl. ebd., S. 329.

491 Vgl. STEINER/WITTROCK (1994), S. 613. Alternativ könnte ein langfristiger – z.B. entsprechend der Betrachtungsperiode elfjähriger – Zinssatz gewählt werden, der eher dem alternativen Anlagezins eines Investors entspräche, vgl. ebd. In der Literatur hat sich jedoch der kurzfristige Zinssatz etabliert – und dabei neben dem dreimonatigen insbesondere der einmonatige, vgl. z.B. MÖHLMANN (1993), S. 131f.; ZIMMERMANN/ZOGG-WETTER (1992), S. 144, WITTROCK (2000), S. 217; SCHOLZ/WILKENS (2006), S. 1285. Es wird jeweils der Zinssatz zum Ende der Vorperiode verwendet, um zu gewährleisten, dass die

Das Fondsalter wird direkt aus dem Auflagedatum und dem jeweiligen Jahresende bzw. ggf. dem Datum der Auflösung errechnet.

Bei den Verwaltungsgebühren wird von vielen Fonds in den entsprechenden Datenbanken und Fondsprospekten kein fester, sondern lediglich ein maximaler Gebührensatz (oder eine Spanne) angegeben. Wie auch in anderen Studien üblich,[492] wurden in diesen Fällen die Höchstwerte übernommen, da auch der Anleger bei seiner Investitionsentscheidung die Ausschöpfung des Gebührenrahmens befürchten muss. Da hier für fast alle Fonds die Werte für diverse Jahre fehlten, musste z.T. auch schon auf Jahresebene mit Mittelwerten angrenzender Jahrgänge gearbeitet werden. Ähnliches gilt für Depotbankgebühren. Bei den Ausgabeaufschlägen wurden ebenfalls die veröffentlichten Sätze verwendet, auch wenn diese in der Realität eher einem Maximalwert entsprechen, da vielfach Rabatte angeboten werden oder bei manchen Distributionskanälen, wie Online-Brokern, die Aufschläge komplett wegfallen. Die Verwaltungsgebühren werden u.a. dazu verwendet, um aus dem Volumen die Gebühreneinnahmen des Fonds abzuschätzen. Da diese typischerweise auf täglicher Basis berechnet werden, die Volumina jedoch nur monatlich zur Verfügung stehen und – wie beschrieben –nur maximale Gebührensätze erhoben werden können, kann diese Abschätzung nur ein relativ grobes Bild für die Einnahmesituation des Fonds liefern.

Übersicht 1 stellt die fondsbezogenen Variablen nochmals im Überblick dar:

Verzinsung für den jeweiligen Monat vorab festgelegt und damit tatsächlich sicher erzielbar ist, vgl. WITTROCK (2000), S. 217.

492 Vgl. z.B. PLESCHIUTSCHNIG (2000), S. 267; RUENZI (2005), S. 160.

Übersicht 1: Überblick der fondsbezogenen Variablen

Unabhängige Variablen	Bedeutung der Variablen
Vol_ln	Logarithmiertes Fondsvolumen
Aufk_abs	Absolutes Mittelaufkommen
Aufk_proz	Prozentuales Mittelaufkommen
Rend_Proz	Prozentuale Fondsrendite
Vola	Volatilität des Fonds
Ueberrend_proz	Prozentuale Überrendite des Fonds
Sharpe	Sharpe-Ratio des Fonds
Voldelta_r	Volumenänderung des Fonds durch Rendite
Alter	Alter des Fonds
Verwgeb	Verwaltungsgebühren des Fonds
Ausgauf	Ausgabeaufschlag des Fonds
Depotgeb	Depotgebühren des Fonds
Gebuehreneinn	Gebühreneinnahmen des Fonds

Quelle: Eigene Darstellung.

5.2.4.2 Fondsgesellschaftsbezogene Variablen

Sofern es zu Fusionen von Fondsgesellschaften kommt oder sich deren Name ändert, soll die letzte relevante Bezeichnung – i.d.R. also aus dem Jahr 2006 – verwendet werden. Wechseln Fonds die Gesellschaft, werden sie bei der Querschnittsregression der letzten gültigen zugerechnet, bei der Bildung relativer Vergleichszahlen jedoch zur im jeweiligen Jahr relevanten KAG gezählt.

Die Variablen (logarithmiertes) Volumen der KAG und Zahl der Fonds in der KAG ergeben sich durch einfache Addition. Dabei wird jeweils die Größe zum Jahresende verwendet, d.h. die im Laufe des Jahres aufgelösten Fonds werden nicht miteinbezogen. Die Variable „relative Zahl der Fonds der KAG" setzt letztere in Bezug zu den anderen Fondsgesellschaften, um den großen Unterschied zwischen einigen Fondsanbietern mit sehr vielen Fonds und vielen Gesellschaften mit nur sehr wenigen Fonds etwas auszugleichen und sicherzustellen, dass auch letztere einen gewissen Einfluss auf das Ergebnis ausüben. In den Variablen „Top3" und „Top5" werden die Fonds der drei bzw. fünf größten Fondsgesellschaften in Bezug auf das Volumen der im Untersuchungsumfang beinhalteten Fonds zusammengefasst, d.h. die Fonds von Deka, DWS und Union-Investment sowie bei „Top5" zusätzlich die von Cominvest und Dit. Die Werte für die durchschnittliche Rendite, Überrendite und Sharpe-Ratio einer Investmentgesellschaft ergeben sich durch die Durchschnittsbildung der jeweiligen Kennzahlen aller Fonds der Gesellschaft im Jahr.

Zusätzlich werden vier Variablen gebildet, die die Stellung eines Fonds in seiner Fondsgesellschaft in Bezug auf seine Größe und Performance beschreiben. Da außerdem in verschiedenen Studien gezeigt wurde, dass ordinale Maße über eine höhere Erklärungskraft verfügen als kardinale,[493] werden hierfür Rankings gebildet. Die vergebenen Werte berechnen sich, indem der Wert eines Fonds zum jeweils besten in Relation gesetzt wird, Wert 1 gibt also die beste Position an.

Die fondsgesellschaftsbezogenen Variablen werden nochmals im Überblick in Übersicht 2 zusammengefasst.

Übersicht 2: Überblick der fondsgesellschaftsbezogenen Variablen

Unabhängige Variablen	Bedeutung der Variablen
KAG_Vol_ln	Logarithmiertes Volumen der KAG
Zahl_Fonds_KAG	Zahl der Fonds in KAG
Rel_Zahl_Fonds_KAG	Relative Zahl der Fonds der KAG
Top3	Fonds einer Top3 KAG
Top5	Fonds einer Top5 KAG
Av_Rend_KAG	Durchschnittliche Rendite der KAG
Av_Sharpe_KAG	Durchschnittliche Sharpe-Ratio der KAG
Av_Uebrend_KAG	Durchschnittliche Überrendite der KAG
Rank_Vol_KAG	Ranking Volumen in KAG
Rank_Rend_KAG	Ranking Rendite in KAG
Rank_Sharpe_KAG	Ranking Sharpe-Ratio in KAG
Rank_Ueber_KAG	Ranking Überrendite in KAG

Quelle: Eigene Darstellung.

493 Vgl. z.B. PATEL/ZECKHAUSER/HENDRICKS (1994); KEMPF/RUENZI (2004); NAVONE (2003).

5.2.4.3 Segmentbezogene Variablen

Die Zuordnung der Fonds in die verschiedenen Segmente orientiert sich an der Klassifikation durch den BVI, wobei teilweise eine Zusammenfassung zu Grobkategorien notwendig war, um eine gewisse Mindestanzahl an Fonds sicherzustellen und die Zahl der Anlagebereiche zu begrenzen. Übersicht 3 vermittelt einen Überblick über die unterschiedlichen Anlagesegmente und wie viele Fonds ihnen jeweils zugeordnet sind. Die Gruppierung der Fonds in die dargestellten Kategorien ist insofern nicht ganz unproblematisch, als einige dieser Segmente extrem inhomogen sind. So beinhaltet beispielsweise das Segment „LIR – Länderfonds Rest of World Regionen" sowohl Fonds, die in chinesische Aktien investieren als auch solche, die etwa Lateinamerika zum Anlageziel haben. Da jedoch die Performance der Fonds nicht im Vordergrund der vorliegenden Untersuchung steht, sondern vielmehr die Frage, ob derartige Fonds im Produktportfolio der KAG behalten werden bzw. ob Anleger in sie investieren sollen, tritt diese Problematik der exakten Vergleichbarkeit etwas in den Hintergrund, da ähnliche Gründe für diese Art von Fonds sprechen. Im genannten Beispiel müssen Fondsgesellschaften erwägen, ob sie derart spezialisierte Fonds anbieten wollen und Investoren suchen sehr spezifische Werte, um entsprechende Rendite-Risikoprofile ihrem Portfolio beizumischen. Es ist davon auszugehen, dass diese Überlegungen bei einem China- und Lateinamerikafonds mindestens so ähnlich wie etwa bei unterschiedlichen Deutschlandfonds sein könnten.

Übersicht 3: Überblick über die Fondssegmente in der Grundgesamtheit

Abkürzung	Segment	Zahl Fonds (absolut)	Zahl Fonds (Prozent)
B	Branchenfonds	146	14,7
L	Länderfonds allgemein	71	7,15
LD	Länderfonds Deutschland	117	11,78
LI	Länderfonds international allgemein	230	23,16
LIE	Länderfonds Europa Regionen	253	25,48
LIEE	Länderfonds Europa Einzelländer	10	1,01
LIR	Länderfonds Rest of World Regionen	125	12,59
LIRE	Länderfonds Rest of World Einzelländer	13	1,31
N	Nebenwertefonds	28	2,82
Total		993	100

Quelle: Eigene Darstellung.

Analog zum Vorgehen bei den fondsbezogenen Variablen werden aus den dem jeweiligen Segment zugeordneten Fonds die Variablen für die (relative) Fondsanzahl und Performance des Segments berechnet. Zur Analyse des Einflusses der Stellung von Fonds innerhalb ihres Segments werden – ebenfalls in Analogie zum Vorgehen bei den Fondsgesellschaften – Rankingvariablen zu Volumen, Aufkommen, Rendite und Sharpe-Ratio gebildet. Um zu untersuchen, ob für einzelne Teilsegmente der Datenbasis unterschiedliche Einflussfaktoren eine Rolle spielen bzw. verschieden stark auf die Auflösung von Fonds einwirken, werden Dummy-Variablen für die Grobklassifizierungen „Länderfonds" (unter der die sieben einzelnen länderbezogenen Segmente „Länderfonds allgemein", „Länderfonds Deutschland", „Länderfonds international allgemein", „Länderfonds Europa Regionen", „Länderfonds Europa Einzelländer", „Länderfonds Rest of World Regionen" und „Länderfonds Rest of World Einzelländer" subsumiert werden), „Branchenfonds" und „Nebenwertefonds" eingeführt. Für Detailanalysen wird darüber hinaus eine Dummy-Variable für alle neun Einzelsegmente gebildet.

Übersicht 4 führt die segmentbezogenen Variablen im Überblick auf.

Übersicht 4: Überblick der segmentbezogenen Variablen

Unabhängige Variablen	Bedeutung der Variablen
Zahl_Fonds_Seg	Anzahl Fonds im Segment
Rel_Zahl_Fonds_Seg	Relative Zahl der Fonds im Segment
Av_Sharpe_Seg	Durchschnittliche Sharpe-Ratio des Segments
Rank_Vol_Seg	Ranking Fondsvolumen im Segment
Rank_Aufk_Seg	Ranking Mittelaufkommen im Segment
Rank_Rend_Seg	Ranking Rendite im Segment
Rank_Sharpe_Seg	Ranking Sharpe-Ratio im Segment
Segment_Laender	Länderfonds
Segment_Branchen	Branchenfonds
Segment_Neben	Nebenwertefonds

Quelle: Eigene Darstellung.

5.3 Deskriptive Analyse

Nach diesem ersten Überblick über den Datensatz soll im Folgenden im Rahmen der deskriptiven Analyse ein näherer Blick auf einige Variablen geworfen werden. Dies ist zum einen von Bedeutung, da aufgrund der gewählten Methode der Querschnittsregression[494] an dieser Stelle das einzige Mal die Entwicklung der Variablen im Zeitablauf betrachtet wird. Zum anderen können nach einer Untersuchung der Grundgesamtheit im folgenden Abschnitt bei der Unterscheidung zwischen aufgelösten und weiter existierenden Fonds in Abschnitt 5.3.2 bereits erste Erkenntnisse über die Validität der aufgestellten Hypothesen gewonnen werden.

5.3.1 Deskriptive Analyse der Grundgesamtheit

Analog zum Vorgehen bei der Ableitung von Hypothesen ist die deskriptive Analyse in drei Abschnitte gegliedert: Zunächst werden fonds- (5.3.1.1),

494 Vgl. Abschnitt 5.2.4 der vorliegenden Arbeit.

anschließend fondsgesellschafts- (5.3.1.2) und schließlich segmentbezogene Daten (5.3.1.3) untersucht.

5.3.1.1 Deskriptive Analyse fondsbezogener Variablen

Die Analyse der fondsbezogenen Variablen beginnt mit einer Betrachtung der Stammdaten der Fonds in der Grundgesamtheit. Nach dieser Untersuchung des Alters und der Gebühren (5.3.1.1.1) wird in einem zweiten Schritt die Leistung der Fonds, ausgedrückt in der Rendite und Volatilität (5.3.1.1.2) dargestellt. Zuletzt sollen schließlich das durchschnittliche Fondsvolumen und Mittelaufkommen aller Aktienfonds im Untersuchungsumfang analysiert werden (5.3.1.1.3).

5.3.1.1.1 Alter und Gebühren der Fonds

Zu Beginn der deskriptiven Analyse werden also zunächst das Alter und die erhobenen Gebühren näher betrachtet. Über die gesamte Betrachtungsperiode hinweg schwankt das jährliche Durchschnittsalter der Fonds zwischen 6,3 und 9,6 Jahren, im Gesamtdurchschnitt liegt es bei 7,7 Jahren (vgl. Abbildung 8). Während es sich in den ersten Jahren nahe am Durchschnitt bewegt, sinkt es durch die große Zahl an Neuauflagen im Jahr 2000 auf sein Minimum und steigt dann wieder bis zum Maximum am Ende des Untersuchungszeitraums an. Die starke Zunahme des durchschnittlichen Alters um mehr als drei Jahre in der zweiten Hälfte der betrachteten Periode zeigt, dass in diesen Jahren deutlich weniger neue Fonds gestartet werden, legt aber auch die Vermutung nahe, dass insbesondere Fonds mit einer unterdurchschnittlichen Lebensdauer aufgelöst werden.

Abbildung 8: Entwicklung des durchschnittlichen Fondsalters

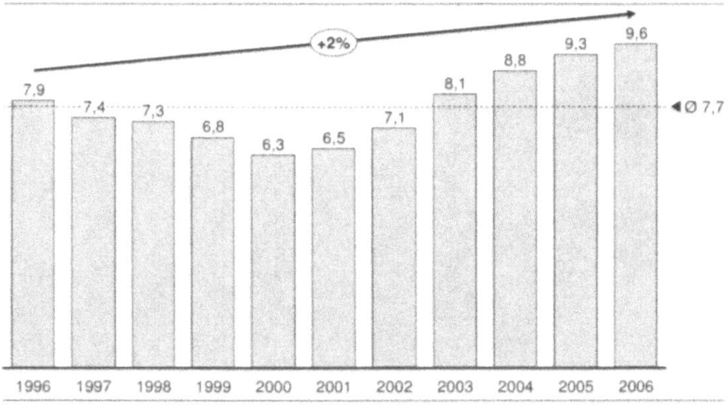

Darstellung in Jahren. Quelle: Eigene Darstellung.

Betrachtet man die untersuchten Fonds über den gesamten Zeitraum hinweg im Durchschnitt, zeigt sich, dass die sehr jungen Fonds klar die Mehrheit der Fonds ausmachen und eine kleine Zahl sehr alter Fonds die durchschnittliche Lebenszeit der Fonds in die Höhe treibt. Mehr als zwei Drittel der Fonds besteht seit weniger als fünf, fast 30% (279 Investmentfonds) seit weniger als zwei Jahren. Mit 402 Fonds ist die Altersklasse der Fonds mit einer Bestandsdauer[495] zwischen zwei und fünf Jahren am größten (vgl. Abbildung 9), innerhalb der Klasse überwiegen Aktienfonds zwischen drei und vier Jahren (162 Fonds). Weitere 191 Fonds sind älter als fünf und jünger als zehn Jahre. Nach der Altersklasse bis 15 Jahre mit 69 Fonds kann nur noch die Klasse der Fonds mit einer „Lebenszeit“ von 30 bis 35 Jahren eine größere Zahl aufbieten (19), lediglich 15 Fonds sind älter. Fünf Fonds überschreiten die Marke von 45 Jahren, einer die 50 Jahre.

---

495 Es sei angemerkt, dass das Alter eines Fonds nicht unbedingt seine Gesamtlebensdauer widerspiegelt; wurde ein Fonds nicht aufgelöst, wird das Alter vom Zeitpunkt der Auflegung bis zum Endpunkt des Betrachtungszeitraums Ende 2006 berechnet.

Abbildung 9: Häufigkeitsverteilung der Fonds nach Altersklassen

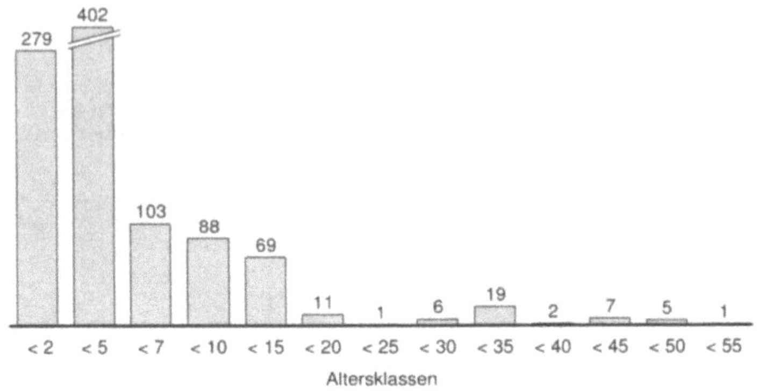

Darstellung des durchschnittlichen Alters in Jahren. Quelle: Eigene Darstellung.

Als zweites Merkmal der Fondsstammdaten sollen die Gebühren näher betrachtet werden. Auf den ersten Blick fällt auf, dass die jährlichen Verwaltungsgebühren in den ersten Jahren von 0,91% auf 1,20% stark ansteigen, zwischen dem Jahr 2001 und 2006 jedoch mit einer leichten Senkung auf durchschnittliche 1,18% in etwa stabil bleiben (vgl. Abbildung 10). Über die Untersuchungsperiode hinweg entspricht dies einer jährlichen Steigerungsrate von knapp drei Prozent. Der Ausgabeaufschlag erhöht sich zwischen 1996 und 2001 leicht, sinkt aber anschließend mit 4,67% praktisch wieder auf den Ausgangswert. Die Depotbankgebühren betragen 1996 und 2001 0,15%, im Jahr 2006 sinken sie auf durchschnittliche 0,10%. Während der Ausgabeaufschlag tendenziell mit dem Alter des Fonds steigt (von 4,38% auf 5,02%), ist bei den Verwaltungsgebühren zu beobachten, dass diese bei sehr jungen Fonds am höchsten (1,28%) ausfallen. Nach sehr niedrigen Werten bei einem Bestand zwischen knapp 30 und 45 Jahren (0,72% bis 0,84%) steigen die Gebühren für sehr alte Fonds wieder an (auf bis zu 1,12%, vgl. Anhang – Abbildung 1).

Abbildung 10: Entwicklung der durchschnittlichen Gebühren

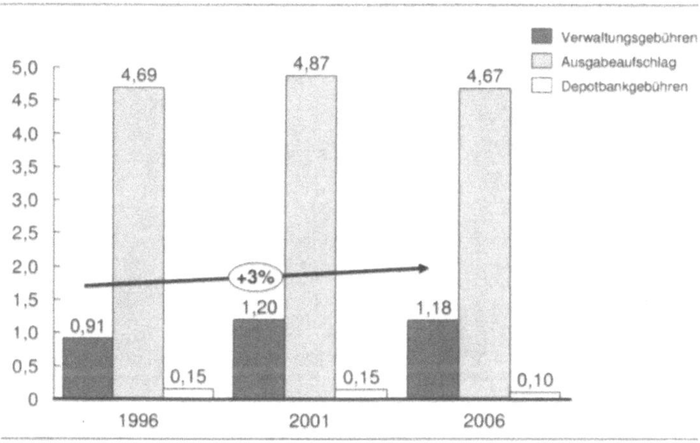

Darstellung in Prozent. Quelle: Eigene Darstellung.

5.3.1.1.2 Rendite und Volatilität der Fonds

Die durchschnittliche stetige annualisierte Rendite der Fonds schwankt zwischen -42,3% im Jahr 2002 und +38,3% im Jahr 1999. In acht Jahren konnten die Fondsmanager im Schnitt eine positive Rendite erwirtschaften, davon sechs Mal im zweistelligen Bereich, in drei Jahren war das Ergebnis deutlich negativ (vgl. Abbildung 11, linke Skala). Eine Beurteilung dieser Renditewerte ist nur bedingt möglich, da die Performance eines Fonds nur unter Berücksichtigung eines Vergleichsportfolios beurteilt werden kann.[496] Eine solche Benchmark, die einen „möglichst objektiven Vergleichsmaßstab"[497] zur Bewertung der Leistung von Fondsmanagern liefern oder nach anderer Meinung darüber hinaus „eine echte Anlagealternative"[498] darstellen soll oder sogar „den gleichen Restriktionen"[499] unterliegen sollte, muss sich nach den definierten

---

496 Vgl. z.B. ZIMMERMANN et al. (1996), S. 4.

497 Vgl. MÖHLMANN (1993), S. 128.

498 MÜHLBRADT (1986), S. 39; vgl. SHARPE (1992), S. 16.

499 Z.B. vertragliche und gesetzliche Restriktionen, wie etwa eine Mindestdiversifikation oder die Pflichtkassenhaltung zur Sicherung der Liquidität sowie zu tragende Kosten aufgrund gesetzlicher Regelungen, wie etwa Prüfungskosten, vgl. JÄGER (2003), S. 75–80.

Anlagezielen jeder Fondsklasse (bzw. im Extremfall jedes einzelnen Fonds) richten und kann somit nicht übergreifend für die Grundgesamtheit gewählt werden. Da die Ermittlung der Fondsperformance nicht im Vordergrund der vorliegenden Arbeit steht, wird vom Einbezug von Benchmarkportfolios abgesehen.

Abbildung 11: Gegenüberstellung von Rendite und Volatilität

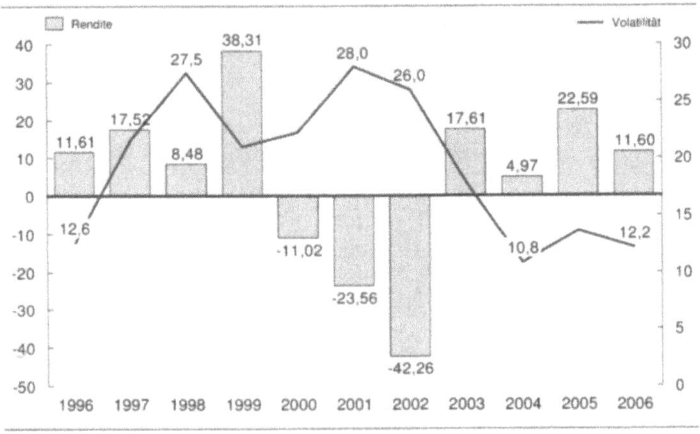

Darstellung der durchschnittlichen stetigen annualisierten Rendite (linke Skala) und Volatilität (rechte Skala) der Grundgesamtheit in Prozent. Quelle: Eigene Darstellung.

Auffällig sind jedoch die großen Abweichungen zwischen einzelnen Fonds: Einer durchschnittlichen absoluten Rendite von 11,6% in den Jahren 1996 oder 2006 stehen etwa Minimalwerte von -46,8% bzw. -45,6% sowie Maximalwerte von 62,6% bzw. 55,8% gegenüber (vgl. Abbildung 12). Besonders weit driften die Extremwerte in den Jahren 2000 bis 2002 auseinander. Im Jahr 2001 erzielt ein Fonds den Wert von 40,2%, während ein anderer eine Rendite von -137,7%[500] verbucht. Ein Jahr zuvor fallen sogar die beiden Spitzenwerte von -164,2% und 285,0% zusammen. Neben der unterschiedlichen Leistungsfähigkeit der Fondsmanager kann dies – wie angedeutet – zum Teil auch an den unterschiedlichen Fondssegmenten und Anlagezielen liegen, was im Abschnitt 5.3.1.3 untersucht werden soll.

---

500 Aufgrund der Verwendung annualisierter stetiger Renditen sind im (Gegensatz zu diskreten Renditen) auch Werte kleiner -100% möglich, vgl. z.B. BRUNS/MEYER-BULLERDIEK (2008), S. 5.

Abbildung 12: Extremwerte der stetigen annualisierten Rendite der Fonds der Grundgesamtheit.

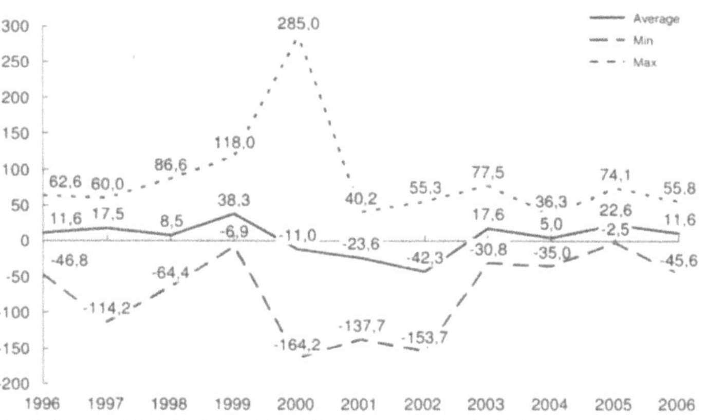

Darstellung in Prozent. Quelle: Eigene Darstellung.

Bei der Betrachtung der durchschnittlichen annualisierten Volatilität ist eine Schwankungsbreite im Untersuchungszeitraum zwischen 10,8% und 28,0% festzustellen (vgl. Abbildung 11, rechte Skala). Auffällig ist dabei, dass in den Jahren niedrigerer Volatilität höhere Renditen erzielt werden können, während die Jahre 2000 bis 2002 mit negativer Performance zu den Jahren mit der höchsten Volatilität zählen. Die einzelnen Fonds wenden extrem unterschiedlich risikoreiche Strategien an, wie in der Darstellung der Extremwerte der Volatilität zu sehen ist (vgl. Anhang – Abbildung 2). So gibt es Fonds, die in den Jahren 1999 und 2005 mit Volatilitäten von gerundet 0 praktisch keine Risiken auf sich nehmen, während andere hingegen in diesen Jahren Werte von 69,4% und 54,5% aufweisen. Relativ hoch ist die minimale Volatilität im Jahr 1999 mit 4,9%, während sie in den anderen Jahren unter 3%, in acht der elf Jahre sogar unter 0,7% bleibt. Die maximale Volatilität schwankt hingegen in ihren Werten um mehr als 400%, von 32,6% im Jahr 1996 bis zum Maximalwert von 137,5% in 2000. Dabei ist auffällig, dass die maximalen Werte der Volatilität und der Rendite zwar größtenteils einen ähnlichen Verlauf nehmen und in einigen Jahren wie etwa 1997, 1998 und 1999 bis 2001 fast parallel verlaufen, sich jedoch teilweise, wie etwa in den Jahren 2001 bis 2004, auch entgegengesetzt entwickeln (vgl. Anhang – Abbildung 3). Eine konsistente

„Gewinner-Strategie", also z.B. die Erzielung höchster Renditen durch Eingehen des höchsten Risikos ist hieraus somit nicht ableitbar.

5.3.1.1.3 Fondsvolumen und Mittelaufkommen der Fonds

Wie bereits bei der Betrachtung des deutschen Fondsmarktes[501] diskutiert, sind die Investitionen in Fonds im Untersuchungszeitraum stark gestiegen. Von rund 31 Mrd. Euro im Jahr 1996 haben sie sich mehr als verfünffacht auf 158 Mrd. Euro 2006. Durch die hohe Zahl an Neuauflagen,[502] aufgrund derer sich die Zahl an Fonds von ursprünglich 300 auf einen Wert nahe der 700 eingependelt hat, steigt das durchschnittliche Fondsvolumen wesentlich weniger stark an und verdoppelt sich im Beobachtungszeitraum nur von 102 Mio. Euro auf zuletzt 228 Mio. Euro (vgl. Abbildung 13). Bemerkenswert ist, dass die hohe Zahl der Neuauflagen nach den Rekordvolumina in den Aktienfonds der Jahre 1999 und 2000 einsetzt und so zu den Maximalwerten an Fonds in den Jahren 2001 und 2002 führt, als die Volumina bereits wieder rückläufig sind. Dadurch erreicht das durchschnittliche Volumen seinen Zenit mit mehr als 300 Mio. Euro in den Jahren 1999 und 2000, während es bis 2002 mit 130 Mio. Euro fast auf den Wert zu Beginn der Analyseperiode absinkt.

---

501 Vgl. Abschnitt 2.2.2 der vorliegenden Arbeit.
502 Vgl. Abbildung 6.

Abbildung 13: Entwicklung des durchschnittlichen Fondsvolumens der Grundgesamtheit

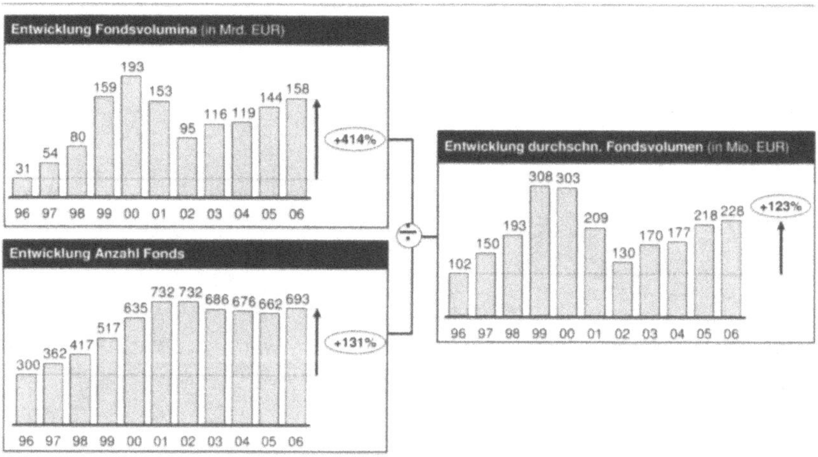

Quelle: Eigene Darstellung.

Beim Split der Volumenentwicklung in die Nettozuflüsse und den Rendite-effekt, also die Zu- oder Abnahme des Fondsvolumens, die sich durch die positive oder negative Rendite des Fonds ergibt, zeigt sich, dass in acht Jahren und damit in der Mehrzahl der Fälle der Renditeeffekt die größeren Auswirkungen hat (vgl. Abbildung 14). In Beträgen gerechnet, trägt er doppelt so stark zu den Volumenveränderungen bei wie das Mittelaufkommen. Unter Berücksichtigung der Vorzeichen ist jedoch der Beitrag der Zuflüsse in Summe mehr als dreimal so hoch (104 vs. 30 Mrd. Euro).

Abbildung 14: Entwicklung des Fondsvolumens nach Mittelaufkommen und Renditeeffekt

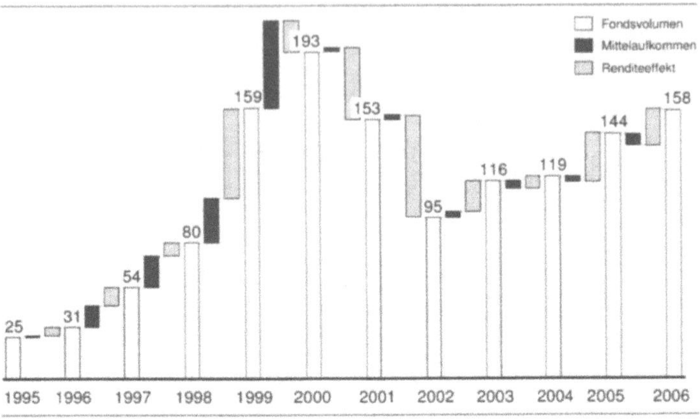

Darstellung in Mrd. EUR. Quelle: Eigene Darstellung.

Während der Renditeeffekt in den Jahren 1997 und vor allem 1999 sehr hohe positive Werte ausweist, in den Jahren 2000 bis 2002 hingegen zur starken Verringerung der Fondsvolumina führt, folgen hohe Investitionen in den Jahren 1998 bis 2000; in den Folgejahren fließen aber trotz der schlechten Performance immer noch Mittel in die Fonds; erst in den Jahren 2004 bis 2006, zu einer Zeit, als die Manager wieder positive Renditen erwirtschaften, haben die Aktienfonds netto Rückflüsse zu verzeichnen. Dies ist ein klares Zeichen der im theoretischen Teil der Arbeit erläuterten Performance Flow Relationship[503]: Anleger reagieren auf gute Renditen mit Investitionen, ziehen jedoch bei schlechter Performance nicht in gleichem Maße die Mittel wieder ab bzw. reagieren erst mit großer Zeitverzögerung. Dies wird umso deutlicher, wenn man den Verlauf der durchschnittlichen Rendite und des Mittelaufkommens in einer Graphik einander gegenüberstellt (vgl. Abbildung 15).

503 Vgl. Abschnitte 3.2.1 und 4.2.1.1.1 der vorliegenden Arbeit.

Abbildung 15: Gegenüberstellung von Mittelaufkommen und stetiger annualisierter Rendite

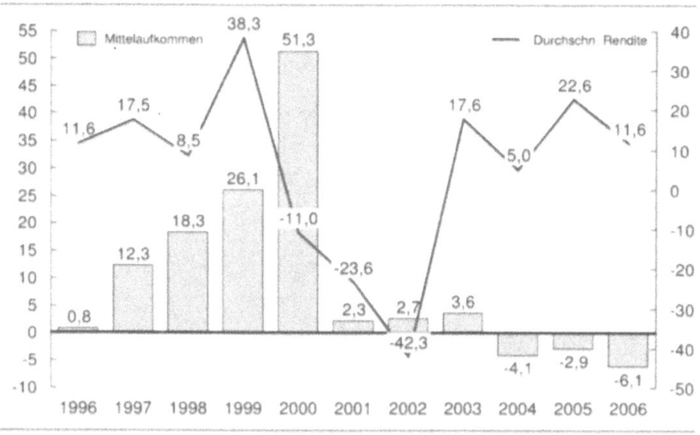

Darstellung des Mittelaufkommens in Mrd. EUR (linke Skala), Darstellung der durchschnittlichen stetigen Rendite in Prozent (rechte Skala). Quelle: Eigene Darstellung.

Bei der Untersuchung, in welche Fonds Anleger in Abhängigkeit von dessen Alter investieren, zeigt sich ein sehr wellenförmiger Verlauf. Sehr junge Fonds mit einem Alter von ein bis zwei Jahren werden mit sehr hohen Zuflüssen von rund 77 und 50 Mio. Euro bedacht, was auf Fonds, die in „Modethemen" investieren, zurückzuführen sein kann, sicherlich aber auch auf die hohen Marketingaufwendungen und Platzierungsbemühungen des Vertriebs (vgl. Abbildung 16). Bei Aktienfonds in den folgenden Altersklassen schwanken die Nettomittelaufkommen um den Nullpunkt; sie erleben bei einem Alter von 14 und 20 Jahren deutliche Abflüsse und mit Ausnahme der 17- und 18-jährigen Fonds erst wieder mit rund 24 Jahren hohe Zuflüsse, die sich auf dem Niveau der neu aufgelegten Aktienfonds bewegen. Nach Schwankungen der Zuflüsse für Fonds im Alter zwischen Mitte 20 und Mitte 30 erreichen Fonds zwischen 36 und 40 Jahren ein Maximum an durchschnittlichem Mittelaufkommen, das bei rund 140 Mio. Euro, also dem Doppelten der beiden zuvor erwähnten Höchstwerte liegt. Diese Maximalwerte bei rund 24 und knapp 40 Jahren sind auf einige wenige Fonds zurückzuführen (vgl. die Häufigkeitsverteilung in Abbildung 9), die zu den sehr etablierten Fonds gehören, die als Flaggschiffe ihrer jeweiligen Fondsgesellschaften stark beworben werden und zudem über eine hohe Zahl an Fondssparplänen mit regelmäßigen Zuflüssen verfügen.

Nach diesem ungewöhnlichen Maximalwert können die Fonds unter 50 Jahren zwar weniger, jedoch immer noch Zuflüsse auf hohem Niveau verbuchen, etwa bei Fonds zwischen 40 und 44 Jahren rund 50 Mio. Euro, was im Bereich der zweijährigen Portfolios liegt.

Abbildung 16: Durchschnittliches Mittelaufkommen nach Altersklassen

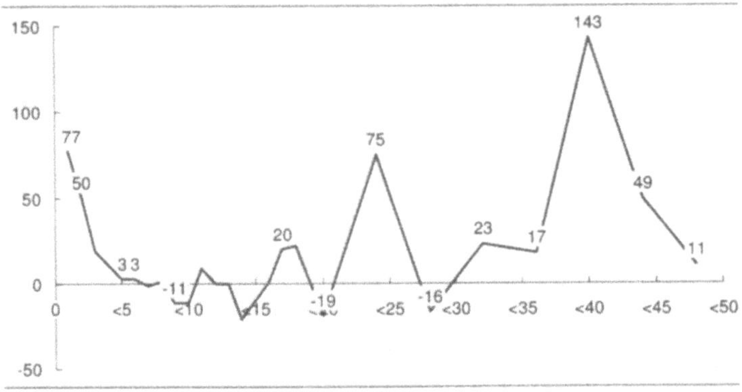

Darstellung in Mio. EUR. Quelle: Eigene Darstellung.

Als Konsequenz aus dem Mittelaufkommen sowie den Renditen ergibt sich die Darstellung des Volumens nach dem Alter der Fonds in Abbildung 17. Hier zeigt sich zum einen, dass die Summe der Fondsvolumina (durchgezogene Kurve, linke Skala) bei jungen Fonds bis zu vier Jahren extrem hohe Werte von bis zu 95 Mrd. Euro erreicht, danach kontinuierlich abfällt auf einen Tiefstwert bei Fonds, die seit 21 Jahren bestehen. Wie der zunächst bei Werten von rund 150 Mio. Euro praktisch konstante und bei 19-jährigen Fonds auf bis zu 300 Mio. Euro ansteigende Wert des durchschnittlichen Fondsvolumens (gestrichelte Kurve, rechte Skala) zeigt, sind die hohen Volumina im Wesentlichen durch die hohe Zahl sehr junger Fonds bedingt. Ab einem Alter von über 21 Jahren steigen sowohl das durchschnittliche Volumen (mit Ausnahme des Knicks bei 30-jährigen Fonds) wie auch die Summe der investierten Mittel stark und stetig an.

Abbildung 17: Fondsvolumen nach Fondsalter

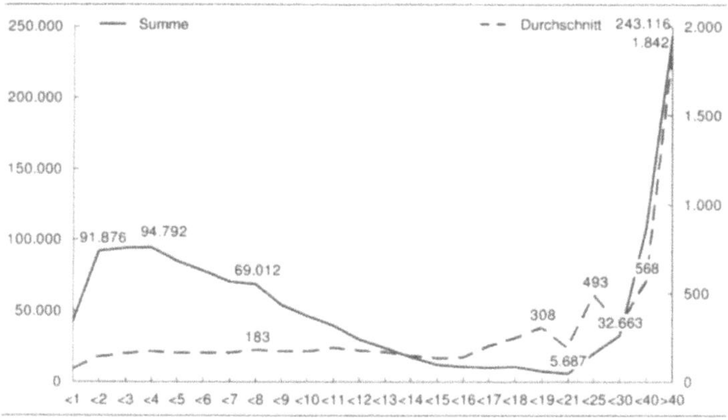

Darstellung in Jahren und Mio. EUR. Quelle: Eigene Darstellung.

Eine starke und durchgängige Korrelation zwischen dem Mittelaufkommen bzw. dem Volumen von Fonds und ihrem Alter hätte wichtige Indizien liefern können, inwiefern das Alter ein Indikator für die Auflösung von Fonds sein kann. Durch die deskriptive Analyse ergeben sich somit jedoch keine weiteren, eindeutigeren Aussagen eines stringenten Einflusses des Alters. Es zeigt sich aber auch hier wieder, dass Fonds, die bereits seit vielen Jahren Bestand haben, aufgrund des hohen Volumens und überwiegend hohen Aufkommens normalerweise nicht liquidiert werden sollten.

5.3.1.2 Deskriptive Analyse fondsgesellschaftsbezogener Variablen

Nach dieser Betrachtung der wichtigsten fondsbezogenen Variablen soll sich der zweite Abschnitt der deskriptiven Analyse der Grundgesamtheit mit Faktoren beschäftigen, die die Kapitalanlagegesellschaften als Ganzes betreffen. Dabei zeigt die Zusammensetzung des Marktes keine fundamentalen Veränderungen während des Untersuchungszeitraums (vgl. Abbildung 18). Eine große Zahl an Fondsgesellschaften bietet nur eine geringe Zahl an Produkten in

Deutschland an:[504] 31 von 47 Gesellschaften, d.h. rund zwei Drittel, haben 1996 weniger als fünf Fonds aufgelegt, zum Ende der Betrachtungsperiode sind dies mit 23 von 49 knapp die Hälfte der Gesellschaften. Jeweils rund fünf bis zehn KAG vertreiben fünf bis zehn bzw. elf bis zwanzig verschiedene Aktienfonds, zwischen zwei (1996) und 8 (2004) Gesellschaften offerieren mehr als zwanzig, jedoch weniger als 40 Fonds. Während 1996 noch keine Anlagegesellschaft mehr als 40 verschiedene Aktienfonds im Angebot hat, schwankt diese Zahl seit Beginn des Jahrtausends zwischen vier und sechs.

Abbildung 18: Zahl der Fondsgesellschaften nach Zahl an Fonds

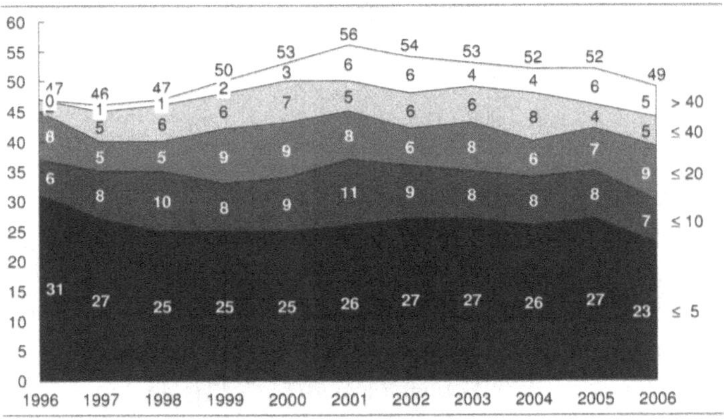

Quelle: Eigene Darstellung.

Innerhalb dieser Kategorie können aber große Unterschiede festgestellt werden: So ist DWS mit zuletzt 109 Fonds die Gesellschaft mit dem bei weitem größten Angebot, gefolgt von Dit mit 79 Fonds. Es zeigt sich, dass die fünf (in Bezug auf das verwaltete Volumen) größten Fondsgesellschaften im Zeitablauf ihr Angebot in etwa homogen entwickeln (vgl. linke Graphik der Abbildung 19). Deutlich zu erkennen ist der große Anstieg der Zahl der Fonds bis zu den Jahren 2001/02. Die Gegenüberstellung mit den Volumina der Fondsgesellschaften lässt erkennen, dass diese offensichtlich mit der Auflage neuer Fonds auf die hohen Fondsvermögen reagiert haben; möglicherweise

504 Einschränkend sei darauf verwiesen, dass der Untersuchungsumfang der vorliegenden Arbeit nicht hundertprozentig den deutschen Markt abbildet. Zur Repräsentativität des Datensatzes vgl. Abschnitt 5.2.1.

als Versuch, dadurch im positiven Marktumfeld weitere Investitionen anzuziehen, möglicherweise jedoch auch in dem Bestreben, die Mittel auf eine größere Zahl an Portfolios zu verteilen, um die Nachteile allzu großer Fonds zu vermeiden. Deutlich wird bei der Betrachtung von Abbildung 19 auch, dass sich die Zahl der Fonds nicht unbedingt direkt proportional zu den verwalteten Mitteln einer Anlagegesellschaft verhält, dass also die durchschnittlichen Volumina pro Fonds von KAG zu KAG durchaus sehr unterschiedlich ausfallen. Während in fast allen Jahren DWS und Deka die Vorreiter bei den Assets under Management sind, rangiert Dit bei der Anzahl an Fonds weit vor letzterer. Beim Vergleich des durchschnittlichen Fondsvermögens liegt Deka bis 2004 z.T. sehr deutlich an der Spitze vor der DWS (im Jahr 2000 fast doppelt so hoch wie diese, vgl. Anhang – Abbildung 4). Seit 2002 steht Union Investment an Stelle zwei und überholt 2005 auch die Deka Investmentfonds, was zum einen auf die relativ geringe Zahl an Fonds von Union Investment zurückzuführen ist (zuletzt 38; DWS: 109, Deka: 48). Zum anderen ist dies auch das Ergebnis der extremen Schwankungen beim Mittelaufkommen von Deka. Nach der Spitzenstellung bei den Zuflüssen in der ersten Hälfte des Untersuchungszeitraums (der Maximalwert lag 2000 bei 306 Mio. Euro im Vergleich zur zweitplatzierten DWS mit 219 Mio. Euro), kommt es (ähnlich wie bei Dit und Cominvest) zu einem Nettoaufkommen nahe Null im Jahr 2001 und zu massiven Abflüssen nach 2003 (vgl. Anhang – Abbildung 5). Bei der weiteren Analyse der durchschnittlichen Mittelaufkommen im Zeitablauf zeigt sich, dass diese bei den betrachteten Fondsgesellschaften relativ gleichförmig verlaufen; einzige Ausnahme bildet Cominvest, bei der der Wert im Jahr 2000 praktisch auf den Nullpunkt sinkt, während alle anderen KAG ihren Höchstwert erreichen können. Offensichtlich führt das massive Auflegen neuer Fonds hier zu keinen entsprechenden Mittelzuflüssen. Im Gegensatz dazu kann DWS zum Ende des Untersuchungszeitraums ein relativ konstantes (nur im Jahr 2006 rückläufiges) Aufkommen pro Fonds verbuchen, was bei gleichzeitiger starker Ausweitung des Fondsangebots zu einem Rekordwert im insgesamt verwalteten Vermögen führt.

Abbildung 19: Gegenüberstellung von Zahl an Fonds und Fondsvolumina der Top5-Fondsgesellschaften

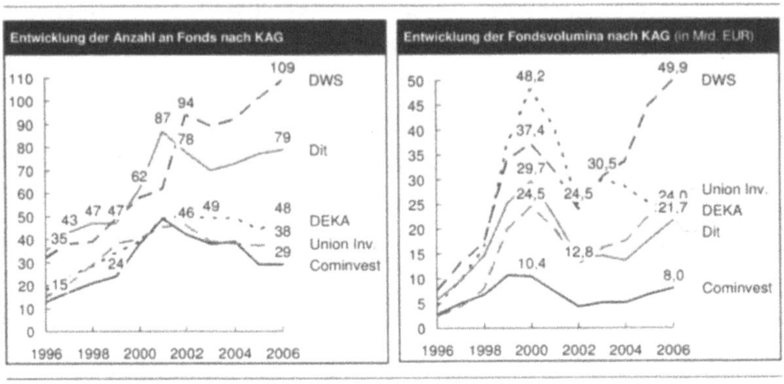

Quelle: Eigene Darstellung.

Stellt man die durchschnittlichen Renditen und Volatilitäten der im Untersuchungsumfang beinhalteten Fonds nach Anlagegesellschaften in einer Risk-Return-Matrix[505] dar, ergibt sich ein sehr heterogenes Bild, bei dem einzelne KAG andere deutlich dominieren, d.h. bei gleichem eingegangenen Risiko höhere Renditen erbringen (bzw. umgekehrt bei gleicher Rendite geringeres Risiko eingehen), das aber im Zeitablauf keine stabile Reihung zeigt (vgl. Anhang – Abbildung 6 für das Jahr 1996 sowie Anhang – Abbildung 7 für 2006), so dass sich hieraus keine zu präferierende Fondsgesellschaft ergibt. Zu drei gewählten Zeitpunkten können mindestens vier der „Top5"-KAG im Vergleich zum Durchschnitt aller untersuchten Gesellschaften eine höhere Rendite erzielen, jedoch nur unter Inkaufnahme eines höheren Risikos (das z.T. weit höher liegt, wie z.B. bei Dit 1996 und 1999 – die Ausnahme bildet hier das Jahr 2002, in dem drei Fondsgesellschaften den Durchschnitt klar dominieren; vgl. Anhang – Abbildung 8). Im Jahr 2006 hingegen schneiden alle fünf Gesellschaften (z.T. erheblich) schlechter ab als der (gleichgewichtete) Durchschnitt,

505 Die Risk-Return-Matrix ermöglicht den graphischen Vergleich verschiedener Portfolios entlang der Dimensionen Risiko und Rendite, wobei (risikoaverse Anleger unterstellt) nicht-effiziente Portfolios abgeleitet werden können, die von anderen dominiert werden; ein Portfolio dominiert ein anderes, wenn es bei gleicher Rendite ein geringeres Risiko oder bei gleichem Risiko eine höhere Rendite aufweist, vgl. PODDIG/BRINKMANN/SEILER (2005), S. 78–80.

in drei Fällen auch bei höherem Risiko. Obwohl DWS in drei der vier dargestellten Jahre die höchste Rendite erwirtschaftete (im Jahr 2006 dagegen die geringste), kann beim Vergleich der fünf größten Fondsgesellschaften keine konstante Reihung im Zeitablauf vorgenommen werden.

5.3.1.3 Deskriptive Analyse segmentbezogener Variablen

Im letzten Teil der deskriptiven Untersuchung der Grundgesamtheit soll nun das konkrete Anlagesegment der Fonds im Mittelpunkt stehen. Die Verteilung der Fonds auf die einzelnen Schwerpunkte zeigt auf den ersten Blick die zahlenmäßig starke Dominanz von Länderfonds, die im Jahr 1996 mit 278 von 300 Fonds fast 93% ausmachen (vgl. Abbildung 20). Diese dominierende Stellung bleibt bestehen – nach einem prozentualen Rückgang 2001 auf knapp 75% (547 von 732 Fonds) steigt der Anteil an Länderfonds zum Ende der Untersuchungsperiode wieder auf knapp 85% an. Innerhalb der Länderfonds sinkt die Bedeutung der in Deutschland investierten Fonds stark – die Zahl bleibt praktisch konstant bei rund 80 Fonds, aufgrund des starken Gesamtwachstums sinkt der Anteil von 30% auf 13% im betrachteten Zeitraum (vgl. Anhang – Abbildung 9). Gleichzeitig steigen die ohne weitere Spezifikation international anlegenden Fonds stark an, von 49 (18%) im Jahr 1996 auf 158 (27%) 2006. Einen noch stärkeren Anstieg verzeichnen Fonds mit Anlageschwerpunkt Europa, die zu Beginn der Untersuchungsperiode lediglich mit 35 Fonds (13%) vertreten sind, am Ende jedoch mit 218 (37%). Fonds, die spezifisch in einzelne Länder in Europa (außer Deutschland) investieren sowie solche, die Einzelländer außerhalb Europas vorwiegend zum Anlageziel haben, wachsen 1999 stark an (von 4 auf 29 bzw. von 1 auf 19) und pendeln anschließend um diesen Wert bzw. sinken im erstgenannten Fall der europäischen Fonds auf weniger als die Hälfte der Fonds (12). Prozentual kommt beiden mit 1 bis 6% (Europa) bzw. 0 bis 4% („Rest of World") keine große Relevanz zu. Schließlich steigt die Zahl der Fonds, die in Regionen außerhalb Europas investieren, von 56 auf 76, was (aufgrund des Wachstums der Gesamtpopulation) eine prozentuale Abnahme von 20% auf 13% zur Folge hat.

Abbildung 20: Entwicklung der Zahl an Fonds nach Anlageschwerpunkt

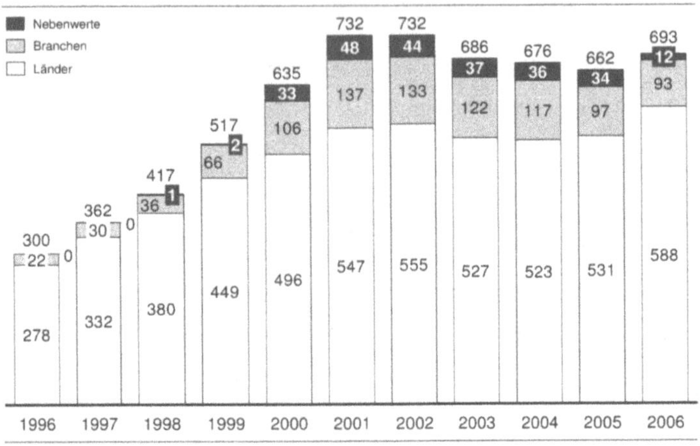

Quelle: Eigene Darstellung.

Branchenfonds gewinnen zunehmend an Bedeutung: Während zu Beginn des Betrachtungszeitraums mit 22 Fonds lediglich 7% in diese Kategorie fallen, steigt die Zahl 2001 auf 137 (19%) an, sinkt dann allerdings wieder leicht auf zuletzt 93 Fonds oder gut 13%. Der Markt für Nebenwertefonds zeigte sich hingegen wesentlich volatiler. Während sie in den ersten beiden Jahren noch nicht im Datensatz vertreten sind, wächst die Zahl nach 2 Fonds 1999 auf 48 Fonds 2001 an, was knapp 7% der Fondspopulation entspricht. Bis zum Ende des Untersuchungszeitraums werden jedoch einige Fonds wieder aufgelöst, so dass 2006 nur noch 12 (2%) Nebenwertefonds übrig bleiben.

Auch bei der Entwicklung des Mittelaufkommens nach Anlagesegmenten dominieren Länderfonds klar. In den ersten drei Jahren der Analyseperiode fließt in Länderfonds rund das Drei- bis Neunfache der Mittel, die in Branchenfonds angelegt werden (vgl. Abbildung 21). In den Jahren 1999 und 2000 erreicht das Nettoaufkommen mit bis zu 27,5 Mrd. Euro Rekordsummen, die Zuflüsse in Branchenfonds können in diesen Zeiten aber ebenfalls stark zulegen auf gut 20 Mrd. Euro 2000. In den Folgejahren bis 2003 ist es lediglich Fonds mit Länderschwerpunkt möglich, positive Nettoinvestitionen zu erreichen, in den Jahren 2004 und 2006 müssen jedoch auch sie hohe Abflüsse verzeichnen. Nebenwertefonds spielen in Bezug auf die Zuflüsse lediglich im Jahr 2000 mit knapp 3,5 Mrd. Euro eine Rolle.

Abbildung 21: Entwicklung des absoluten Mittelaufkommens nach Segmenten

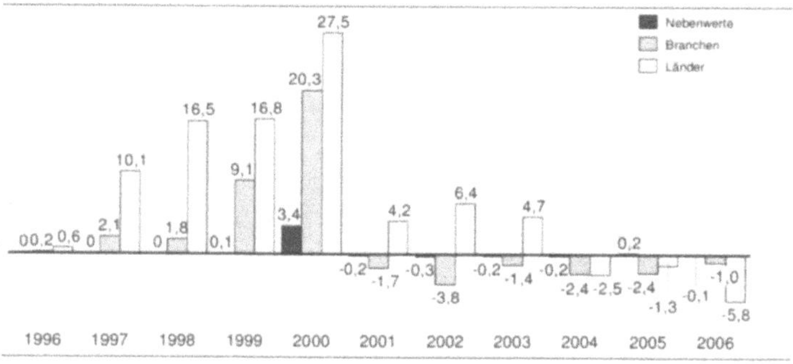

Darstellung in Mrd. EUR. Quelle: Eigene Darstellung.

Während diese aggregierte Ebene einen Indikator für die Beliebtheit der verschiedenen Segmente im Zeitablauf aus Investorensicht darstellt, spiegeln die durchschnittlichen Investitionen je Fonds die Attraktivität aus der Perspektive der Fondsgesellschaft wider. Aufgrund der relativ geringen Zahl an Branchen- und Nebenwertefonds stellt sich die Situation des Aufkommens pro Fonds jedoch völlig anders dar als aus der Gesamtsicht. Bis zum Jahr 2000 sind hier Branchenfonds klare Spitzenreiter, die im Durchschnitt mit bis zu knapp 200 Mio. Euro z.T. mehr als doppelt so viele Zuflüsse erzielen wie das nächstgrößere Segment (vgl. Abbildung 22). Mit rund 50 bzw. 100 Mio. Euro Aufkommen ziehen Nebenwertefonds in den Jahren 1999 und 2000 mehr Mittel an als Länderfonds. Bemerkenswert ist auch, dass die 34 Nebenwertefonds 2005 durchschnittlich mehr Zu- als Abflüsse verzeichnen können, im Jahr 2006 aber trotzdem 22 von ihnen aufgelöst werden. Wie sich in der Einzelbetrachtung zeigt, resultieren die positiven Mittelaufkommen im Ländersegment aus der großen Zahl an Fonds, die im Durchschnitt jeweils geringe Investitionen verbuchen können.

Abbildung 22: Entwicklung des durchschnittlichen Mittelaufkommens pro Fonds nach Segmenten

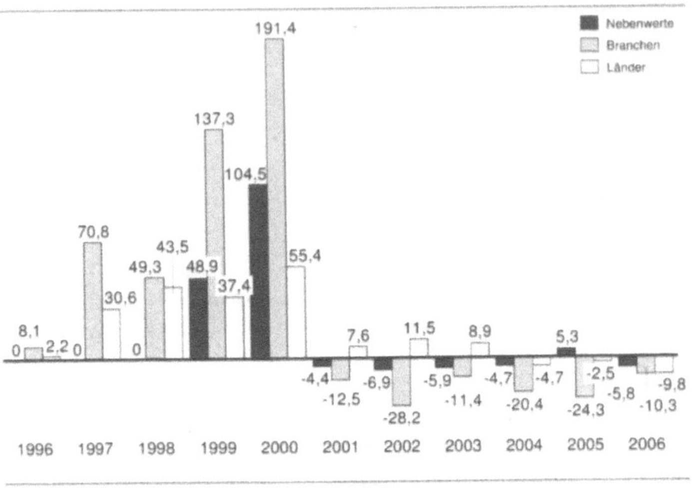

Darstellung in Mio. EUR. Quelle: Eigene Darstellung.

Die Investitionsbereitschaft der Anleger reflektiert auch bei segmentspezifischer Betrachtung die konvexe Rendite-Zufluss-Beziehung. Während die Renditen der verschiedenen Anlagebereiche weitestgehend parallel im Zeitablauf verlaufen, ist klar erkennbar, dass Nebenwertefonds Extremwerte sowohl im Positiven als auch im Negativen erzielen. Nach dem Spitzenwert von mehr als 53% 1999 (vgl. Abbildung 23) reagieren die Anleger mit hohen Zuflüssen pro Fonds. Trotz des extremen Einbruchs der Performance in den Jahren 2001 und 2002 mit bis zu -69% ziehen die Anleger relativ wenig Mittel ab, in wesentlich geringerem Maße als bei Branchenfonds. Es zeigt sich auch, dass Länderfonds, die eine relativ gemäßigte Stellung einnehmen, davon profitieren, dass sie die Jahre 2000 bis 2002 mit den geringsten Renditeeinbußen überstehen. Überraschend ist jedoch, dass sich die im Vergleich sehr hohen Renditen der Jahre 2004 bis 2006 nicht im Mittelaufkommen widerspiegeln, sondern dass im letzten Jahr der Analyseperiode trotz der guten Performance starke Rückflüsse zu verzeichnen sind.

Abbildung 23: Entwicklung der durchschnittlichen stetigen annualisierten Rendite nach Segment

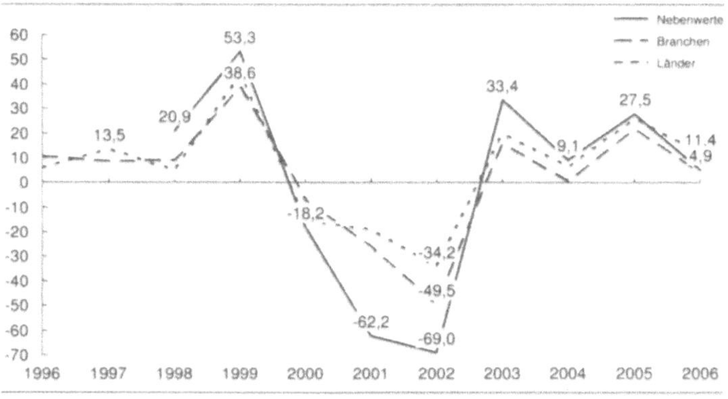

Darstellung in Prozent. Quelle: Eigene Darstellung.

Der Blick auf die Subkategorien der Länderfonds zeigt, dass sich die Rendite relativ gleichförmig entwickelt, jedoch klare Unterschiede in der Größenordnung vorherrschen (vgl. Anhang – Übersicht 1). So bewegt sich beispielsweise die Rendite im Rekordjahr 1999 zwischen 29% bei Fonds, die in einzelne europäische Länder investieren und knapp 74% bei solchen, die in einzelnen Ländern außerhalb Europas engagiert sind. Gerade letztere sind ein deutliches Beispiel dafür, dass einzelne Subkategorien von den durchschnittlichen Werten und dem Trend deutlich abweichen können. Besagte Fonds verzeichnen z.B. 2006 einen Verlust von 9%, während alle anderen Kategorien positive Werte zwischen 9% (international allgemein investierende Länderfonds) und 19% (Deutschlandfonds) erzielten, was sicherlich auch der stark voneinander abweichenden Zahl an Fonds in den Subsegmenten geschuldet ist (vgl. Anhang – Abbildung 9).

Aus dem Mittelaufkommen sowie den Renditen ergibt sich unmittelbar das Fondsvolumen nach Segmenten. Dabei bestätigt sich die bei der zahlenmäßigen Betrachtung deutlich gewordene Dominanz der Länderfonds (vgl. Abbildung 24). Selbst in den Ausnahmejahren 1999 bis 2001 vereinigen diese noch rund drei- bis viermal so viel Volumen auf sich wie Branchenfonds; in den übrigen Jahren betragen die von ihnen verwalteten Mittel das Fünf- bis Dreißigfache.

Abbildung 24: Entwicklung des Fondsvolumens nach Segmenten

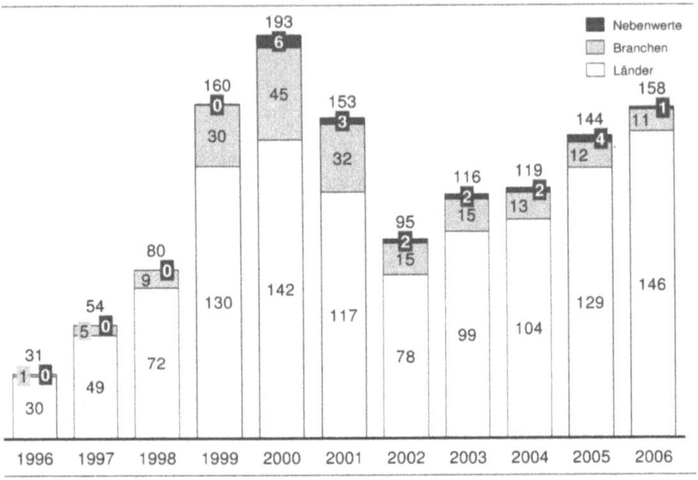

Darstellung in Mrd. EUR. Quelle: Eigene Darstellung.

Bei der für die Fondsgesellschaften relevanten Betrachtung der Einzelfondsebene zeigt sich jedoch – ähnlich wie beim Mittelaufkommen – die Attraktivität der Branchenfonds: Zwischen 1997 und 2001 können sie jeweils das höchste Volumen pro Fonds auf sich vereinen (vgl. Abbildung 25). Die Stabilität der Länderfonds zeigt sich erst in den Jahren nach 2001, in denen sie rasch die Größenordnung vor dem Boomjahr 1999 wieder erreichen. Doch auch die durchschnittliche Größe der Nebenwertefonds erreicht – nach 1999 – im Jahr 2005 wieder die Schwelle von 100 Mio. Euro.

Abbildung 25: Entwicklung des durchschnittlichen Fondsvolumens nach Segmenten

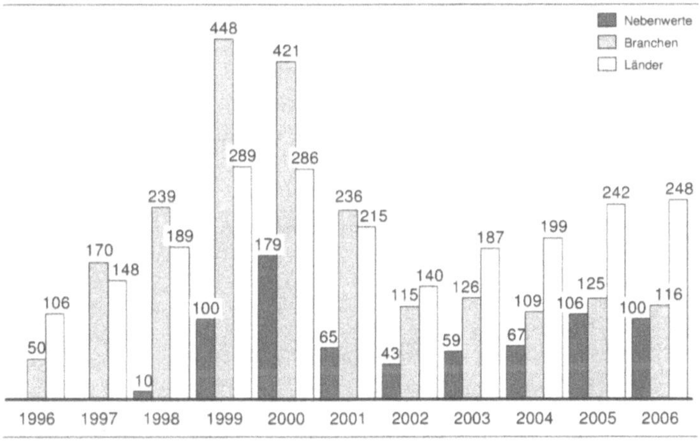

Darstellung in Mio. EUR. Quelle: Eigene Darstellung.

Den Abschluss der Betrachtung der unterschiedlichen Ausprägung der Grundgesamtheit in den einzelnen Anlagesegmenten soll ein Vergleich der durchschnittlichen Gebührensätze bilden.[506] Auffällig ist hierbei, dass die Spannbreite zwischen den Ausgabeaufschlägen mit 0,56 Prozentpunkten (zwischen 4,35% bei Branchenfonds und 4,91% bei Einzelländern außerhalb Europas) relativ gering ist (rund 13%). Umgekehrt sind die Spannbreiten zwischen den Verwaltungsgebühren mit 0,52 Prozentpunkten (von 0,99% bei Deutschlandfonds und 1,51% bei Nebenwertefonds – eine Spanne von rund 50% des jeweiligen Wertes) sowie bei den durchschnittlichen Depotbankgebühren von 25 Prozentpunkten (zwischen 0,11% bei Nebenwertefonds und 0,36% bei Einzelländern außerhalb Europas) jedoch sehr hoch (vgl. Abbildung 26). Durchschnittlich erheben Länderfonds mit 1,17% die geringste Verwaltungsgebühr, die aber bei den Branchenfonds mit 1,19% nur unwesentlich höher ist. Nebenwertefonds verrechnen mit 1,51% hingegen einen wesentlich höheren Prozentsatz und zählen ebenfalls bei den Ausgabeaufschlägen mit rund 4,9% zu den teuersten. Innerhalb der Länderfonds lässt sich (mit Ausnahme allgemein investierender Länderfonds) der Trend erkennen, dass

[506] Aufgrund der Datenlage (vgl. Abschnitt 5.2.4.1) soll dieser Vergleich auf die Querschnittsanalyse beschränkt bleiben.

Fonds mit spezialisierteren Anlagezielen, wie etwa einzelnen Ländern oder Regionen außerhalb Europas, auch höhere Verwaltungsgebühren verrechnen. Dies kann zum einen Ausdruck höherer Kosten, etwa aufgrund der spezialisierteren Research-Abteilungen und schwieriger zu erlangenden Informationen und Analysen sein, sich jedoch zum anderen auch aus der Investorenschaft ergeben, die ggf. bereit ist, für diese Segmente höhere Gebühren zu entrichten.

Abbildung 26: Durchschnittliche Gebühren nach Anlagesegmenten

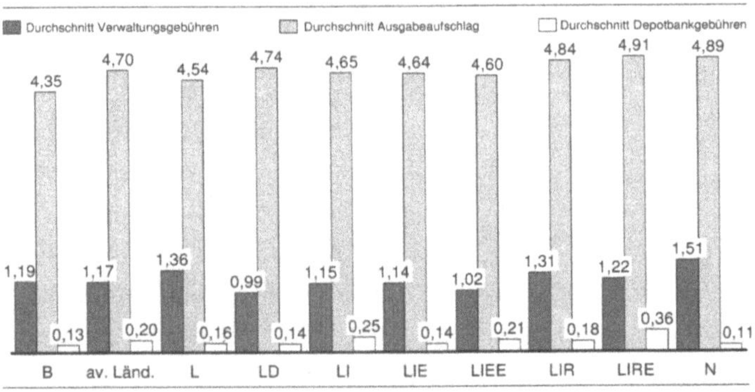

B: Branchenfonds; av. Länd.: Durchschnitt der Länderfonds; L: Länderfonds allgemein; LD: Länderfonds Deutschland; LI: Länderfonds international allgemein; LIE: Länderfonds Europa Regionen; LIEE: Länderfonds Europa Einzelländer; LIR: Länderfonds Rest of World Regionen; LIRE: Länderfonds Rest of World Einzelländer; N: Nebenwertefonds. Darstellung in Prozent. Quelle: Eigene Darstellung.

5.3.2 Deskriptive Analyse aufgelöster Fonds

Nach dieser ersten deskriptiven Betrachtung des gesamten Datensatzes sollen im Folgenden einige Bereiche der fonds- und segmentbezogenen Einflussfaktoren[507] getrennt nach aufgelösten und durchgehend bestehenden Fonds untersucht werden, um bereits erste Hinweise zu erhalten, ob die im theoretischen Teil der Arbeit abgeleiteten Hypothesen auch durch den Datensatz der Arbeit gestützt werden.

---

507 Aus Gründen der Komplexitätsreduktion wird an dieser Stelle bewusst auf eine Analyse der fondsgesellschaftsbezogenen Faktoren verzichtet.

Bei der Analyse der Volumina zeigt sich, dass die überlebenden Fonds im Vergleich zu den aufgelösten durchschnittlich ein Vielfaches an Mitteln verwalten. Am geringsten fällt dabei die Differenz im Jahr 1996 aus – hier entspricht das Vermögen der aufgelösten Fonds im Durchschnitt 21% dessen, was von überlebenden verwaltet wird (vgl. Abbildung 27). In den meisten Jahren beträgt das in liquidierte Aktienfonds investierte Volumen rund 12 bis 14% des Vermögens nicht aufgelöster Fonds, in den Jahren 2002 bis 2004 sogar nur 9%.[508] Diese hohen Differenzen in den Fondsvolumina können als klares Indiz für HYPOTHESE A1 gewertet werden. Auffällig ist jedoch, dass die liquidierten Fonds nur in drei Jahren durchschnittlich unterhalb der Schwelle von 20 Mio. Euro liegen; in den Jahren 1999 und 2000 liegt der Durchschnitt sogar über 50 Mio. Damit befinden sich die Durchschnittswerte zwar in etwa in dem von der Wirtschaftspresse üblicherweise genannten Bereich eines notwendigen Mindestvolumens von rund 20 bis 50 Mio. Euro.[509] Es wird aber auch ersichtlich, dass einige Fonds aufgelöst werden, die im Laufe ihres Bestehens z.T. ein deutlich größeres Vermögen verwalten.

---

[508] Für das Jahr 2006 existiert für aufgelöste Fonds kein Wert, da diese im Laufe des Jahres liquidiert wurden, sich die Vermögenswerte jedoch auf den Stichtag des 31.12. des jeweiligen Jahres beziehen.

[509] Vgl. z.B. CSIZI (2006), S. 18.

Abbildung 27: Entwicklung des Volumens aufgelöster im Gegensatz zu überlebenden Fonds.

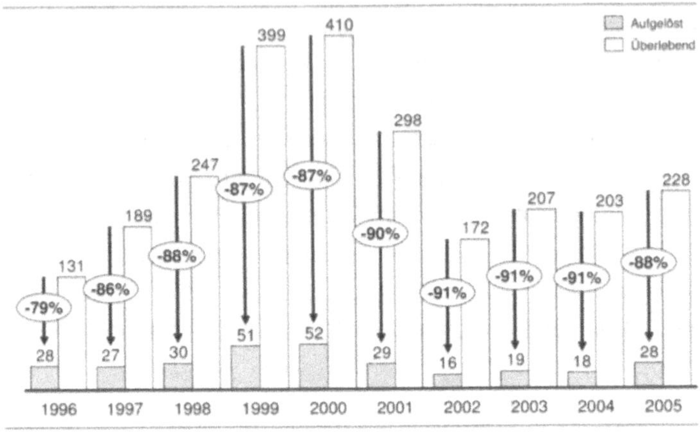

Darstellung in Mio. EUR. Quelle: Eigene Darstellung.

Ein ebenso eindeutiges Bild vermittelt die Gegenüberstellung des Mittelaufkommens von aufgelösten und überlebenden Fonds (vgl. Abbildung 28). Insbesondere in den Boomjahren 1998 bis 2000 betragen die Nettozuflüsse ein Vielfaches für Fonds, die nicht aufgelöst wurden. Liquidierte Fonds müssen hingegen selbst in den ersten beiden Jahren des Untersuchungszeitraums mit relativ positiver Marktlage Nettoabflüsse verbuchen. Lediglich im Jahr 2004 erzielen aufgelöste Fonds ein besseres Ergebnis: Hier wird von ihnen nur gut ein Drittel der Mittel abgezogen, die aus den überlebenden Fonds abfließen. Somit stützt die deskriptive Analyse die aufgestellte HYPOTHESE A2 in dem Punkt, dass insbesondere Fonds mit sehr geringem relativem Mittelaufkommen von Auflösung betroffen sind.

Abbildung 28: Entwicklung des durchschnittlichen Mittelaufkommens aufgelöster im Vergleich zu überlebenden Fonds

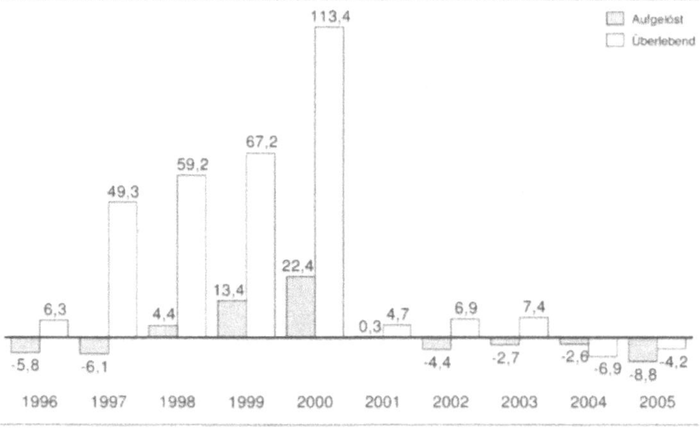

Darstellung in Mio. EUR. Quelle: Eigene Darstellung.

Auch der Vergleich der annualisierten Durchschnittsrenditen spricht nicht gegen die im Theorieteil aufgestellte HYPOTHESE A3, derzufolge die Auflösungswahrscheinlichkeit negativ mit den Fondsrenditen korreliert. In jedem Jahr liegt die so gemessene durchschnittliche Performance der aufgelösten hinter der der übrigen Fonds zurück (vgl. Abbildung 29). Überraschend ist aber, dass in vielen Jahren die durchschnittlichen Renditen nur wenig divergieren – so z.B. 1997 auf der relativ geringen Basis von 16% bzw. 18% um nur zwei Prozentpunkte oder 2002 (auf der sehr hohen Basis von rund -40%) um lediglich knapp drei Prozentpunkte. Die Gegenüberstellung der Extremwerte der Renditen liquidierter und durchgehend bestehender Aktienfonds zeigt einen weitgehend ähnlichen Verlauf, jedoch mit wesentlich extremeren negativen Ausschlägen bei erstgenannten und positiven bei letztgenannten Fonds (vgl. Anhang – Abbildung 10). Dasselbe Bild zeigt sich ebenfalls bei der Performance Flow Relationship: Auch hier sind keine bedeutenden Unterschiede zwischen überlebenden und aufgelösten Fonds zu erkennen: Renditen und das Anlegerverhalten verlaufen in etwa parallel, wenn auch mit z.T. erheblicher Niveauverschiebung, die besonders 1997 dramatisch ausfällt (-6,1 Mio. Euro bei aufgelösten und 49,3 Mio. Euro bei überlebenden Fonds bei Vorjahresrenditen von 8,4% vs. 12,8%; vgl. Anhang – Abbildung 11)

Abbildung 29: Entwicklung der stetigen annualisierten Durchschnittsrendite aufgelöster im Gegensatz zu überlebenden Fonds

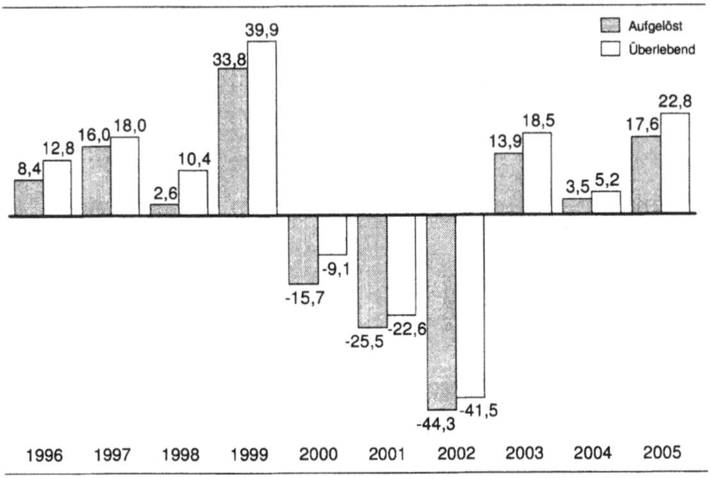

Darstellung in Prozent. Quelle: Eigene Darstellung.

Die theoretische Diskussion, welchen Einfluss das Risiko auf die Auflösung von Fonds ausübt, hatte sowohl Argumente für eine positive als auch für eine negative Korrelation geliefert. Dies spiegelt sich beim Vergleich der durchschnittlichen Volatilitäten in Abbildung 30 wider: In sieben der zehn relevanten Betrachtungsjahre beträgt die Differenz weniger als einen Prozentpunkt. Lediglich die Tatsache, dass in sieben Jahren die Volatilität bei den aufgelösten Fonds einen höheren Wert annimmt, gibt eine leichte Tendenz zu erkennen, die jedoch wegen der äußerst geringen Unterschiede von z.T. einem zehntel Prozentpunkt nicht überinterpretiert werden sollte und deren Bedeutung sich erst mittels Signifikanztests in der weiteren empirischen Untersuchung belegen lässt. Im Hinblick auf die formulierte HYPOTHESE A4 lässt sich so keine eindeutige Aussage treffen.

Abbildung 30: Entwicklung der annualisierten Durchschnittsvolatilität aufgelöster im Gegensatz zu überlebenden Fonds.

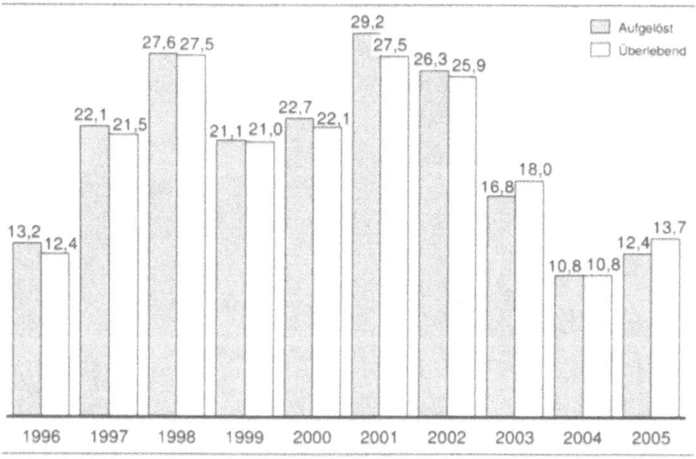

Darstellung in Prozent. Quelle: Eigene Darstellung.

Da im Rahmen der deskriptiven Analyse eine getrennte Betrachtung aufgelöster und überlebender Fonds für Anlagegesellschaften aufgrund der Kleinteiligkeit der Betrachtung nur geringe Erkenntnisse verspricht, soll im Folgenden lediglich ersten Anhaltspunkten im Datensatz für die Bedeutung der verschiedenen Segmente nachgegangen werden. Zunächst werden hierzu die Raten der Auflösungen und Neuauflagen je Anlagebereich gegenübergestellt. Es zeigt sich, dass die Kurven relativ ähnlich verlaufen, aber teilweise mit unterschiedlichen Größenordnungen. In den ersten Jahren sind die „Geburtenraten" für die relativ jungen Segmente Branchen und Nebenwerte wesentlich höher als bei den Länderfonds, ab 2002 wächst bei diesen die Anzahl – mit Ausnahme des letzten Jahres – jedoch schneller (vgl. Abbildung 31). Nachdem die „Sterberate" bis 2001 in allen Segmenten unter drei Prozent liegt, steigt diese bei den Nebenwerten schnell auf 18% im Jahr 2003 an, sinkt danach wieder auf 5% bzw. 6%. Bei Branchenfonds erreicht die Rate der Auflösung mit ebenfalls 18% aber erst im Jahr 2005 ihren Höhepunkt und bleibt anschließend mit 10% bei dem Wert des Jahres 2002. Bei Länderfonds sieht diese Bewegung sehr viel gemäßigter aus. Nach dem Höhepunkt von 9% 2003 und dem Rückgang auf 5% im Folgejahr steigt die Rate 2005 nochmals auf 7%, bevor sie auf einen niedrigen Wert von 4% zurückgeht. Somit wird aus diesem ersten Vergleich der Segmente ersichtlich, dass für jeden Bereich unterschiedliche Regeln bez. der Auflösungen gelten. Eine Aussage für jahresübergreifende Durchschnittswerte scheint nicht möglich.

Abbildung 31: Entwicklung der Rate der Fondsauflösungen und -neuauflagen nach Segmenten

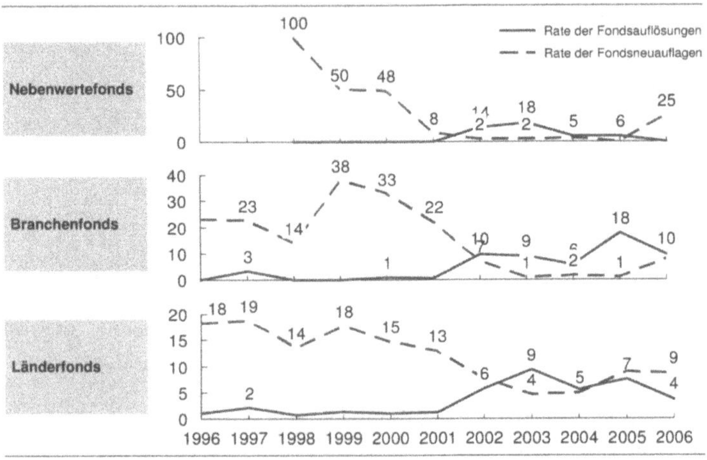

Darstellung in Prozent. Quelle: Eigene Darstellung.

In einer weiteren deskriptiven Untersuchung wird in Abbildung 32 verglichen, wie sich das Verhältnis der durchschnittlichen Volumina von aufgelösten zu überlebenden Fonds in den verschiedenen Segmenten darstellt. Die Fonds mit den relativ höchsten Volumina werden bei den Nebenwertefonds aufgelöst. Nachdem in diesem Anlagebereich generell die Fondsvolumina kleiner sind als in den anderen Segmenten (vgl. Abbildung 25), spricht dies dafür, dass sich Fondsgesellschaften bei der Auflösung eher an absoluten als an relativen segmentbezogenen Volumengrößen orientieren. Der Vergleich zwischen Länder- und Branchenfonds bietet weniger eindeutige Erkenntnisse – bis zum Jahr 1999 werden Branchenfonds bei vergleichsweise größeren Volumina aufgelöst, anschließend dreht sich das Verhältnis um. Besonders auffällig ist, dass in beiden Fällen die Quotienten im Zeitablauf sinken – es werden also vergleichsweise kleinere Fonds aufgelöst. Im Jahr 2005 driften schließlich die

Werte deutlich auseinander: Hier werden bei Länderfonds vergleichsweise deutlich größere Investmentfonds liquidiert als bei den Branchenfonds.

Abbildung 32: Verhältnis des Durchschnittsvolumens aufgelöster im Verhältnis zu überlebenden Fonds nach Branchen

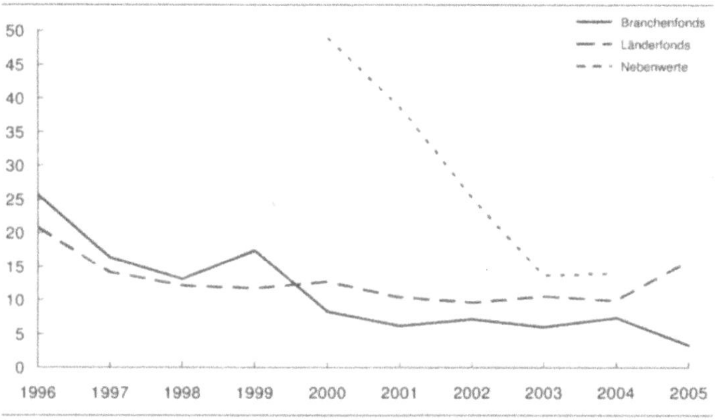

Darstellung in Prozent. Quelle: Eigene Darstellung.

Die deskriptive Analyse konnte zunächst einen näheren Überblick über den Datensatz der Untersuchung liefern, um insbesondere ein Gefühl für die Größenordnungen der betrachteten Variablen sowie deren Entwicklung im Zeitablauf zu vermitteln. Anschließend wurden bereits erste Indizien für die Validität einiger Hypothesen gesammelt. Daraus ergibt sich für die weitere empirische Analyse, dass insbesondere das Volumen, das Mittelaufkommen sowie die Rendite starke, negativ korrelierte Einflussfaktoren auf die Auflösung zu sein scheinen.

5.4 Empirische Untersuchung der direkten Einflussfaktoren auf die Auflösung

Nach diesen ersten in der deskriptiven Statistik gewonnenen Erkenntnissen soll die Untersuchung im Folgenden auf alle im theoretischen Teil der Arbeit abgeleiteten Hypothesen zu direkten Einflussfaktoren ausgeweitet werden, wozu der Datensatz mit den dargestellten ökonometrischen Methoden analysiert wird. Dabei soll zunächst in der univariaten Analyse (5.4.1) ein erster Eindruck von der Bedeutung der Variablen gewonnen und überprüft werden, welche ggf. einen bestimmenden Einfluss auf die Auflösung ausüben, bevor in Abschnitt 5.4.2 die multivariate Analyse durchgeführt und ein Gesamtmodell aufgestellt sowie schrittweise erweitert wird.

5.4.1 Univariate Analyse

Bei der Durchführung der univariaten Analyse zeigt sich zunächst, dass die drei Variablen „Verwaltungsgebühren" (p-Wert 0,49), „Depotbankgebühren" (0,53) sowie das Ranking des Fonds im jeweiligen Segment, gemessen an der Sharpe-Ratio (0,32) klar insignifikant sind, alle anderen Variablen jedoch nur leicht insignifikant oder stark signifikant. Zugleich wird bei der univariaten Analyse deutlich, dass das prozentuale Mittelaufkommen einen überragenden Einfluss ausübt. Erwartungsgemäß ist der Koeffizient negativ (-2,57, vgl. Anhang – Übersicht 2) und dabei höchst signifikant;[510] je mehr Mittel also in einen Fonds investiert werden, umso weniger wahrscheinlich ist er von der Auflösung betroffen. Die Odds Ratio (0,0767) zeigt, dass die „Chance" der Auflösung eines Fonds um rund 92% sinkt, wenn das prozentuale Mittelaufkommen um ein Prozent steigt.

Bei der graphischen Überprüfung der Linearität (vgl. Anhang – Abbildung 12) zeigt sich, dass ein leicht U-förmiger Verlauf vorliegt, weshalb das prozentuale Aufkommen zusätzlich quadriert als unabhängige Variable in das Regressionsmodell aufgenommen wird. Der Koeffizient des quadratischen Terms ist signifikant, ein Likelihood-Ratio-Test zeigt, dass die Variable die Erklärungskraft des Modells signifikant verbessert.[511] Da der Koeffizient der Variablen „prozentuales Aufkommen" signifikant negativ (-2,66, vgl. Übersicht 5) und der der quadrierten Variablen positiv ist (0,028), kann der U-förmige Kurvenverlauf bestätigt werden. Die Wahrscheinlichkeit einer Auflösung sinkt also zunächst mit steigendem prozentualen Mittelaufkommen, ab einem gewissen Wert steigt sie aber wieder an. Dieses Ergebnis unterstützt die Hypothese,

---

510 Verwendet man statt des prozentualen das absolute Mittelaufkommen (vgl. Diskussion Abschnitt 5.2.4.1 der vorliegenden Arbeit), ergibt sich ein etwas geringerer, jedoch noch immer überragender AUR-Wert von 0,79. Der Koeffizient beträgt -0,4, Odds Ratio: 0,96.

511 Der χ^2 (1)-Wert beträgt 4,93, der p-Wert 0,026.

dass Fondsmanager Probleme haben, lohnende Anlagemöglichkeiten zu finden, wenn sie mit zu hohen prozentualen Zuflüssen in ihren Fonds konfrontiert sind.[512] Die Odds Ratio hat sich mit einem Wert von 0,072[513] nur leicht verändert.

Übersicht 5: Logistische Regression der abhängigen Variablen „Auflösung"

$$\Pr\,(Aufloesung=1)=\frac{e^{\beta'_j x_i}}{1+e^{\beta'_j x_i}} \qquad \beta'_j x_i=\alpha_0+\beta_1(Aufk\_proz)_i+\beta_2(Aufk\_proz)_i^2+\varepsilon_i$$

Variablen	Bezeichnung	Koeffizienten (Robust standard errors)	Odds Ratios (95% confidence intervals)
Aufk_proz	prozentuales Mittelaufkommen	-2.655*** (0.704)	0.0703*** (0.0177 - 0.2791)
Aufk_prozquad	prozentuales Mittelaufkommen quadriert	0.0283*** (0.00757)	1.029*** (1.014 - 1.044)
Constant		-0.731*** (0.0893)	0.481*** (0.404 - 0.574)
Observations		911	911
Pseudo R-squared		0.177	0.177
AUR[1]		0.858	0.858

*** p<0.01, ** p<0.05, * p<0.1

[1] Area under the Receiver Operating Characteristics (ROC) curve

Quelle: Eigene Darstellung.[514]

Dieser Zusammenhang lässt sich nochmals verdeutlichen, indem die logistische Regression statt in quadratischer Form mit Quintilen des Mittelaufkommens als Dummy-Variablen geschätzt wird. Hier zeigt sich klar, dass in den ersten vier Quintilen die Wahrscheinlichkeit einer Auflösung immer stärker sinkt, im fünften Quintil jedoch wieder leicht steigt und dort bei einem Wert zwischen dem des dritten und vierten Quintil liegt (vgl. Übersicht 6). Es existiert also tatsächlich der in der theoretischen Herleitung diskutierte „Winner's Curse", der „Fluch des Gewinners": Fonds können „zu erfolgreich" sein und dadurch so viele Mittel anziehen, dass ihr Fonds damit überfordert ist. Sie finden in diesem Umfang nicht mehr (schnell genug) gleich gute Investitionsmög-

512 Vgl. Abschnitt 4.1.1.2 der vorliegenden Arbeit.

513 Die Odds Ratio des quadratischen Zusammenhangs errechnet sich aus: $e^{(b_1 x + b_2 x^2)} = e^{(-2,655 * 1 + 0,0293 * 1)} = 0,0723$.

514 Aus Gründen der besseren Lesbarkeit soll in den folgenden Übersichten auf die explizite Darstellung des logistischen Regressionsansatzes $\Pr\,(Aufloesung=1)=\frac{e^{\beta'_j x_i}}{1+e^{\beta'_j x_i}}$ verzichtet und lediglich der Exponent dargestellt werden.

lichkeiten bzw. generieren durch die gestiegenen Volumina einen so hohen Market Impact, dass sie sich selbst die Preise zerstören. HYPOTHESE A2 wird also durch diese Ergebnisse gestützt.

Übersicht 6: Logistische Regression der abhängigen Variablen „Auflösung" unter Einbezug von prozentualen Aufkommensklassen.

$$\beta_j' x_i = \alpha_0 + \beta_1 (Auf\_prozquint2)_i + \beta_2 (Auf\_prozquint3)_i + \beta_3 (Auf\_prozquint4)_i + \beta_4 (Auf\_prozquint5)_i + \varepsilon_i$$

Variablen	Bezeichnung	Koeffizienten (Robust standard errors)	Odds Ratios (95% confidence intervals)
Auf_prozquint2	Prozentuales Aufkommen Quintil 2 (< 1,1)	-2.109*** (0.257)	0.121*** (0.0733 - 0.2009)
Auf_prozquint3	Prozentuales Aufkommen Quintil 3 (< 5,0)	-3.502*** (0.295)	0.0301*** (0.0169 - 0.0538)
Auf_prozquint4	Prozentuales Aufkommen Quintil 4 (< 21,3)	-4.405*** (0.364)	0.0122*** (0.00598 - 0.02496)
Auf_prozquint5	Prozentuales Aufkommen Quintil 5 (> 21,3)	-3.903*** (0.320)	0.0202*** (0.0108 - 0.0378)
Constant		1.754*** (0.209)	5.778*** (3.839 - 8.695)
Observations		911	911
Pseudo R-squared		0.330	0.330
AUR[1]		0.848	0.848

*** p<0.01, ** p<0.05, * p<0.1

[1] Area under the Receiver Operating Characteristics (ROC) curve

Darstellung der Aufkommensklassen in Mio. EUR. Quelle: Eigene Darstellung.

Bei der Bewertung der Güte des Modells wird der bereits in den theoretischen Erörterungen vermutete exorbitant hohe Einfluss des Mittelaufkommens deutlich: Der AUR-Wert beträgt 0,86 (vgl. Abbildung 33), was als exzellente Modellspezifikation angesehen werden kann.[515] Da in einem Modell, bei dem eine einzelne unabhängige Variable auf die abhängige einen derart großen Einfluss aufweist, weitere unabhängige Variablen nicht korrekt spezifiziert werden können,[516] soll das Mittelaufkommen zur Untersuchung der übrigen Einflussfaktoren nicht weiter einbezogen werden. Stattdessen soll im Anschluss die Variable an sich, also die Zuflüsse in Aktienfonds näher analysiert und der Frauge nachgegangen werden, was diese beeinflusst – von welchen Kennzei-

515 Vgl. HOSMER/LEMESHOW (2000), S. 162.

516 Vgl. CHEN et al. (2003).

chen eines Fonds sich also die Investoren bei ihrer Entscheidung leiten lassen, um so indirekte Einflussfaktoren auf die Auflösung von Fonds zu identifizieren.

Abbildung 33: Receiver Operating Characteristic (ROC) Curve der logistischen Regression aus Übersicht 5

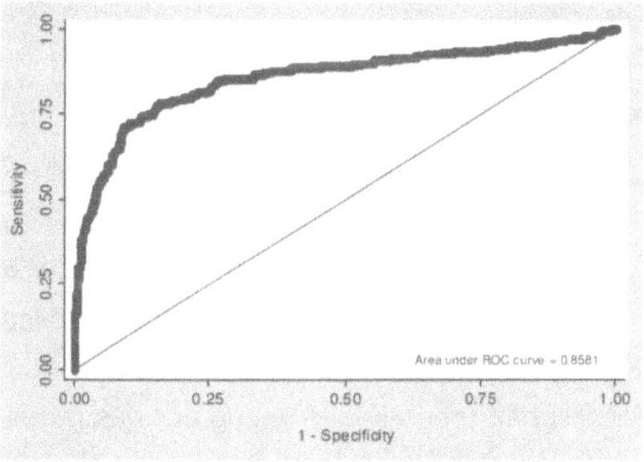

Quelle: Eigene Darstellung.

5.4.2 Multivariate Analyse

Nach der Überprüfung der verschiedenen unabhängigen Variablen in der univariaten Analyse sollen die Einflussfaktoren im nächsten Schritt zu einem möglichst aussagekräftigen Gesamtmodell kombiniert werden. Dabei wird schrittweise untersucht, ob die aufgenommenen Variablen einen signifikanten Einfluss auf die abhängige Variable „Auflösung" ausüben[517] und ob sie zur Erhöhung des Erklärungsgehalts beitragen, d.h. ob ihr Einbezug die Erklärungskraft des Modells im Vergleich zu einem (sonst identischen) Modell ohne diese Variable (signifikant) verbessert.[518] Gleichzeitig wird sichergestellt, dass keine

---

517 Es wird also der Ansatz der „Forward Selection" gewählt, vgl. HOSMER/LEMESHOW (2000), S. 96.

518 Dies kann mit Hilfe eines Likelihood-Ratio-Test überprüft werden: Es wird die mit -2 multiplizierte Differenz zwischen der logarithmierten Likelihood des Modells mit der entsprechenden Variable und des Modells ohne sie berechnet. Die Prüfgröße folgt einer χ^2-Ver-

zu hohe Korrelation zwischen zwei Variablen auftritt, um Multikollinearitätsprobleme zu vermeiden. Wenngleich dies – aufgrund unterschiedlich großer Datensätze, die durch fehlende Werte bei einigen Variablen bedingt sind – für jeden Einzelfall geprüft werden muss, liefert das Aufstellen einer Korrelationsmatrix bereits erste Indikationen zu möglichen Problemen (vgl. Anhang – Übersicht 3 und Anhang – Übersicht 4).

5.4.2.1 Aufstellen eines Gesamtmodells

Das Gesamtmodell umfasst sieben unabhängige Variablen (vgl. Übersicht 7). Mit dem Volumen und der Rendite sind zwei fondsbezogene Einflussvariablen negativ mit der Auflösung korreliert. Bei den fondsgesellschaftsbezogenen Faktoren erweisen sich ebenfalls zwei als relevant für das Modell: die relative durchschnittliche Rendite der KAG (positiv korreliert) und das relative Mittelaufkommen der Gesellschaft (negativ). In Bezug auf das jeweilige Anlagesegment üben sowohl die Zahl der dort aufgelegten Fonds als auch das jeweilige Ranking des Fonds hinsichtlich Volumen und Aufkommen einen negativen Einfluss aus. Für die Variablen – die im Folgenden im Detail diskutiert werden – wird ebenfalls überprüft, ob eine nicht-lineare Beziehung, also z.B. quadratische oder hyperbolische vorliegt, was jedoch zu keinen signifikanten Ergebnissen führt.

---

teilung mit der Differenz der Anzahl der Parameter zwischen den Modellen als Zahl der Freiheitsgrade, vgl. KOHLER/KREUTER (2006), S. 299f.

Übersicht 7: Logistische Regression des Gesamtmodells zur Auflösung von Fonds

$$\beta'_j x_i = \alpha_0 + \beta_1(Vol\_ln)_i + \beta_2(Rend\_Proz)_i + \beta_3(Av\_Rend\_KAG)_i + \beta_4(Rel\_Auf\_KAG)_i$$
$$+ \beta_5(Zahl\_Fonds\_Seg)_i + \beta_6(Rank\_Vol\_Seg)_i + \beta_7(Rank\_Aufk\_Seg)_i + \varepsilon_i$$

Variablen	Bezeichnung	Koeffizienten (Robust standard errors)	Odds Ratios (95% confidence intervals)
Vol_ln	Fondsvolumen logarithmiert	-0.828*** (0.0851)	0.437*** (0.370 - 0.516)
Rend_Proz	Prozentuale Fondsrendite	-0.103*** (0.124)	0.902*** (0.880 - 0.924)
Av_Rend_KAG	Durchschnittliche Rendite der KAG	4.050*** (0.797)	57.37*** (12.04 – 273.40)
Rel_Auf_KAG	Relatives Mittelaufkommen KAG	-1.623*** (0.605)	0.197*** (0.0602 - 0.6466)
Zahl_Fonds_Seg	Anzahl Fonds im Segment	-0.00656*** (0.00190)	0.993*** (0.990 - 0.997)
Rank_Vol_Seg	Ranking Fondsvolumen im Segment	-1.129* (0.579)	0.323* (0.104 - 1.006)
Rank_Aufk_Seg	Ranking Mittelaufkommen im Segment	-1.804*** (0.689)	0.165*** (0.0426 - 0.6356)
Constant		2.694*** (0.710)	14.78*** (3.678 - 59.424)
Observations		977	977
Pseudo R-squared		0.384	0.384
AUR#		0.892	0.892

*** p<0.01, ** p<0.05, * p<0.1
#Area under the Receiver Operating Characteristics (ROC) curve

Quelle: Eigene Darstellung.

Wie in den theoretischen Überlegungen erwartet, ist das (logarithmierte) Fondsvolumen signifikant negativ mit der Auflösung korreliert. Als wesentlicher Einflussfaktor für die Gebühreneinnahmen eines Fonds – und damit für die Profitabilität – ist das Volumen somit ein wichtiges Kriterium für die Entscheidung über die Fondsschließung. Bei einer Erhöhung des logarithmierten Volumens um den Wert eins, was einem Anstieg des Fondsvolumens um rund 2,72 Mio. Euro entspricht, sinkt die Chance des Fonds, aufgelöst zu werden, um 56% (1 - 0,44 Odds Ratio, vgl. Übersicht 7). Weiteren Aufschluss liefert die Betrachtung der geschätzten Wahrscheinlichkeit der Auflösung in Abhängigkeit vom Volumen, während die anderen unabhängigen Variablen des Modells beim Mittelwert konstant gehalten werden: Nimmt das Fondsvolumen auf unter 0,5 Mio. Euro (logarithmierter Wert: -0,74) ab, ist eine Auflösung sehr wahrscheinlich (geschätzte 90%), bei 6,8 Mio. Euro (1,92) beträgt die geschätzte

Wahrscheinlichkeit immer noch 50%, bei Werten um die 100 Mio. Euro (4,57) sinkt sie auf unter 10% (vgl. Anhang – Abbildung 13). Die in der Presse oft genannten Volumina von 25 bis 50 Mio. Euro, über die ein Fonds mindestens verfügen muss, um der Auflösung zu entgehen,[519] können mit geschätzten Auflösungswahrscheinlichkeiten von 26% bis 16% als relativ sicher vor einer Schließung angesehen werden und eignen sich somit als grobe Richtschnur.

Ein U-förmiger Zusammenhang, den man erwarten könnte, da zu große Fonds – wie im Theorieteil der vorliegenden Arbeit dargestellt[520] – unter Diseconomies leiden, zu unbeweglich werden, nicht mehr genügend aussichtsreiche Anlagemöglichkeiten finden und dadurch „ins Straucheln geraten" könnten, ist nicht nachweisbar. Es bestätigt sich aber, dass die Auflösungswahrscheinlichkeit nicht linear mit zunehmender Größe abnimmt, sondern bei gewissen Größenklassen von Fonds wieder ansteigt. Teilt man die Fonds nach ihren Volumina in 15 Quantile[521] und nimmt diese als Dummy-Variablen in die Regression auf, zeigt sich bei den Quantilen 10 und 11 eine höhere Auflösungswahrscheinlichkeit als bei dem angrenzenden kleineren und größeren Quantil: Während bei Quantil 9 noch ein Koeffizient von -3,22 vorliegt, steigt dieser bei Quantil 10 auf -2,73 und anschließend auf -2,22, um bei Quantil 12 wieder auf -3,70 zu sinken (vgl. Übersicht 8). Die betreffenden Quantile umfassen Fonds in einer Größenordnung von rund 50 bis 100 Mio. Euro. Die Differenzen in den Koeffizienten fallen signifikant, jedoch nicht sonderlich groß aus; dies ist offensichtlich ein Bereich, in dem Fonds zwar eine gewisse Mindestgröße überschritten haben, aber noch kein so großes Volumen erreichen konnten, dass sie alleine deshalb in der Produktpalette belassen würden. Möglicherweise ist dies auch ein Größenbereich, in dem ein Fonds seine Strukturen umstellen, sich beispielsweise professionalisieren oder auch seine Strategie wechseln muss, da evtl. seine Nische oder Spezialisierung für das Fondsvolumen zu klein geworden ist. Gegebenenfalls sind Fonds dieser Größenordnung zwar im Vergleich zu der Grundgesamtheit sehr groß, jedoch

---

519 Vgl. z.B. HAMMER (2002), S. 25.

520 Vgl. Abschnitt 3.2.3 der vorliegenden Arbeit.

521 Dieser Zusammenhang ist auch mit einer anderen Anzahl von Quantilen, wie etwa 5, 10 oder 20 nachweisbar, jedoch bei 15 Quantilen am eindeutigsten, was Effekt und Signifikanz betrifft.

nicht unbedingt in ihrem Anlagesegment. Diese Ergebnisse stützen somit HYPOTHESE A1.

Übersicht 8: Einfluss von Volumenquantilen auf die Auflösung

$$\beta_i' x_i = \alpha_0 + \beta_1(Rend\_Proz)_i + \beta_2(Av\_Rend\_KAG)_i + \beta_3(Rel\_Auf\_KAG)_i + \beta_4(Zahl\_Fonds\_Seg)_i + \beta_5(Rank\_Vol\_Seg)_i + \beta_6(Rank\_Auf\_Seg)_i + \sum_{k=2}^{15} \gamma_k(Volumenquant\_k)_i + \varepsilon_i$$

Variablen	Bezeichnung	Koeffizienten (Robust standard errors)	Odds Ratios (95% confidence intervals)
...	...		
Volumenquant2	Logarithmiertes Volumen Quantil 2	-0.473 (0.493)	0.623 (0.237 - 1.639)
Volumenquant3	Logarithmiertes Volumen Quantil 3	-1.065** (0.505)	0.345** (0.128 - 0.927)
Volumenquant4	Logarithmiertes Volumen Quantil 4	-1.055** (0.516)	0.348** (0.127 - 0.957)
Volumenquant5	Logarithmiertes Volumen Quantil 5	-1.619*** (0.481)	0.198*** (0.0772 - 0.5087)
Volumenquant6	Logarithmiertes Volumen Quantil 6	-2.001*** (0.489)	0.135*** (0.0519 - 0.3521)
Volumenquant7	Logarithmiertes Volumen Quantil 7	-2.072*** (0.508)	0.126*** (0.0466 - 0.3407)
Volumenquant8	Logarithmiertes Volumen Quantil 8	-2.424*** (0.537)	0.0886*** (0.0309 - 0.2537)
Volumenquant9	Logarithmiertes Volumen Quantil 9	-3.221*** (0.576)	0.0399*** (0.0129 - 0.1233)
Volumenquant10	Logarithmiertes Volumen Quantil 10	-2.726*** (0.619)	0.0655*** (0.0195 - 0.2204)
Volumenquant11	Logarithmiertes Volumen Quantil 11	-2.217*** (0.511)	0.109*** (0.0400 - 0.2967)
Volumenquant12	Logarithmiertes Volumen Quantil 12	-3.697*** (0.639)	0.0248*** (0.00709 - 0.08685)
Volumenquant13	Logarithmiertes Volumen Quantil 13	-3.930*** (0.658)	0.0196*** (0.00541 - 0.07135)
Volumenquant14	Logarithmiertes Volumen Quantil 14	-5.346*** (1.146)	0.00477*** (0.000505 - 0.045007)
Volumenquant15	Logarithmiertes Volumen Quantil 15	-5.334*** (0.979)	0.00483*** (0.000709 - 0.032860)
Constant		2.169*** (0.796)	8.752*** (1.840 - 41.636)
Observations		977	977
Pseudo R-squared		0.400	0.400
AUR#		0.897	0.897

*** p<0.01, ** p<0.05, * p<0.1
#Area under the Receiver Operating Characteristics (ROC) curve

Einbezug der weiteren unabhängigen Variablen des Gesamtmodells in die Regression, jedoch Verzicht auf deren Darstellung. Quelle: Eigene Darstellung.

Als zweite Variable im Gesamtmodell hat die Rendite des Fonds erwartungsgemäß einen starken, hoch signifikanten negativen Einfluss auf die Auflösung von Fonds. Steigt die stetige Rendite eines Fonds (durchschnittlich im Untersuchungszeitraum) um einen Prozentpunkt, sinkt die „Chance“ der Auflösung um rund 10% (Odds Ratio: 0,90, vgl. Übersicht 7). Betrachtet man auch hier die geschätzte Auflösungswahrscheinlichkeit in Abhängigkeit von der Rendite, während man die anderen unabhängigen Variablen des Modells beim Mittelwert konstant hält (vgl. Abbildung 34), liegt bei einer Rendite von rund -33% die Auflösungswahrscheinlichkeit der Schätzung zufolge bei 90%; 50% Wahrscheinlichkeit ergeben sich bei einem Renditewert von knapp -12% und bei einer durchschnittlichen Rendite um den Nullwert beträgt die Wahrscheinlichkeit rund 23% – Fonds, die keine negative Rendite erwirtschaften, sind also schon relativ sicher. Kann ein Fonds eine Rendite von +10% erzielen, liegt die Wahrscheinlichkeit, aufgelöst zu werden, nur bei 10%. Die Ergebnisse sprechen somit für HYPOTHESE A3 in Bezug auf einfache Renditen; andere Performancemaße werden im Verlauf der weiteren Arbeit in Abschnitt 5.4.2.4.1 diskutiert.

Abbildung 34: Geschätzte Auflösungswahrscheinlichkeit in Abhängigkeit von der Rendite des Fonds

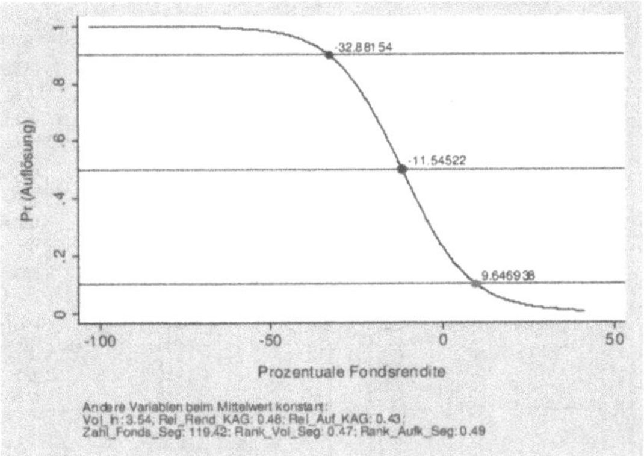

Quelle: Eigene Darstellung.

Als einzige signifikant positive Variable des Gesamtmodells erweist sich die relative durchschnittliche Rendite der Fondsgesellschaft (vgl. Übersicht 7). Offensichtlich neigen Fondsgesellschaften, die in ihrem gesamten Fondsuniversum eine bessere durchschnittliche Rendite erzielen können als die Konkurrenz wesentlich eher zur Auflösung von Fonds und wollen (wie sich in Kombination mit der starken negativen Korrelation der Variablen Rendite ergibt) das gute Gesamtergebnis nicht durch schlechtere Ergebnisse einzelner Fonds getrübt sehen. HYPOTHESE A10 kann somit durch das empirische Ergebnis gestützt werden. Die errechnete Odds Ratio zeigt, dass die Kapitalanlagegesellschaften diese Maßzahl als sehr wichtig einschätzen und sehr sensibel darauf reagieren: Die Chance eines Fonds, aufgelöst zu werden, ist bei der Fondsgesellschaft mit den besten Renditewerten (relativer Wert 1) 57-mal so groß wie bei der schlechtesten Gesellschaft (relativer Wert 0 – Odds Ratio: 57,37, vgl. Übersicht 7). Hält man alle anderen unabhängigen Variablen bei ihrem Mittelwert konstant, ergibt sich beim Durchschnittswert der Grundgesamtheit von definitionsbedingt rund 0,5 eine geschätzte Auflösungswahrscheinlichkeit eines Fonds von gut 20% (0,208, vgl. Abbildung 35). Die geschätzte Auflösungswahrscheinlichkeit erreicht 50% bei den Fonds der Spitzengesellschaften, die zu den besten 20% zählen (relative durchschnittliche Rendite der Fonds einer KAG von über 0,8), was nur für sechs Fonds zutrifft[522] und ggf. auch bedingt ist durch eine geringe Anzahl an Fonds in der jeweiligen Fondsgesellschaft.[523]

522 Aufgrund der Durchschnittsbildung bei der Querschnittsanalyse ist nicht jeder Fondsgesellschaft notwendigerweise nur ein Wert der durchschnittlichen Rendite der KAG zugeordnet, sondern es wird für jeden Fonds ein Durchschnittswert der relativen durchschnittlichen KAG-Rendite für die Jahre berechnet, in denen der Fonds der Grundgesamtheit angehört.

523 Die beiden Gesellschaften mit den höchsten relativen Werten sind Lazard Asset Management mit drei Fonds und Fidelity mit einem Fonds in der Grundgesamtheit.

Abbildung 35: Geschätzte Auflösungswahrscheinlichkeit in Abhängigkeit von der durchschnittlichen Rendite der Fondsgesellschaft

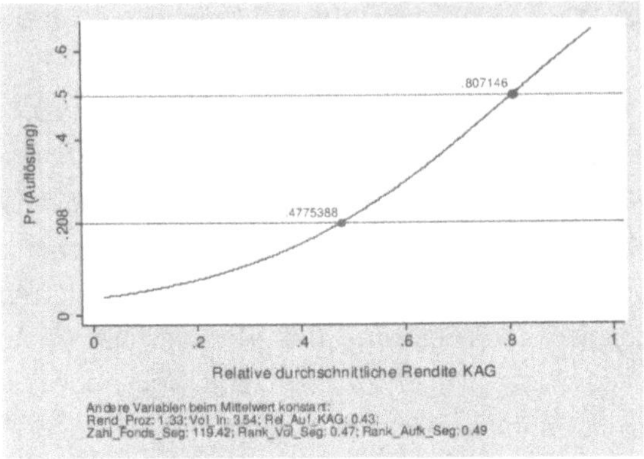

Quelle: Eigene Darstellung.

Einen signifikanten negativen, wenn auch wesentlich geringeren Einfluss auf die Auflösung übt das relative Mittelaufkommen einer Kapitalanlagegesellschaft aus. Wie in der HYPOTHESE A8 formuliert, neigen Fondsanbieter weniger zur Fondsauflösung, wenn ihren Fonds zusammengenommen höhere Volumina zufließen als der Konkurrenz, sie also einen größeren Marktanteil am Netto-Mittelaufkommen erzielen. Entwickelt sich eine Fondsgesellschaft hinsichtlich Investitionen vom letzten auf den ersten Platz, sinkt die Chance der Auflösung um rund 80% (Odds Ratio 0,20, vgl. Übersicht 7). Beim durchschnittlichen Wert von 0,43 beträgt die geschätzte Auflösungswahrscheinlichkeit rund 21% (vgl. Anhang – Abbildung 14), diese steigt auf gut ein Viertel, wenn ein Fonds einer Gesellschaft angehört, die in Bezug auf die investierten Mittel zum unteren Drittel gehört (0,29); in der Spitzengruppe des oberen Drittels der Fondsgesellschaften beträgt die Schätzung für die Auflösung jedoch nur 15%.

Die absolute Zahl der Fonds im jeweiligen Segment hat einen signifikant negativen Einfluss auf die Auflösung von Fonds. Mit jedem zusätzlichen Fonds in einem Segment sinkt die Chance der Auflösung eines Fonds um knapp ein Prozent (0,7%, Odds Ratio: 0,99, vgl. Übersicht 7). Erhöht sich somit die Anzahl der Fonds in einem Segment um zehn, sinkt die Chance um 7%, bei 20 weiteren Fonds um rund 13% und bei einer Steigerung um 50 Fonds um knapp 30%. Die geschätzte Auflösungswahrscheinlichkeit beträgt bei 45 Fonds ceteris paribus noch rund 30%, beim Durchschnittswert von 119 Fonds in einem Segment rund 20% (0,21 beim Wert von 119,3, vgl. Anhang – Abbildung 15). Zählt die Anlagepolitik eines Fonds zu einem Segment mit mehr als 200 Fonds, sinkt die geschätzte Wahrscheinlichkeit für eine Auflösung auf 13%. Die Ergebnisse der Untersuchung widerlegen damit HYPOTHESE A14. Die Zahl der Fonds im Segment ist dementsprechend primär ein Zeichen für die Attraktivität dieses Bereichs; die höhere Konkurrenzsituation scheint keinen entsprechend starken Einfluss auszuüben.

Neben der absoluten Größe eines Segments, gemessen an der Zahl der Fonds, ist auch die relative Stellung eines Fonds im Segment – sowohl was das Mittelaufkommen als auch das Volumen betrifft – entscheidend für die Auflösung. In beiden Fällen ergibt sich, wie in HYPOTHESE A15A und HYPOTHESE A15B formuliert, ein signifikant negativer Koeffizient.

Steigt bei einem Fonds das Ranking seines Fondsvolumens im Segment um den Wert eins, d.h. entwickelt er sich theoretisch vom kleinsten zum größten Fonds im Anlagebereich, sinkt die Chance aufgelöst zu werden um rund 70% (vgl. Übersicht 7). Gehört ein Fonds in einem Segment zu den 25% kleinsten Fonds, beträgt die geschätzte Auflösungswahrscheinlichkeit (wenn wiederum alle anderen unabhängigen Variablen beim Mittelwert konstant gehalten werden) rund 25% (vgl. Anhang – Abbildung 16). Bei durchschnittlicher Größe verringert sich diese Wahrscheinlichkeit auf rund 21%. Gehört ein Fonds zum oberen Viertel, was die relative Größe im jeweiligen Segment anbelangt, wird er mit einer Wahrscheinlichkeit von nur gut 16% aufgelöst. Die großen „Platzhirsche" im Segment können sich also durchsetzen. Auch wenn die Variable „Ranking Fondsvolumen im Segment" mit einem p-Wert von 0,05 nur schwach signifikant ist, kann mit Hilfe des LR-Tests nachgewiesen werden, dass sie den Erklärungsgehalt des Modells signifikant verbessert. Somit kann also davon ausgegangen werden, dass das Segment bei der Bewertung der Fondsgröße einen relevanten Bezugspunkt für das Management der Investmentgesellschaft darstellt.

Einen noch stärkeren und signifikanteren Einfluss auf die Auflösung hat die Frage, welchen relativen Anteil ein Fonds am Mittelaufkommen seines Segments erzielen kann. Bei der Verbesserung eines Fonds vom hintersten auf den vordersten Rang der Zuflüsse – was wesentlich besser vorstellbar ist als die entsprechende Entwicklung beim gesamten Fondsvolumen – sinkt die Chance der Auflösung um fast 85% (Odds Ratio: 0,17, vgl. Übersicht 7). Bei einem Fonds, der ein durchschnittliches Mittelaufkommen erzielt, beträgt die Wahrscheinlichkeit einer Auflösung gut 20% (vgl. Anhang – Abbildung 17). Sie steigt auf 30% für Fonds, die zum schlechtesten Fünftel in ihrem Segment gehören und ist mit 15% nur halb so groß, wenn ein Fonds zu den 30% seines Segments gehört, in die netto am meisten investiert wird. Für die Fondsanbieter ist also von großer Bedeutung, wie hoch der „Marktanteil" im relevanten Segment, d.h. im relevanten Wettbewerbsumfeld ist, da für sie das Aufkommen als zukunftsgerichtete Variable entscheidend ist.

Abbildung 36: Receiver Operating Characteristic (ROC) Curve zur logistischen Regression des Gesamtmodells (vgl. Übersicht 7).

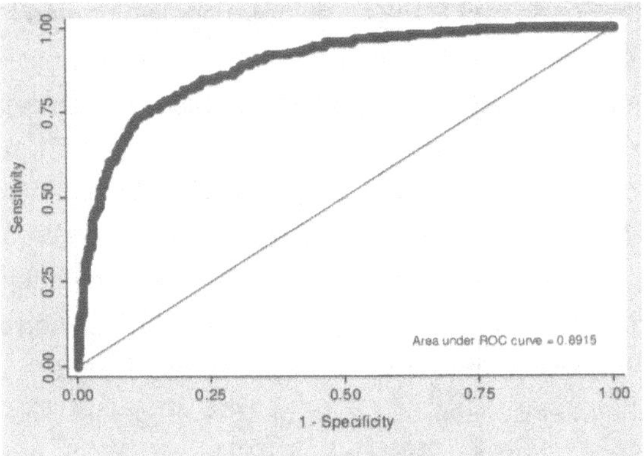

Quelle: Eigene Darstellung.

Alle weiteren unabhängigen Variablen weisen entweder keinen signifikanten Koeffizienten auf oder erhöhen nicht (signifikant) die Erklärungskraft des Modells. Der „Modellfit" liegt mit einem AUR-Wert von über 0,89 (vgl. Abbildung

36) im „exzellenten" Bereich;[524] der zur Prüfung der Robustheit dieses Ergebnisses alternativ durchgeführte Hosmer-Lemeshow-Test[525] bestätigt einen sehr guten Fit des Modells (vgl. Anhang – Übersicht 5).[526] Wie die Darstellung der einzelnen AUR-Werte der univariaten Analyse der unabhängigen Variablen des Gesamtmodells sowie die sukzessive kumulierte Betrachtung zeigen, leisten das Fondsvolumen sowie die Rendite mit einem kumulierten AUR-Wert von 0,86 den Hauptbeitrag zur Erklärungskraft des Modells (vgl. Übersicht 9). Die weiteren Variablen tragen nur noch in geringerem Maße, jedoch signifikant zur Verbesserung des Modells bei. Die Variable „relatives Mittelaufkommen KAG" kann zwar bei alleiniger Analyse nur knapp den AUR-Wert von 0,5 übersteigen, der ein Zufallsergebnis signalisieren würde; im Gesamtmodell leistet sie aber einen signifikanten[527] Beitrag zur weiteren Steigerung der Erklärungskraft des Modells.

Zur Überprüfung auf Multikollinearität wird der Variance Inflation Factor (VIF) berechnet; mit Werten zwischen 1,03 (Ranking Mittelaufkommen im Segment) und 1,24 (logarithmiertes Fondsvolumen) liegt er weit unter dem Wert, der allgemein als kritisch angesehen wird,[528] so dass Multikollinearität kein Problem beim vorliegenden Modell darstellt (vgl. Anhang – Übersicht 6). Die Überprüfung der Korrelation der einzelnen Variablen liefert Werte von betragsmäßig maximal 0,33, die ebenfalls als unkritisch angesehen werden können.[529]

---

[524] Vgl. HOSMER/LEMESHOW (2000), S. 163; vgl. Abschnitt 5.1 der vorliegenden Arbeit.

[525] Der Hosmer-Lemeshow-Test ordnet die Daten nach den vorhergesagten Wahrscheinlichkeiten in g annähernd gleich große Gruppen und vergleicht für jede Gruppe die Häufigkeit der tatsächlich beobachteten Erfolge in dieser Gruppe mit der durch das Modell geschätzten Häufigkeit, vgl. KOHLER/KREUTER (2006), S. 291.

[526] Der Test ergibt ein Hosmer-Lemeshow χ^2 von 8,47 (2 Freiheitsgrade) und einen p-Wert von 0,389, so dass die Nullhypothese einer hohen Übereinstimmung von beobachteten und erwarteten Häufigkeiten der gebildeten Dezile und damit einer hohen Modellgüte nicht abgelehnt werden kann, vgl. Anhang – Übersicht 5.

[527] Der Test auf Gleichheit der beiden Flächen unter der ROC-Kurve liefert einen χ^2-Wert von 4,49 mit einem p-Wert von 0,034.

[528] Vgl. PODDIG/DICHTL/PETERSMEIER (2000), S. 366.

[529] Die Korrelationswerte können von der allgemein aufgestellten Korrelationsmatrix (vgl. Anhang – Übersicht 3, Anhang – Übersicht 4) abweichen, da hier nicht mehr alle Fonds, sondern nur die Beobachtungen einbezogen werden, die auch Eingang in die logistische Regression finden und nicht z.B. wegen einer fehlenden Variable unberücksichtigt bleiben.

Übersicht 9: Beitrag der einzelnen Variablen zur Güte des Gesamtmodells

Unabhängige Variable	Bezeichnung	AUR[1] univariat	AUR[1] kumuliert
Vol_ln	Fondsvolumen logarithmiert	0,8017	0,8017
Rend_Proz	Prozentuale Fondsrendite	0,7870	0,8606
Rank_Aufk_Seg	Ranking Mittelaufkommen im Segment	0,6228	0,8647
Rank_Vol_Seg	Ranking Fondsvolumen im Segment	0,5876	0,8665
Zahl_Fonds_Seg	Anzahl Fonds im Segment	0,5686	0,8778
Av_Rend_KAG	Durchschnittliche Rendite der KAG	0,5391	0,8870
Rel_Auf_KAG	Relatives Mittelaufkommen KAG	0,5199	0,8915

[1] Area under the Receiver Operating Characteristics (ROC) curve

Zum Gesamtmodell vgl. Übersicht 7, Messung der Güte anhand des AUR-Werts. Quelle: Eigene Darstellung.

Mit dem Einbezug von Dummy-Variablen soll im nächsten Schritt überprüft werden, ob spezifische Aussagen für einzelne Fondsgesellschaften und Fondssegmente in dem Modell ableitbar sind.

5.4.2.2 Untersuchung des Einflusses einzelner Fondsgesellschaften

Wie im theoretischen Teil der Arbeit erläutert und in HYPOTHESE A12 formuliert,[530] können auch Faktoren zur Auflösung von Fonds führen, die in den Spezifika einzelner Fondsgesellschaften begründet liegen, wie etwa die Fusion mit einer anderen Gesellschaft oder die Straffung der Produktpalette infolge eines Strategiewechsels. Hierzu werden die nach Anzahl ihrer Aktienfonds im Untersuchungsumfang zehn größten KAG[531] als Dummy-Variablen in das Gesamtmodell aufgenommen. Mit 666 Fonds repräsentieren sie rund zwei Drittel der Grundgesamtheit. Für die Fondsgesellschaften Inka („Internationale Kapitalanlagegesellschaft", die Fondsgesellschaft der HSBC Group), Oppenheim Fonds Trust, Union Investment (Fondsgesellschaft des genossenschaftlichen FinanzVerbund der Volksbanken und Raiffeisenbanken) und Universal Investment sind aufgrund insignifikanter Koeffizienten keine Aussagen möglich. Signifikant negative Koeffizienten ergeben sich für die beiden

[530] Vgl. Abschnitt 4.1.2.5 der vorliegenden Arbeit.

[531] Mit Ausnahme von Inka und Warburg Invest sind diese auch unter den zehn größten KAG in Bezug auf das Volumen der im Datensatz enthaltenen Fonds.

Fondsgesellschaften DWS (Tochter der Deutschen Bank) und Warburg Invest. Die Chance aufgelöst zu werden ist c.p. bei einem Fonds der DWS rund 45% geringer als bei Fonds der übrigen Fondsgesellschaften; bei Warburg sind dies 76% (Odds Ratios 0,464 bzw. 0,237, vgl. Übersicht 10). Für sehr individuelle, KAG-spezifische Gründe, deren weitere Eruierung schwierig ist, sprechen dabei die Korrelationskoeffizienten: Während bei der DWS eine relativ starke positive Korrelation zum Fondsvolumen und zur durchschnittlichen Rendite der Fondsgesellschaft besteht (0,27 bzw. 0,29), ergeben sich für Warburg negative Korrelationen für diese beiden Variablen (-0,20 und -0,31). Keine auffälligen Korrelationskoeffizienten zu anderen Einflussfaktoren ergeben sich hingegen für die Gesellschaften mit signifikant positiven Koeffizienten – Cominvest, Pioneer, Dit und Deka – so dass nachfolgend jeweils mögliche Gründe bei ihnen näher betrachtet werden sollen. Die Signifikanz der Koeffizienten ihrer zugehörigen Dummy-Variablen spricht für die in HYPOTHESE A12 formulierte Bedeutung spezifischer Faktoren einzelner Gesellschaften, die über zusätzliche Erklärungskraft im Vergleich zu den allgemeingültigen Faktoren verfügen.

Übersicht 10: Einbezug der Top10-KAG in das Gesamtmodell

$$\beta'_i x_i = \alpha_0 + \beta_1 (Rend\_Proz)_i + \beta_2 (Vol\_ln)_i + \beta_3 (Av\_Rend\_KAG)_i + \beta_4 (Rel\_Auf\_KAG)_i + \beta_5 (Zahl\_Fonds\_Seg)_i + \beta_6 (Rank\_Vol\_Seg)_i + \beta_7 (Rank\_Auf\_Seg)_i + \sum_{k=1}^{10} \gamma_k (KAG\_k)_i + \varepsilon_i$$

Variablen	Bezeichnung	Koeffizienten (Robust standard errors)	Odds Ratios (95% confidence intervals)
Rend_Proz	Prozentuale Fondsrendite	-0.105*** (0.0125)	0.901*** (0.879 - 0.923)
Vol_ln	Fondsvolumen logarithmiert	-0.919*** (0.0981)	0.399*** (0.329 - 0.483)
Av_Rend_KAG	Durchschnittliche Rendite der KAG	3.227*** (1.062)	25.20*** (3.143 - 202.085)
Rel_Auf_KAG	Relatives Mittelaufkommen KAG	-3.077*** (0.804)	0.0461*** (0.00954 - 0.22294)
Zahl_Fonds_Seg	Anzahl Fonds im Segment	-0.00628*** (0.00198)	0.994*** (0.990 - 0.998)
Rank_Vol_Seg	Ranking Fondsvolumen im Segment	-0.887 (0.608)	0.412 (0.125 - 1.356)
Rank_Aufk_Seg	Ranking Mittelaufkommen im Segment	-1.833** (0.732)	0.160** (0.0381 - 0.6723)
Cominvest	Fonds der KAG Cominvest	1.600*** (0.437)	4.953*** (2.103 - 11.664)
Deka	Fonds der KAG Deka	0.866** (0.428)	2.376** (1.028 - 5.495)
Dit	Fonds der KAG Dit	0.954** (0.413)	2.596** (1.155 - 5.836)
DWS	Fonds der KAG DWS	-0.768* (0.460)	0.464* (0.188 - 1.142)
Inka	Fonds der KAG Inka	-0.231 (0.544)	0.793 (0.273 - 2.303)
Oppenheim	Fonds der KAG Oppenheim	0.102 (0.384)	1.107 (0.522 - 2.349)
Pioneer	Fonds der KAG Pioneer	1.260*** (0.443)	3.526*** (1.479 - 8.407)
Union	Fonds der KAG Union Investment	0.616 (0.426)	1.852 (0.803 - 4.268)
Universal	Fonds der KAG Universal Investment	-0.0676 (0.365)	0.935 (0.457 - 1.910)
Warburg	Fonds der KAG Warburg Invest	-1.438** (0.637)	0.237** (0.0681 - 0.8280)
Constant		3.598*** (0.897)	36.53*** (6.298 - 211.874)
Observations		977	977
Pseudo R-squared		0.418	0.418
AUR[1]		0.904	0.904

*** p<0.01, ** p<0.05, * p<0.1

[1] Area under the Receiver Operating Characteristics (ROC) curve

Quelle: Eigene Darstellung.

Mit 1,60 ist der Koeffizient bei der Cominvest am höchsten; bei einem Fonds dieser KAG ist die Chance der Auflösung fast fünfmal so hoch, wie bei einer der übrigen Gesellschaften (Odds Ratio: 4,95). Neben allgemeingültigen Gründen, wie zu geringe Fondsvolumina und schlechte Wertentwicklung, liegt diesem Wert zum einen die Trennung der Adig (wie die Cominvest bis 2002 hieß) von der HypoVereinsbank (HVB) zugrunde,[532] infolgedessen Fondsvolumina in Milliardenhöhe an die Hypo-Invest[533] übertragen wurden und ein Großteil des Mittelaufkommens aus dem Vertrieb der HVB wegfiel.[534] Zum anderen ist der negative Koeffizient Folge der „Optimierung der Produktpalette" im Jahr 2003[535] sowie einer gezielten „Konsolidierungsstrategie", die Anfang 2005 vorsah, die Zahl der Publikumsfonds in den folgenden zwei bis drei Jahren zu halbieren.[536] Nach Ansicht des Managements der Cominvest habe die „Anlagebranche mit der Fülle aufgelegter Einzelprodukte für spezielle Bereiche das Rad überdreht."[537] Die Strategie der Fondsgesellschaft sah daher vor, sich auf „fünf bis zehn gute[...] Flaggschifffonds"[538] zu konzentrieren und diese intensiv zu bewerben, daneben aber auch im Rahmen der sog. „offenen Architektur" Fonds anderer Investmentgesellschaften anzubieten.[539] Gerade „diese ungewöhnliche Offenheit für fremde Fonds in Filialen einer Großbank"[540] hatte Cominvest hohe Abflüsse von netto drei bis fünf Mrd. Euro über sämtliche Fondsarten hinweg beschert, was die Fundamentalgründe für Fondsauflösungen weiter verstärkte und z.T. sogar als Existenzbedrohung angesehen wurde.

Ein ebenfalls hoher Einfluss auf die Fondsauflösung ist bei der Investmentgesellschaft Pioneer/Activest[541] auszumachen – hier beträgt der Koeffizient 1,26, die Odds Ratio 3,53 (vgl. Übersicht 10). Auch hier ist die Ursache für Schließungen in einem Strategiewechsel zu sehen: Die Fondsgesellschaft hat beschlossen, sich stärker auf ihre Kernkompetenzen, wie z.B. die weltweite Asset Allokation oder europäische Aktien, zu konzentrieren und für speziali-

532 Bis zur Trennung der Publikumsfondsaktivitäten im Frühjahr 1999 hielten Commerzbank und HVB (von der Bayerischen Vereinsbank in die Fusion mit der Hypo-Bank eingebracht) jeweils 42,7% an der Adig (Allgemeine Deutsche Investment-Gesellschaft), vgl. O.V. (1999a), S. 16; O.V. (1999c), S. 37.

533 Hypo-Invest lautete der Name des Vorgängerinstituts der Activest, die später mit Pioneer fusioniert wurde, vgl. O.V. (1999d), S. 23.

534 Vgl. O.V. (1999b), S. 21; O.V. (1999a), S. 16.

535 Vgl. BECK (2003), S. 21.

536 Vgl. NARAT (2005a), S. 25.

537 NARAT (2005a), S. 25.

538 NARAT (2005a), S. 25.

539 NARAT (2005a), S. 25.

540 NARAT/REZMER (2007), S. 26.

541 Bis zur Übernahme durch Pioneer 2006 und somit während eines Großteils des Untersuchungszeitraums waren dies die Fonds der Activest.

siertere Bereiche wie USA, Asien oder Schwellenländer mit externen Partnern zu kooperieren bzw. auf Indizes zu setzen.[542] Damit einher ging die Bündelung aller Aktivitäten in den Bereichen der Vermögensverwaltung, u.a. auch die Zusammenlegung der Gesellschaften für Publikums- und Spezialfonds.[543] Dadurch sollten Einsparungen in den Bereichen Fondsmanagement, Marketing und Vertrieb, IT-Abwicklung und im Research erreicht werden.[544] Keinen Einfluss auf die empirische Untersuchung hatten hingegen die Übernahme der HVB durch die Unicredit und die anschließende Eingliederung der Activest in die Fondsgesellschaft Pioneer. Zwar wurden massive Fondsfusionen und -schließungen von bis zur Hälfte aller Fonds angekündigt, um Überschneidungen in der Produktpalette zu bereinigen,[545] da die Integration der Investmentgesellschaften jedoch erst 2006 vollzogen wurde[546] und die Pflicht besteht, Fondsschließungen 13 Monate im Voraus anzukündigen,[547] können die hierdurch bedingten Auflösungen nicht im Datensatz enthalten sein. Auch die Fusion der Hypotheken- und Wechselbank (Hypo-Bank) und Bayerischen Vereinsbank zur HypoVereinsbank im Jahr 1998 spielte keine Rolle, da – wie bereits erwähnt – ein Großteil der Mittel von der ursprünglich zur Bayerischen Vereinsbank gehörenden Adig an die Hypo-Invest geflossen ist[548], die 1999 in Activest umbenannt wurde.[549]

Beim Fondsanbieter Deutscher Investment Trust (Dit)[550] ist die Chance, aufgelöst zu werden, rund 2,6-mal so hoch wie bei den übrigen Fondsanbietern (Odds Ratio: 2,60; Koeffizient: 0,95, vgl. Übersicht 10). Im Wesentlichen ist dies auf die Fusion von Dresdner Bank und Allianz im Jahr 2001 und der folgenden Zusammenlegung ihrer Asset-Management-Einheiten zurückzuführen: Um Doppelungen und Überschneidungen zu vermeiden, wurden im Zuge

542 Vgl. FERBER (2002a), S. 26; NARAT (2005d), S. 27.
543 Vgl. FERBER (2002a), S. 26; O.V. (2003a), S. 20.
544 Vgl. O.V. (2002d), S. 196; NARAT (2001a), S. 48.
545 Vgl. NARAT (2005c), S. 22; CSIZI (2006), S. 18; HOFFMANN (2006), S. 99.
546 Vgl. HARDT (2006), S. 22.
547 Vgl. CSIZI (2006), S. 18 sowie Abschnitt 2.1.2 der vorliegenden Arbeit.
548 Vgl. O.V. (1999c), S. 37.
549 Vgl. O.V. (1999e), S. 36.
550 Die Umbenennung in „Allianz Global Investors", die die Expansion im Ausland unterstützen sollte, erfolgte erst 2007 (vgl. O.V. (2006a), S. 30), so dass sie im vorliegenden Datensatz keine Berücksichtigung mehr findet und die KAG unter ihrem Namen Dit geführt werden soll.

der Verschmelzung viele Fonds aufgelöst.[551] Zudem verlor der Dit infolge der Fusion Marktanteile,[552] was zum einen auf Turbulenzen zurückgeführt wurde, nachdem viele Fondsmanager durch Mitarbeiter der Allianz ersetzt wurden.[553] Zum anderen kündigte infolgedessen die Deutsche Vermögensberatung AG (DVAG) ihre strategische Vertriebspartnerschaft auf, die in einem exklusiven Verkauf von Dit-Fonds bestand, und vermittelte stattdessen primär Fonds der DWS.[554] Die hinzugekommenen Vertriebskanäle der Allianz konnten diesen Rückgang nicht kompensieren.[555]

Weniger stark ausgeprägt ist der Effekt bei der Deka (Koeffizient: 0,87, Odds Ratio: 2,38, vgl. Übersicht 10) und etwas diffuser sind auch die Ursachen hierfür. Nachdem die Fondsgesellschaft 2002 noch damit geworben hatte, seit 1956 überhaupt nur zwei Fonds geschlossen zu haben,[556] kündigte die Deka Anfang 2005 an, die Hälfte der Fonds und dabei insbesondere viele kleine zu schließen,[557] widerrief diese Entscheidung aber kurze Zeit später.[558] Möglicherweise ist jedoch der zweifache grundsätzliche Strategiewechsel im Investmentprozess für die spezifischen Auflösungsentscheidungen der Deka verantwortlich: Im Jahr 2002 etablierte die Fondsgesellschaft einen quantitativen, computergestützten Anlageprozess. Im Zuge der stärkeren Bündelung gleichartiger Tätigkeiten und Zusammenlegung der Töchter für Publikums- und Spezialfonds[559] stellte die Deka ihren Prozess auf eine arbeitsteilige Organisation mit den getrennten Bereichen Research, Portfoliokonstruktion, Umsetzung und Qualitätsmanagement um.[560] Drei Jahre später wurde dieser Teamansatz hingegen wieder aufgegeben und den Fondsmanagern wurden mehr Entscheidungsfreiheiten und höhere Verantwortung für einzelne Fonds übertragen, da

---

551 Vgl. O.V. (2002a), S. 33; FERBER (2002b), S. 35.

552 In Übereinstimmung mit dieser Beobachtung zeigen ALLEN/PARWADA (2006) in einer Studie für den australischen Markt, dass die Fusion von Fondsgesellschaften i.d.R. zu Mittelabflüssen insbesondere aus den Fonds der übernommenen Gesellschaft führt, vgl. ALLEN/PARWADA (2006), S. 133.

553 Vgl. SCHWERDTFEGER/GERTH (2005), S. 106; MAHLER/PAULY/REUTER (2002), S. 100.

554 Vgl. LANDGRAF/NARAT/WALTER (2001), S. 27.

555 Vgl. FERBER (2002d), S. 22; NARAT (2003a), S. 24.

556 Vgl. RHEE-PIENING (2002), S. 21.

557 Vgl. NARAT (2005b), S. 24.

558 Vgl. REIMER/BURGMAIER (2005), S. 11.

559 Vgl. O.V. (2001), S. 30.

560 Vgl. REZMER (2004), S. 32; NARAT (2004), S. 21.

man bei ihnen einen Motivationsverlust und steigende Mitarbeiterfrustration, verbunden mit sich verschlechternden Leistungen, diagnostiziert hatte.[561] Eine Begründung könnte auch in der stärkeren Öffnung für Fremdfonds und deren steigenden Verkauf über den Deka-Hauptabsatzkanal der Sparkassen liegen.[562] Schließlich besteht ein spezifisches Problem der Deka in ihrem Imageverlust und dem gestiegenen Misstrauen der Anleger aufgrund ihrer Probleme mit Immobilienfonds im Jahr 2004: Hohe Leerstände, zu hoch bewertete Bürohäuser, die abgewertet werden mussten, sowie die Verwicklung in den Frankfurter Immobilienskandal hatten dazu geführt.[563] Wenngleich die Probleme auf Immobilienfonds beschränkt waren, übertrug sich der Imageschaden auch auf die Aktienfonds der Deka.[564]

Werden die KAG-Dummy-Variablen einzeln in das Modell aufgenommen, verändern sich die Koeffizienten und Signifikanzen leicht, die Aussagen behalten dadurch jedoch ihre Gültigkeit.[565] Durch die Aufnahme aller Fondsgesellschaften in das Gesamtmodell verändern die anderen unabhängigen Variablen ihre Werte ebenfalls geringfügig; lediglich der Einfluss des relativen Mittelaufkommens der KAG ändert sich stärker: Hier verdoppelt sich betragsmäßig

561 Vgl. NARAT (2005b), S. 24; NARAT (2007b), S. 27. In der wissenschaftlichen Literatur ist umstritten, ob ein Teamansatz oder einzelne Fondsmanager vorzuziehen sind. In ihrer Untersuchung von rund 3.000 amerikanischen Aktienfonds stellen BLISS/POTTER/SCHWARZ (2008) zwar einen Trend zum Teammanagement fest – die Zahl dieser Fonds hat sich im zwölfjährigen Untersuchungszeitraum versiebenfacht – können jedoch keinen signifikanten Unterschied in der risikoadjustierten Rendite erkennen. Sie weisen jedoch nach, dass Fonds, die von Teams geführt werden, ein signifikant geringeres Risiko eingehen, einen geringeren Turnover aufweisen, weniger kosten und signifikant höhere Mittelzuflüsse verzeichnen. BÄR/KEMPF/RUENZI (2005) stellen ebenfalls fest, dass Teams weniger risikoreich vorgehen und eine konsistentere Strategie über Zeit verfolgen. Sie finden (schwache) Hinweise darauf, dass Teammanagement einen negativen Einfluss auf die Performance hat, diese jedoch im Zeitverlauf persistenter ist.

562 Vgl. O.V. (2006c), S. 88; SCHWERDTFEGER/GERTH (2005), S. 106.

563 Vgl. O.V. (2004c), S. 23.

564 Vgl. SCHWERDTFEGER/GERTH (2005), S. 106.

565 Dit ist bei einem Wert von 0,58 nur noch schwach signifikant (p-Wert: 0,09), bei Pioneer sinkt der Koeffizient auf 0,89 und der p-Wert auf 0,02, Cominvest verliert bei Einzelbetrachtung bei einem Koeffizienten von 0,46 seine Signifikanz, der Koeffizient von DWS wird mit -1,3 (Odds Ratio 0,271) hingegen hoch signifikant. Der Koeffizient der KAG Oppenheim sinkt leicht unter den Nullwert, ist aber weiterhin hochgradig insignifikant.

der Wert des Koeffizienten auf rund -3,08. Der AUR-Wert des Modells steigt leicht (aber signifikant[566]) auf 0,904.

5.4.2.3 Untersuchung von Fondssegmenten

Nach der Betrachtung einzelner Fondsgesellschaften soll nun untersucht werden, ob das jeweilige Anlagesegment eines Fonds einen spezifischen Einfluss auf die Auflösung ausübt. Als Segmentmerkmale wurden schon die jeweilige Zahl der Fonds sowie indirekt die relative Stellung eines Fonds in Bezug auf Volumen und Aufkommen berücksichtigt. Nun sollen jedoch die konkreten Segmente, die neben den Markttrends auch die unterschiedlichen Anlagestrategien widerspiegeln, näher betrachtet werden. Hierfür werden zuerst Dummy-Variablen für die Grobgliederung Länderfonds, Nebenwertefonds und Branchenfonds eingeführt. Dabei zeigt sich, dass die Variablen für Branchen- und Nebenwertefonds einen negativen Koeffizienten aufweisen, für Länderfonds hingegen einen positiven: Die Chance, aufgelöst zu werden, ist für einen Länderfonds c.p. fast 2,4-mal so hoch wie für Fonds der beiden anderen Kategorien (vgl. Übersicht 11).[567] Umgekehrt haben Nebenwertefonds eine um 98% geringere „Chance" auf Auflösung (vgl. Anhang – Übersicht 7), was aber möglicherweise auch auf einen Größeneffekt durch die geringe Zahl an Fonds in diesem Segment zurückzuführen sein kann.[568] Bei Branchenfonds ist dieser Effekt wesentlich geringer (Odds Ratio: 0,82), der Koeffizient ist hingegen nicht signifikant.[569] Durch Aufnahme dieser „Segment-Dummy-Variablen" hat sich die Erklärungskraft des Modells nochmals leicht verbessert (AUR-Werte 0,8932 bzw. 0,8981)[570]; dies alles spricht bereits für die Validität von HYPOTHESE A13.

---

566 Der LR-Test zur Überprüfung der Differenz der beiden AUR-Werte liefert den χ^2 (1) Wert von 7,53, p = 0,006.

567 Bleiben für diese Analyse die segmentspezifischen unabhängigen Variablen „Anzahl Fonds im Segment" sowie „Ranking Fondsvolumen im Segment" und „Ranking Mittelaufkommen im Segment" oder auch nur einzelne von ihnen unberücksichtigt, ändern sich die jeweiligen Koeffizienten nur unwesentlich, die Aussagen behalten ihre Gültigkeit.

568 Das Segment „Nebenwertefonds umfasst 28 Fonds, von denen 10 im Untersuchungszeitraum aufgelöst werden, vgl. Übersicht 3.

569 Der p-Wert beträgt 0,427.

570 Bei Aufnahme des Länderfonds-Dummys in das Modell ist der Unterschied im Erklärungsgehalt im Vergleich zum Grundmodell jedoch insignifikant (χ^2 (1) = 0,61, p = 0,43),

Übersicht 11: Einfluss der Dummy-Variable „Länderfonds" auf das Gesamtmodell

$$\beta_i' x_i = \alpha_0 + \beta_1 (Rend\_Proz)_i + \beta_2 (Vol\_ln)_i + \beta_3 (Av\_Rend\_KAG)_i + \beta_4 (Rel\_Auf\_KAG)_i + \beta_5 (Zahl\_Fonds\_Seg)_i + \beta_6 (Rank\_Vol\_Seg)_i + \beta_7 (Rank\_Auf\_Seg)_i + \beta_8 (Segment\_Laender)_i + \varepsilon_i$$

Variablen	Bezeichnung	Koeffizienten (Robust standard errors)	Odds Ratios (95% confidence intervals)
Rend_Proz	Prozentuale Fondsrendite	-0.115*** (0.0133)	0.892*** (0.869 - 0.915)
Vol_ln	Fondsvolumen logarithmiert	-0.844*** (0.0858)	0.430*** (0.364 - 0.509)
Av_Rend_KAG	Durchschnittliche Rendite der KAG	4.301*** (0.808)	73.75*** (15.15 - 359.11)
Rel_Auf_KAG	Relatives Mittelaufkommen KAG	-1.445** (0.626)	0.236** (0.0691 - 0.8037)
Zahl_Fonds_Seg	Anzahl Fonds im Segment	-0.00713*** (0.00189)	0.993*** (0.989 - 0.997)
Rank_Vol_Seg	Ranking Fondsvolumen im Segment	-0.990* (0.594)	0.372* (0.116 - 1.190)
Rank_Aufk_Seg	Ranking Mittelaufkommen im Segment	-1.793** (0.699)	0.166** (0.0423 - 0.6558)
Segment_Laender	Länderfonds	0.859*** (0.279)	2.361*** (1.366 - 4.082)
Constant		1.840** (0.801)	6.300** (1.311 - 30.262)
Observations		977	977
Pseudo R-squared		0.393	0.393
AUR[a]		0.8932	0.8932

*** p<0.01, ** p<0.05, * p<0.1
[a]Area under the Receiver Operating Characteristics (ROC) curve

Quelle: Eigene Darstellung.

Zur Betrachtung eines Einflusses der Feingliederung der Segmente werden sämtliche kategorialen Segment-Variablen in das Modell eingefügt. Wählt man als möglichst allgemein gehaltene, breit anlegende Fonds Länderfonds, die außerhalb Europas, international und ohne spezifischen Länderfokus investieren (Segment „LIR") als Bezugsmaßstab,[571] weisen nur Nebenwertefonds und Aktienfonds mit einem einzelnen Land außerhalb Europas als Anlageschwerpunkt („N" und „LIRE") einen negativen Koeffizienten auf. Die Chance, aufgelöst zu werden, ist bei ihnen um fast 98% bzw. knapp 90% geringer als bei den internationalen Bezugsfonds (vgl. Übersicht 12). Allgemeine Länderfonds sind hingegen signifikant stärker von Auflösung bedroht; bei ihnen ist die Chance mehr als viermal so hoch. Nur unwesentlich geringer ist der Wert für Fonds,

bei alternativer Aufnahme der Variable Nebenwertefonds ist die Differenz hingegen mit χ^2 (1) = 3,91 und p = 0,048 signifikant.

571 Mit 125 Fonds gehört dieses Segment zudem zu den größten Gruppen, vgl. Übersicht 3.

die ihre Mittel in europäischen Aktien anlegen („L" und „LIE", Odds Ratio 4,36 bzw. 4,25). Einen positiven, aber nur schwach signifikanten Koeffizienten weisen Deutschlandfonds und Aktienfonds mit allgemeinem internationalen Fokus auf („LD" und „LI"); die Odds Ratio beträgt bei ihnen 2,51 bzw. 2,35. Für Fonds, die in Branchen oder einzelne europäische Länder („LIEE") investieren, ergibt die Analyse positive, jedoch insignifikante Koeffizienten.

Übersicht 12: Einfluss der einzelnen Fondssegmente auf das Gesamtmodell

$$\beta'_i x_i = \alpha_0 + \beta_1(Rend\_Proz)_i + \beta_2(Vol\_ln)_i + \beta_3(Av\_Rend\_KAG)_i + \beta_4(Rel\_Auf\_KAG)_i$$
$$+ \beta_5(Zahl\_Fonds\_Seg)_i + \beta_6(Rank\_Vol\_Seg)_i + \beta_7(Rank\_Auf\_Seg)_i + \sum_{k=1}^{8}\gamma_k(Segment\_k)_i + \varepsilon_i$$

Variablen	Bezeichnung	Koeffizienten (Robust standard errors)	Odds Ratios (95% confidence intervals)
Rend_Proz	Prozentuale Fondsrendite	-0.141*** (0.0155)	0.869*** (0.843 - 0.895)
Vol_ln	Fondsvolumen logarithmiert	-0.909*** (0.0848)	0.403*** (0.341 - 0.476)
Av_Rend_KAG	Durchschnittliche Rendite der KAG	4.541*** (0.910)	93.76*** (15.76 - 557.70)
Rel_Auf_KAG	Relatives Mittelaufkommen KAG	-1.222* (0.643)	0.295* (0.0835 - 1.0396)
Zahl_Fonds_Seg	Anzahl Fonds im Segment	-0.0146*** (0.00379)	0.986*** (0.978 - 0.993)
Rank_Vol_Seg	Ranking Fondsvolumen im Segment	-1.321** (0.665)	0.267** (0.0725 - 0.9837)
Rank_Aufk_Seg	Ranking Mittelaufkommen im Segment	-2.037** (0.805)	0.130** (0.0270 - 0.6313)
Segment_B	Branchenfonds	0.388 (0.424)	1.474 (0.642 - 3.385)
Segment_L	Länderfonds allgemein	1.472*** (0.445)	4.356*** (1.820 - 10.426)
Segment_LD	Länderfonds Deutschland	0.919** (0.399)	2.507** (1.148 - 5.475)
Segment_LI	Länderfonds international allgemein	0.856* (0.461)	2.354* (0.954 - 5.809)
Segment_LIE	Länderfonds Europa Regionen	1.447*** (0.517)	4.249*** (1.541 - 11.713)
Segment_LIEE	Länderfonds Europa Einzelländer	0.982 (0.690)	2.670 (0.691 - 10.314)
Segment_LIRE	Länderfonds Rest of World Einzelländer	-2.169** (0.885)	0.114** (0.0202 - 0.6474)
Segment_N	Nebenwertefonds	-4.102*** (1.099)	0.0165*** (0.00192 - 0.14260)
Constant		2.937*** (0.786)	18.86*** (4.039 - 88.086)
Observations		977	977
Pseudo R-squared		0.440	0.440
AUR[1]		0.907	0.907

*** p<0.01, ** p<0.05, * p<0.1

[1] Area under the Receiver Operating Characteristics (ROC) curve

Bezugspunkt: internationale Länderfonds in Regionen außerhalb Europas („LIR – Länderfonds Rest of World Regionen"). Quelle: Eigene Darstellung.

Wählt man alternativ andere Segmente als Referenzpunkt für die Analyse, ändern sich entsprechend die Größen, ggf. Vorzeichen und teilweise auch die Signifikanz der Koeffizienten; die Reihung der Segmente bleibt jedoch konstant und in mindestens einem Fall sind auch alle Koeffizienten in Bezug zur Vergleichsvariablen hoch signifikant. Die beiden sehr breit angelegten Segmente „allgemeine Länderfonds ohne nähere Spezifikation" („L") sowie „europäische Aktienfonds" („LIE") üben den stärksten, die spezialisierteren Fondsgruppen wie Nebenwertefonds oder „Einzelländer Rest of World" („LIRE") hingegen den schwächsten Einfluss auf Fondsauflösungen aus (vgl. Übersicht 13).

Übersicht 13: Reihung der Fondssegmente nach Stärke ihres Einflusses auf die Auflösung

Rang	Abkürzung	Segment	Zahl Fonds
1	L	Länderfonds allgemein	71
2	LIE	Länderfonds Europa Regionen	253
3	LIEE	Länderfonds Europa Einzelländer	10
4	LD	Länderfonds Deutschland	117
5	LI	Länderfonds international allgemein	230
6	B	Branchenfonds	146
7	LIR	Länderfonds Rest of World Regionen	125
8	LIRE	Länderfonds Rest of World Einzelländer	13
9	N	Nebenwertefonds	28

Quelle: Eigene Darstellung.

Die Koeffizienten der übrigen unabhängigen Variablen haben sich durch die Aufnahme der Dummy-Variablen in ihrem Vorzeichen nicht und in ihrem Wert nur leicht verändert – die Größenordnungen und damit Aussagen sind gleich geblieben. Durch die Aufnahme der Feingliederung der Segmente hat das Modell nochmals im Vergleich zu der vorangegangenen Grobspezifikation an Erklärungskraft gewonnen – der AUR-Wert liegt nun bei 0,907[572].

572 Die Differenz zum zugrundeliegenden Gesamtmodell ist jedoch mit χ^2 (1) = 10,98, $p < 0,01$ hoch signifikant.

5.4.2.4 Untersuchung weiterer unabhängiger Variablen

Nach der Aufstellung eines Gesamtmodells, das nur Variablen beinhaltet, die auch im Zusammenspiel signifikant sind, und das über eine hohe Erklärungskraft verfügt, soll im Folgenden für die weiteren Einflussfaktoren untersucht werden, ob die im Theorieteil der Arbeit abgeleiteten Beziehungen zur Auflösung von Fonds empirisch nachweisbar sind. Hierzu werden alle weiteren Variablen zunächst univariat getestet und anschließend in das Gesamtmodell aufgenommen, wobei jeweils die Variablen aus dem Gesamtmodell entfernt werden, die mit der zu testenden Variablen eine zu hohe Korrelation aufweisen, um somit Multikollinearitätsprobleme zu vermeiden. In gewohnter Weise beginnt die Analyse mit fondsbezogenen Variablen (5.4.2.4.1), setzt sich mit fondsgesellschaftsbezogenen (5.4.2.4.2) fort und endet schließlich mit segmentbezogenen Variablen (5.4.2.4.3).

5.4.2.4.1 Untersuchung weiterer fondsbezogener Variablen

Erwartungsgemäß sind nicht nur – wie im Gesamtmodell gezeigt – das Mittelaufkommen und das logarithmierte Fondsvolumen signifikant negativ mit der Auflösung korreliert, sondern auch die durch den Renditeeffekt bedingte Veränderung des Volumens (Variable „Voldelta_r“, vgl. Übersicht 14), da es sich in knapp zwei Drittel der Fälle um eine positive Volumenänderung, also eine Erhöhung des Volumens handelt.[573] Somit wirkt diese Variable in gleicher Weise wie positives Mittelaufkommen: Der Fonds wächst und kann dadurch bei konstantem Prozentsatz der Verwaltungsgebühren höhere Erträge generieren. Wie in der deskriptiven Analyse gezeigt (vgl. Abbildung 14), ist der Volumeneffekt mehr als doppelt so groß, wenn die Beträge der Einzelwerte über alle Jahre summiert werden. Bei Aufsummierung unter Berücksichtigung der Vorzeichen reduziert er sich auf ein knappes Drittel, so dass offensichtlich

[573] Konkret ist dies bei 594 Fonds der Fall, im Gegensatz zu 374 Fonds, bei denen eine Volumenverringerung vorliegt. Aufgrund der Bildung der Variablen und der Querschnittsbetrachtung ist dies nicht gleichbedeutend mit einer positiven bzw. negativen Gesamtrendite. Bei 80 Fonds liegt eine Erhöhung des Volumens vor, obwohl die durchschnittliche jährliche Rendite negativ ist, bei 135 Fonds führt eine positive Rendite zu keiner Volumensteigerung im Mittel.

ist, dass die Zuflüsse einen wesentlich größeren Einfluss auf die Fondsauflösung ausüben.

Übersicht 14: Einfluss weiterer unabhängiger fondsbezogener Variablen auf die Auflösung

		Univariate Analyse		Multivariate Analyse	
Unabhängige Variablen	Bezeichnung	Koeffizient	Odds Ratio	Koeffizient	Odds Ratio
Voldelta_r	Volumenänderung des Fonds durch Rendite	-0.01***	0.99***	-0.01***	0.99***
Gebuehreneinn	Gebühreneinnahmen des Fonds	-1.06***	0.34***	-0.98***	0.38***
Sharpe	Sharpe-Ratio des Fonds	-0.55	0.58	-0.20	0.82
Ueberrend_proz	Prozentuale Überrendite des Fonds	-0.47***	0.95***	-0.037***	0.96***
Ueberrend_quad	Quadrierte prozentuale Überrendite des Fonds	0.003***	1.003***	0.002**	1.002**
Vola	Volatilität des Fonds	5.83***	338.91***	8.11***	3330.7***
Verwgeb	Verwaltungsgebühren des Fonds	15.3	671339.8	-22.9	1.19e-10
Depotgeb	Depotgebühren des Fonds	6.2	471.1	2.1	8.5
Ausgauf	Ausgabeaufschlag des Fonds	15.33**	4558982**	11.65*	114413*

*** p<0.01 ** p<0.05 * p<0.1

Quelle: Eigene Darstellung.

Ebenso wenig überraschend ist der hoch signifikante negative Koeffizient bei der Variable „Gebühreneinnahmen“; derselben Logik folgend ist sie unmittelbar maßgeblich für die Profitabilität eines Fonds. Überraschend ist lediglich, dass diese „direkte“ Messung der Einnahmen eines Fonds weniger gut die abhängige Variable „Auflösung“ erklärt als das Fondsvolumen selbst, welches nur indirekt die Einnahmen für die Fondsgesellschaft widerspiegelt. Eine mögliche Begründung könnte darin liegen, dass die Gebühreneinnahmen für die vorliegende empirische Untersuchung nicht direkt zu beobachten sind, sondern geschätzt werden müssen, da zum einen bei vielen Fonds nicht die tatsächlichen, sondern nur die maximalen Sätze der Verwaltungsgebühren angegeben sind und zum anderen i.d.R. die „Gebührenentnahmen“ aus dem Fondsvermögen auf täglicher Basis berechnet werden; hierdurch treten gewisse Abweichungen der Schätzung von den tatsächlichen Werten auf, wodurch auch die Aussagekraft für das Modell sinkt.

Als insignifikant – sowohl in uni- als auch in multivariater Analyse – erweist sich die Sharpe-Ratio. Dies ist bezeichnend, da es sich hierbei um das einzige in die Untersuchung einbezogene risikoadjustierte Performancemaß handelt. Obwohl die Sharpe-Ratio ein überaus gebräuchliches Maß zur Bewertung von Aktienfonds darstellt, scheint es für das Fondsmanagement kein entscheidendes Kriterium zu sein, das für den Fortbestand maßgeblich wäre. Dieses Ergebnis stimmt mit den Erkenntnissen von EVANS (2004) überein, wonach Fondsgesellschaften zwar für interne Entscheidungen, wie Beförderungen oder Entlassungen von Fondsmanagern, risikoadjustierte Performancemaße verwenden, das Risiko jedoch nicht für die nach außen deutlich sichtbaren Entscheidungen, wie Fondsauflösungen berücksichtigen, da dieses nach Argumentation des Autors auch für die Investoren keine Rolle spielt.

Hingegen ist neben der prozentualen Rendite auch die Überrendite der Fonds gegenüber ihrer segmentspezifischen Peer Group entscheidend, die ebenfalls nicht das eingegangene Risiko berücksichtigt. Erwartungsgemäß bestätigt sich auch hier ein signifikant negativer Einfluss auf die Auflösungswahrscheinlichkeit; bei der Überprüfung der Linearität zeigt sich aber, dass der Koeffizient der quadrierten Variable signifikant positiv ist und damit auch einen Einfluss auf das Modell ausübt (vgl. Übersicht 14). Aufgrund der Vorzeichenkombination aus negativem linearen und positivem quadrierten Term kann ein U-förmiger Beziehungszusammenhang abgeleitet werden, d.h., mit steigender Überrendite sinkt die Wahrscheinlichkeit einer Auflösung zunächst, sie steigt jedoch bei sehr hohen Überrenditen wieder an. Dieses zunächst kontraintuitive Ergebnis, dass gerade die im Vergleich zu ihrer Peer Group besten Fonds eher aufgelöst werden als mittelmäßige, erklärt sich, wenn Interaktionseffekte berücksichtigt werden. Hierbei wird evident, dass die Bedeutung der Überrendite stark vom Fondsvolumen abhängt. So ist der steigende Ast der U-förmigen Beziehung einer positiven Interaktion bei besonders kleinen Fonds – z.B. dem kleinsten Oktil – geschuldet (vgl. Übersicht 15). Fondsgesellschaften lösen also offensichtlich auch ihre im Vergleich besten Fonds auf, wenn es gerade diesen nicht gelingt, ein substanzielles Volumen zu erreichen.

Übersicht 15: Interaktionseffekt zwischen Überrendite und dem kleinsten Oktil des logarithmierten Fondsvolumens

$$\beta_i' x_i = \alpha_0 + \beta_1 (Av\_Auf\_KAG)_i + \beta_2 (Zahl\_Fonds\_Seg)_i + \beta_3 (Rank\_Vol\_Seg)_i + \beta_4 (Rank\_Auf\_Seg)_i + \beta_5 (Volumenoktil1)_i + \beta_6 (Ueberrend\_proz)_i + \beta_7 ((Volumenoktil1)_i * (Ueberrend\_proz)_i) + \varepsilon_i$$

Variablen	Bezeichnung	Koeffizienten (Robust standard errors)	Odds Ratios (95% confidence intervals)
Av_Auf_KAG	Durchschnittliches Mittelaufkommen der KAG	-0.698 (0.485)	0.498 (0.192 - 1.287)
Zahl_Fonds_Seg	Anzahl Fonds im Segment	-0.00445*** (0.00155)	0.996*** (0.993 - 0.999)
Rank_Vol_Seg	Ranking Fondsvolumen im Segment	-1.470*** (0.521)	0.230*** (0.0829 - 0.6378)
Rank_Aufk_Seg	Ranking Mittelaufkommen im Segment	-2.370*** (0.655)	0.0934*** (0.0259 - 0.3372)
Volumen_oktil1	Logarithmiertes Volumen Oktil 1 (Fondsvolumen < 5.36 Mio. EUR)	2.075*** (0.249)	7.963*** (4.893 - 12.961)
Ueberrend_proz	Prozentuale Überrendite des Fonds	-0.0604*** (0.0150)	0.941*** (0.914 - 0.970)
Volumenoktil1 X Ueberrend_proz	Interaktionseffekt zwischen Volumen Oktil 1 und Überrendite	0.0624*** (0.0217)	1.064*** (1.020 - 1.111)
Constant		1.439*** (0.498)	4.217*** (1.590 - 11.187)
Observations		977	977
Pseudo R-squared		0.148	0.148
AUR[a]		0.760	0.760

*** p<0.01, ** p<0.05, * p<0.1

[a] Area under the Receiver Operating Characteristics (ROC) curve

Quelle: Eigene Darstellung.

Auch wenn man sich nicht nur auf sehr kleine Fonds beschränkt, sondern beispielsweise das Fondsvolumen in nur drei Klassen einteilt, erkennt man deutlich, dass für größere Fonds die Überrendite ein deutliches Entscheidungskriterium für die Auflösung ist, nicht jedoch bei kleinen Fonds: Während bei den Terzilen zwei und drei (mit Kreuzen gekennzeichnete Kurve in Abbildung 37) überdurchschnittlich gute Fonds (Überrendite größer Null) kaum von Auflösung bedroht sind, ist die (helle) Kurve für das kleinste Terzil wesentlich flacher ausgeprägt und auch Fonds, die höhere Renditen als ihre Peer Group erzielen, werden mit einer höheren geschätzten Wahrscheinlichkeit aufgelöst.

Abbildung 37: Zusammenhang zwischen geschätzter Auflösungswahrscheinlichkeit und Überrenditen von Fonds nach Fondsvolumen

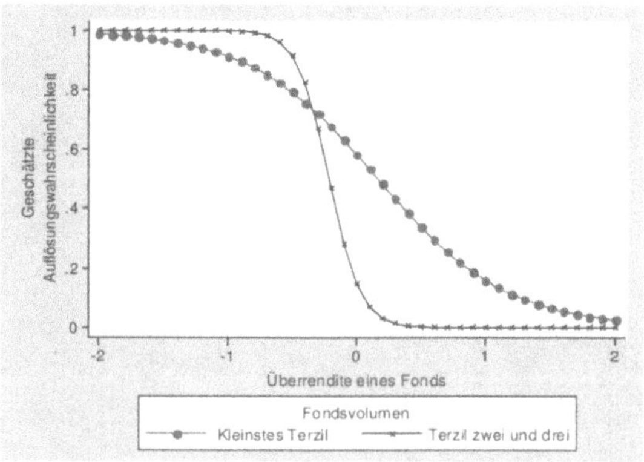

Quelle: Eigene Darstellung.

Zum Effekt eines U-förmigen Zusammenhangs trägt in diesem Kontext zudem bei, dass Fonds mit keinen oder geringen überdurchschnittlichen Renditen – also Fonds, deren Überrendite sich um den Nullpunkt bewegt – ein sehr hohes Volumen aufweisen (vgl. Abbildung 38). Umgekehrt ist dies wiederum ein Beleg, dass sehr große Fonds nur sehr selten überdurchschnittliche Ergebnisse erzielen können.[574] Aufgrund ihrer Größe sind sie jedoch in geringerem Maße von der Auflösung betroffen, so dass bei höherer Überrendite ein geringeres Volumen mit entsprechend höherem Auflösungsrisiko für den quadratischen Zusammenhang sorgt.

Zusammenfassend lässt sich daraus also die Erkenntnis ableiten, dass für die Fondsgesellschaften das Fondsvolumen ein wesentlich wichtigerer Einflussfaktor ist, als der, einen „Star-Fonds“ zu besitzen, so dass Rankinglisten für den Investor trügerisch sein können und keinen sicheren Indikator für die (Nicht-)Auflösung von Fonds darstellen.

574 Vgl. Abschnitt 3.2.3 der vorliegenden Arbeit.

Abbildung 38: Durchschnittliches Fondsvolumen nach Oktilen der Überrendite

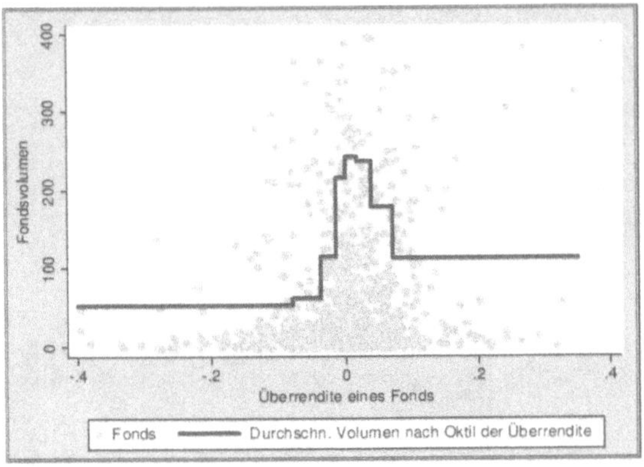

Quelle: Eigene Darstellung.

Wenngleich bei der risikoadjustierten Performance kein signifikanter Einfluss auf die Auflösung von Fonds nachgewiesen werden kann, wird jedoch das Risiko an sich sehr wohl bei der Auflösung von Fonds berücksichtigt, wie der hoch signifikante, relativ große positive Koeffizient bei der Volatilität zeigt (vgl. Übersicht 14). Eine höhere Volatilität vergrößert also beträchtlich die Wahrscheinlichkeit einer Auflösung. Fondsgesellschaften bestrafen demnach Fondsmanager, die zu riskante Strategien eingehen; die Aufsichtsgremien in den Fondsgesellschaften handeln eher risikoavers und wollen Aktienfonds als risikoarmes Investment positioniert sehen, was mit HYPOTHESE A4 übereinstimmt. Das Ergebnis bestätigt insofern auch die Hypothese, dass sich sog. „Gambling for Resurrection“ dem empirischen Befund zufolge nicht lohnt; Manager können also nicht darauf setzen, dass sie durch die Steigerung des Risikos höhere Renditen erzielen und dadurch einer Schließung entgehen, da sie gerade durch das erhöhte Risiko – unabhängig von der Rendite – eine überproportional große Gefahr der Auflösung auf sich nehmen. Unter Umständen spiegelt aber auch hier die Durchschnittsbildung der Querschnittsuntersuchung nur ein unzureichendes Bild wider und es werden die Fonds aufgelöst, die grundsätzlich ein höheres Risiko eingehen, hingegen nicht diejenigen, die das Risiko im Rahmen des sog. „Familien-“ oder „Segmentturniers“ dynamisch erhöhen, wenn ihre Performance zum Halbjahr hinter den Erwartungen bzw. der der Konkurrenz zurückbleibt und sie – auf Kosten der Anleger – um eine bessere Rendite zum Jahresende „spielen". Eine Untersuchung unterjähriger Werte könnte hierfür weitere interessante Erkenntnisse liefern. Eine gewisse Verzerrung entsteht zusätzlich dadurch, dass die Fonds im Untersuchungsumfang unterschiedlich lange existieren und so auch das Marktumfeld sehr verschieden sein kann. Die im theoretischen Teil diskutierte Abhängigkeit des Risikos von der Größe des Fonds[575] kann aufgrund insignifikanter Interaktionseffekte nicht bestätigt werden.[576] Ebenfalls nicht signifikant ist die Interaktion der Volatilität mit der Zahl der Fonds im Segment, was einen Hinweis darauf geliefert hätte, dass in kleinen, spezialisierten Segmenten automatisch ein höheres Risiko eingegangen werden muss bzw. im umgekehrten Fall Aufschluss über „Strategic Behavior"[577] geliefert hätte. Die entsprechenden Erkenntnisse lassen sich auch nicht auf Ebene der Fondsgesellschaften gewinnen – hier ergeben sich ebenfalls keine Interaktionseffekte zwischen Risiko und der Zahl der Fonds.

Die Kombination der in der empirischen Untersuchung gewonnenen Ergebnisse, nämlich dass die Rendite, die Überrendite gegenüber einer Peer Group sowie die Volatilität eines Fonds signifikante Ergebnisse liefern und somit für das Management der Fondsgesellschaften relevant sind, nicht jedoch die Sharpe-Ratio, legt die Vermutung nahe, dass andere risikoadjustierte Performancemaße eingesetzt werden als die Sharpe-Ratio. Neben der Sharpe-Ratio haben sich schon früh weitere Performancemaße etabliert, etwa die „Reward-to-Volatility-Ratio" von Treynor, die statt der Standardabweichung die Betafaktoren als Risikomaß verwendet[578] oder „Jensen's Alpha", das ausgehend von der Ex post-Version der Wertpapierlinie, die Differenz zwischen tatsächlich er-

---

575 Vgl. Abschnitt 4.1.1.4 der vorliegenden Arbeit.

576 Einziges signifikantes Ergebnis ist hier, dass die Volatilität beim größten Oktil des Volumens wesentlich geringer ist als beim kleinsten Oktil. Dieses Ergebnis bestätigt sich bei granularerer Aufgliederung des Volumens (z.B. Dezilen), nicht jedoch bei der Betrachtung größerer Einheiten wie Quartilen oder Quintilen. Da sich neben dem direkten Vergleich zwischen kleinstem und größtem Quantil keine weiteren signifikanten Aussagen treffen lassen, sollte dieses Ergebnis jedoch nicht überbewertet werden.

577 Vgl. Abschnitt 4.1.1.4 der vorliegenden Arbeit.

578 Vgl. TREYNOR (1965).

reichter und erwarteter Überschussrendite misst.[579] In der Folgezeit hat die wissenschaftliche Forschung eine Vielzahl unterschiedlicher Maße entwickelt, so z.B. solche, die speziell die Timingfähigkeiten von Fondsmanagern im Vergleich zu ihren Selektivitätsfähigkeiten überprüfen können, wie etwa die Maße von TREYNOR/MAZUY (1966) oder HENRIKSSON/MERTON (1981). Neben Maßen, die ohne ein kapitalmarkttheoretisches Renditeerwartungsmodell auskommen, wie das „Positive Period Weighting Measure" von GRINBLATT/TITMAN (1989b), spielen heute insbesondere Mehrfaktorenmodelle eine große Rolle, wie etwa das FAMA/FRENCH (1993) 3-Faktoren-Modell[580] oder das CARHART (1997) 4-Faktoren-Modell.[581] Da es für die Fragestellung der Einflussfaktoren auf die Auflösung von Fonds nicht entscheidend ist, welches exakte Performancemaß als Entscheidungsgrundlage dient, sondern vielmehr, welche grundlegenden Faktoren eine ausschlaggebende Rolle spielen, sollen im Rahmen der vorliegenden Arbeit keine zusätzlichen Maße einbezogen werden.

Bei der Betrachtung der Fondsgebühren wurde bereits in der univariaten Analyse[582] festgestellt, dass die Koeffizienten der Verwaltungs- und Depotbankgebühren hochgradig insignifikant sind. Während dies bei den Depotbankgebühren HYPOTHESE A6C entspricht und nicht weiter verwunderlich ist, da sie nicht der Fondsgesellschaft direkt zukommen, ist dieses Ergebnis bei den Verwaltungsgebühren weiter zu hinterfragen. Sie tragen gemeinsam mit dem Fondsvolumen direkt zu den Erlösen der KAG bei und werden gemäß der aufgestellten HYPOTHESE M5B nur bedingt von den Investoren wahrgenommen, so dass eigentlich, wie im Theorieteil formuliert, eine negative Korrelation zu erwarten wäre. Zudem könnte durch höhere Gebühren die Ressourcenausstattung des Fonds erhöht und damit die Qualität und potenziell auch die Performance gesteigert werden. Eine Erklärung für die Irrelevanz dieser Variable könnte darin bestehen, dass Anleger doch auf die Gebührenbelastung achten und so höhere Gebühren das Mittelaufkommen senken, weshalb der Netto-

---

579 Vgl. JENSEN (1968).

580 Neben der Überrendite des Marktes berücksichtigt es als Faktorladung die Renditedifferenz zwischen Aktien großer und kleiner Marktkapitalisierung sowie als dritten Faktor die Renditeunterschiede von Aktien mit hohem und niedrigem Marktwert-zu-Buchwert-Verhältnis.

581 Neben den drei Faktoren von FAMA/FRENCH (1993) nutzt dieses Modell als vierten Faktor das 1-Jahres-Momentum.

582 Vgl. Abschnitt 5.4.1 der vorliegenden Arbeit.

effekt keine Signifikanz aufweist. Dieser Frage muss bei der Analyse der Zuflüsse in Abschnitt 5.5.1 weiter nachgegangen werden.

Ebenso überraschend ist der signifikant positive Koeffizient beim Ausgabeaufschlag. Auch hier wäre der in HYPOTHESE A6B formulierte negative Koeffizient zu erwarten gewesen: Die Gebühren des Ausgabeaufschlags kommen zwar im Wesentlichen Vermittlern bzw. dem Vertrieb insgesamt zugute, wodurch aber ein größerer Teil der Verwaltungsgebühren für die Fondsverwaltung im engeren Sinne zur Verfügung steht und zudem höhere Anreize für den Vertrieb des Fonds geschaffen werden. Eine Begründung könnte auch hier in den entgegenwirkenden Effekten bei dem Mittelaufkommen bestehen, so dass auch diese Frage erst nach näherer Analyse in einem späteren Abschnitt beantwortet werden kann.

Abbildung 39: Auflösung von Fonds nach Altersquantilen

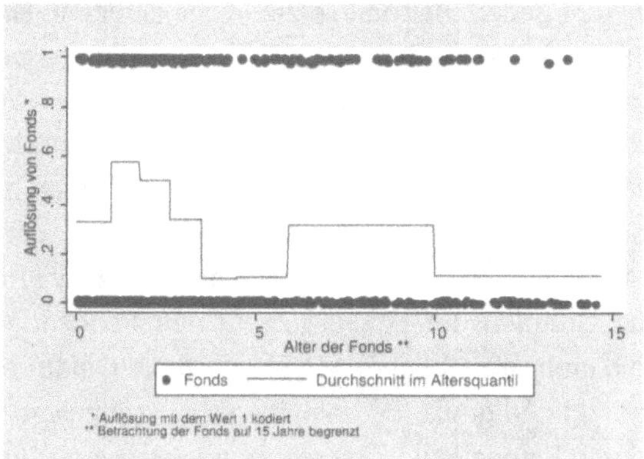

Quelle: Eigene Darstellung.

Wie im theoretischen Teil der Arbeit formuliert (vgl. HYPOTHESE A5)[583] und in Abbildung 39 graphisch sichtbar, ergibt sich beim Fondsalter ein etwas komplizierterer Zusammenhang, weshalb dieser gesondert untersucht werden soll. Entsprechend der deskriptiven Analyse wird die Grundgesamtheit in Oktile mit jeweils rund 120 Fonds aufgeteilt. Diese werden als Dummy-Variablen in das

[583] Vgl. Abschnitt 4.1.1.5 der vorliegenden Arbeit.

Gesamtmodell integriert,[584] wobei das achte Quantil der Fonds mit dem höchsten Alter von mindestens zehn Jahren als Bezugspunkt der Regression gewählt wird. Am stärksten von Auflösung betroffen sind die Oktile zwei und drei mit Fonds im Alter von ein bis gut zweieinhalb Jahren (vgl. Übersicht 16). Bei ihnen ist die Chance, aufgelöst zu werden, rund zehn- bis 13-mal so hoch wie bei den alten Fonds. Jüngere Fonds werden seltener aufgelöst, was insofern plausibel ist, als vor der Auflösung von Fonds eine gewisse Mindestfrist der Ankündigung eingehalten werden muss[585] und den Fonds i.d.R. auch eine gewisse „Entwicklungs-" und „Probezeit" gewährt wird. Bei Fonds, die älter als zweieinhalb Jahre sind, sinkt die Auflösungswahrscheinlichkeit, die bei Fonds zwischen dreieinhalb und viereinhalb Jahren den niedrigsten Wert erreicht. Die Odds Ratio beträgt hier 0,39,[586] die Chance einer Auflösung ist hier also um rund 60% geringer als bei Fonds, die älter als zehn Jahre sind. Nach dem fünften Altersoktil steigt die Auflösungswahrscheinlichkeit jedoch wieder, die für das siebte Quantil, also für Aktienfonds zwischen 6 und 10 Jahren, einen Koeffizienten von 1,24 gegenüber dem letzten Oktil annimmt. Die Chance, aufgelöst zu werden, ist für die zweitälteste Gruppe von Fonds mehr als dreimal so hoch wie für die älteste und bewegt sich damit auf dem Niveau der Fonds zwischen 2,5 und 3,5 Jahren. Fonds sind in relativ geringem Maße von einer Auflösung betroffen, wenn sie sich in den ersten dreieinhalb Jahren bewährt haben. Nach sechs Jahren laufen sie wiederum Gefahr (wenn auch in weit geringerem Maße als in jungen Jahren), „ausgemustert" zu werden; vermutlich insbesondere aus Gründen der Überarbeitung des Fondsangebots. Für die ältesten Fonds, die mehr als 10 Jahre bestehen, ist die Gefahr einer Auflösung ebenfalls eher gering. Aufgrund der empirischen Ergebnisse konnte HYPOTHESE A5 somit durch Einbezug von Jahresangaben konkretisiert werden.

---

[584] Aufgrund der relativ hohen Korrelation des Alters mit dem Fondsvolumen von über 0,36 wurde letzteres zur Vermeidung von Multikollinearität nicht in die Regression einbezogen. Die Koeffizienten der übrigen unabhängigen Variablen ändern sich nur leicht.

[585] Drei Monate bis Ende 2003, danach sogar 13 Monate; vgl. Abschnitt 2.1.2 der vorliegenden Arbeit.

[586] Der Koeffizient ist jedoch mit einem p-Wert von 0,07 nur schwach signifikant.

Übersicht 16: Einfluss verschiedener Altersquantile auf die Auflösung

$$\beta_i' x_i = \alpha_0 + \beta_1 (Rend\_Proz)_i + \beta_2 (Av\_Rend\_KAG)_i + \beta_3 (Rel\_Auf\_KAG)_i + \beta_4 (Zahl\_Fonds\_Seg)_i + \beta_5 (Rank\_Vol\_Seg)_i + \beta_6 (Rank\_Auf\_Seg)_i + \sum_{k=1}^{7} \gamma_k (Altersokt\_k)_i + \varepsilon_i$$

Variablen	Bezeichnung	Koeffizienten (Robust standard errors	Odds Ratios (95% confidence intervals)
...	...		
Altersokt_1	Alter Oktil 1 (Fonds < 0.97 Jahre)	1.533*** (0.416)	4.632*** (2.049 - 10.474)
Altersokt_2	Alter Oktil 2 (Fonds < 1.76 Jahre)	2.588*** (0.388)	13.30*** (6.214 - 28.487)
Altersokt_3	Alter Oktil 3 (Fonds < 2.62 Jahre)	2.327*** (0.360)	10.24*** (5.056 - 20.750)
Altersokt_4	Alter Oktil 4 (Fonds < 3.50 Jahre)	1.206*** (0.404)	3.339*** (1.514 - 7.366)
Altersokt_5	Alter Oktil 5 (Fonds < 4.50 Jahre)	-0.941* (0.519)	0.390* (0.141 - 1.080)
Altersokt_6	Alter Oktil 6 (Fonds < 5.90 Jahre)	-0.152 (0.398)	0.859 (0.394 - 1.873)
Altersokt_7	Alter Oktil 7 (Fonds < 10.00 Jahre)	1.240*** (0.331)	3.456*** (1.806 - 6.613)
Constant		0.846 (0.744)	2.330 (0.542 - 10.014)
Observations		981	981
Pseudo R-squared		0.365	0.365
AUR[1]		0.868	0.868

*** p<0.01, ** p<0.05, * p<0.1

[1] Area under the Receiver Operating Characteristics (ROC) curve

Bezugsrahmen: Altersoktil 8 (Fonds > 10 Jahre). Quelle: Eigene Darstellung.

5.4.2.4.2 Untersuchung weiterer KAG-bezogener Variablen

Nach der Untersuchung fondsbezogener Variablen, die keinen Eingang in das Gesamtmodell gefunden haben, sollen nun die entsprechenden KAG-bezogenen Variablen näher betrachtet werden. Es wurde bereits deutlich, dass Fonds von Gesellschaften mit hohem relativen Mittelaufkommen mit geringerer Wahrscheinlichkeit von Auflösung bedroht sind. Nun zeigt sich auch, dass volumenmäßig große Anlagegesellschaften seltener Fonds auflösen: Die jeweiligen Koeffizienten sind signifikant negativ (vgl. Übersicht 17). Steigt das insgesamt verwaltete Fondsvolumen einer KAG um rund 2,7 Mrd. Euro, sinkt die Chance der Auflösung eines Fonds dieser Gesellschaft um rund 10% (Odds Ratio 0,92 bzw. 0,89) – ein Beleg für HYPOTHESE A7. Entsprechend ist auch der Koeffizient der Dummy-Variablen „Top3-KAG“ signifikant negativ, nachdem diese die drei größten Fondsgesellschaften umfasst. Umso verwunderlicher und auch nicht weiter interpretierbar ist die Insignifikanz[587] des negativen Koeffizienten bei der Überprüfung der fünf größten Fondsgesellschaften – auch hier wäre ein signifikant negativer Koeffizient zu erwarten. Die empirischen Ergebnisse widerlegen HYPOTHESE A9, wonach KAG mit einer großen Zahl an Fonds eher auflösen; dies ist bei der Betrachtung der relativen Zahl eindeutig, bei der absoluten Zahl zumindest in der univariaten Analyse gegeben. Offensichtlich übersteigen also die Economies of Scope die gleichzeitig auftretenden Diseconomies und Kannibalisierungseffekte.

Übersicht 17: Einfluss weiterer unabhängiger fondsgesellschaftsbezogener Variablen auf die Auflösung

		Univariate Analyse		Multivariate Analyse	
Unabhängige Variablen	Bezeichnung	Koeffizient	Odds Ratio	Koeffizient	Odds Ratio
KAG_Vol_ln	Logarithmiertes Volumen der KAG	-0.09**	0.92**	-0.12***	0.89***
Top3	Fonds einer Top3 KAG	-0.96***	0.38***	-1.02***	0.36***
Top5	Fonds einer Top5 KAG	-0.19	0.82	-0.08	0.93
Zahl_Fonds_KAG	Zahl der Fonds in KAG	-0.01**	0.99**	0.00	1.00
Rel_Zahl_Fonds_KAG	Relative Zahl der Fonds der KAG	-3.38**	0.03**	-4.09**	0.02**
Av_Sharpe_KAG	Durchschn. Sharpe-Ratio der KAG	-2.97***	0.05***	-2.95***	0.05***
Av_Uebrend_KAG	Durchschnittliche Überrendite der KAG	-10.57***	0.00***	-5.09*	0.01*
Rank_Vol_KAG	Ranking Volumen in KAG	-1.97**	0.14**	-0.36	0.70
Rank_Rend_KAG	Ranking Rendite in KAG	-1.08**	0.34**	-0.55	0.57
Rank_Sharpe_KAG	Ranking Sharpe-Ratio in KAG	-1.68***	0.19***	-0.30	0.74
Rank_Ueber_KAG	Ranking Überrendite in KAG	-2.13***	0.12***	-1.04**	0.35**

*** $p<0.01$ ** $p<0.05$ * $p<0.1$

Quelle: Eigene Darstellung.

Das Gesamtmodell bringt zutage, dass Anlagegesellschaften, die über ihre Fonds hinweg eine relativ, also im Vergleich zu den anderen Gesellschaften, hohe durchschnittliche Rendite erzielen, eher zu Auflösungen neigen. Die Überprüfungen der (absoluten) durchschnittlichen Rendite einer Fondsgesellschaft über alle ihre Fonds (im Datensatz) ergibt jedoch ein gegensätzliches Bild und widerlegt HYPOTHESE A10. Hier tritt ein hoch signifikanter negativer Koeffizient auf: Fonds einer Gesellschaft, die im Schnitt bessere Ergebnisse erzielt, werden also mit geringerer Wahrscheinlichkeit aufgelöst. Eine Überprü-

587 In der univariaten Analyse beträgt der p-Wert 0,17, in der multivariaten 0,66.

fung mit der durchschnittlichen Sharpe-Ratio und der Überrendite gegenüber der Peer Group[588] bestätigt dieses Ergebnis (vgl. Übersicht 17). Die Begründung für diesen scheinbaren Widerspruch muss in der Bildung der Variable „Relative durchschnittliche Rendite der KAG" gesucht werden. Eine Erklärung könnte darin bestehen, dass bei der durchschnittlichen absoluten Leistung das jährlich sich ändernde Niveau der Gesamtmarktentwicklung eine Rolle spielt (der vergleichsweise beste Wert kann in einem Jahr also auch negativ sein), wodurch die Werte bei der Durchschnittsbildung weniger stark gestreut sind als bei der Verwendung relativer Werte. Fondsgesellschaften, die durchgängig zu den besten gehören, bekommen hier immer einen Wert nahe eins zugeordnet, so dass sich auch der Durchschnitt über die einzelnen Jahre bei diesem Wert einpendelt. So könnte gefolgert werden, dass für den positiven Koeffizienten bei der relativen durchschnittlichen Rendite der KAG die jeweils besten Fondsgesellschaften verantwortlich sind, die diese Position mit allen Mitteln verteidigen wollen und daher im Zweifel Fonds schneller auflösen, die ihre Stellung gefährden könnten.

Den Erwartungen entsprechend besteht für die erfolgreichsten Fonds innerhalb eines Fondsanbieters eine geringere Chance, aufgelöst zu werden. Die Koeffizienten der Variablen, die das Ranking der Fonds in der KAG hinsichtlich ihrer Rendite, Sharpe-Ratio und Überrendite abbilden, sind in der univariaten Analyse signifikant negativ, in der multivariaten Analyse nur für letztgenannte Variable (vgl. Übersicht 17), was somit ein diesbezügliches Indiz für HYPOTHESE A11C darstellt. HYPOTHESE A11B, die einen negativen Einfluss der relativen Fondsgröße innerhalb der Investmentgesellschaft vorsieht, kann ebenfalls gestützt werden: Fonds werden mit einer geringeren Wahrscheinlichkeit aufgelöst, wenn sie zu den größten in ihrer Gesellschaft gehören. Die Variable „Ranking Volumen in KAG" weist einen (zumindest in der univariaten Analyse) signifikant negativen Koeffizienten auf. Dieses Ergebnis ist konsistent mit der Erkenntnis, dass kleine Fonds insbesondere dann aufgelöst werden, wenn sie zu einer der (fünf) führenden Fondsgesellschaften gehören. Die Überprüfung des Interaktionseffekts zwischen dem kleinsten Terzil der Fonds und den Top5-KAG erweist sich als hoch signifikant positiv (vgl. Übersicht 18).

---

588 Beim Einbezug in das Gesamtmodell liegt hier allerdings nur schwache Signifikanz vor, vgl. Übersicht 17.

Übersicht 18: Interaktionseffekt zwischen Top5-KAG und kleinem Fondsvolumen

$$\beta'_i x_i = \alpha_0 + \beta_1(Rend\_Proz)_i + \beta_2(Av\_Rend\_KAG)_i + \beta_3(Rel\_Auf\_KAG)_i + \beta_4(Zahl\_Fonds\_Seg)_i + \beta_5(Rank\_Vol\_Seg)_i + \beta_6(Rank\_Auf\_Seg)_i + \beta_7(Top5)_i + \beta_8(Volumen\_Terzil1)_i + \beta_9((Top5)_i * (Volumen\_Terzil1)_i) + \varepsilon_i$$

Variablen	Bezeichnung	Koeffizienten (Robust standard errors)	Odds Ratios (95% confidence intervals)
Rend_Proz	Prozentuale Fondsrendite	-0.106*** (0.0122)	0.900*** (0.879 - 0.921)
Av_Rend_KAG	Durchschnittliche Rendite der KAG	2.456*** (0.876)	11.66*** (2.092 - 64.963)
Rel_Auf_KAG	Relatives Mittelaufkommen KAG	-1.477** (0.637)	0.228** (0.0655 - 0.7957)
Zahl_Fonds_Seg	Anzahl Fonds im Segment	-0.00690*** (0.00195)	0.993*** (0.989 - 0.997)
Rank_Vol_Seg	Ranking Fondsvolumen im Segment	-1.240** (0.590)	0.289** (0.0911 - 0.9194)
Rank_Aufk_Seg	Ranking Mittelaufkommen im Segment	-1.883*** (0.676)	0.152*** (0.0404 - 0.5729)
Top5	Fonds einer Top5 KAG	-0.514* (0.265)	0.598* (0.356 - 1.004)
Volumen_Terzil1	Fonds im kleinsten Terzil nach Fondsvolumen	1.448*** (0.231)	4.254*** (2.707 - 6.686)
Top5 X Volumen_Terzil1	Interaktionseffekt zwischen Fonds Top5 und Volumen Terzil1	1.582*** (0.441)	4.866*** (2.052 - 11.538)
Constant		0.354 (0.712)	1.425 (0.353 - 5.751)
Observations		977	977
Pseudo R-squared		0.357	0.357
AUR[1]		0.876	0.876

*** p<0.01, ** p<0.05, * p<0.1

[1] Area under the Receiver Operating Characteristics (ROC) curve

Top5 KAG: Cominvest, Deka, Dit, DWS, Union Investment. Quelle: Eigene Darstellung.

5.4.2.4.3 Untersuchung weiterer segmentbezogener Variablen

Zuletzt sollen im Folgenden die weiteren Variablen betrachtet werden, die die unterschiedliche Ausprägung der Segmente betreffen. Dabei zeigt sich, dass nicht nur (wie im Gesamtmodell beschrieben) die absolute, sondern auch die relative Zahl der Fonds im Segment negativ mit der Auflösungswahrscheinlichkeit korreliert ist (vgl. Übersicht 19). Den Erwartungen entspricht auch, dass das Ranking der Fonds nach ihrer Rendite im Segment einen signifikant negativen Koeffizienten aufweist. Fondsgesellschaften lösen also eher Fonds auf, die im Vergleich zu ihren Konkurrenten im jeweiligen Anlagesegment schlechter abschneiden. Das Management der Fondsanbieter zieht demnach das Anlagesegment als relevanten Bezugsmaßstab heran; HYPOTHESE A15C wird hierdurch gestützt. Eine Erkenntnis, die sich auch aus der Variable „Überrendite“ ergibt (vgl. Abschnitt 5.4.2.4.1), die in Bezug auf die segmentspezifische Peer Group berechnet wird.[589] Wie bereits in Abschnitt 5.4.1 der vorliegenden Arbeit gezeigt, ist der Koeffizient der Variablen „Ranking Sharpe-Ratio im Segment“ nicht signifikant.

Übersicht 19: Einfluss weiterer unabhängiger segmentbezogener Variablen auf die Auflösung

		Univariate Analyse		Multivariate Analyse	
Unabhängige Variablen	Bezeichnung	Koeffizient	Odds Ratio	Koeffizient	Odds Ratio
Rel_Zahl_Fonds_Seg	Relative Zahl der Fonds im Segment	-3.13***	0.04***	-1.26	0.28
Rank_Rend_Seg	Ranking Rendite im Segment	-2.95***	0.05***	-2.39***	0.09***
Rank_Sharpe_Seg	Ranking Sharpe-Ratio im Segment	0.46	1.59	0.72	2.06
Av_Sharpe_Seg	Durchschn. Sharpe-Ratio des Segments	-0.19***	0.83***	-0.71	0.49

*** p<0.01 ** p<0.05 * p<0.1

Quelle: Eigene Darstellung.

Schließlich zeigt sich auch, dass Aktienfonds in Segmenten, in denen Fonds durchschnittlich eine bessere Performance erreichen, in geringerem Maße von Auflösung bedroht sind. Die Variable „Durchschnittliche Sharpe-Ratio des Segments“ zeigt einen zumindest in der univariaten Analyse signifikant negativen Zusammenhang (vgl. Übersicht 19). Dies unterstützt die These, dass es „Modesegmente“ gibt, in denen Fonds zum jeweiligen Zeitpunkt eine gute Rendite erzielen können (so etwa auf Schwellenländer spezialisierte Fonds zum Ende der Untersuchungsperiode) und in die Anleger verstärkt investieren (wie in der folgenden Analyse zu zeigen sein wird),[590] so dass Fondsgesellschaften von Auflösungen absehen.

5.5 Empirische Untersuchung der indirekten Einflussfaktoren auf die Auflösung

Wie sich in der vorangegangenen Analyse gezeigt hat,[591] übt das Mittelaufkommen einen bestimmenden Einfluss auf die Auflösung von Fonds aus. Um

[589] Vgl. Abschnitt 5.2.4.1 der vorliegenden Arbeit.
[590] Vgl. auch DECHOW (2003), S. 22.
[591] Vgl. Abschnitt 5.4.1 der vorliegenden Arbeit.

zu erforschen, welche Faktoren Treiber des Mittelaufkommens sind und so Rückschlüsse auf indirekte Einflussgrößen auf Fondsschließungen zu gewinnen, soll im Folgenden untersucht werden, nach welchen Gesichtspunkten Anleger in Aktienfonds investieren. Bei dieser Analyse der Einflussfaktoren auf das Mittelaufkommen soll selbstverständlich ebenfalls der vorliegende, in Abschnitt 5.2 beschriebene Datensatz verwendet werden.

Während bei der Untersuchung der Auflösung von Fonds der Einfluss des relativen Mittelaufkommens verwendet wurde, also die Nettozuflüsse in Bezug auf das Fondsvolumen, soll nun das absolute Mittelaufkommen als abhängige Variable verwendet werden, um den Einfluss von relativen Fondsgrößen im Wettbewerb auf das Nachfrageverhalten besser beurteilen zu können. Wie THIESMEYER (2003) zeigt, ändert die konkrete Ausgestaltung dieser Variablen, als absolute oder prozentuale Größe, jedoch qualitativ nichts an den Ergebnissen und abgeleiteten Rückschlüssen. Da es sich beim Mittelaufkommen nicht um eine dichotome, sondern um eine stetige Variable handelt, ist es nicht wie in der bisherigen Analyse notwendig, logistische Regressionen durchzuführen, sondern es kann auf das Standardinstrumentarium der OLS-Methodik zurückgegriffen werden.

Analog zum Vorgehen bei der Untersuchung der Fondsauflösungen soll zunächst ein Gesamtmodell aufgestellt werden, das alle unabhängigen Variablen umfasst, die einen signifikanten Einfluss auf das Mittelaufkommen ausüben und den Erklärungsgehalt des Modells signifikant steigern. Im Anschluss sollen dann Interaktionseffekte sowie weitere Aspekte mit Hilfe von zusätzlichen Dummy-Variablen näher beleuchtet und abschließend alle anderen potenziellen Einflussfaktoren betrachtet werden, die zwar für sich genommen signifikant sind, aber im Gesamtmodell zu Multikollinearität in problematischer Höhe führen würden oder im Modell nicht weiter zu einer signifikanten Erhöhung des Erklärungsgehalts beitragen können.

5.5.1 Aufstellen eines Gesamtmodells der Einflussfaktoren auf das Mittelaufkommen

Bei der Entwicklung des Gesamtmodells erweisen sich drei fondsbezogene, zwei fondsgesellschafts- und zwei segmentbezogene Variablen als maßgeblich. Die die Fonds direkt betreffenden Faktoren bestehen aus dem Fondsvolumen, der Sharpe-Ratio eines Fonds sowie den Verwaltungsgebühren, die allesamt positive, hoch signifikante Koeffizienten aufweisen (vgl. Übersicht 20).

Beim Volumen eines Fonds entspricht dies den Erwartungen, da sich viele Anleger an dieser leicht nachvollziehbaren Kennzahl orientieren, was, wie in Abschnitt 5.4.2.1 gezeigt, durchaus rational sein kann, um einer möglichen Auflösung zu entgehen. HYPOTHESE M3 wird dadurch gestützt; offensichtlich sehen Investoren das Fondsvolumen als Erfolgskriterium und orientieren sich so implizit an der Investitionsentscheidung vieler anderer Fondsanleger bzw. werden durch die höheren Werbeausgaben und die größere öffentliche Beachtung stärker auf die Fonds aufmerksam.

Übersicht 20: Einflussfaktoren auf das Mittelaufkommen von Fonds

$$Aufk\_abs = \alpha_0 + \beta_1(Volumen)_i + \beta_2(Sharpe)_i + \beta_3(Verwgeb)_i + \beta_4(Rank\_Sharpe\_KAG)_i + \beta_5(KAG\_Vol\_quad)_i + \beta_6(Rank\_Sharpe\_Seg)_i + \beta_7(Zahl\_Fonds\_Seg)_i + \varepsilon_i$$

Variablen	Bezeichnung	Koeffizienten
Volumen	Fondsvolumen	0.0676*** (0.0150)
Sharpe	Sharpe-Ratio des Fonds	0.576*** (0.155)
Verwgeb	Verwaltungsgebühren	1154*** (311.0)
Rank_Sharpe_KAG	Fondsranking nach Sharpe-Ratio in der KAG	17.46* (9.781)
KAG_Vol_quad	Quadriertes Gesamt-Fondsvolumen der KAG	0.0000000206*** (6.94e-09)
Zahl_Fonds_Seg	Anzahl Fonds im Segment	0.122*** (0.0288)
Rank_Sharpe_Seg	Fondsranking nach Sharpe-Ratio im Segment	-26.61* (15.33)
Constant		-22.38** (10.12)
Observations		889
R-squared		0.359
Adjusted R-squared		0.354

Robust standard errors in parentheses
*** p<0.01, ** p<0.05, * p<0.1

Quelle: Eigene Darstellung.

Da im Datensatz zumindest schwache Persistenz in der Performance nachgewiesen werden kann,[592] ist eine Orientierung der Investitionsentscheidung an der (Vergangenheits-)Performance eines Fonds zumindest in gewissem Maße rational und auch zu erwarten. Überraschender ist, dass sich Investoren neben der absoluten Rendite und der Überrendite über ihre Peer Group (vgl. die Untersuchung der weiteren unabhängigen Einflussfaktoren, Übersicht 27) in erster Linie von der Sharpe-Ratio, also von einem risikoadjustierten Performancemaß, leiten lassen – was HYPOTHESE M1 auf breiter Basis stützt – obwohl sie in der Analyse der (direkten) Faktoren auf die Auflösung keinen signifikanten Einfluss ausgeübt hatte. Neben der Erklärung, dass die Anleger informierter und aufgeklärter sind als allgemein angenommen, was insbesondere auch im steigenden Anteil an institutionellen Investoren begründet sein

[592] Die Persistenz der Performance wird für den verwendeten Datensatz mit einem Zeitreihenansatz getestet. Dieser beruht auf der Bildung von Rangportfolios, deren Performance untersucht wird. So wird auf der Grundlage einer ersten Formationsperiode jeder Fonds entsprechend seiner Performance einem Oktil (denkbar sind jedoch auch andere Einteilungen, etwa Dezile, vgl. CARHART (1997), S. 63) zugewiesen. Daraus werden gleichgewichtete Oktilportfolios gebildet und deren Renditen berechnet (vgl. zu dieser Methode PLESCHIUTSCHNIG (2000), S. 237–241). Nach Ablauf eines Jahres werden die Oktilportfolios entsprechend ihrer Performance neu zusammengesetzt. Während die Testperiode grundsätzlich 12 Monate beträgt, sind für die Formationsperiode unterschiedliche Längen denkbar (wird eine Formationsperiode länger als 12 Monate gewählt, überlappen aufeinanderfolgende Formationsperioden, vgl. PLESCHIUTSCHNIG (2000), S. 238). Mit der so gewonnenen Zeitreihe von Oktilportfoliorenditen kann nun überprüft werden, ob über den untersuchten Gesamtzeitraum ein signifikanter Unterschied zwischen der Performance des besten Oktilportfolios (Oktil 8) und des schlechtesten Oktilportfolios (Oktil 1) besteht. Dazu wird die Performance der Differenz zwischen Oktil 8 und 1 untersucht – ökonomisch entspricht dies (theoretisch) einem selbstfinanzierten Portfolio, bei dem das Oktilportfolio 1 leerverkauft und in Oktilportfolio 8 investiert wird. Eine signifikant positive Performance wäre ein Nachweis für Performance Persistence in den untersuchten Fonds. Bei der Verwendung einer einjährigen Formations- und Testperiode liegt bei der Nutzung nicht adjustierter Renditen in der Formationsperiode und Überschussrenditen in der Testperiode leichte positive Performance Persistence vor, die auf dem Fünfprozentniveau signifikant ist. Die Differenz zwischen bestem und schlechtestem Oktil beträgt durchschnittlich 10,0% und schwankt zwischen 24,9% (1997) und -22,6% (2000, vgl. Anhang – Übersicht 8). Neben dem Jahr 2000 liegt nur im Jahr 2003 die Rendite des schlechtesten über der des besten Oktils (jedoch dort nur minimal mit 0,04%). Verwendet man in der Testperiode ebenfalls nicht adjustierte Renditen, ergibt sich eine nur auf dem Zehnprozentniveau signifikante Persistenz, bei der die Renditedifferenz im Durchschnitt 11,7% beträgt (Einzeljahre zwischen 40,7% und -33,2% bei ebenfalls zwei Jahren mit negativer Differenzrendite). Wird die Formationsperiode auf zwei Jahre ausgeweitet, d.h., ein Investor würde als Anlagekriterium die Performance eines Fonds in den vergangenen beiden Jahren heranziehen, so schrumpft die durchschnittliche Differenz zwischen den besten und schlechtesten Fondsportfolios auf 5,8% (bzw. 5,9% bei Verwendung nicht adjustierter Renditen), die Persistenz ist dann auch nicht mehr signifikant nachweisbar.

kann,[593] kann dies auch daran liegen, dass die Sharpe-Ratio in leichter beobachtbare und breiter wahrgenommene Kennzahlen einfließt, wie etwa in Fondsratings,[594] die in ihrer Zahl wie auch Beliebtheit bei den Anlegern in den vergangenen Jahren stark zugenommen haben.[595] Diese Variablen sind im vorliegenden Datensatz jedoch nicht enthalten, was neben mangelnder Verfügbarkeit insbesondere daran liegt, dass Ratingagenturen i.d.R. eine Mindesthistorie von mehreren Jahren voraussetzen,[596] so dass per definitionem für einen großen Teil des Datensatzes kein Rating verfügbar ist.

Betrachtet man die Beziehung zwischen der Sharpe-Ratio und dem Fondsvolumen, lassen sich klar Interaktionseffekte identifizieren: Die Sharpe-Ratio spielt bei mittleren Fondsvolumina eine wesentlich stärkere Rolle als bei einem kleinen und sehr großen Volumen des Fonds. Während der Interaktionseffekt beim fünften Fondsquintil, d.h. bei Fonds mit einem Volumen von über 145 Mio. Euro einen Koeffizienten von 0,92 und beim zweiten Quintil (Fondsvolumen zwischen rund 8 und 20 Mio. Euro) sogar einen leicht negativen, schwach signifikanten Koeffizienten von -0,14 aufweist, liegt dieser beim Quintil drei (20

---

593 Institutionelle Investoren, wie etwa Versicherungen, Pensionskassen oder Stiftungen, investieren seit einigen Jahren zunehmend in Publikumsfonds, da sie weniger aufwändig bilanziert und überwacht werden müssen als Spezialfonds. Zudem können sie durch Streuung auf diverse Fonds eine höhere Flexibilität (zu Lasten des Einflusses auf die Fondszusammensetzung) erreichen. Außerdem genießen die Flaggschiffe der Publikumsfonds i.d.R. eine höhere Aufmerksamkeit innerhalb der Fondsgesellschaften, weshalb mit höheren Renditen zu rechnen ist. Durch entsprechende Verhandlungsmöglichkeiten als Großinvestor sind zudem geringere Gebühren möglich, vgl. STIEL (2007), S. c23. Einzelne Schätzungen gehen sogar davon aus, dass bis zu 50% der Anteile an Publikumsfonds von institutionellen Investoren gehalten werden, vgl. BECK (2007a), S. 23. Des Weiteren nähern auch Fondsgesellschaften Spezialfonds und Publikumsfonds einander immer stärker an, sei es organisatorisch (vgl. z.B. WITTROCK/HUS (2006), S. 37) oder durch spezielle Vorteile für institutionelle Investoren in Investmentfonds, wie etwa die Rückgabe von Fonds gegen Übertragung der entsprechenden Wertpapiere statt Barauszahlung, was Transaktionskosten spart und die Performance des Fonds nicht belastet, vgl. HASEWELL (2008), S. c9.

594 Neben den quantitativen Kriterien, wie Performance- und Risikokennzahlen oder Portfoliozusammensetzung, fließen bei einigen wenigen Ratings, wie dem Standard & Poor's Fund Management Rating, auch qualitative Kriterien, wie Management oder Anlageprozess mit ein. Beispiele für Ratings auf dem deutschen Markt sind: Feri Trust Fonds Rating, Morningstar Rating, Lipper Fonds Ranking oder Capital-Sterne, vgl. DECHOW (2003), S. 58f.; O.V. (2003e), S. 95.

595 Vgl. CONNELLY (2003), S. 710f.

596 Vgl. Fußnote 244 der vorliegenden Arbeit.

bis 50 Mio. Euro) bei 2,97 und beim vierten Quintil (50 bis 145 Mio. Euro) sogar bei einem Wert von 5,68 (vgl. Übersicht 21).

Übersicht 21: Interaktionseffekt zwischen Sharpe-Ratio und Fondsvolumen

$$\begin{aligned} Aufk\_abs = \alpha_0 &+ \beta_1(Volumen\_quintil2)_i + \beta_2(Volumen\_quintil3)_i + \beta_3(Volumen\_quintil4)_i \\ &+ \beta_4(Volumen\_quintil5)_i + \beta_5(Sharpe)_i + \beta_6((Sharpe)_i * (Volumen\_quintil2)_i) \\ &+ \beta_7((Sharpe)_i * (Volumen\_quintil3)_i) + \beta_8((Sharpe)_i * (Volumen\_quintil4)_i) \\ &+ \beta_9((Sharpe)_i * (Volumen\_quintil5)_i) + \varepsilon_i \end{aligned}$$

Variablen	Bezeichnung	Koeffizienten
Volumen_quintil2	Volumen des Fonds Quintil 2	1.358*** (0.394)
Volumen_quintil3	Volumen des Fonds Quintil 3	3.192*** (0.887)
Volumen_quintil4	Volumen des Fonds Quintil 4	9.347*** (2.105)
Volumen_quintil5	Volumen des Fonds Quintil 5	67.46*** (7.545)
Sharpe	Sharpe-Ratio des Fonds	0.144** (0.0687)
Sharpe X Volumen_quintil2	Interaktionseffekt zwischen Sharpe-Ratio und Fondsvolumen Quintil 2	-0.139* (0.0731)
Sharpe X Volumen_quintil3	Interaktionseffekt zwischen Sharpe-Ratio und Fondsvolumen Quintil 3	2.969*** (0.727)
Sharpe X Volumen_quintil4	Interaktionseffekt zwischen Sharpe-Ratio und Fondsvolumen Quintil 4	5.680** (2.276)
Sharpe X Volumen_quintil5	Interaktionseffekt zwischen Sharpe-Ratio und Fondsvolumen Quintil 5	0.915** (0.362)
Constant		-0.0192 (0.266)
Observations		976
R-squared		0.228
Adjusted R-squared		0.221

Robust standard errors in parentheses
*** p<0.01, ** p<0.05, * p<0.1

Quelle: Eigene Darstellung.

Stellt man zur graphischen Veranschaulichung das geschätzte Mittelaufkommen in Abhängigkeit von der Sharpe-Ratio dar, bedeutet dies bei den Quintilen eins, zwei und fünf nahezu eine Parallelverschiebung der Kurven für das entsprechende Quintil gegenüber den kombinierten übrigen Quintilen, die zum Ausdruck bringt, dass Fonds höheren Volumens mit höheren Zuflüssen bedacht werden (vgl. Anhang – Abbildung 18 für das exemplarische Quintil fünf). Bei den Quintilen drei und vier ist hingegen eine wesentlich stärkere Steigung zu erkennen (vgl. Abbildung 40 für Quintil vier); bei diesen mittleren Fondsgrößen achten also Investoren sehr viel stärker auf die Performance eines Fonds, als dies bei sehr großen oder sehr kleinen Fonds der Fall ist.

Abbildung 40: Interaktionseffekt zwischen Sharpe-Ratio und Fondsvolumen.

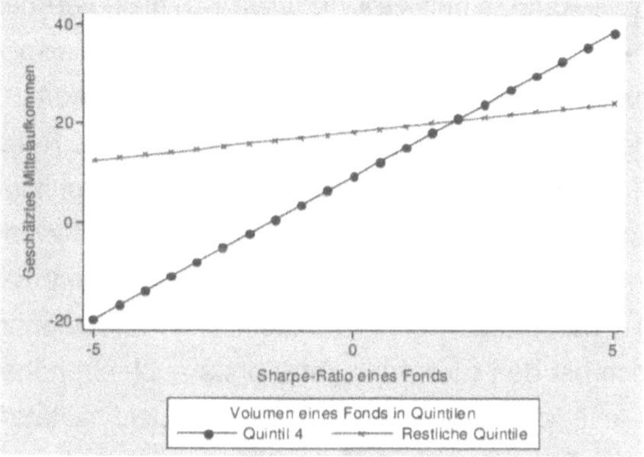

Exemplarische Verwendung des Volumenquintils 4 (50–145 Mio. EUR). Quelle: Eigene Darstellung.

Als dritte fondsbezogene Variable übt die Verwaltungsgebühr eines Fonds einen Einfluss auf das Mittelaufkommen aus. Im theoretischen Teil der Arbeit[597] wurde die HYPOTHESE M5B aufgestellt, nach der die Verwaltungsgebühren keine (signifikante) Wirkung auf die Zuflüsse in Fonds haben, da sie von den Investoren nicht wahrgenommen werden oder im Nettoeffekt keine Rolle spielen. In der theoretischen Diskussion wurde eine negative Korrelation als möglich angesehen, da die Verkaufsgebühren direkt dem Fondsvermögen entnommen werden und so die Rendite des Fonds schmälern – daher also ein negatives Signal für Anleger darstellen. Die Ergebnisse der empirischen Analyse widersprechen jedoch beiden Argumentationslinien und zeigen einen hoch signifikanten positiven Koeffizienten (vgl. Übersicht 20) – Anleger investieren also umso mehr in Fonds, je höher deren Verwaltungsgebühren sind. Eine mögliche Erklärung hierfür könnte sein, dass Anleger die Verwaltungsgebühren als wertschöpfend erachten, aufgrund der höheren Gebühren

[597] Vgl. Abschnitt 4.2.1.1.5 der vorliegenden Arbeit.

also eine bessere Ausstattung (etwa hinsichtlich Research-Kapazitäten oder aber mehr und qualifiziertere Fondsmanager) und so eine höhere Performance des Fonds erwarten, die die höheren Gebühren überkompensiert. Der Interaktionseffekt zwischen den Verwaltungsgebühren und der Sharpe-Ratio zeigt, dass bei schlechter Fondsperformance, d.h. bei den untersten beiden Quintilen der Sharpe-Ratio, signifikant negative Koeffizienten bei den Interaktionstermen auftreten (vgl. Übersicht 22); können Fonds also die erwartete Leistung nicht erbringen, sind Anleger auch nicht bereit, höhere Kosten in Kauf zu nehmen. Bei den drei Quintilen mit der höchsten Sharpe-Ratio sind die Koeffizienten für die Interaktionseffekte zwar positiv, aber insignifikant. Ein anderer Erklärungsansatz für die generelle positive Korrelation zwischen Verwaltungsgebühren und den Zuflüssen in Investmentfonds könnte darin bestehen, dass die Anleger zwar tatsächlich nicht die Höhe der Gebühren wahrnehmen,[598] dass jedoch bei den hochpreisigen Fonds auch ein höherer Vertriebsdruck besteht:[599] Anlageberater, insbesondere bei Geldinstituten, deren Mutterkonzern auch eine Fondsgesellschaft umfasst, wären demnach angehalten, bevorzugt Fonds mit höheren Gebühren zu vertreiben. Im Nettoeffekt übersteigt also der Einfluss der Beratung die Gebührenaversion der Anleger. Für die Anleger kommt zudem erschwerend hinzu, dass im Fondsprospekt oft nicht die letztlich verrechneten Prozentsätze, sondern nur Spannen bzw. Maximalsätze angegeben werden, so dass die tatsächlichen Gebühren (zumindest ex ante) überhaupt nicht nachvollzogen werden können. Zusätzlich erhöhen unterschiedliche Gebührenmodelle für verschiedene Anteilsklassen desselben Fonds weiter die Intransparenz.[600] Ein weiteres Erklärungsmuster ist, dass die Gebühren in den vergangenen Jahren gestiegen sind. So erhöhten sich die Verwaltungsgebühren im Durchschnitt des vorliegenden Datensatzes von 0,91% im Jahr 1996 auf 1,18% des Fondsvermögens 2006 und somit um knapp 30%. Dabei waren nicht nur neu aufgelegte Fonds von den Steigerungen betroffen, sondern auch die bestehenden Fonds erhöhten die Gebühren,

---

598 Vgl. hierzu z.B. WITTROCK/HUS (2007), S. 29.

599 Neben dem gesamten Ausgabeaufschlag oder großen Teilen (vgl. HAMMER (2004a), S. 43), kommt auch ein steigender Teil der jährlichen Managementgebühr den Beratern und Vermittlern zugute – im Jahr 2006 hatte dieser Anteil im Schnitt fast die Hälfte der Verwaltungsgebühr erreicht, bei steigender Tendenz, vgl. NARAT (2006), S. 28; NARAT (2008b), S. 27.

600 Vgl. NARAT (2002), S. 35.

was sicherlich der Aufmerksamkeit eines großen Teils der Investoren entgangen ist.[601] Diese Gebührenerhöhungen werden nur von den wenigsten Fondsgesellschaften offen kommuniziert; meistens werden sie im wenig beachteten Rechenschaftsbericht oder im Bundesanzeiger veröffentlicht.[602] Die Untersuchung der Gebühren getrennt nach verschiedenen Anlagesegmenten führt im Gegensatz zur Studie von RUENZI (2005) zu keinem signifikanten Ergebnis.

Übersicht 22: Interaktionseffekt zwischen dem Quintil 1 der Sharpe-Ratio und den Verwaltungsgebühren

$$Aufk\_abs = \alpha_0 + \beta_1(Volumen)_i + \beta_2(Rank\_Sharpe\_KAG)_i + \beta_3(KAG\_Vol\_quad)_i + \beta_4(Rank\_Sharpe\_Seg)_i + \beta_5(Zahl\_Fonds\_Seg)_i + \beta_6(Sharpe\_quintil1)_i + \beta_7(Verwgeb)_i + \beta_8((Sharpe\_quintil1)_i * (Verweg)_i) + \varepsilon_i$$

Variablen	Bezeichnung	Koeffizienten
Volumen	Fondsvolumen	0.0679*** (0.0150)
Rank_Sharpe_KAG	Fondsranking nach Sharpe-Ratio in der KAG	23.70** (10.71)
KAG_Vol_quad	Quadriertes Gesamt-Fondsvolumen der KAG	0.0000000215*** (6.82e-09)
Zahl_Fonds_Seg	Anzahl Fonds im Segment	0.122*** (0.0288)
Rank_Sharpe_Seg	Fondsranking nach Sharpe-Ratio im Segment	-28.95* (15.34)
Sharpe_quintil	Dummy-Variable Sharpe-Ratio des Fonds Quintil 1	27.80*** (9.009)
Verwgeb	Verwaltungsgebühren	1340*** (372.8)
Sharpe_quintil1 X Verwgeb	Interaktionseffekt zwischen Sharpe Quintil 1 und Verwaltungsgebühren	-1695*** (587.8)
Constant		-27.35*** (10.35)
Observations		889
R-squared		0.360
Adjusted R-squared		0.355

Robust standard errors in parentheses
*** p<0.01, ** p<0.05, * p<0.1

Quelle: Eigene Darstellung.

Der erste fondsgesellschaftsbezogene Einflussfaktor betrifft das Ranking eines Fonds innerhalb seiner Gesellschaft, gemessen an der Sharpe-Ratio. Wiein der HYPOTHESE M9B erwartet, weist er einen positiven Koeffizienten auf,

601 Vgl. O.V. (2002c).

602 Vgl. O.V. (2002c); bis 2004 reichte hierfür zudem eine nur dreimonatige vorherige Ankündigung aus, vgl. NARAT (2001b), S. 42; NARAT (2002), S. 35.

auch wenn dieser nur schwach signifikant ist (vgl. Übersicht 20) – Anleger suchen also bewusst nach den besten Fonds einer Gesellschaft. Offensichtlich ist das Konzept der Fondsgesellschaften erfolgreich, in ihrem Angebot „Star-Fonds" aufzubauen und diese auch offensiv zu vermarkten. Dies hat zur Folge, dass in den Anlagegesellschaften ein Wettbewerb um diese Position des Star-Fonds entsteht, der in den großen KAG ausgeprägter ist als in den kleineren. Zum einen liegt dies sicherlich an der größeren Zahl an Fonds, die in Konkurrenz zueinander stehen, zum anderen achten Investoren bei großen Fondsgesellschaften sehr viel stärker auf das Fondsranking: Trägt man das geschätzte Mittelaufkommen gegen dieses Ranking auf, ist bei den Top5-Fondsgesellschaften eine wesentlich stärkere Steigung erkennbar (vgl. helle Gerade in Abbildung 41).

Abbildung 41: Geschätztes Mittelaufkommen in Abhängigkeit vom Fondsranking innerhalb einer KAG nach Top5-Fondsgesellschaften

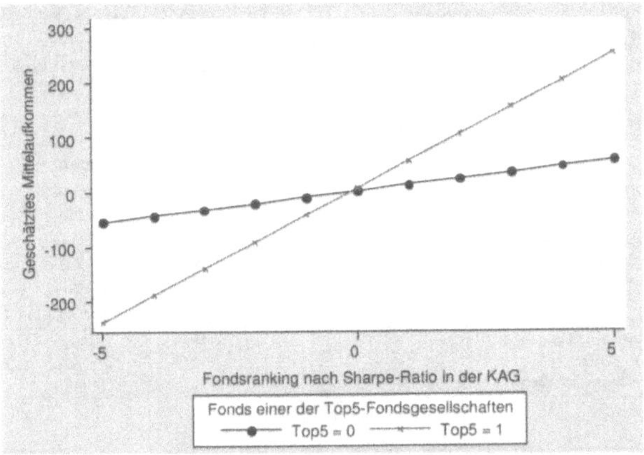

Messung des Fondsrankings mittels Sharpe-Ratio. Quelle: Eigene Darstellung.

Konsequenterweise ist für die Anleger auch die Sharpe-Ratio bei den großen Gesellschaften ein wichtigeres Entscheidungskriterium als bei kleineren Konkurrenten. Bei der Betrachtung des Interaktionseffekts zwischen der Sharpe-Ratio und der Dummy-Variablen „Top5-KAG" zeigt sich ein höherer positiver Koeffizient bei den Marktführern, was sich in der größeren Steigung der oberen Gerade in Abbildung 42 ausdrückt. Dies könnte daran liegen, dass Anleger beim Kauf der Fonds zuerst die Gesellschaft wählen[603] und sich dann einen Fonds im gewünschten Segment aussuchen. Da die großen Fondsgesellschaften i.d.R. für die einzelnen Segmente eine wesentlich größere Anzahl an Fonds anbieten, spielt hier die Performance der Fonds eine stärkere Rolle.

Abbildung 42: Geschätztes Mittelaufkommen in Abhängigkeit von der Sharpe-Ratio nach Top5-Fondsgesellschaft.

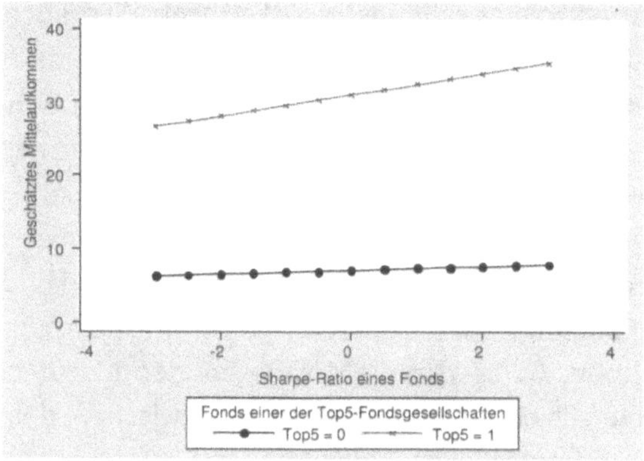

Quelle: Eigene Darstellung.

Die zweite Variable des Mittelaufkommen-Gesamtmodells, die sich auf die Gesellschaft des Fonds bezieht, drückt die Größe der KAG, gemessen in der Summe der insgesamt verwalteten Fondsvolumina aus. Bei der Überprüfung der Linearität zeigt sich ein hyperbolischer Zusammenhang, so dass statt der einfachen die quadrierte Variable in das Modell aufgenommen wird. Die positive hyperbolische Beziehung bedeutet, dass das Gesamtvolumen der KAG in

603 Studien des BVI haben ergeben, dass zwei Drittel bis 72% der Investoren (bei möglichen Mehrfachnennungen) Fonds bei Banken und Sparkassen kaufen (vgl. HAMMER (2004a), S. 43; BVI (2008), S. 74f.), die traditionell primär Produkte der zum Mutterkonzern gehörenden Anlagegesellschaften vermitteln. Diese Vorauswahl bleibt sicherlich zu einem hohen Maß bestehen, auch wenn immer mehr Institute zusätzlich „Fremdfonds" anbieten, was zum einen auf das Konzept der „offenen Architektur" und die Konzentration auf Kernkompetenzen zurückzuführen ist (vgl. FERBER (2002a), S. 26; NARAT (2005d), S. 27; NARAT (2005a), S. 25), zum anderen aber auch auf die höheren Vertriebsprovisionen insbesondere ausländischer Anbieter, vgl. HAMMER (2004a), S. 43.

den kleineren Bereichen keinen großen Einfluss auf das Mittelaufkommen ausübt, in den größeren Bereichen hingegen einen umso stärkeren.[604] Die großen Fondsanbieter können also wesentlich höhere Mittelaufkommen anziehen, was dem intuitiven Verständnis entspricht, da sie – wie im Theorieteil ausgeführt – neben der tendenziell höheren Anzahl an Fonds auch über höhere Marketingbudgets und zudem über einen im Konzern verbundenen Filialvertrieb verfügen. Eine gewisse Einschränkung muss in dieser Argumentation insoweit vorgenommen werden, als die Variable „Volumen der KAG" lediglich die im Datensatz enthaltenen Fonds berücksichtigt. Eine international tätige Fondsgesellschaft, die nur einige wenige ausgewählte Fonds in Deutschland anbietet und daher im Datensatz als „kleine" Gesellschaft auftaucht, obwohl sie international gesehen ggf. sogar zu den Marktführern gehört, würde in Bezug auf Marketing und Image (jedoch nicht Filialvertrieb) über ähnliche Voraussetzungen wie die großen deutschen Fondsanbieter verfügen. Zur Überprüfung wird die Dummy-Variable „Top3-KAG" in das Modell aufgenommen,[605] die aufgrund ihres signifikant positiven Koeffizienten von 34,41 (vgl. Übersicht 23)[606] die bevorzugte Anlage bei den Marktführern bestätigt. Dieser Niveauunterschied im Mittelaufkommen zwischen den Marktführern und ihren Wettbewerbern ist auch in dem großen Abstand der beiden Geraden in Abbildung 42 zu erkennen. Die Ergebnisse stützen insofern die in HYPOTHESE M6 formulierte positive Korrelation, die in Bezug auf die hyperbolische Beziehung konkretisiert werden kann.

---

604 Der außerordentlich kleine Koeffizient von $20{,}6 * 10^{-9}$ (vgl. Übersicht 20) begründet sich in den sehr hohen Werten, die sich aus der Quadrierung des gesamten Fondsvolumens der Fondsgesellschaften ergeben.

605 Zur Vermeidung von Problemen aufgrund von Multikollinearität wurde die Regression ohne die Variablen Fondsvolumen und quadriertes Fondsvolumen der KAG geschätzt.

606 Verwendet man statt der drei die fünf größten Fondsgesellschaften, ergibt sich bei einem Koeffizienten von 27,23 dieselbe Aussage.

Übersicht 23: Einfluss der Top3-Kapitalanlagegesellschaften auf das Mittelaufkommen von Fonds

$$Aufk\_abs = \alpha_0 + \beta_1(Sharpe)_i + \beta_2(Verwgeb)_i + \beta_3(Rank\_Sharpe\_KAG)_i + \beta_4(Rank\_Sharpe\_Seg)_i + \beta_5(Zahl\_Fonds\_Seg)_i + \beta_6(Top3)_i + \varepsilon_i$$

Variablen	Bezeichnung	Koeffizienten
Sharpe	Sharpe-Ratio des Fonds	0.872*** (0.224)
Verwgeb	Verwaltungsgebühren	757.3* (387.3)
Rank_Sharpe_KAG	Fondsranking nach Sharpe-Ratio in der KAG	24.58** (11.20)
Zahl_Fonds_Seg	Anzahl Fonds im Segment	0.141*** (0.0337)
Rank_Sharpe_Seg	Fondsranking nach Sharpe-Ratio im Segment	-32.01* (18.00)
Top3	Fonds einer Top3 KAG	34.41*** (6.191)
Constant		-12.65 (11.20)
Observations		889
R-squared		0.116
Adjusted R-squared		0.110

Robust standard errors in parentheses
*** p<0.01, ** p<0.05, * p<0.1

Quelle: Eigene Darstellung.

Betrachtet man die segmentbezogenen Einflussfaktoren, erkennt man, dass im Gesamtmodell die Zahl der Fonds im Segment sowie das Ranking der Fonds in Bezug auf ihre Sharpe-Ratio relevant sind.

Der Koeffizient der Variablen „Zahl Fonds im Segment" ist positiv und hoch signifikant. Pro zusätzlichem Fonds fließen in einen Fonds dieses Subsegments ceteris paribus rund 122.000 Euro. Entsprechend der aufgestellten HYPOTHESE M10 fließen also mehr Mittel in Anlagesegmente, die über eine Vielzahl von Alternativen verfügen; die Zahl der Fonds ist also eher ein Indikator für die Attraktivität des Anlagebereichs als für die Konkurrenzsituation. Zur weiteren Überprüfung, welche Segmente den größten Einfluss auf das Mittelaufkommen ausüben, werden sie als Dummy-Variablen in das Gesamtmodell eingefügt (vgl. Anhang – Übersicht 9)[607]. Die dabei entstehende Reihung ergibt mit allgemeinen internationalen Länderfonds, Branchenfonds und „Länderfonds Europa Regionen" die drei größten Segmente, was Zahl, absolutes wie durchschnittliches Volumen und Aufkommen betrifft, auf den ersten drei Rängen (beim Volumen mit Ausnahme von Deutschlandfonds LD) und spiegelt so die positive Korrelation zwischen der Fondszahl im Segment und dem Mittelaufkommen wider (vgl. Übersicht 24). Eine weitergehende inhaltliche Präferenzordnung für die Beliebtheit der Segmente ist dabei nicht zu erkennen.

Übersicht 24: Reihenfolge der Anlagesegmente mit dem stärksten Einfluss auf die Mittelzuflüsse

Rang	Abkürzung	Segment	Zahl Fonds	Mittelaufkommen	Volumen	Durchschn. Volumen
1	LI	Länderfonds international allgemein	230	5.577,80	34.885,77	151,68
2	B	Branchenfonds	146	3.234,94	20.561,72	140,83
3	LIE	Länderfonds Europa Regionen	253	5.978,91	45.605,49	180,26
4	N	Nebenwertefonds	28	293,29	893,53	31,91
5	LIR	Länderfonds Rest of World Regionen	125	1.877,64	14.008,32	112,07
6	LIRE	Länderfonds Rest of World Einzelländer	13	137,57	694,10	53,39
7	L	Länderfonds allgemein	71	323,18	4.022,77	56,66
8	LIEE	Länderfonds Europa Einzelländer	10	4,49	313,22	31,32
9	LD	Länderfonds Deutschland	117	101,48	28.680,09	245,13

In Mio. EUR. Quelle: Eigene Darstellung.

Im Folgenden wird die Interaktion dieser unabhängigen Variablen mit der Zugehörigkeit zu einer der „Top5"-Fondsgesellschaften geprüft. Der entsprechende Koeffizient ist dabei hoch signifikant, positiv und größer als der der „Zahl Fonds im Segment" alleine (vgl. Anhang – Übersicht 10). Graphisch drückt sich dies in der wesentlich steileren Kurve des geschätzten Mittelaufkommens in Abhängigkeit von der Zahl der Fonds im Segment aus (vgl. Abbildung 43). Die Breite der Produktpalette im jeweils gewünschten Anlagesektor spielt also für die Investitionsentscheidung immer eine Rolle, bei den führenden KAG jedoch eine umso größere – gerade bei diesen erwarten die Anleger eine große Auswahl.

607 Zur Vermeidung von Multikollinearität wurde dabei die Variable „Anzahl Fonds im Segment" nicht berücksichtigt.

Abbildung 43: Geschätztes Mittelaufkommen in Abhängigkeit von der Anzahl an Fonds im Segment nach Top5-Fondsgesellschaften

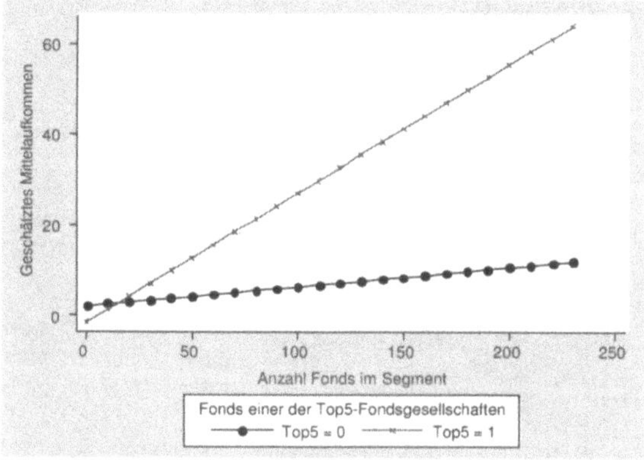

Quelle: Eigene Darstellung.

Bei der zweiten segmentbezogenen Variable, dem Ranking eines Fonds im Segment nach seiner Sharpe-Ratio, widerspricht der schwach signifikante[608] negative Koeffizient der Intuition und der im theoretischen Teil der Arbeit aufgestellten HYPOTHESE M11B: Investoren legen also umso mehr in Fonds an, je schlechter deren risikoadjustierte Performance vergleichsweise im Segment abschneidet. Auch wenn sich keine eindeutige, abschließende Begründung finden lässt, sollen im Folgenden einige Erklärungsmuster näher erörtert werden. Eine Vermutung könnte darin bestehen, dass dieses Ergebnis auf Interaktionseffekten beruht. Die Überprüfung mit verschiedenen Variablen führt zu einer signifikanten Interaktion mit dem Fondsvolumen: Für kleine Fonds, hier beim kleinsten Oktil,[609] d.h. bei Fonds bis zu 5,4 Mio. Euro, verhalten sich die Investoren – im Gegensatz zum Rest der Fonds – entsprechend den Erwartungen und investieren mehr, je besser ein Fonds im Segment abschneidet (vgl. Übersicht 25). Bei größeren Fonds fällt evtl. das höhere Marketingbudget stärker ins Gewicht und verdrängt die Sharpe-Ratio als Kriterium.

---

[608] Der p-Wert beträgt 0,083.

[609] Beim Oktil 3 (ca. 11–18 Mio. EUR) ist der Koeffizient des Interaktionseffekts ebenfalls positiv und schwach signifikant; bei allen anderen Oktilen sind die entsprechenden Koeffizienten nicht signifikant.

Übersicht 25: Interaktionseffekt zwischen Fondsranking nach Sharpe-Ratio im Segment und kleinstem Oktil des Fondsvolumens

$$Aufk\_abs = \alpha_0 + \beta_1(Sharpe)_i + \beta_2(Verwgeb)_i + \beta_3(Rank\_Sharpe\_KAG)_i$$
$$+ \beta_4(Zahl\_Fonds\_Seg)_i + \beta_5(Volumen\_oktil1)_i + \beta_6(Rank\_Sharpe\_Seg)_i$$
$$+ \beta_7((Rank\_Sharpe\_Seg)_i * (Volumen\_oktil1)_i) + \varepsilon_i$$

Variablen	Bezeichnung	Koeffizienten
Sharpe	Sharpe-Ratio des Fonds	0.956*** (0.163)
Verwgeb	Verwaltungsgebühren	996.4** (396.6)
Rank_Sharpe_KAG	Fondsranking nach Sharpe-Ratio in der KAG	27.37** (11.64)
Zahl_Fonds_Seg	Anzahl Fonds im Segment	0.134*** (0.0347)
Volumen_oktil1	Fondsvolumen Oktil 1	-37.90*** (12.64)
Rank_Sharpe_Seg	Fondsranking nach Sharpe-Ratio im Segment	-39.57* (22.08)
Rank_Sharpe_Seg X Volumen_oktil1	Interaktionseffekt zwischen Fondsranking nach Sharpe-Ratio im Segment und Volumen Oktil 1	40.35* (24.00)
Constant		-2.028 (13.07)
Observations		889
R-squared		0.059
Adjusted R-squared		0.0511

Robust standard errors in parentheses
*** p<0.01, ** p<0.05, * p<0.1

Quelle: Eigene Darstellung.

Eine weitere Begründung könnte darin bestehen, dass einzelne Anlagesegmente aufgrund spezifischer Besonderheiten das Gesamtbild verzerren. Eine Überprüfung mittels Interaktionseffekten liefert jedoch nur für das Segment „Europa Einzelländer (LIEE)" einen (schwach) signifikanten positiven Koeffizienten. Für drei Segmente („Branchenfonds", „Länderfonds allgemein" und „Länderfonds Deutschland") treten signifikant negative Koeffizienten auf, für alle anderen Interaktionen sind diese nicht signifikant (vgl. Anhang – Übersicht 11). Somit scheidet diese Möglichkeit aus und auch alle anderen überprüften Interaktionseffekte führen zu keinen signifikanten Ergebnissen.

Möglicherweise ist dieser Effekt ein Resultat der konvexen Performance Flow Relationship sowie der Durchschnittsbildung aufgrund der Querschnittsbetrachtung. So wurde evtl. (in einigen Segmenten) extrem stark in „Star-

Fonds" investiert, das Geld jedoch (aufgrund der Konvexität der Beziehung) bei wesentlich schlechterer Performance nicht mehr abgezogen.[610] Bildet man den Durchschnitt, kann der Anschein entstehen, Anleger würden bewusst bevorzugt in die schlechtesten Fonds investieren. Da die Konvexität in den einzelnen Segmenten unterschiedlich stark ausgeprägt ist und Standard-Segmente i.d.R. konvexer sind als „Spezial-Segmente",[611] ist dieser Effekt verschieden stark, was sich z.B. in dem stärkeren und signifikanteren Koeffizienten des Interaktionseffekts bei Deutschlandfonds äußert (vgl. Anhang – Übersicht 11).

Hinzu kommt, dass u.U. die vom BVI vergebenen Segmentklassifizierungen bzw. die in der Arbeit verwendeten Segmentierungen[612] nicht dem Bezugsrahmen entsprechen, den die Anleger für den Performance-Vergleich der unterschiedlichen Fonds verwenden. Eventuell sind die in der vorliegenden Untersuchung genutzten Segmente zu breit gewählt bzw. leiden unter der Tatsache, dass z.T. auch allgemeinere Obersegmente verwendet werden mussten. Gegebenenfalls verwenden die Fondsgesellschaften auch bewusst andere Fondskategorien als die BVI-Klassifikationen und nutzen den entsprechenden Bezeichnungsspielraum, damit der jeweilige Fonds im Vergleich besser abschneidet.[613]

Sehr wahrscheinlich ist auch, dass ein großer Teil der Fondsinvestoren in Deutschland nicht auf den Wettbewerb innerhalb einzelner Segmente achtet, sondern zunächst die Fondsgesellschaft (i.d.R. über exklusive Vertriebsbeziehung der Hausbank) aussucht, bevor er ein Anlagesegment auswählt oder auch die generelle Asset Allocation, also die Aufteilung der Investitionsmittel in Fonds, Renten etc. festlegt.[614]

Obwohl sich keine stringente Argumentationskette für die Variable „Ranking Fonds im Segment" finden lässt, können doch die unterschiedlichen Erklärungsansätze in ihrer Gesamtheit den zunächst kontraintuitiven Koeffizienten plausibilisieren, zumal bei diesem nur schwache Signifikanz besteht. Insge-

---

[610] Vgl. RUENZI (2005), S. 154f.
[611] Vgl. RUENZI (2005), S. S. 158f.
[612] Vgl. Abschnitt 5.2.4.3 der vorliegenden Arbeit.
[613] Vgl. CONNELLY (2003), S. 712; NAVONE (2003), S. 15.
[614] Vgl. CONNELLY (2003), S. 711.

samt erreicht das Gesamtmodell mit einem Adjusted R^2 von 0,35 einen relativ hohen Erklärungsgehalt.[615]

5.5.2 Untersuchung weiterer Einflussfaktoren auf das Mittelaufkommen

Wenngleich sich gezeigt hat, dass neben den oben diskutierten unabhängigen Variablen keine weiteren einen signifikanten Beitrag zur Verbesserung der Erklärungskraft des Gesamtmodells leisten können, sollen – analog zum Vorgehen bei der Untersuchung der direkten Einflussfaktoren – auch bei der Analyse des Mittelaufkommens die weiteren potenziellen Einflussfaktoren untersucht werden, um ein umfassendes Bild zu erlangen. Hierbei werden ebenso zunächst die weiteren fondsbezogenen Variablen überprüft, anschließend KAG- und schließlich segmentbezogene Faktoren.

Zunächst soll die Bedeutung des Fondsalters untersucht werden. Wie sich bereits in der Analyse direkter Einflussfaktoren auf die Auflösung gezeigt hat, sind die Effekte beim Alter nicht linear und eindeutig, so dass Altersklassen in der Form von Oktilen in das Gesamtmodell aufgenommen werden. Es zeigt sich, dass besonders stark in junge Fonds investiert wird, das Anlegerinteresse mit steigendem Fondsalter abnimmt, jedoch dann bei Fonds mittleren Alters, d.h. zwischen 3,5 und 4,5 Jahren (Oktil 5) wieder sprunghaft ansteigt und danach wieder mit dem Alter sinkt (vgl. Übersicht 26). Die hohen Investitionen in sehr junge Fonds sind sicherlich ein Ergebnis der mit der Neuauflage von Fonds üblicherweise einhergehenden Marketingkampagne; zudem werden z.T. neue Fonds aufgelegt, wenn die anderen Fonds der Gesellschaft in diesem Segment gerade weniger gut laufen, um so dem Vertrieb mit dem alternativen, jungen Fonds neue Verkaufsargumente zu liefern.[616] Der sprunghafte Anstieg der Investitionen bei einem Alter von 3,5 bis 4,5 Jahren könnte sich damit begründen lassen, dass Fonds typischerweise drei oder vier Jahre existieren müssen, bevor sie von Ratingagenturen berücksichtigt werden;[617] Fonds in dieser Altersklasse tauchen also zum ersten Mal in Rankings auf

---

615 Bei der thematisch ähnlichen Studie von BER/KEMPF/RUENZI (2007) liegt R^2 bei rund 0,1, vgl. ebd., S. 50, 54; RUENZI (2005) erreicht 0,18, vgl. ebd., S. 158.
616 Vgl. NAVONE (2003).
617 Vgl. DECHOW (2003), S. 59.

oder erhalten eine entsprechende Bewertung, so dass dies für viele Investoren ein Anreiz ist, nun in diese Fonds zu investieren. Unerwartet klein sind jedoch die Koeffizienten für die sehr alten Fonds; HYPOTHESE M4 kann also nur für ihren ersten Teil gestützt werden.

Übersicht 26: Einfluss des Alters auf das Mittelaufkommen

$$Aufk\_abs = \alpha_0 + \beta_1(Volumen)_i + \beta_2(Sharpe)_i + \beta_3(Verwgeb)_i + \beta_4(Rank\_Sharpe\_KAG)_i + \beta_5(KAG\_Vol\_quad)_i + \beta_6(Rank\_Sharpe\_Seg)_i + \beta_7(Zahl\_Fonds\_Seg)_i + \sum_{k=1}^{7}\gamma_k(Altersokt\_k)_i + \varepsilon_i$$

Variablen	Bezeichnung	Koeffizienten
...	...	...
Altersokt_1	Alter Oktil 1 (Fonds < 0.97 Jahre)	43.68*** (9.555)
Altersokt_2	Alter Oktil 2 (Fonds < 1.76 Jahre)	22.55*** (6.739)
Altersokt_3	Alter Oktil 3 (Fonds < 2.62 Jahre)	20.34** (8.124)
Altersokt_4	Alter Oktil 4 (Fonds < 3.50 Jahre)	18.30*** (5.064)
Altersokt_5	Alter Oktil 5 (Fonds < 4.50 Jahre)	25.01*** (5.803)
Altersokt_6	Alter Oktil 6 (Fonds < 5.90 Jahre)	11.93** (5.149)
Altersokt_7	Alter Oktil 7 (Fonds < 10.00 Jahre)	7.562* (4.599)

Robust standard errors in parentheses
*** p<0.01, ** p<0.05, * p<0.1

Quelle: Eigene Darstellung.

Wenig überraschend sind die bereits erwähnten positiven, zumindest in der univariaten Analyse signifikanten Koeffizienten bei der prozentualen Fondsrendite sowie der Überrendite (vgl. Übersicht 27). Dem vorherigen Ergebnis entsprechend wählen Investoren Fonds, die eine bessere Rendite erzielen – ein weiteres Indiz für HYPOTHESE M1.

Übersicht 27: Einfluss weiterer unabhängiger fondsbezogener Variablen auf das Mittelaufkommen

Unabhängige Variablen	Bezeichnung	Koeffizient univariate Analyse	Koeffizient multivariate Analyse
Rend_Proz	Prozentuale Fondsrendite	0.49***	0.08
Ueberrend_proz	Prozentuale Überrendite des Fonds	37.63**	-1.91
Vola	Volatilität des Fonds	-49.87*	-50.19*
Ausgauf	Ausgabeaufschlag des Fonds	-241.14	72.76
Depotgeb	Depotgebühren des Fonds	-266.09*	33.37

*** p<0.01 ** p<0.05 * p<0.1

Quelle: Eigene Darstellung.

Der signifikant negative Einfluss der Volatilität ist zwar aufgrund der Betrachtung im Theorieteil nicht zu erwarten und widerspricht HYPOTHESE M2, hat sich aber ebenfalls indirekt schon in der Variable „Sharpe-Ratio des Fonds" ausgedrückt; auch hier ist wiederum zu vermuten, dass nur wenige Investoren die Volatilität eines Fonds direkt beobachten, sondern vielmehr Ratings folgen, in die auch die Volatilität einfließt. Zur Überprüfung der Erkenntnis von RUENZI (2005), dass sich am amerikanischen Markt bei getrennter Betrachtung der verschiedenen Segmente ein positiver Koeffizient bei Standardsegmenten und ein negativer bei den von erfahrenen Investoren beherrschten spezialisierten Segmenten ergibt,[618] werden die Interaktionseffekte zwischen der Volatilität und den einzelnen Segmenten analysiert. Dabei zeigt sich jedoch für den vorliegenden Datensatz des deutschen Marktes ein gegensätzliches Bild: Die beiden einzigen signifikanten Beziehungen treten bei Nebenwertefonds auf sowie bei Fonds, die in einzelne Länder außerhalb Europas investieren (Segment „N" und „LIRE") und sind positiv (vgl. Anhang – Übersicht 12). Offensichtlich legen also die Investoren in Deutschland – anders als in den USA – gerade wegen ihrer (höheren) Volatilität in Spezialsegmenten an, z.B. um mit ihrem Portfolio einen optimalen Rendite-Risiko-Mix zu erzielen.

Der Ausgabeaufschlag von Fonds übt keinen signifikanten Einfluss auf die Nettozuflüsse in Fonds aus und stützt diesbezüglich HYPOTHESE M5A. Die Insignifikanz der Variablen könnte – wie vermutet – Ausdruck eines Nettoeffekts sein, der sich daraus ergibt, dass bei steigenden Aufschlägen das intrinsische

[618] Vgl. Abschnitt 4.2.1.1.2 der vorliegenden Arbeit.

Anlegerinteresse sinkt, aber aufgrund des Anreizsystems im Vertrieb die Häufigkeit an Kaufempfehlungen steigt. Eine andere Erklärung könnte darin bestehen, dass im Datensatz nur der in den jeweiligen Fondsprospekten bzw. -beschreibungen angegebene maximale Aufschlag berücksichtigt ist, nicht jedoch der tatsächliche. Bei der Festlegung des verrechneten Prozentsatzes bestehen je nach Vertriebsform relativ große Freiheiten und insbesondere bei Online-Brokern, die gerade in der zweiten Hälfte des betrachteten Untersuchungszeitraums einen Boom erlebt haben, entfällt nicht selten auch der Ausgabeaufschlag komplett.

Erstaunlich ist der signifikant negative Koeffizient bei den Depotbankgebühren. Auch wenn gemäß der Intuition mit steigenden Gebühren weniger investiert wird, ist doch kaum nachvollziehbar, dass Investoren wirklich auf die Depotbankgebühren bei ihrer Anlageentscheidung achten, da diese nicht sonderlich stark zwischen den Fonds variieren (etwa im Vergleich zum Ausgabeaufschlag oder zu den Verwaltungsgebühren) und einen relativ niedrigen Betrag[619] ausmachen. Vor allem sind sie nur schwer „im Kleingedruckten" der Fondsdokumentation zu finden. Aufgrund der nur schwachen Signifikanz sollte dieses Ergebnis – das im Widerspruch zu HYPOTHESE M5C steht – allerdings nicht überbewertet werden.

619 Im vorliegenden Datensatz betragen die Depotbankgebühren durchschnittlich 0,15%; zur Bandbreite zwischen den einzelnen Segmenten, vgl. Abschnitt 5.3.1 der vorliegenden Arbeit.

Übersicht 28: Einfluss weiterer unabhängiger fondsgesellschaftsbezogener Variablen auf das Mittelaufkommen

Unabhängige Variablen	Bezeichnung	Koeffizient univariate Analyse	Koeffizient multivariate Analyse
Rel_Vol_KAG	Relatives Volumen der KAG	14.9*	-12.87
Zahl_Fonds_KAG_quad	Quadrierte Zahl der Fonds in KAG	0.0050***	0.0034***
Rel_Zahl_Fonds_KAG_quad	Quadrierte relative Zahl der Fonds der KAG	2132.41***	1174.64**
Av_Rend_KAG	Durchschnittliche Rendite der KAG	26.82**	40.68***
Av_Sharpe_KAG	Durchschnittliche Sharpe-Ratio der KAG	17.00***	12.19***
Av_Uebrend_KAG	Durchschnittliche Überrendite der KAG	154.37***	206.66***
Rank_Vol_KAG	Ranking Volumen in KAG	14.9*	2.9
Rank_Rend_KAG	Ranking Rendite in KAG	-4.23	-3.79
Rank_Ueber_KAG	Ranking Überrendite in KAG	19.21*	7.06

*** p<0.01 ** p<0.05 * p<0.1

Quelle: Eigene Darstellung.

Bei der Betrachtung der weiteren fondsgesellschaftsbezogenen Einflussfaktoren auf das Mittelaufkommen bestätigt sich zunächst die bereits beim Aufstellen des Gesamtmodells gewonnene Erkenntnis, dass große KAG klar im Vorteil sind. So ist neben dem oben betrachteten absoluten Gesamtvolumen der Gesellschaft auch das relative Volumen schwach signifikant positiv (vgl. Übersicht 28). Ebenfalls positiv mit den Nettozuflüssen korreliert die absolute wie auch die (im Vergleich zu den Konkurrenten) relative Zahl an Fonds. Auch hier besteht eine hyperbolische Beziehung, d.h., erst ab einer gewissen Größe spielt dieser Einflussfaktor eine Rolle, was wiederum die Relevanz der größten Anlagegesellschaften hervorhebt. Die steigende Selbstkannibalisierung übt also keinen dominanten Effekt aus; HYPOTHESE M7 wird durch die Ergebnisse gestützt. Neben der Größe lassen sich Investoren auch von der Performance einer Gesellschaft leiten. So üben sowohl die durchschnittliche einfache Rendite, Überrendite und Sharpe-Ratio aller Fonds einer Gesellschaft im Datensatz einen (hoch) signifikant positiven Einfluss auf das Mittelaufkommen aus – ein klares Indiz für HYPOTHESE M8. Der Koeffizient der Variablen „Ranking Volumen in KAG" ist positiv, in der univariaten Analyse schwach signifikant und in der multivariaten insignifikant. Es ergeben sich also nur äußerst geringe Hinweise darauf, dass Investoren – wie in HYPOTHESE M9A formuliert – die relative Größe eines Fonds in der Gesellschaft als Kriterium einbeziehen. Um die Auswahl eines Fonds innerhalb einer Gesellschaft besser zu verstehen, wurde neben dem Fonds-Ranking nach der Sharpe-Ratio, das Eingang in das Gesamtmodell gefunden hat, auch das Ranking der Fonds einer Fondsgesellschaft nach der einfachen Rendite sowie nach der Überrendite geprüft. Während die prozentuale Rendite keine Signifikanz aufweist, ist der Koeffizient für die Überrendite über die Peer Group positiv und schwach signifikant. Dies spricht für die in HYPOTHESE M9B dargelegte Vermutung, dass sich Anleger auch im gesellschaftsinternen Vergleich nach Gütesiegeln und Ratings von Agenturen richten.

Übersicht 29: Einfluss weiterer unabhängiger segmentbezogener Variablen auf das Mittelaufkommen

Unabhängige Variablen	Bezeichnung	Koeffizient univariate Analyse	Koeffizient multivariate Analyse
Av_Sharpe_Seg	Durchschnittl. Sharpe-Ratio im Segment	9.95***	4.06*
Rank_Vol_Seg	Ranking Volumen im Segment	2.96	-11.05
Rank_Aufk_Seg	Ranking Aufkommen im Segment	-6.74	15.57
Rank_Rend_Seg_quad	Quadriertes Ranking Rendite im Segment	36.48***	10.17

*** p<0.01 ** p<0.05 * p<0.1

Quelle: Eigene Darstellung.

Analysiert man, welchen Einfluss weitere segmentbezogene Faktoren auf die Investition in Aktienfonds ausüben, zeigt sich erwartungsgemäß, dass nicht nur – wie im Gesamtmodell nachgewiesen – die absolute Anzahl der Fonds eine große Rolle spielt, um ein Anlagesegment auszuwählen, sondern auch, welche Renditen im Segment erzielt werden: Der Koeffizient der Variablen „Durchschnittliche Sharpe-Ratio im Segment" ist positiv und hoch signifikant (vgl. Übersicht 29). Investoren achten also sehr genau darauf, welche Bereiche sich als renditeträchtig erweisen und dann auch in Mode kommen. Keinen signifikanten Einfluss übt hingegen (entgegen der formulierten HYPOTHESE M11A) das größenmäßige Ranking eines Fonds im Segment, gemessen an seinem Volumen, aus. Für Investoren spielt also der Segmentbezug hier keine Rolle, was die These bestätigt, dass zunächst die Fondsgesellschaft bestimmt wird und erst dann ein Fonds im jeweiligen Segment gesucht wird, der somit nicht unbedingt ein Größenkriterium erfüllt. Ebenso wenig ist die für Investoren kaum zu beobachtende Variable „Ranking Aufkommen im Segment" signifikant. Überraschend ist der positive und (zumindest in der univariaten Analyse) signifikante Koeffizient beim Segment-Ranking eines Fonds nach seiner prozentualen Rendite: Wenngleich im Theorieteil die dementsprechende HYPOTHESE M11B aufgestellt wurde, hatte ja die entsprechende, mit der Sharpe-Ratio gebildete Variable im Gesamtmodell einen signifikant negativen Einfluss ausgeübt. Das Ranking nach der Rendite zeigt eine hyperbolische Beziehung, d.h., nur die wirklich besten Aktienfonds spielen eine Rolle.[620] Eine Erklärung kann darin bestehen, dass in der Wirtschaftspresse vielfach die Top-Fonds einzelner Anlagesegmente dargestellt und diese dabei nach Renditekriterien ausgewählt werden.

Nach diesem letzten Schritt der empirischen Analyse, in der durch die Überprüfung indirekter Einflussfaktoren auf die Auflösung ein breiteres Bild über die Relevanz der unterschiedlichen Variablen gewonnen wurde und einige Wirkungszusammenhänge konkretisiert werden konnten, vermittelt die abschließende Zusammenfassung des Kapitels 6 nochmals einen Überblick über die wichtigsten Erkenntnisse der gesamten Arbeit.

620 Die Überprüfung der quadrierten Variable „Fondsranking nach Sharpe-Ratio im Segment" führt zu keinem signifikanten Ergebnis.

6 Zusammenfassung und Ausblick

Die vorliegende Arbeit behandelt die in Deutschland sehr junge Thematik der Auflösung von Aktienfonds. Im Gegensatz zu anderen Märkten, wie etwa den USA, spielt sie auf dem deutschen Kapitalmarkt noch nicht lange eine Rolle: Primär seit 2002 wuchs die Zahl der Liquidierungen auf ein substanzielles Maß an, so dass erst in den Folgejahren eine hinreichend große Datenbasis für eine empirische Analyse entstand. Aufgrund dessen wurde die auch international nur in wenigen Studien behandelte Auflösung von Fonds für den deutschen Markt bislang noch nicht analysiert.

Die Frage, welche Faktoren eine Liquidierung von Fonds in Deutschland beeinflussen, wird daher in der vorliegenden Arbeit erstmals analysiert. Neben dem generellen wissenschaftlichen Interesse ist die Beantwortung der Fragestellung aus Sicht der Kapitalanlagegesellschaften wie auch der Investoren relevant: Während für die Fondsanbieter eine Marktsicht über bedeutende Auflösungsfaktoren von hohem Interesse ist, um das Verhalten von Wettbewerbern zu antizipieren und Hinweise für die eigene Steuerungslogik zu erlangen, ist es für die Anleger wichtig, den Kauf von Fonds zu vermeiden, die mit hoher Wahrscheinlichkeit in absehbarer Zukunft innerhalb des geplanten Investitionszeitraums aufgelöst werden; neben möglichen steuerlichen Nachteilen entsteht ihnen erstens ein gewisser Aufwand, sich mit einer Neuinvestition zu beschäftigen, zweitens entspricht ein zum kostenlosen Umtausch angebotener Fonds u.U. nicht exakt ihren Anlagezielen und drittens fallen dann beim Kauf eines anderen Fonds Transaktionskosten sowie evtl. ein Ausgabeaufschlag an.

Zur Klärung dieser Forschungsfrage werden zunächst auf der Grundlage des bisherigen Standes der Literatur in den verschiedenen angrenzenden Gebieten der empirischen Kapitalmarktforschung rund 35 Hypothesen zu potenziellen Einflussfaktoren auf die Auflösung sowie auf das Mittelaufkommen (als indirekte Faktoren) abgeleitet. Diese werden mit einem eigens erstellten Datensatz getestet, der insgesamt knapp 1.000 auf dem deutschen Markt zwischen 1996 und 2006 vertriebene Aktienfonds beinhaltet – darunter rund 300 aufgelöste Fonds. Die zunächst monatlich oder jährlich erhobenen Daten werden für die Querschnittsanalyse in mehr als 30 zu testende Variablen aggregiert und nach einer ersten deskriptiven Analyse mit der Methodik der logistischen Regression und OLS-Regression ausgewertet.

Die empirische Überprüfung der theoretisch abgeleiteten Hypothesen ergibt zusammenfassend, dass das Mittelaufkommen, das Volumen und die Performance eines Aktienfonds, nicht jedoch die Gebühren ausschlaggebend für die Auflösung sind. Fonds erfolgreicher Fondsgesellschaften werden mit einer höheren, die Produkte großer Fondsanbieter mit einer geringeren Wahrscheinlichkeit aufgelöst. Im Hinblick auf das Segment sind dessen Größe und Spezialisierung entscheidend – neben der relativen Stellung des Fonds. Im Folgenden sollen die Kernerkenntnisse dieser Faktoren nochmals kurz erläutert werden:

Einen dominierenden Einfluss übt der empirischen Analyse zufolge das Nettomittelaufkommen aus, weshalb im Verlauf der Untersuchung zusätzlich die auf die Zuflüsse wirkenden Faktoren als indirekter Effekt auf die Auflösung untersucht werden. Die Bedeutung des Aufkommens eines Fonds liegt darin begründet, dass die Nettozuflüsse unmittelbar für die künftigen Erträge verantwortlich sind und die Beliebtheit eines Aktienfonds reflektieren. Der Einfluss des Mittelaufkommens nimmt allerdings keinen linearen, sondern einen quadratischen Verlauf an, d.h., es liegt ein sog. „Winner's Curse" vor: Zu hohe prozentuale Nettozuflüsse überfordern das Fondsmanagement, das kurzfristig keine gleichermaßen aussichtsreichen Investitionsobjekte findet, und führen so schließlich zu einer erhöhten Auflösungswahrscheinlichkeit. Fondsinvestoren sollten daher bei der Anlage in Aktienfonds, die stark im öffentlichen Interesse stehen und hohe Zuflüsse generieren, Vorsicht walten lassen, selbst wenn diese hohe Renditen erzielen. Die Kapitalgesellschaften wiederum sollten kleine, sehr erfolgreiche Fonds mit hohem Mittelaufkommen schneller als bislang üblich für neue Investoren schließen.

Auch das Volumen eines Fonds erweist sich als wichtiger Einflussfaktor – es bestimmt zusammen mit dem Gebührensatz unmittelbar die Erträge und ist aufgrund der hohen Fixkostenbasis von hoher Relevanz für die Überlebensfähigkeit. Entsprechend besteht auch bei Volumina unter 25 Mio. Euro eine sehr hohe Wahrscheinlichkeit für die Liquidierung eines Fonds, die mit zunehmender Größe sinkt. Die im theoretischen Teil abgeleiteten „Diseconomies of

Scale", die Nachteile für sehr große Fonds bergen, können empirisch nicht belegt werden. Allerdings wird evident, dass die größten Fonds eine höchstens durchschnittliche Rendite im Vergleich zu ihren Konkurrenten in demselben Anlagebereich erzielen. Zudem besteht bei Fonds zwischen 50 und 100 Mio. Euro eine höhere Auflösungswahrscheinlichkeit als bei Fonds zwischen 25 und 50 Mio. Euro. Offensichtlich handelt es sich hierbei um einen Bereich, in dem Aktienfonds noch nicht groß genug sind, um generell einer Auflösung zu entgehen – erst bei Volumina über 100 Mio. Euro sinkt die Wahrscheinlichkeit kontinuierlich.

Die Untersuchung ergibt auch, dass die Fondsgröße ein wichtigerer Faktor ist als die Überrendite von Fonds: Auch die diesbezüglich besten Fonds einer Peer Group werden aufgelöst, wenn sie zu klein sind. Für den Investor lässt sich daraus die Erkenntnis ableiten, dass das renditebasierte Ranking eines Fonds keinen sicheren Indikator darstellt. Unabhängig davon ist aber auch die Rendite negativ mit der Auflösung korreliert. Fondsgesellschaften orientieren sich bei ihrer Entscheidung allerdings nicht an der Sharpe-Ratio, sondern nutzen offensichtlich andere risikoadjustierte Performancemaße. Das Risiko an sich ist positiv mit der Fondsauflösung korreliert, sog. „Gambling for Resurrection" zahlt sich also für Fondsmanager nicht aus.

Entgegen der Erwartung achten jedoch Anleger bei ihrer Investitionsentscheidung nicht primär auf einfache Renditen, sondern vor allem auf die Sharpe-Ratio (möglicherweise auch implizit z.B. über Fonds-Ratings, in die dieses Performancemaß einbezogen wird) und meiden ebenfalls risikoreiche Fonds. Dabei berücksichtigen die Investoren die Performance insbesondere bei Fonds mittlerer Größe. Bei kleineren und damit tendenziell jüngeren Fonds achten die Fondskäufer weniger auf die Vergangenheitsleistung – offensichtlich geben hier die stärkeren Werbe- und Vertriebsaktivitäten den entscheidenden Kaufimpuls. Große Fonds verfügen demnach als Flaggschiffe der Gesellschaften über eine ausreichend hohe Reputation. Dennoch meiden die Investoren eher sehr junge und sehr alte Fonds – hier liegt ein klarer quadratischer Zusammenhang zwischen Alter und Mittelaufkommen vor, der sich auch in der Auflösungswahrscheinlichkeit insofern widerspiegelt, als diese nach hohen Anfangswerten bei rund zwei Jahre alten Fonds zunächst mit dem Fondsalter sinkt, bei einem Alter von sechs bis zehn Jahren jedoch wieder ansteigt.

Während Verwaltungsgebühren keinen signifikanten direkten Einfluss auf die Auflösung ausüben, sind sie im – Widerspruch zur theoretisch abgeleiteten Hypothese – positiv mit dem Mittelaufkommen korreliert. Da dieser Zusammenhang bei schlechter Fondsperformance nicht auftritt, halten Investoren möglicherweise die Gebühren für konstituierend für den Erfolg und sind bei entsprechender Leistung bereit, auch höhere Kosten zu tragen.

Die empirische Analyse ergibt zudem, dass die erfolgreichsten Fondsgesellschaften, deren Fonds also im Gesamtdurchschnitt die höchsten Renditen erzielen, verstärkt zu Auflösungen von Fonds neigen – offensichtlich wollen sie das Risiko eines Reputationsverlusts durch einzelne Fonds vermeiden. Fonds von großen KAG haben wiederum ein geringeres Risiko, aufgelöst zu werden, was sowohl für die volumen- als auch zahlenmäßige Größe zutrifft – Skalen- und Verbundeffekte übersteigen also die entsprechenden Größennachteile bzw. Kannibalisierungseffekte. Entsprechend senkt auch die Zugehörigkeit zu einer der drei volumenmäßig größten (Top3) Fondsgesellschaften (DWS, Deka und Union Investment) die Auflösungswahrscheinlichkeit für einen Fonds und ist hochgradig positiv mit den Nettomittelzuflüssen korreliert, was sicherlich auch auf das starke Vertriebsnetz über die zum Konzern gehörenden (Genossenschafts-)Banken bzw. Sparkassen und die in Deutschland traditionelle Kundenbindung an Hausbanken zurückzuführen ist. Gleichzeitig stehen die Fonds der großen Anbieter aber auch in einem höheren Performance-Wettbewerb – sowohl innerhalb der KAG als auch übergreifend, denn bei den Top5-Anlagegesellschaften (Cominvest und Dit neben den Top3) achten die Anleger sehr viel stärker auf die Performance (gemessen an der Sharpe-Ratio) als bei ihren kleineren Konkurrenten und investieren jeweils vor allem in die besten Fonds einer Gesellschaft. Insbesondere für die Marktführer lohnt sich also der Aufbau von „Star-Fonds". Im Gegensatz dazu sind kleine Fonds besonders stark von Auflösung bedroht, wenn sie zu einer der Top5-KAG gehören.

Gehören Fonds zu Segmenten, in denen eine große Zahl an Fonds aufgelegt wurde, ist die Wahrscheinlichkeit einer Auflösung geringer, was darauf zurückzuführen ist, dass Investoren dort bevorzugt anlegen. Ein hoher Bestand an Fonds ist somit also primär ein Indikator für die Attraktivität des Anlagesegments, die die erhöhte Konkurrenzsituation offenbar überkompensiert. Die Analyse zeigt zudem, dass die Auflösungswahrscheinlichkeit bei den breit angelegten Segmenten, wie beispielsweise bei europäischen Länderfonds, tendenziell höher ist als bei hoch spezialisierten Anlagebereichen, wie etwa Nebenwertefonds. Entscheidend für die Auflösung ist aber auch die relative Stellung eines Aktienfonds in seinem Anlagesegment: Höhere Werte bei Volumen, Aufkommen und Rendite senken die Wahrscheinlichkeit einer Liquidierung.

Die in der vorliegenden Arbeit gewonnenen Erkenntnisse sind auch künftig von hoher Relevanz, da die Auflösung von Fonds weiterhin eine große Rolle im Asset Management spielen wird. Treiber dieser Entwicklung wird zum einen die weitere europäische Konsolidierung der Branche sein, die sich nach 2006, dem Ende des Datensatzes der vorliegenden Untersuchung, bereits abzeichnete, etwa mit der Fusion der Gesellschaften Activest und Pioneer Investments. Zum anderen werden viele Fondsgesellschaften, nicht zuletzt aufgrund der Finanzkrise 2008/09 und des (neben sinkenden Kursen und Rekordabflüssen) resultierenden generellen Vertrauensverlusts der Anleger, ihre Kosten senken und zunehmend Fonds auf den Prüfstand stellen.

Weiterer Forschungsbedarf ergibt sich in zwei Richtungen: Einerseits sollte überprüft werden, inwieweit die in der vorliegenden Arbeit gewonnenen Erkenntnisse über Einflussfaktoren auf die Auflösung von Aktienfonds auch auf andere Fondsarten, wie etwa Renten- und Mischfonds oder auch Hedgefonds, übertragbar sind oder welche spezifischen Besonderheiten sich bei diesen ergeben. Andererseits sollten Fusionen von Fonds zum Gegenstand einer wissenschaftlichen Studie genommen werden, sobald seit ihrer Zulassung im Jahr 2004 eine genügend breite Datenbasis vorliegt. Dabei sollte insbesondere erforscht werden, unter welchen Bedingungen Fondsgesellschaften Fusionen gegenüber Auflösungen präferieren und welchen Einfluss die Einführung der Abgeltungssteuer 2009 auf diese Fragestellung ausübt. Zudem sollte untersucht werden, wie ähnlich sich zwei fusionierte Fonds z.B. im Hinblick auf Anlagesegment und -ziele, Größe und Gebühren sind. Lohnenswert erscheint zudem eine Analyse, wie sich die Performance des neuen Fonds im Vergleich zur Leistung der beiden Fonds vor der Fusion entwickelt und wie die Anleger bei Ankündigung und nach Vollzug der Fusion reagieren. Weitere Forschungsarbeiten in diesem Bereich könnten einen wertvollen Beitrag dazu leisten, das Verständnis für die optimale Ausgestaltung von Fonds und den Umgang bei entsprechendem Misserfolg zu erhöhen. Damit stünde Fondsgesellschaften wie auch Anlegern künftig eine fundiertere Grundlage zur Entscheidungsfindung und Reaktion zur Verfügung als noch vor der wissenschaftlichen Analyse der Auflösung von Fonds.

Anhang

Verzeichnis der ergänzenden Abbildungen

Verzeichnis der ergänzenden Übersichten

Ergänzende Abbildungen

Anhang – Abbildung 1: Entwicklung der durchschnittlichen Verwaltungsgebühren und des durchschnittlichen Ausgabeaufschlags nach Altersklassen

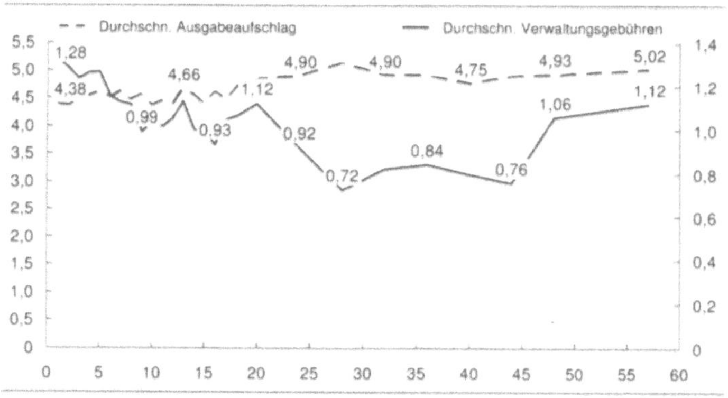

Darstellung in Prozent. Quelle: Eigene Darstellung.

Anhang – Abbildung 2: Extremwerte der annualisierten Volatilität der Fonds der Grundgesamtheit

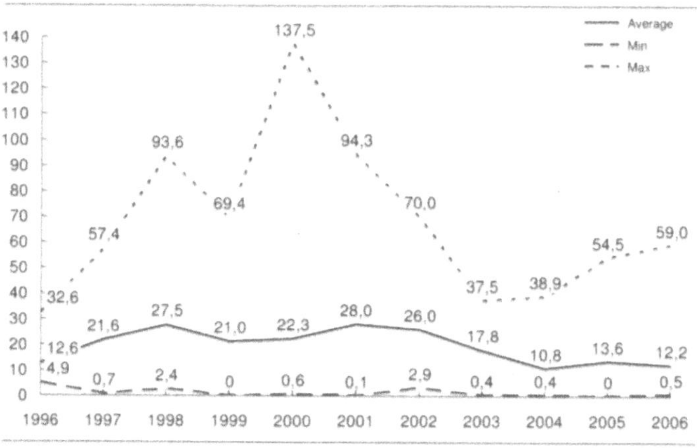

Darstellung in Prozent. Quelle: Eigene Darstellung.

Anhang – Abbildung 3: Extremwerte der annualisierten Rendite und Volatilität der Fonds der Grundgesamtheit

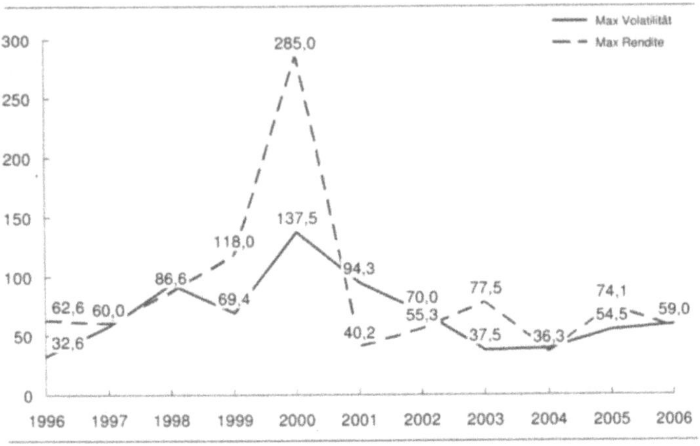

Darstellung in Prozent (linke Skala: Volatilität, rechte Skala: Rendite). Quelle: Eigene Darstellung.

Anhang – Abbildung 4: Entwicklung des durchschnittlichen Fondsvermögens nach Fondsgesellschaft

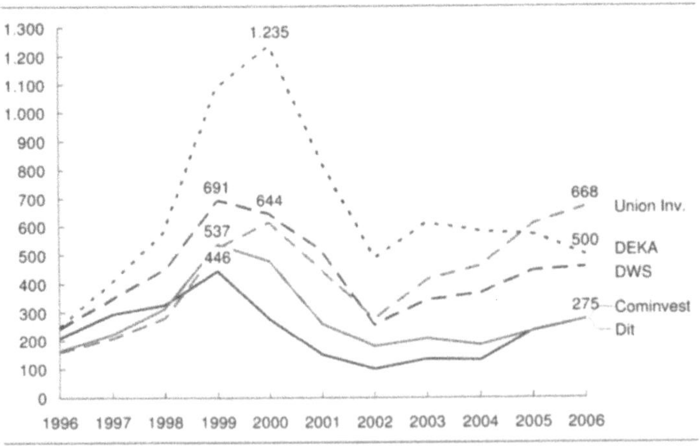

Top5-Fondsgesellschaften, Darstellung in Mio. EUR. Quelle: Eigene Darstellung.

Anhang – Abbildung 5: Entwicklung des durchschnittlichen Mittelaufkommens nach Fondsgesellschaft

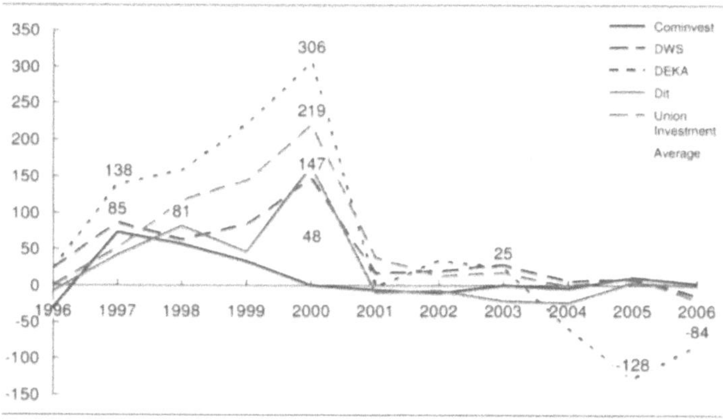

Top5-Fondsgesellschaften, Darstellung in Mio. EUR. Quelle: Eigene Darstellung.

Anhang – Abbildung 6: Risk-Return Matrix nach Fondsgesellschaften – 1996

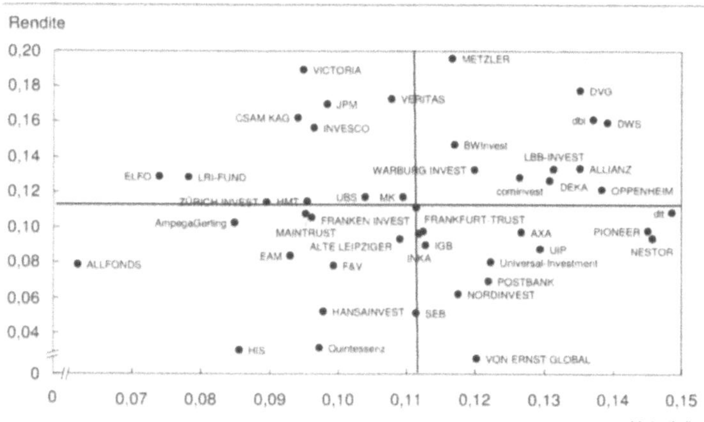

Quelle: Eigene Darstellung.

Anhang – Abbildung 7: Risk-Return Matrix nach Fondsgesellschaften – 2006

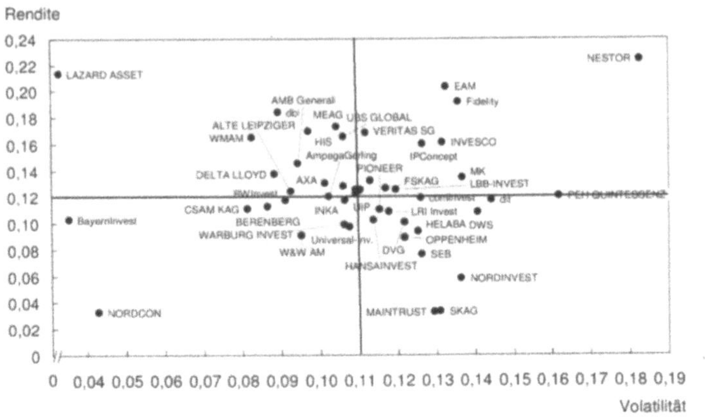

Quelle: Eigene Darstellung.

Anhang – Abbildung 8: Risk-Return Matrix der Top5-Fondsgesellschaften im Vergleich

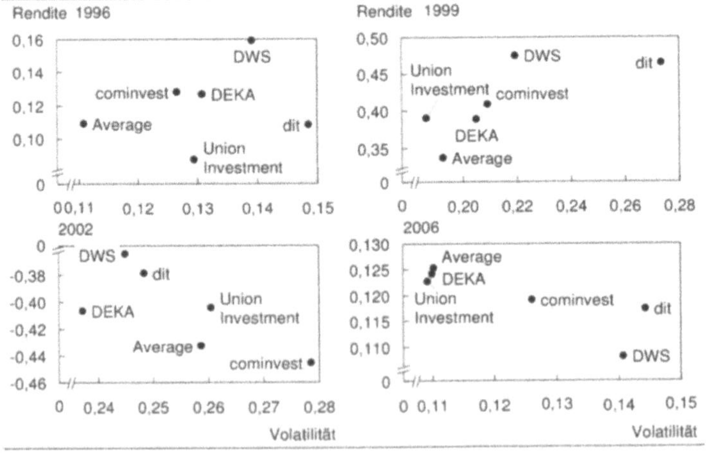

Quelle: Eigene Darstellung.

Anhang – Abbildung 9: Prozentuale Aufteilung der Länderfonds nach Subkategorien

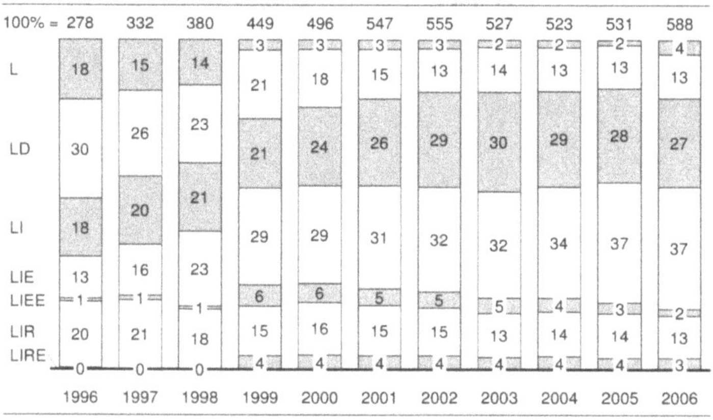

L: Länderfonds allgemein; LD: Länderfonds Deutschland; LI: Länderfonds international allgemein; LIE: Länderfonds Europa Regionen; LIEE: Länderfonds Europa Einzelländer; LIR: Länderfonds Rest of World Regionen; LIRE: Länderfonds Rest of World Einzelländer.
Quelle: Eigene Darstellung.

Anhang – Abbildung 10: Entwicklung der Extremwerte der durchschnittlichen Rendite aufgelöster und überlebender Fonds

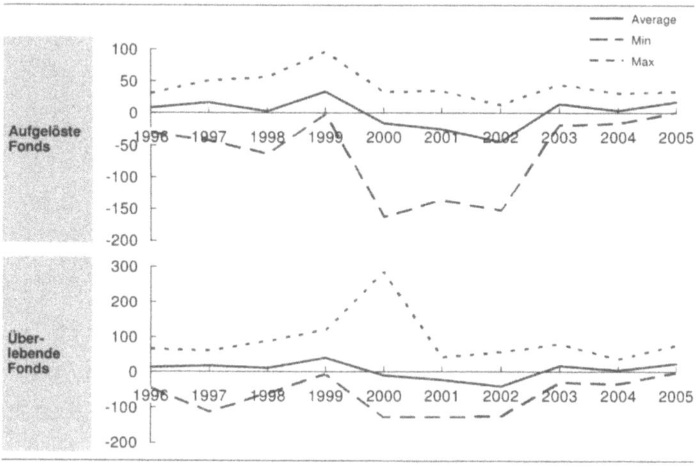

Darstellung in Prozent. Quelle: Eigene Darstellung.

Anhang – Abbildung 11: Entwicklung von Mittelaufkommen und Rendite bei aufgelösten und überlebenden Fonds

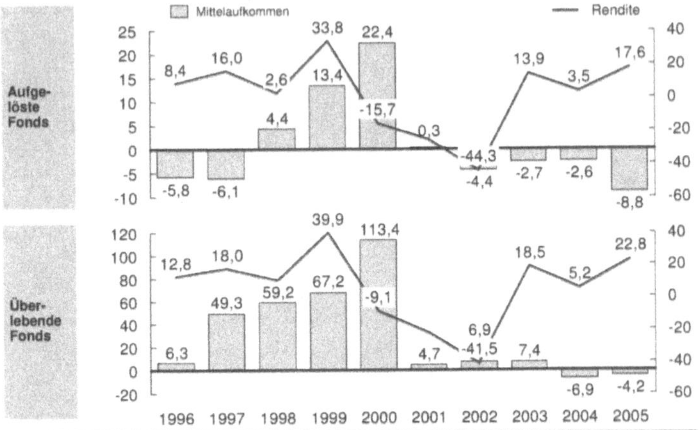

Darstellung der durchschnittlichen Rendite in Prozent, Darstellung des durchschnittlichen Mittelaufkommens in Mio. EUR. Quelle: Eigene Darstellung.

Anhang – Abbildung 12: Überprüfung der Linearität des prozentualen Mittelaufkommens

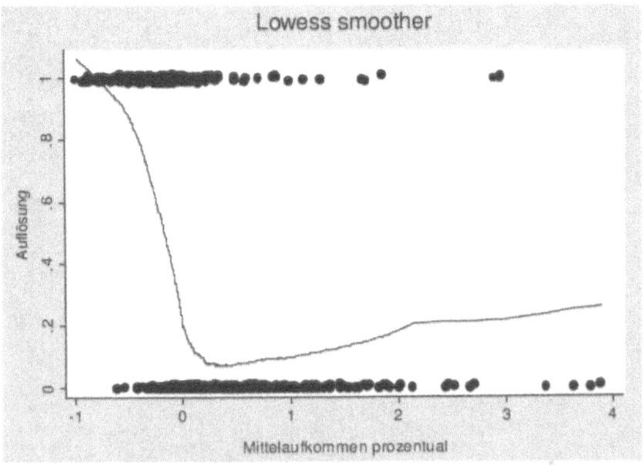

Verwendung eines Lowess Smoother, bei dem eine lokal gewichtete Regression der Auflösung auf das prozentuale Mittelaufkommen durchgeführt wird. Quelle: Eigene Darstellung.

Anhang – Abbildung 13: Geschätzte Auflösungswahrscheinlichkeit in Abhängigkeit des logarithmierten Fondsvolumens

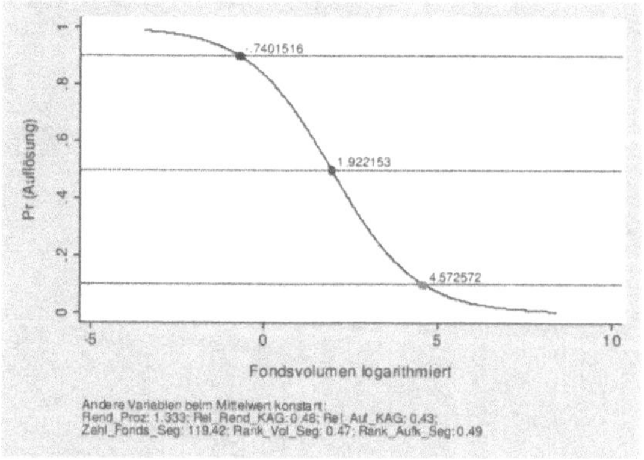

Der Wert von -0,74 entspricht einem Fondsvolumen von ca. EUR 0,48 Mio., 1,92 von EUR 6,84 Mio. und das logarithmierte Fondsvolumen von 4,57 beträgt rund EUR 96,79 Mio.
Quelle: Eigene Darstellung.

Anhang – Abbildung 14: Geschätzte Auflösungswahrscheinlichkeit in Abhängigkeit des relativen Mittelaufkommens der Fondsgesellschaft

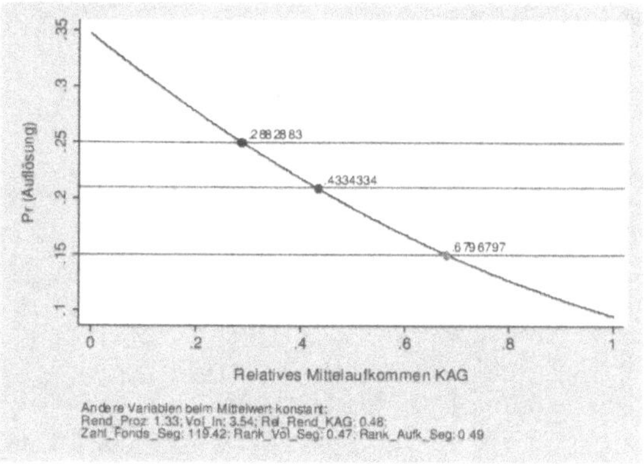

Quelle: Eigene Darstellung.

Anhang – Abbildung 15: Geschätzte Auflösungswahrscheinlichkeit in Abhängigkeit der Anzahl an Fonds im Segment

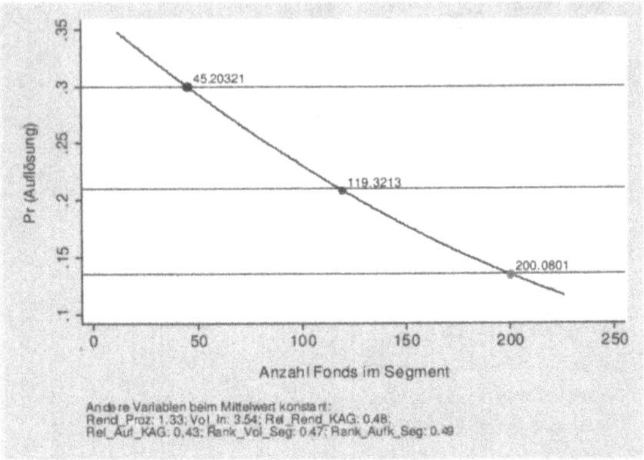

Quelle: Eigene Darstellung.

Anhang – Abbildung 16: Geschätzte Auflösungswahrscheinlichkeit in Abhängigkeit des Rankings des Fondsvolumens im Segment

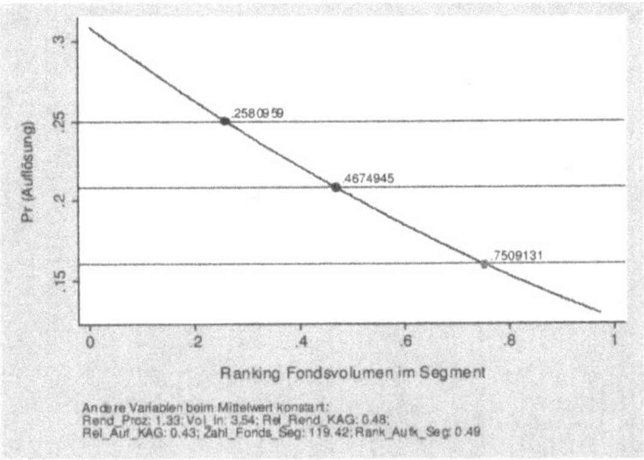

Quelle: Eigene Darstellung.

Anhang – Abbildung 17: Geschätzte Auflösungswahrscheinlichkeit in Abhängigkeit des Rankings des Mittelaufkommens im Segment

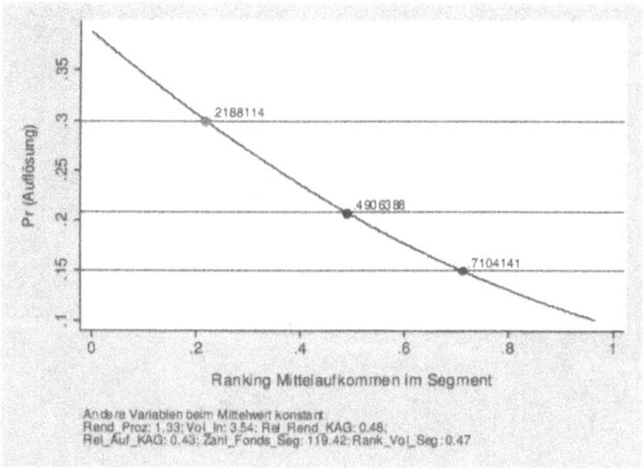

Quelle: Eigene Darstellung.

Anhang – Abbildung 18: Interaktionseffekt zwischen Sharpe-Ratio und Fondsvolumen am Beispiel des Volumenquintils 5

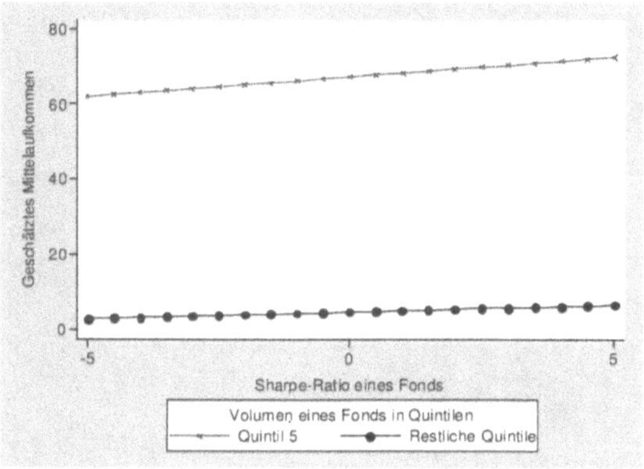

Quelle: Eigene Darstellung.

Ergänzende Übersichten

Anhang – Übersicht 1: Entwicklung der Rendite bei Länderfonds nach Subkategorien

Abkürzung	1996	1997	1998	1999	2000	2001	2002	2003	2004	2005	2006
L	15,25%	25,98%	3,27%	51,37%	-29,72%	-9,03%	-16,23%	30,21%	7,47%	29,01%	18,19%
LD	11,86%	29,62%	12,38%	28,30%	-5,83%	-24,62%	-54,08%	30,81%	5,21%	22,04%	18,94%
LI	10,83%	18,11%	10,78%	41,15%	-10.70%	-19,19%	-39,22%	13,13%	3,14%	20,64%	8,79%
LIE	18,24%	24,20%	12,33%	34,06%	-7,73%	-21,22%	-37,12%	14,05%	8,30%	21,55%	16,33%
LIEE	3,99%	16,98%	3,51%	28,83%	6,28%	-20,86%	-31,30%	15,42%	11,85%	25,81%	18,09%
LIR	6,10%	-5.98%	0,59%	47,55%	-21.19%	-10,58%	-34,43%	16,62%	3,46%	23.31%	8,95%
LIRE				73,74%	-38,96%	-29,96%	-27,00%	17,25%	4,82%	38,07%	-9,19%
Durchschnitt	5,65%	13,48%	4,74%	43,57%	-15.41%	-19.35%	-34,20%	19,64%	6,32%	25.78%	11,44%

L: Länderfonds allgemein; LD: Länderfonds Deutschland; LI: Länderfonds international allgemein; LIE: Länderfonds Europa Regionen; LIEE: Länderfonds Europa Einzelländer; LIR: Länderfonds Rest of World Regionen; LIRE: Länderfonds Rest of World Einzelländer.
Quelle: Eigene Darstellung.

Anhang – Übersicht 2: Logistische Regression mit der abhängigen Variablen „Auflösung"

$$\beta_i' x_i = \alpha_0 + \beta_1 (Aufk\_proz)_i + \varepsilon_i$$

Variablen	Bezeichnung	Koeffizienten (Robust standard errors)	Odds Ratios (95% confidence intervals)
Aufk_proz	Mittelaufkommen prozentual	-2.568*** (0.720)	0.0767*** (0.0187 - 0.3141)
Constant		-0.723*** (0.0886)	0.485*** (0.408 - 0.577)
Observations		911	911
Pseudo R-squared		0.172	0.172
AUR[1]		0.8582	0.8582

*** p<0.01, ** p<0.05, * p<0.1

[1] Area under the Receiver Operating Characteristics (ROC) curve

Quelle: Eigene Darstellung.

Anhang – Übersicht 3: Korrelationsmatrix der unabhängigen Variablen – Teil 1

	Vol_ ln	Aufk proz	Rend Proz	Vola	Über rend_ proz	Shar- pe	Vol- delta _r	Alter	Verw geb	Ausg auf	De- pot- geb	Ge- bueh- ren- einn	KAG Vol ln	Zahl Fonds KAG	Rel_ Zahl Fonds KAG	Top3	Top5	Av_ Rend KAG
Vol_ln	1,00																	
Aufk_proz	0,03	1.00																
Rend_Proz	0,31	0.17	1,00															
Vola	0,01	-0.04	-0,47	1.00														
Überrend_proz	0,24	0.12	0,71	-0.26	1,00													
Sharpe	0,09	0,03	0,21	-0,13	0.09	1.00												
Voldelta_r	0.22	0,01	0,26	-0,15	0.21	0.07	1,00											
Alter	0,34	-0.06	0,15	0.07	0.07	-0.01	0.14	1.00										
Verwgeb	-0,03	0.05	-0,09	0,13	0.05	-0.02	-0,01	-0.31	1,00									
Ausgauf	-0,13	0.00	-0,01	0,02	0.01	0.04	0.06	0.09	-0,04	1,00								
Depotgeb	-0,06	-0.01	-0,01	0.01	-0,02	-0.01	-0.01	0.12	-0,07	0.03	1.00							
Gebuehreneinn	0,64	0.00	0,12	0.00	0.09	0.02	0.34	0.33	0,04	-0.13	-0.03	1.00						
KAG_Vol_ln	0,52	0,03	0,09	0,05	0.14	0,05	0,14	0,08	0,18	-0,17	-0,06	0,33	1,00					
Zahl_Fonds_KAG	0,34	0.05	0,09	0.01	0,13	0,09	0,18	-0,02	0,18	-0,11	-0.06	0,23	0,83	1.00				
Rel_Zahl_Fonds_KAG	0,36	0.04	0,12	0.03	0,13	0.09	0,18	0.04	0,15	-0,12	-0,06	0,25	0,84	0.99	1.00			
Top3	0,42	0,01	0,09	-0,01	0,11	0,05	0,16	0,02	0,08	-0,21	-0,05	0,35	0,67	0,56	0,56	1,00		
Top5	0,47	0,01	0,10	0,04	0,14	0,03	0,15	0,10	0,16	-0,16	-0,07	0,34	0,86	0,79	0,79	0,70	1,00	
Av_Rend_KAG	0,35	0,04	0,20	0,01	0,27	0,01	0,10	0,09	0,05	-0,07	-0,06	0,19	0,38	0,30	0,31	0,40	0,45	1,00
Av_Sharpe_KAG	0,28	0,16	0,68	-0,40	0,21	0,29	0,24	0,02	-0,03	-0,04	-0,04	0,12	0,19	0,22	0,23	0,22	0,14	0,24
Av_Uebrend_KAG	0,36	0,03	0,23	-0,02	0,36	0,04	0,09	0,07	0,14	-0,10	-0,06	0,17	0,46	0,39	0,39	0,34	0,40	0,78
Rel_Auf_KAG	-0,02	0,03	0,08	-0,16	0,11	0,09	0,14	-0,16	0,10	-0,06	-0,01	-0,04	0,13	0,23	0,19	-0,04	0,15	-0,02
Rank_Vol_KAG	0,12	-0,02	0,08	-0,08	0,01	0,01	0,00	0,10	-0,15	0,03	-0,01	0,06	-0,51	-0,41	-0,42	-0,20	-0,29	-0,01
Rank_Rend_KAG	0,07	0,15	0,49	-0,09	0,53	0,10	0,18	0,03	-0,07	0,04	-0,03	-0,03	-0,13	-0,10	-0,09	-0,02	-0,06	-0,01
Rank_Sharpe_KAG	0,15	0,15	0,48	-0,24	0,44	0,19	0,21	0,01	-0,06	-0,01	-0,01	0,06	0,08	0,11	0,11	0,08	0,09	0,04
Rank_Ueber_KAG	0,16	0,09	0,50	-0,13	0,70	0,10	0,20	0,05	-0,01	0,02	-0,01	0,04	0,07	0,10	0,10	0,07	0,09	0,00
Zahl_Fonds_Seg	0,01	0,11	0,08	-0,42	0,01	0,09	0,04	-0,24	0,05	-0,04	-0,02	0,02	-0,05	0,01	-0,05	0,00	-0,04	-0,11
Rel_Zahl_Fonds_Seg	0,05	0,09	0,15	-0,42	0,00	0,10	0,05	-0,13	-0,05	-0,04	0,00	0,05	-0,09	-0,05	-0,08	-0,02	-0,07	-0,10
Av_Sharpe_Seg	0,15	0,18	0,64	-0,43	0,07	0,24	0,17	0,02	-0,15	-0,05	-0,02	0,03	0,01	0,03	0,05	0,02	0,00	0,00
Rank_Vol_Seg	0,12	0,04	0,04	0,01	0,05	-0,06	-0,06	0,08	0,00	-0,08	-0,01	0,06	0,08	0,02	0,02	0,10	0,05	0,05
Rank_Aufk_Seg	0,10	0,07	0,10	-0,02	0,08	0,05	0,00	0,05	-0,05	-0,03	-0,01	0,08	0,03	0,03	0,03	0,05	0,05	0,05
Rank_Rend_Seg	0,30	0,15	0,55	-0,10	0,81	0,09	0,23	0,09	0,05	0,01	-0,03	0,12	0,19	0,17	0,16	0,18	0,19	0,31
Rank_Sharpe_Seg	-0,06	-0,03	-0,09	0,03	-0,02	-0,08	-0,02	0,03	-0,06	0,00	0,03	0,03	-0,06	-0,09	-0,08	-0,01	-0,04	-0,02
Segment_Länder	0,07	0,04	0,32	-0,27	0,05	0,09	0,15	0,13	-0,17	0,00	0,03	-0,01	-0,13	-0,14	-0,11	-0,08	-0,10	-0,01
Segment_Branchen	-0,01	-0,04	-0,24	0,22	-0,03	-0,08	-0,14	-0,10	0,17	-0,01	-0,02	0,03	0,16	0,16	0,14	0,11	0,13	0,03
Segment_Neben	-0,15	-0,01	-0,23	0,15	-0,05	-0,02	-0,04	-0,08	0,03	0,03	-0,01	-0,05	-0,05	-0,03	-0,05	-0,06	-0,05	-0,04

Quelle: Eigene Darstellung.

Anhang – Übersicht 4: Korrelationsmatrix der unabhängigen Variablen – Teil 2

	Av_ Sharpe_ KAG	Av_ Uebrend_ KAG	Rel_ Auf_ KAG	Rank Vol_ KAG	Rank Rend KAG	Rank Sharpe KAG	Rank Ueber_ KAG	Zahl Fonds Seg	Rel_ Zahl Fonds Seg	Av_ Sharpe Seg	Rank Vol_ Seg	Rank Aufk Seg	Rank Rend Seg	Rank Sharpe Seg	Segment Länder	Segment Branchen	Segment Neben
Av_Sharpe_KAG	1,00																
Av_Uebrend_KAG	0,34	1,00															
Rel_Auf_KAG	0,14	0,06	1,00														
Rank_Vol_KAG	0,03	-0,12	0,01	1,00													
Rank_Rend_KAG	0,11	-0.03	0.16	0,25	1,00												
Rank_Sharpe_KAG	0.20	0.06	0.30	0.13	0,69	1,00											
Rank_Ueber_KAG	0,09	0.03	0.29	0,12	0,76	0,68	1.00										
Zahl_Fonds_Seg	0,15	-0.08	0.17	0.11	0,01	0,18	0.03	1,00									
Rel_Zahl_Fonds_Seg	0,19	-0.11	0,09	0,14	0,02	0,20	0,02	0,96	1,00								
Av_Sharpe_Seg	0,74	0.00	0.11	0.10	0,23	0.34	0,07	0.23	0.30	1,00							
Rank_Vol_Seg	0,02	0,03	-0,05	-0,03	0,01	0,00	0.04	0,10	0,11	0,02	1,00						
Rank_Aufk_Seg	0,03	0.02	0.06	0,07	0,09	0,08	0.11	0.07	0,08	0,04	-0.05	1,00					
Rank_Rend_Seg	0.14	0.34	0.11	0,00	0,64	0,53	0,81	0,01	-0,02	0,02	0,06	0,12	1,00				
Rank_Sharpe_Seg	-0,12	-0,05	0.04	0,00	-0,02	0,00	0.03	-0,05	-0,04	-0,13	0,13	0,11	-0,02	1,00			
Segment_Länder	0,21	-0,06	-0,06	0,11	0,20	0,17	0,06	0,10	0,22	0,38	-0,03	0,02	0,04	-0,01	1,00		
Segment_Branchen	-0,16	0,07	0,07	-0,09	-0,20	-0,14	-0,03	-0,01	-0,11	-0,37	0,04	0,02	-0,02	0,02	-0,91	1,00	
Segment_Neben	-0,14	-0,02	-0,01	-0,06	-0,03	-0,10	-0,06	-0,21	-0,27	-0,08	-0,03	-0,09	-0,06	0,00	-0,35	-0,07	1,00

Quelle: Eigene Darstellung.

Anhang – Übersicht 5: Hosmer-Lemeshow-Test des Gesamtmodells

Logistic model for Aufloesung, goodness-of-fit test

(Table collapsed on quantiles of estimated probabilities)

Group	Prob	Obs_1	Exp_1	Obs_0	Exp_0	Total
1	0,0163	0	0,8	98	97,2	98
2	0,04	3	2,8	95	95,2	98
3	0,0739	4	5,6	94	92,4	98
4	0,1106	8	8,8	89	88,2	97
5	0,1696	13	13,7	85	84,3	98
6	0,2672	22	21,2	76	76,8	98
7	0,4034	27	32,1	70	64,9	97
8	0,5885	53	47,4	45	50,6	98
9	0,8262	74	67,7	24	30,3	98
10	1	87	90,9	10	6,1	97

number of observations = 977

number of groups = 10

Hosmer-Lemeshow chi2(8) = 8.47

Prob > chi2 = 0.3887

Quelle: Eigene Darstellung.

Anhang – Übersicht 6: Test des Gesamtmodells auf Multikollinearität

Variablen	Bezeichnung	VIF	SQRT VIF	Tolerance	R-Squared
Rend_Proz	Prozentuale Fondsrendite	1,14	1,07	0,8787	0,1213
Vol_ln	Fondsvolumen logarithmiert	1,24	1,11	0,8093	0,1907
Av_Rend_KAG	Durchschnittliche Rendite der KAG	1,12	1,06	0,8908	0,1092
Rel_Auf_KAG	Relatives Mittelaufkommen KAG	1,04	1,02	0,9634	0,0366
Zahl_Fonds_Seg	Anzahl Fonds im Segment	1,05	1,02	0,9548	0,0452
Rank_Vol_Seg	Ranking Fondsvolumen im Segment	1,03	1,01	0,9709	0,0291
Rank_Aufk_Seg	Ranking Mittelaufkommen im Segment	1,03	1,02	0,968	0,032
Mean VIF		1,09			

Quelle: Eigene Darstellung.

Anhang – Übersicht 7: Einfluss der Dummy-Variable „Nebenwertefonds" auf das Gesamtmodell

$$\beta_i' x_i = \alpha_0 + \beta_1(Rend\_Proz)_i + \beta_2(Vol\_ln)_i + \beta_3(Av\_Rend\_KAG)_i + \beta_4(Rel\_Auf\_KAG)_i + \beta_5(Zahl\_Fonds\_Seg)_i$$
$$+ \beta_6(Rank\_Vol\_Seg)_i + \beta_7(Rank\_Auf\_Seg)_i + \beta_8(Segment\_Neben)_i + \varepsilon_i$$

Variablen	Bezeichnung	Koeffizienten (Robust standard errors)	Odds Ratios (95% confidence intervals)
Rend_Proz	Prozentuale Fondsrendite	-0.120*** (0.0126)	0.886*** (0.865 - 0.909)
Vol_ln	Fondsvolumen logarithmiert	-0.881*** (0.0850)	0.415*** (0.351 - 0.490)
Av_Rend_KAG	Durchschnittliche Rendite der KAG	4.494*** (0.845)	89.49*** (17.09 - 468.60)
Rel_Auf_KAG	Relatives Mittelaufkommen KAG	-1.600*** (0.610)	0.202*** (0.0611 - 0.6676)
Zahl_Fonds_Seg	Anzahl Fonds im Segment	-0.00936*** (0.00198)	0.991*** (0.987 - 0.995)
Rank_Vol_Seg	Ranking Fondsvolumen im Segment	-1.246** (0.624)	0.288** (0.0847 - 0.9768)
Rank_Aufk_Seg	Ranking Mittelaufkommen im Segment	-2.094*** (0.771)	0.123*** (0.0272 - 0.5583)
Segment_Neben	Nebenwertefonds	-4.071*** (0.960)	0.0171*** (0.00260 - 0.11206)
Constant		3.241*** (0.740)	25.57*** (5.994 - 109.067)
Observations		977	977
Pseudo R-squared		0.414	0.414
AUR[a]		0.8981	0.8981

*** p<0.01, ** p<0.05, * p<0.1
[a]Area under the Receiver Operating Characteristics (ROC) curve

Quelle: Eigene Darstellung.

Anhang – Übersicht 8: Analyse der Performance Persistence

Oktil	1997	1998	1999	2000	2001	2002	2003	2004	2005	2006	Durchschn.
1	-14,00	-9,96	8,69	8,89	-19,39	-19,95	6,14	-1,28	-2,88	-2,60	-4,63
2	-6,39	-8,36	0,95	4,66	-6,81	-5,65	1,42	-1,74	-2,63	-1,80	-2,64
3	-2,73	1.02	1,72	-1,98	-2,20	-3,75	0.16	-0,42	0,59	-0,95	-0,85
4	0,46	-1,77	-1,31	3,44	-1,53	-1,67	0,17	1,28	1,48	-0,63	-0,01
5	4,83	2,02	2,80	3,67	-2,58	0,84	-0,26	0,86	0,60	0,17	1,30
6	7,57	0,45	0,28	-0,46	1,19	3,14	1,28	2,86	2,19	1,02	1,95
7	10.35	2.84	3,55	-3.56	1,32	7.00	4,88	2,67	3,68	4,26	3,70
8	10.94	7,85	16,07	-13,68	0,38	11,95	6,11	1,94	7,59	4,81	5,40
Oktil 8 - Oktil 1	24,94	17,81	7,38	-22,58	19,78	31,90	-0,04	3,22	10,47	7,41	10,03

Darstellung in Prozent. Quelle: Eigene Darstellung.

Anhang – Übersicht 9:Einfluss der einzelnen Fondssegmente auf das Gesamtmodell

$$\begin{aligned} Aufk\_abs = \alpha_0 &+ \beta_1(Volumen)_i + \beta_2(Sharpe)_i + \beta_3(Verwgeb)_i \\ &+ \beta_4(Rank\_Sharpe\_KAG)_i + \beta_5(KAG\_Vol\_quad)_i \\ &+ \beta_6(Rank\_Sharpe\_Seg)_i + \sum_{k=1}^{8} \gamma_k(Segment\_k)_i + \varepsilon_i \end{aligned}$$

Variablen	Bezeichnung	Koeffizienten
...	...	...
Segment_B	Branchenfonds	12.88** (5.337)
Segment_LD	Länderfonds Deutschland	-14.13*** (5.132)
Segment_LI	Länderfonds international allgemein	16.76*** (4.948)
Segment_LIE	Länderfonds Europa Regionen	11.28*** (4.241)
Segment_LIEE	Länderfonds Europa Einzelländer	-9.329 (8.432)
Segment_LIR	Länderfonds Rest of World Regionen	8.343* (4.841)
Segment_LIRE	Länderfonds Rest of World Einzelländer	7.936 (5.639)
Segment_N	Nebenwertefonds	9.751* (5.454)
Constant		-15.71 (10.39)
Observations		889
R-squared		0.375
Adjusted R-squared		0.365

Robust standard errors in parentheses
*** p<0.01, ** p<0.05, * p<0.1

Bezugsbasis: „allgemeine Länderfonds". Quelle: Eigene Darstellung.

Anhang – Übersicht 10: Interaktionseffekt zwischen Anzahl der Fonds im Segment und Zugehörigkeit zu einer der Top5 Fondsgesellschaften beim Gesamtmodell des Mittelaufkommens

$$\begin{aligned} Aufkommen\_abs = {} & \alpha_0 + \beta_1(Sharpe)_i + \beta_2(Verwgeb)_i + \beta_3(Rank\_Sharpe\_KAG)_i \\ & + \beta_4(Rank\_Sharpe\_Seg)_i + \beta_5(Top5)_i + \beta_6(Zahl\_Fonds\_Seg)_i \\ & + \beta_7((Top5)_i * (Zahl\_Fonds\_Seg)_i) + \varepsilon_i \end{aligned}$$

Variablen	Bezeichnung	Koeffizienten
Sharpe	Sharpe-Ratio des Fonds	0.851*** (0.242)
Verwgeb	Verwaltungsgebühren	466.2 (389.8)
Rank_Sharpe_KAG	Ranking Sharpe-Ratio in KAG	21.47** (10.88)
Rank_Sharpe_Seg	Ranking Sharpe-Ratio im Segment	-30.86* (17.85)
Top5	Fonds einer Top5 KAG	-5.136 (8.677)
Zahl_Fonds_Seg	Anzahl Fonds im Segment	0.0319** (0.0147)
Top5 X Zahl_Fonds_Seg	Interaktion Fonds Top5 und Zahl Fonds im Segment	0.274*** (0.0822)
Constant		2.269 (11.25)
Observations		889
R-squared		0.116
Adjusted R-squared		0.109

Robust standard errors in parentheses
*** p<0.01, ** p<0.05, * p<0.1

Quelle: Eigene Darstellung.

Anhang – Übersicht 11: Interaktionseffekt zwischen Fondsranking im Segment und einzelnen Segmenten beim Gesamtmodell des Mittelaufkommens

$$\begin{aligned} Aufkommen\_abs = {} & \alpha_0 + \beta_1(Volumen)_i + \beta_2(Sharpe)_i + \beta_3(Verwgeb)_i + \beta_4(Rank\_Sharpe\_KAG)_i \\ & + \beta_5(KAG\_Vol\_quad)_i + \beta_6(Zahl\_Fonds\_Seg)_i + \beta_7(Rank\_Sharpe\_Seg)_i \\ & + \sum_{k=1}^{8} \gamma_k (Segment\_k)_i + \sum_{k=1}^{8} \delta_k ((Rank\_Sharpe\_Seg)_{*i}(Segment\_k)_i) + \varepsilon_i \end{aligned}$$

Variablen	Bezeichnung	Koeffizienten
...	...	...
Segment_B	Branchenfonds	31.90* (19.09)
Segment_L	Länderfonds allgemein	19.89 (16.89)
Segment_LD	Länderfonds Deutschland	14.75 (16.22)
Segment_LI	Länderfonds international allgemein	32.61 (31.77)
Segment_LIE	Länderfonds Europa Regionen	-3.578 (17.11)
Segment_LIEE	Länderfonds Europa Einzelländer	-38.01** (18.13)
Segment_LIRE	Länderfonds Rest of World Einzelländer	15.78 (12.01)
Segment_N	Nebenwertefonds	-11.24 (15.41)
Rank_Sharpe_Seg	Fondsranking nach Sharpe-Ratio im Segment	7.000 (14.87)
Rank_Sharpe_Seg X Segment_B	Interaktionseffekt zwischen Ranking im Segment und Segment Branchenfonds	-66.66* (34.84)
Rank_Sharpe_Seg X Segment_L	Interaktionseffekt zwischen Ranking im Segment und Segment Länderfonds allgemein	-53.67* (30.54)
Rank_Sharpe_Seg X Segment_LD	Interaktionseffekt zwischen Ranking im Segment und Segment Länderfonds Deutschland	-80.43** (34.34)
Rank_Sharpe_Seg X Segment_LI	Interaktionseffekt zwischen Ranking im Segment und Segment Länderfonds international allgemein	-65.64 (59.42)
Rank_Sharpe_Seg X Segment_LIE	Interaktionseffekt zwischen Ranking im Segment und Segment Länderfonds Europa Regionen	-10.42 (30.45)
Rank_Sharpe_Seg X Segment_LIEE	Interaktionseffekt zwischen Ranking im Segment und Segment Länderfonds Europa Einzelländer	70.36* (38.50)
Rank_Sharpe_Seg X Segment_LIRE	Interaktionseffekt zwischen Ranking im Segment und Segment Länderfonds Rest of World Einzelländer	-20.85 (21.20)
Rank_Sharpe_Seg X Segment_N	Interaktionseffekt zwischen Ranking im Segment und Segment Nebenwertefonds	34.55 (28.45)
Constant		-30.67*** (10.60)
Observations		889
R-squared		0.385
Adjusted R-squared		0.368

Robust standard errors in parentheses
*** p<0.01, ** p<0.05, * p<0.1

Fondsranking nach Sharpe-Ratio, Basis: Segment LIR – Länderfonds Rest of World Regionen. Quelle: Eigene Darstellung.

Anhang – Übersicht 12: Interaktionseffekt zwischen Volatilität und Anlagesegmenten beim Gesamtmodell des Mittelaufkommens

$$Aufkommen\_abs = \alpha_0 + \beta_1(Volumen)_i + \beta_2(Sharpe)_i + \beta_3(Verwgeb)_i + \beta_4(KAG\_Vol\_quad)_i$$
$$+ \beta_5(Rank\_Sharpe\_Seg)_i + \beta_6(Vola)_i + \sum_{k=1}^{N}\gamma_k(Segment\_k)_i + \sum_{k=1}^{N}\delta_k((Vola)_{*i}(Segment\_k)_i) + \varepsilon_i$$

Variablen	Bezeichnung	Koeffizienten
...	...	...
Segment_B	Branchenfonds	-18.37 (17.35)
Segment_L	Länderfonds allgemein	-11.81 (13.68)
Segment_LD	Länderfonds Deutschland	-31.50** (14.80)
Segment_LI	Länderfonds international allgemein	14.67 (18.29)
Segment_LIEE	Länderfonds Europa Einzelländer	-7.997 (24.25)
Segment_LIR	Länderfonds Rest of World Regionen	4.801 (14.07)
Segment_LIRE	Länderfonds Rest of World Einzelländer	-42.17** (16.84)
Segment_N	Nebenwertefonds	-41.65** (17.52)
Vola	Volatilität des Fonds	-49.89 (66.73)
Segment_B X Vola	Interaktionseffekt zwischen Branchenfonds und Volatilität	97.12 (84.91)
Segment_L X Vola	Interaktionseffekt zwischen Länderfonds allgemein und Volatilität	16.96 (75.32)
Segment_LD X Vola	Interaktionseffekt zwischen Länderfonds Deutschland und Volatilität	41.34 (82.95)
Segment_LI X Vola	Interaktionseffekt zwischen Länderfonds international allgemein und Volatilität	-64.08 (99.05)
Segment_LIEE X Vola	Interaktionseffekt zwischen Länderfondsfonds Europa Einzelländer und Volatilität	-38.39 (135.1)
Segment_LIR X Vola	Interaktionseffekt zwischen Länderfonds Rest of World Regionen und Volatilität	-40.33 (73.65)
Segment_LIRE X Vola	Interaktionseffekt zwischen Länderfonds Rest of World Einzelländer und Volatilität	199.0* (101.4)
Segment_N X Vola	Interaktionseffekt zwischen Nebenwertefonds und Volatilität	168.4** (81.27)
Constant		16.36 (13.90)
Observations		889
R-squared		0.376
Adjusted R-squared		0.361

Robust standard errors in parentheses
*** p<0.01, ** p<0.05, * p<0.1

Basis: Segment „Länderfonds Europa Regionen". Quelle: Eigene Darstellung.

Literaturverzeichnis

ALEXANDER, GORDON J./JONES, JONATHAN D./NIGRO, PETER J. (1998): „Mutual Fund Shareholders: Characteristics, Investor Knowledge, and Sources of Information", in: Financial Services Review, Vol. 7, S. 301–316.

ALICH, HOLGER (2001): „Die Ladenhüter-Fonds verschwinden leise", in: Handelsblatt, vom 5.6.2001, S. 47.

ALLEN, DAVID E./PARWADA, JERRY T. (2006): „Investors' Response to Mutual Fund Company Mergers", in: International Journal of Managerial Finance, Vol. 2, Nr. 2, S. 121–135.

ALVES, CARLOS F./MENDES, VICTOR (2006): „Are Mutual Fund Investors in Jail?" FEP Working Papers N. 203, Faculdade de Economia da Universidade do Porto, Porto, Februar 2006.

ATZLER, ELISABETH (2008): „Abflüsse treffen Fondsbranche hart", in: Financial Times Deutschland, vom 27.11.2008, S. 18.

AUDRETSCH, DAVID B. (1994): „Business Survival and the Decision to Exit", in: International Journal of the Economics of Business, Vol. 1, Nr. 1, S. 125–137.

AUDRETSCH, DAVID B. (1995): „The Propensity to Exit and Innovation", in: Review of Industrial Organization, Vol. 10, S. 589–604.

BACKHAUS, KLAUS/ERICHSON, BERND/PLINKE, WULFF/WEIBER, ROLF (2003): „Multivariate Analysemethoden", Berlin, 10. Auflage.

BAFIN (2004): „Richtlinie zur Festlegung von Fondskategorien gemäß § 4 Abs. 2 Investmentgesetz (InvG)", Bundesanstalt für Finandienstleistungsaufsicht, in der Fassung der Bekanntmachung vom 14.12.2004.

BAKARIC, OZREN/BITSCHNAU, BENOÎT (1996): „The Persistence of Equity Fund Performance", in: Finanzmarkt und Portfolio Management, Vol. 10, Nr. 4, S. 529–542.

BÄR, MICHAELA/KEMPF, ALEXANDER/RUENZI, STEFAN (2005): „Team Management and Mutual Funds", CFR Working Paper No. 05-10, September 2005.

BARBER, BRAD M./ODEAN, TERRANCE/ZHENG, LU (2005): „Out of Sight, Out of Mind: The Effects of Expenses on Mutual Fund Flows", in: The Journal of Business, Vol. 78, Nr. 6, S. 2095–2119.

BASAK, SULEYMAN/PAVLOVA, ANNA/SHAPIRO, ALEX (2003): „Optimal Asset Allocation and Risk Shifting in Money Management", Working Paper, Stern School of Business, New York University, May 2005.

BAUER, HANS H./SAUER, NICOLA E./WERBICK, STEFAN (2002): „Erfolgsfaktoren von Investmentfonds aus Nachfragersicht“, Mannheim.

BAUMOL, WILLIAM J./GOLDFELD, STEPHEN M./GORDON, LILLI A./KOEHN, MICHAEL F. (1990): „The Economics of Mutual Fund Markets: Competition versus Regulation“, Boston u.a.

BECK, HANNO (2003): „Scheiden tut weh“, in: Frankfurter Allgemeine Zeitung, vom 8.7.2003, S. 21.

BECK, HANNO (2006a): „Im Twix-Fieber“, in: Frankfurter Allgemeine Zeitung, vom 17.10.2006, S. 25.

BECK, HANNO (2006b): „Kücheninvestmentlatein“, in: Frankfurter Allgemeine Zeitung, vom 12.12.2006, S. 25.

BECK, HANNO (2007a): „Das Angst-Paradoxon“, in: Frankfurter Allgemeine Zeitung, vom 6.2.2007, S. 23.

BECK, HANNO (2007b): „Die Millionen-Frage“, in: Frankfurter Allgemeine Zeitung, vom 6.3.2007, S. 21.

BECKERS, STAN/VAUGHAN, GREG (2001): „Small is Beautiful - an Attempt to Quantify the Comparative Disadvantage of large Asset Managers“, in: The Journal of Portfolio Management, Sommer 2001, S. 9–17.

BER, SILKE/KEMPF, ALEXANDER/RUENZI, STEFAN (2007): „Determinanten der Mittelzuflüsse bei deutschen Aktienfonds“, in: Zeitschrift für betriebswirtschaftliche Forschung, Vol. 59, Nr. 2, S. 35–60.

BERGERUC, LAURENT (2004): „La prise en compte du biais statistique: L'effet des Sicav actions disparues sur la performance globale“, in: Revue management & avenir, Nr. 2, S. 141–156.

BERGSTRESSER, DANIEL/POTERBA, JAMES (2002): „Do After Tax Returns Affect Mutual Fund Inflows“, in: Journal of Financial Economics, Vol. 63, S. 381–414.

BERKOWITZ, MICHAEL K./KOTOWITZ, YEHUDA (1993): „Incentives and Efficiency in the Market for Management Services: a Study of Canadian Mutual Funds“, in: Canadian Journal of Economics, Vol. 26, Nr. 4, S. 850–866.

BICKEL, ANDREAS (2000): „Moderne Performance-Analyse und Performance Presentation Standards“, Bern, Stuttgart, Wien.

BINDERHEIM, STEFAN JÜRGEN (1999): „Neue Strategien im Anlagefondsvertrieb“, Dissertation, Wirtschaftswissenschaftliche Fakultät der Universität Zürich, Zürich.

BLAKE, DAVID/TIMMERMANN, ALLAN (1998): „Mutual Fund Performance: Evidence from the UK“, in: European Finance Review, Nr. 2, S. 57–77.

BLISS, RICHARD T./POTTER, MARK E./SCHWARZ, CHRISTOPHER (2008): „Performance Characteristics of Individually-Managed versus Team-

Managed Mutual Funds", in: The Journal of Portfolio Management, Vol. 34, Nr. 3, S. 110–119.

BOGLE, JOHN C. (2005): „The Mutual Fund Industry 60 Years Later: For Better or Worse?" in: Financial Analysts Journal, Vol. 61, Nr. 1, S. 15–24.

BOUDOUKH, JACOB/RICHARDSON, MATTHEW/STANTON, RICHARD/WHITELAW, ROBERT F. (2003): „Valuing Mutual Fund Companies", Working Paper, Stern School of Business, New York, May 2003.

BROWN, KEITH C./HARLOW, W.V./STARKS, LAURA T. (1996): „Of Tournaments and Temptations: An Analysis of Managerial Incentives in the Mutual Fund Industry", in: The Journal of Finance, Vol. 51, Nr. 1, S. 85–110.

BROWN, STEPHEN J./GOETZMANN, WILLIAM N. (1995): „Performance Persistence", in: The Journal of Finance, Vol. 50, Nr. 2, S. 679–698.

BROWN, STEPHEN J./GOETZMANN, WILLIAM N./ROSS, STEPHEN, A. (1995): „Survival", in: The Journal of Finance, Vol. 50, Nr. 3, S. 853–873.

BRUNS, CHRISTOPH/MEYER-BULLERDIEK, FRIEDER (2008): „Professionelles Portfoliomanagement: Aufbau, Umsetzung und Erfolgskontrolle strukturierter Anlagestrategien", Stuttgart, 4. Auflage.

BÜHLER, WOLFGANG (1994): „Grundprobleme der Erfolgsanalyse im Portfolio-Management", in: GEBAUER, WOLFGANG/RUDOLPH, BERND (Hrsg.), „Erfolgsmessung und Erfolgsanalyse im Portfolio-Management", Frankfurt am Main, S. 15–48.

BUSSE, JEFFREY A. (2001): „Another Look at Mutual Fund Tournaments", in: Journal of Financial and Quantitative Analysis, Vol. 36, Nr. 1, S. 53–73.

BVI (2007a): Der BVI - Repräsentant der Investmentbranche, www.bvi.de/de/bvi/portraet/bvi_broschuere/bvi_repraesentant_1207.pdf, Dezember 2007.

BVI (2007b): „Grundlagenstudie Investmentfonds 2007 des BVI Bundesverband Investment und Asset Management", Dezember 2007.

BVI (2007c): „Investment 2007 - Daten, Fakten, Entwicklungen", Jahrbuch 2007, Bundesverband Investment und Asset Management e.V.

BVI (2008): „Investment 2008 - Daten, Fakten, Entwicklungen", Jahrbuch 2008, Bundesverband Investment und Asset Management e.V.

CAMERON, A. COLIN/HALL, ANTHONY D. (2003): „A Survival Analysis of Australian Equity Mutual Funds", in: Australian Journal of Management, Vol. 28, Nr. 2, S. 209–226.

CAPEN, EDWARD C./CLAPP, ROBERT V./CAMPBELL, WILLIAM M. (1971): „Competitive Bidding in High-Risk Situations", in: Journal of Petroleum Technology, Vol. 23, S. 641–653.

CAPON, NOEL/FITZSIMONS, GAVAN/PRINCE, RUSS ALAN (1996): „An Individual Analysis of the Mutual Fund Investment Decision", in: Journal of Financial Services Research, Vol. 10, S. 59–82.

CARHART, MARK M. (1997): „On Persistence in Mutual Fund Performance", in: The Journal of Finance, Vol. 52, Nr. 1, S. 57–82.

CARHART, MARK M./CARPENTER, JENNIFER N./LYNCH, ANTHONY W./MUSTO, DAVID K. (2002): „Mutual Fund Survivorship", in: The Review of Financial Studies, Vol. 15, Nr. 5, S. 1439–1463.

CHEN, CARL R./LEE, CHENG F./RAHMAN, SHAFIQUR/CHAN, ANTHONY (1992): „A Cross-Sectional Analysis of Mutual Funds' Market Timing and Security Selection Skill", in: Journal of Business Finance and Accounting, Vol. 19, Nr. 5, S. 659–675.

CHEN, HSIU-LANG/JEGADEESH, NARASIMHAN/WERMERS, RUSSELL (2000): „The Value of Active Mutual Fund Management: An Examination of the Stockholdings and Trades of Fund Managers", in: Journal of Financial and Quantitative Analysis, Vol. 35, Nr. 3, S. 343–368.

CHEN, JOSEPH/HONG, HARRISON/HUANG, MING/KUBIK, JEFFREY D. (2004): „Does Fund Size Erode Mutual Fund Performance? The Role of Liquidity and Organization", in: The American Economic Review, Vol. 94, Nr. 5, S. 1276–1302.

CHEN, XIAO/ENDER, PHILIP B./MITCHELL, MICHAEL /WELLS, CHRISTINE (2003): „Regression with Stata", University of California, Los Angeles.

CHEVALIER, JUDITH/ELLISON, GLENN (1997): „Risk Taking by Mutual Funds as a Response to Incentives", in: Journal of Political Economy, Vol. 105, Nr. 6, S. 1167–1200.

CICCOTELLO, CONRAD S./MILES, JAMES A./WALSH, LORI S. (2006): „Should Investors Choose Funds from Focused Families?" in: Financial Services Review, Vol. 15, S. 247–264.

COLLINS, SEAN/MACK, PHILLIP (1997): „The Optimal Amount of Assets under Management in the Mutual Fund Industry", in: Financial Analysts Journal, September/Oktober 1997, S. 67–73.

CONNELLY, A.E. (2003): „Fondsrating - was nun?" in: Zeitschrift für das gesamte Kreditwesen, Nr. 13, S. 710–713.

CONRAD, JENNIFER S./JOHNSON, KEVIN M. /WAHAL, SUNIL (2001): „Institutional Trading and Soft Dollars", in: The Journal of Finance, Vol. 56, Nr. 1, S. 397–416.

COOPER, MICHAEL J./GULEN, HUSEYIN/RAU, P. RAGHAVENDRA (2005): „Changing Names with Style: Mutual Fund Name Changes and Their Effects on Fund Flows", in: The Journal of Finance, Vol. 60, Nr. 6, S. 2825–2858.

COPELAND, THOMAS E./WESTON, J. FRED (1988): „Financial Theory and Corporate Policy“, Los Angeles, Third Edition.

CSIZI, VERONIKA (2006): „Wegen Inventur geschlossen“, in: Der Tagesspiegel, vom 26.1.2006, S. 18.

DECHOW, MORITZ (2003): „Wettbewerb von Aktieninvestmentfonds im Distributionskanal Discount Brokerage“, Dissertation, Universität St. Gallen, Bern, Stuttgart, Wien.

DEL GUERCIO, DIANE/TKAC, PAULA A. (2002): „The Determinants of the Flow of Funds of Managed Portfolios: Mutual Funds vs. Pension Funds“, in: Journal of Financial and Quantitative Analysis, Vol. 37, Nr. 4, S. 523–557.

DERMINE, JEAN/RÖLLER, LARS-HENDRIK (1992): „Economies of Scale and Scope in French Mutual Funds“, in: Journal of Financial Intermediation, Vol. 2, Nr. 1, S. 83–93.

DEUTSCHES AKTIENINSTITUT (2008): „DAI-Factbook 2008, Statistiken, Analysen und Graphiken zu Aktionären, Aktiengesellschaften und Börsen“, Frankfurt am Main.

DING, BILL (2006): „Mutual Fund Mergers: A Long-Term Analysis“, Working Paper, Department of Business, School of Business, Albany, NY, Januar 2006.

DOERKS, WOLFGANG (1992): „Der Kursunterschied zwischen Stamm- und Vorzugsaktien in der Bundesrepublik Deutschland“, Köln.

DRACHTER, KERSTIN/KEMPF, ALEXANDER/WAGNER, MICHAEL (2007): „Decision Process in German Mutual Fund Companies: Evidence from a Telephone Survey“, in: International Journal of Managerial Finance, Vol. 3, Nr. 1, S. 49–69.

DRESCHER, RALF/NARAT, INGO (2006): „Deutsche flüchten aus Aktienfonds“, in: Handelsblatt, vom 6.12.2006, S. 1.

DROMS, WILLIAM G./WALKER, DAVID A. (1994): „Investment Performance of International Mutual Funds“, in: The Journal of Financial Research, Vol. 17, Nr. 1, Frühjahr 1994, S. 1–14.

DROMS, WILLIAM G./WALKER, DAVID A. (1996): „Mutual Fund Investment Performance“, in: The Quarterly Review of Economics and Finance, Vol. 36, Nr. 3, Fall 1996, S. 347–363.

DRUMMEN, MARTIN (1992): „Europaweit diversifizierte Aktienportfolios“, Bern u.a.

DUKES, WILLIAM P./ENGLISH, PHILIP C. II (2006): „Mutual Fund Mortality, 12b-1 Fees, and the Net Expense Ratio“, in: The Journal of Financial Research, Vol. 29, Nr. 2, S. 235–252.

EDELEN, ROGER M. (1999): „Investor Flows and the Assessed Performance of Open-End Mutual Funds“, in: Journal of Financial Economics, Vol. 53, S. 439–466.

EDELEN, ROGER M./EVANS, RICHARD/KADLEC, GREGORY B. (2007): „Scale Effect in Mutual Fund Performance: The Role of Trading Costs“, Working Paper, Carroll School of Management, Chestnut Hill, März 2007.

ELEKTRONISCHER BUNDESANZEIGER (2007), www.ebundesanzeiger.de, 2007.

EL-HASSAN, N./KOFMAN, P. (2003): „Tracking Error and Active Portfolio Management“, in: Australian Journal of Management, Vol. 28, Nr. 2, S. 183–207.

ELTON, EDWIN J./GRUBER, MARTIN J./BLAKE, CHRISTOPHER R. (1996a): „The Persistence of Risk-Adjusted Mutual Fund Performance“, in: The Journal of Business, Vol. 69, Nr. 2, S. 133–157.

ELTON, EDWIN J./GRUBER, MARTIN J./BLAKE, CHRISTOPHER R. (1996b): „Survivorship Bias and Mutual Fund Performance“, in: The Review of Financial Studies, Vol. 8, Nr. 4, S. 1097–1120.

ELTON, EDWIN J./GRUBER, MARTIN J./BLAKE, CHRISTOPHER R. (2003): „Incentive Fees and Mutual Funds“, in: The Journal of Finance, Vol. 58, Nr. 2, S. 779–804.

ENTZIAN, TILL (2004): „Das neue Investmentrecht“, Frankfurt am Main.

EUN, CHEOL S./KOLODNY, RICHARD/RESNICK, BRUCE G. (1991): „U.S.-Based International Mutual Funds: A Performance Evaluation“, in: The Journal of Portfolio Management, Vol. 17, Nr. 3, S. 88–94.

EVANS, RICHARD B. (2004): „Does Alpha really Matter? Evidence from Mutual Fund Incubation, Termination and Manger Change“, Working Paper, Wharton School of Business, University of Pennsylvania, Philadelphia, Januar 2004.

FAMA, EUGENE F. (1970): „Efficient Capital Markets: A Review of Theory and Empirical Work“, in: The Journal of Finance, Vol. 25, Nr. 2, S. 383–417.

FAMA, EUGENE F. (1972): „Components of Investment Performance“, in: The Journal of Finance, Vol. 27, Nr. 3, S. 551–567.

FAMA, EUGENE F./FRENCH, KENNETH R. (1993): „Common Risk Factors in the Returns on Stocks and Bonds“, in: Journal of Financial Economics, Vol. 33, Nr. 1, S. 3–56.

FANT, L. FRANKLIN/O'NEAL, EDWARD S. (2000): „Temporal Changes in the Determinants of Mutual Fund Flows“, in: The Journal of Financial Research, Vol. 23, Nr. 3, S. 353–371.

FERBER, MICHAEL (2002a): „Activest rückt näher an die Hypo-Vereinsbank“, in: Handelsblatt, vom 2.10.2002, S. 26.

FERBER, MICHAEL (2002b): „Das große Fondssterben hat begonnen", in: Handelsblatt, vom 19.7.2002, S. 35.

FERBER, MICHAEL (2002c): „Einfach sparen", in: Handelsblatt, vom 17.5.2002, S. i05.

FERBER, MICHAEL (2002d): „Fondsgesellschaft DIT verfehlt die eigenen Erwartungen deutlich", in: Handelsblatt, vom 8.10.2002, S. 22.

FERRIS, STEPHEN/CHANCE, DON M. (1987): „The Effect of 12b-1 Plans on Mutual Fund Expense Ratios: A Note", in: The Journal of Finance, Vol. 42, Nr. 4, S. 1077–1082.

FERSON, WAYNE E./SCHADT, RUDI W. (1996): „Measuring Fund Strategy and Performance in Changing Economic Conditions", in: The Journal of Finance, Vol. 51, Nr. 2, S. 425–461.

FISCHER, KATRIN (2006): „Overconfidence", in: WISU das Wirtschaftsstudium, Nr. 3/2006, S. 319.

FISCHER, LEO (1997): „Kleine Investmentfonds werden nur ungern aufgelöst", in: Die Welt, vom 7.3.1997, S. 19.

FREDMAN, ALBERT J./WILES, RUSS (1993): „How Mutual Funds Work", New York.

FRYE, MELISSA B. (2001): „The Performance of Bank-Managed Mutual Funds", in: The Journal of Financial Research, Vol. 24, Nr. 3, S. 419–442.

GALLAHER, STEVEN/KANIEL, RON/STARKS, LAURA T. (2005): „Madison Avenue Meets Wall Street: Mutual Fund Families, Competition and Advertising", Working Paper, Department of Finance, University of Texas, May 2005.

GAO, XIAOHUI/LIVINGSTON, MILES/O'NEAL, EDWARD S. (2006): „The Sources of Economies of Scale for Actively Managed Domestic Equity Mutual Fund Fees", Working Paper, University of Florida, Januar 2006.

GASPAR, JOSÉ-MIGUEL/MASSA, MASSIMO/MATOS, PEDRO (2006): „Favoritism in Mutual Fund Families? Evidence on Strategic Cross-Fund Subsidization", in: The Journal of Finance, Vol. 61, Nr. 1, S. 73–104.

GERKE, WOLFGANG (1995): „Investmentsparen", in: GERKE, WOLFGANG/ STEINER, MANFRED (HRSG.) (Hrsg.), „Handwörterbuch des Bank- und Finanzwesens", Stuttgart, 2. Auflage, Sp. 1031–1038.

GERKE, WOLFGANG (2002): „Gerke Börsenlexikon", Wiesbaden.

GETMANSKY, MILA (2005): „The Life Cycle of Hedge Funds: Fund Flows, Size and Performance", Working Paper, Isenberg School of Management, University of Massachusetts, Januar 2005.

GIL-BAZO, JAVIER/MARTÍNEZ, MIGUEL A. (2003): „The Black Box of Mutual Fund Fees", Working Paper, Universidad Carlos III de Madrid, Madrid, Oktober 2003.

GINSBERG, R. (2003): „Produktpolitik als Wettbewerbsfaktor für das Publikumsfondsgeschäft", in: Zeitschrift für das gesamte Kreditwesen, Nr. 13, S. 714–718.

GOETZMANN, WILLIAM N./IBBOTSON, ROGER G. (1994): „Do Winners Repeat?" in: The Journal of Portfolio Management, Vol. 20, Nr. 2, S. 9–18.

GOETZMANN, WILLIAM N./PELES, NADAV (1997): „Cognitive Dissonance and Mutual Fund Investors", in: The Journal of Financial Research, Vol. 20, Nr. 2, S. 145–158.

GOLEC, JOSEPH H. (1996): „The Effects of Mutual Fund Managers' Characteristics on their Portfolio Performance, Risk and Fees", in: Financial Services Review, Vol. 5, Nr. 2, S. 133–148.

GRAF, STEFFEN (2001): „Eins zu Eins mit dem Index?" Working Paper, Schweizerisches Institut für Banken und Finanzen, Hochschule St. Gallen, November 2001.

GRIESE, KNUT/KEMPF, ALEXANDER (2003): „Lohnt aktives Fondsmanagement aus Anlegersicht?" in: Zeitschrift für betriebswirtschaftliche Forschung, Nr. 2, S. 201–224.

GRINBLATT, MARK/TITMAN, SHERIDAN (1989a): „Mutual Fund Performance: An Analysis of Quarterly Portfolio Holdings", in: The Journal of Business, Vol. 62, Nr. 3, S. 393–416.

GRINBLATT, MARK/TITMAN, SHERIDAN (1989b): „Portfolio Performance Evaluation: Old Issues and New Insights", in: The Review of Financial Studies, Vol. 2, Nr. 3, S. 393–421.

GRINBLATT, MARK/TITMAN, SHERIDAN (1992): „The Persistence of Mutual Fund Performance", in: The Journal of Finance, Vol. 47, Nr. 5, S. 1977–1984.

GRINBLATT, MARK/TITMAN, SHERIDAN (1993): „Performance Measurement without Benchmarks: An Examination of Mutual Fund Returns", in: The Journal of Business, Vol. 66, Nr. 1, S. 47–68.

GRINBLATT, MARK/TITMAN, SHERIDAN/WERMERS, RUSS (1995): „Momentum Investment Strategies, Portfolio Performance, and Herding: A Study of Mutual Fund Behavior", in: The American Economic Review, Vol. 85, Nr. 5, S. 1088–1105.

GROSSMAN, SANFORD J./STIGLITZ, JOSEPH E. (1980): „On the Impossibility of Informationally Efficient Markets", in: The American Economic Review, Vol. 70, Nr. 3, S. 393–408.

GRUBER, MARTIN J. (1996): „Another Puzzle: The Growth in Actively Managed Mutual Funds", in: The Journal of Finance, Vol. 51, Nr. 3, S. 783–810.

GUALTIERI, PAOLO/PETRELLA, GIOVANNI (2005): „Does Visibility Affect Mutual Fund Flows?" Working Paper, Catholic University, Milan, Januar 2005.

GUEDJ, ILAN/PAPASTAIKOUDI, JANNETTE (2004): „Can Mutual Fund Families Affect the Performance of their Funds?" Working Paper, MIT - Sloan School of Management, Januar 2004.

HAMMER, THOMAS (2002): „Vor dem Schlussverkauf", in: Die Zeit, vom 7.11.2002, S. 25.

HAMMER, THOMAS (2004a): „Die Berater kassieren ab", in: Die Zeit, vom 28.10.2004, S. 43.

HAMMER, THOMAS (2004b): „Fonds aus dem Supermarkt", in: Die Zeit, vom 19.8.2004, S. 25.

HANACHI, SHERVIN (2000): „Can the Average U.S. Equity Fund Outperform the Benchmarks?" in: The Journal of Investing, Sommer 2000, S. 45–52.

HARBRECHT, WOLFGANG/SAXINGER, RAIMUND A. (1992): „Zur Performance von Aktienfonds - Eine empirische Untersuchung der Managementleistung deutscher Kapitalanlagegesellschaften", in: HEILMANN, WOLF-RÜDIGER (Hrsg.), „Geld, Banken und Versicherungen", Band I, S. 519–538.

HARDT, CHRISTOPH (2006): „Profumo spricht Klartext", in: Handelsblatt, vom 5.7.2006, S. 22.

HASEWELL, STEPHEN (2008): „Zwei Welten nähern sich an", in: Handelsblatt, vom 12.3.2008, S. c9.

HENDRICKS, DARRYLL/PATEL, JAHENDU/ZECKHAUSER, RICHARD (1993): „Hot Hands in Mutual Funds: Short-Run Persistence of Relative Performance, 1974-1988", in: The Journal of Finance, Vol. 48, Nr. 1, S. 93–130.

HENRIKSSON, ROY D./MERTON, ROBERT C. (1981): „On Market Timing and Investment Performance, II. Statistical Procedures for Evaluating Forecasting Skills", in: Journal of Business, Vol. 54, Nr. 4, S. 513–533.

HERRMANN, RALF (1996): „Die Karlsruher Kapitalmarktdatenbank - Bilanz und Ausblick", Diskussionspapier Nr. 189, Institut für Entscheidungstheorie und Unternehmensforschung, Universität Karlsruhe (TH), Mai 1996.

HILGERT, HEINZ (2003): „Die wachsende Bedeutung des Investmentgeschäfts im genossenschaftlichen Finanzverbund", in: Zeitschrift für das gesamte Kreditwesen, Nr. 13, S. 698–703.

HIRTH, HANS/NEUS, WERNER/SCHMID, WILHELM (1996): „Informationsparadoxon und Arbitrageparadoxon", in: WIST, Das Wirtschaftswissenschaftliche Studium, Nr. 3, S. 135–137.

HOFÄCKER, CHRISTIAN (2001): „Behavioral Finance - Erklärungsansätze und deren Umsetzbarkeit im Management von Publikumsfonds", in: WESTPHAL, IMMO/HORSTKOTTE, CHRISTIAN (Hrsg.), „Asset Management 2002", Stuttgart, S. 209–241.

HOFFMANN, CARSTEN (2001): „Gleichgerichtetes Verhalten am Aktienmarkt", Dissertation, Wirtschafts- und Sozialwissenschaftliche Fakultät der Universität zu Köln, Berlin.

HOFFMANN, SVEN F. (2006): „Finanzdienstleistungen", in: M&A Review, Nr. 2/2006, S. 99f.

HOPPENSTEDT (1996): „Vademecum der Investmentfonds", Darmstadt u.a.

HOPPENSTEDT (1997ff.-a): „Hoppenstedt Fondsführer auf CD-ROM",1997–2002.

HOPPENSTEDT (1997ff.-b): „Hoppenstedt Fondsführer", Darmstadt, 1997–2007.

HOPPENSTEDT (2007): „Hoppenstedt Fondsführer online", www.hoppenstedt-fondsfuehrer.de.

HOSMER, DAVID W./HOSMER, TRINA A./LE CESSIE, SASKIA/LEMESHOW, STANLEY (1997): „A Comparison of Goodness-of-Fit Tests for the Logistic Regression Model", in: Statistics in Medicine, Vol. 16, S. 965–980.

HOSMER, DAVID W./LEMESHOW, STANLEY (2000): „Applied Logistic Regression", New York, 2. Auflage.

HU, PING/KALE, JAYANT R./SUBRAMANIAN, AJAY (2005): „Fund Flows, Performance, Managerial Career Concerns, and Risk-Taking: Theory and Evidence", Working Paper, Georgia State University, September 2005.

HUANG, JENNIFER/WEI, KELSEY D./YAN, HONG (2005): „Participation Costs and the Sensitivity of Fund Flows to Past Performance", Working Paper, University of Texas at Austin, Februar 2005.

HUBERMANN, GUR (2004): „What is the NPV of Expected Future Profits of Money Managers?" Working Paper, Columbia Business School, Oktober 2004.

HWANG, SOOSUNG/SALMON, MARK (2004): „Market Stress and Heding", in: Journal of Empirical Finance, Vol. 11, Nr. 4, S. 585–616.

INDRO, DANIEL C./JIANG, CHRISTINE X./HU, MICHAEL Y./LEE, WAYNE Y. (1999): „Mutual Fund Performance: Does Fund Size Matter?" in: Financial Analysts Journal, Mai/Juni 1999, S. 74–87.

INTERNATIONAL FONDS SELECTION (2007), www.infos.com, 2007.

INVG (2007): „Investmentgesetz vom 15. Dezember 2003 (BGBl. I S. 2676), zuletzt geändert durch Artikel 7 des Gesetzes vom 5. Januar 2007 (BGBl. I S. 10)".

IPPOLITO, RICHARD A. (1992): „Consumer Reaction to Measures of Poor Quality: Evidence from the Mutual Fund Industry", in: Journal of Law and Economics, Vol. 35, Nr. 1, S. 45–70.

IVKOVIC, ZORAN (2002): „Spillovers in Mutual Fund Families: Is Blood Thicker than Water?" Working Paper, University of Illinois at Urbana-Champaign.

JÄGER, LARS (2003): „Methoden zur externen Messung der Performance von Aktienportfolios", Bayreuth.

JAHNKE, HERMANN (2002): „Erfahrungskurve", in: KÜPPER, HANS-ULRICH/ WAGENHOFER, ALFRED (Hrsg.), „Handwörterbuch Unternehmensrechnung und Controlling (HWU)", Stuttgart, 4. Auflage, Sp. 384–392.

JAIN, PREM C./WU, SHOANNA SHUANG (2000): „Truth in Mutual Fund Advertising: Evidence on Future Performance and Fund Flows", in: The Journal of Finance, Vol. 55, Nr. 2, S. 937–958.

JAYARAMAN, NARAYANAN/KHORANA, AJAY/NELLING, EDWARD (2002): „An Analysis of the Determinants of Shareholder Wealth Effects of Mutual Fund Mergers", in: The Journal of Finance, Vol. 57, Nr. 3, S. 1521–1551.

JENSEN, MICHAEL C. (1968): „The Performance of Mutual Funds in the Period 1945-1964", in: The Journal of Finance, Vol. 23, Nr. 2, S. 389–416.

JORDAN, JENNY (2001): „Werbewirkung bei Investmentfonds: Überlegungen auf Basis der Behavioral Finance-Forschung", Arbeitspapiere der Forschungsgruppe Konsum und Verhalten Nr. 29, August 2001.

KACPERCZYK, MARCIN/SIALM, CLEMENS/ZHENG, LU (2006): „Unobserved Actions of Mutual Funds", Working Paper, Sauder School of Business, University of British Columbia, May 2006.

KAHN, BARBARA E./LEHMANN, DONALD R. (1991): „Modeling Choice among Assortments", in: Journal of Retailing, Vol. 67, Nr. 3, S. 274–299.

KAHNEMAN, DANIEL/TVERSKY, AMOS (1979): „An Analysis of Decision under Risk", in: Econometrica, Vol. 47, Nr. 2, S. 263–291.

KANIEL, RON/STARKS, LAURA T./VASUDEVAN, VASUDHA (2007): „Headlines and Bottom Lines: Attention and Learning Effects from Media Coverage of Mutual Funds", Working Paper, University of Texas at Austin, McCombs School of Business, Department of Finance, Februar 2007.

KASERER, CHRISTOPH/PFAU, STEFAN (1993): „Performance deutscher Aktienfonds", in: Die Bank, 10/1993, S. 596–600.

KEHR, CARL-HEINRICH/KRAHNEN, JAN P./SCHERER, BERND/THEISSEN, ERIK (1994): „Fondsperformance und Anteilsabsatz", in: HIPP, CHRISTIAN (Hrsg.), „Geld, Finanzwirtschaft, Banken und Versicherungen 1993", Karlsruhe, S. 341—360.

KEMPF, ALEXANDER/RUENZI, STEFAN (2002): „Tournaments in Mutual Fund Families", CFR Working Paper, Juli 2002.

KEMPF, ALEXANDER/RUENZI, STEFAN (2004): „Die Qual der Wahl – eine empirische Untersuchung zum Status-Quo Bias im Fondsmarkt", in: BANK, MATTHIAS/SCHILLER, BETTINA (Hrsg.), „Finanzintermediation – Theoretische, wirtschaftspolitische und praktische Aspekte aktueller Entwicklungen im Bank- und Börsenwesen", Stuttgart, S. 103–122.

KEMPF, ALEXANDER/RUENZI, STEFAN (2005): „Tournaments in Mutual Fund Families", CFR Working Paper, March 2005.

KEMPF, ALEXANDER/RUENZI, STEFAN/THIELE, TANJA (2007): „Employment Risk, Compensation Incentives and Managerial Risk Taking – Evidence from the Mutual Fund Industry", CFR-Working Paper, No. 07-02, Centre for Financial Research, April 2007.

KESTLER, ALEXANDER (2003): „Neues Investmentgesetz bringt den Finanzplatz Deutschland voran", in: Die Bank, Nr. 10/2003, S. 675–679.

KEYNES, JOHN MAYNARD (1936): „The General Theory of Employment, Interest and Money", London.

KHORANA, AJAY (1996): „Top Management Turnover – an Empirical Investigation of Mutual Fund Managers", in: Journal of Financial Economics, Vol. 40, S. 403–427.

KHORANA, AJAY/SERVAES, HENRI (1999): „The Determinants of Mutual Fund Starts", in: The Review of Financial Studies, Vol. 12, Nr. 5, S. 1043–1074.

KHORANA, AJAY/SERVAES, HENRI (2001): „An Examination of Competition and Investor Behavior in the Mutual Fund Industry", Working Paper, Georgia Institute of Technology, 10.10.2001.

KICK, THOMAS/KÖTTER, MICHAEL (2007): „Slippery Slopes of Stress: Ordered Failure Events in German Banking", in: Journal of Financial Stability, Vol. 3, Nr. 2, S. 132-148.

KIRCHNER, CHRISTIAN (2008): „'Die Wahl fällt meist auf Indexfonds'", in: Handelsblatt, vom 2.4.2008, S. b20.

KLEE, DIRK (2008): „Auf die Art der Indexabbildung kommt es an", in: Handelsblatt, vom 3.11.2008, S. b11.

KLEMPERER, PAUL (1992): „Equilibrium Product Lines: Competing Head-to-Head May be Less Competitive", in: American Economic Review, Vol. 82, Nr. 4, S. 740–755.

KÖHLER, PETER (2007): „Dekabank greift DWS an", in: Handelsblatt, vom 18.10.2007, S. 27.

KOHLER, ULRICH/KREUTER, FRAUKE (2006): „Datenanalyse mit Stata: Allgemeine Konzepte der Datenanalyse und ihre praktische Anwendung", München, Wien, Oldenbourg, 2. Auflage.

KON, STANLEY J./JEN, FRANK C. (1979): „The Investment Performance of Mutual Funds: An Empirical Investigation of Timing, Selectivity, and Market Efficiency", in: Journal of Business, Vol. 52, Nr. 2, S. 263–289.

KÖNIG, MARKUS (1998): „Anlegerschutz im Investmentrecht", zugleich Dissertation, Universität Osnabrück, Wiesbaden.

KÖNIG, MARKUS (o.J.): „Auflösung und Übertragung von Publikumsfonds in Deutschland", Arbeitspapier Nr. 77, Institut für Handels- und Wirtschaftsrecht der Universität Osnabrück.

KÖRKEL, THILO (2002):„Gucci statt Adidas - wenn der Fonds geschlossen wird", in: faz.net, vom 20.2.2002.

KOSKI, JENNIFER LYNCH/PONTIFF, JEFFREY (1999): „How are Derivatives Used? Evidence from the Mutual Fund Industry", in: The Journal of Finance, Vol. 54, Nr. 2, S. 791–816.

KRAHNEN, JAN P./SCHMID, FRANK A./THEISSEN, ERIK (1997): „Performance and Market Share: Evidence from the German Mutual Fund Industry", Working Paper No. 97/01, 1997.

KRAHNEN, JAN P./SCHMID, FRANK A./THEISSEN, ERIK (2006): „Investment Performance and Market Share: A Study of the German Mutual Fund Industry", in: BESSLER, WOLFGANG (Hrsg.), „Börsen, Banken und Kapitalmärkte", Berlin, S. 471–491.

KRÄKEL, MATTHIAS (2002): „Synergien", in: KÜPPER, HANS-ULRICH/ WAGENHOFER, ALFRED (Hrsg.), „Handwörterbuch Unternehmensrechnung und Controlling (HWU)", Stuttgart, 4. Auflage, Sp. 1910–1918.

KRAUS, JAN HENDRIK (2003): Preissetzung im Aktienfondsgeschäft auf Basis von Erkenntnissen über das Kauf- und Preisverhalten von Fondsinvestoren, Dissertation, Universität Bayreuth, Hamburg.

KYLE, ALBERT S. (1985): „Continuous Auctions and Insider Trading", in: Econometrica, Vol. 53, Nr. 6, S. 1315–1335.

LAKONISHOK, JOSEF/SHLEIFER, ANDREI/VISHNY, ROBERT W. (1992): „The Structure and Performance of the Money Management Industry", Brookings Papers on Economic Activity / Microeconomics, S. 339–391.

LANDGRAF, ROBERT/NARAT, INGO/WALTER, NICOLE (2001): „DIT verliert wichtigen Vertriebspartner", in: Handelsblatt, vom 16.11.2001, S. 27.

LATZKO, DAVID A. (1999): „Economies of Scale in Mutual Fund Administration", in: The Journal of Financial Research, Vol. 22, Nr. 3, S. 331–339.

LAUX, MANFRED (2002): „Investmentsparen", in: GERKE, WOLFGANG (Hrsg.), „Gerke Börsenlexikon", Wiesbaden, S. 441–444.

LAUX, MANFRED/PÄSLER, RÜDIGER (1992): „Wertpapier-Investmentfonds", Frankfurt am Main.

LEE, CHENG F./LEE, JOHN C./LEE, ALICE C. (2000): „Statistics for Business and Financial Economics", Singapore, 2. Auflage.

LEENDERTSE, JULIA (2007): „Schallgrenze erreicht", in: WirtschaftsWoche vom 1.10.2007, S. 104–111.

LEHMANN, BRUCE N./MODEST, DAVID M. (1987): „Mutual Fund Performance Evaluation: A Comparison of Benchmarks and Benchmark Comparisons", in: The Journal of Finance, Vol. 42, Nr. 2, S. 233–265.

LERBINGER, PAUL (1984): „Die Leistungsfähigkeit deutscher Aktieninvestmentfonds", in: Zeitschrift für betriebswirtschaftliche Forschung, Nr. 1/1984, S. 60–73.

LI, SHUJING (2003): „Too Many Mutual Funds? Financial Product Differentiation Over the State Space", SIEPR Discussion Paper No. 02-15, Stanford University, Januar 2003.

LINDENBERG, CLAUDIA (2007): „Nordea-Fonds begrenzt den Zugang für neue Anleger", in: Handelsblatt, vom 9.5.2007, S. 30.

LINTNER, JOHN (1965): „The Valuation of Risk Assets and the Selection of Risky Investments in Stock Portfolios and Capital Budgets", in: The Review of Economics and Statistics, Vol. 54, S. 13–37.

LIPCZYNSKI, JOHN/WILSON, JOHN O. S./GODDARD, JOHN (2005): „Industrial Organization", Harlow, England, 2. Auflage.

LOEB, THOMAS F. (1983): „Trading Cost: The Critical Link Between Investment Information and Results", in: Financial Analysts Journal, Mai-Juni 1983, S. 39–44.

LUNDE, ASGER/TIMMERMANN, ALLAN/BLAKE, DAVID (1999): „The Hazards of Mutual Fund Underperformance: A Cox Regression Analysis", in: Journal of Empirical Finance, Nr. 6/1999, S. 121–152.

LUO, GUO YING (2002): „Mutual Fund Fee-Setting, Market Structure and Mark-Ups", in: Economica, Vol. 69, Nr. 274, S. 245–271.

LÜTJE, TORBEN/MENKHOFF, LUKAS (2003): „Risk Management, Rational Herding and Institutional Investors: A Macro View", Discussion Paper No. 285, Department of Economics, University of Hannover, Oktober 2003.

LYNCH, ANTHONY W./MUSTO, DAVID K. (2003): „How Investors Interpret Past Fund Returns", in: The Journal of Finance, Vol. 58, Nr. 5, S. 2033–2058.

MAHLER, ARMIN/PAULY, CHRISTOPH/REUTER, WOLFGANG (2002): „Kampf der Kulturen", in: Der Spiegel, vom 7.10.2002, S. 100.

MAINS, NORMAN E. (1977): „Risk, the Pricing of Capital Assets, and the Evaluation of Investment Portfolios: Comment", in: Journal of Business, Vol. 50, S. 371–384.

MALHOTRA, DAVINDER K./MARTIN, RAND/RUSSEL, PHILIP S. (2003): „Economies of Scale in the Management of Mutual Funds“, Working Paper, School of Business Administration, Philadelphia University.

MALKIEL, BURTON G. (1995): „Returns from Investing in Equity Mutual Funds 1971 to 1991“, in: The Journal of Finance, Vol. 50, Nr. 2, S. 549–572.

MAMAYSKY, HARRY/SPIEGEL, MATTHEW (2002): „A Theory of Mutual Funds: Optimal Fund Objectives and Industry Organization“, Working Paper, Yale School of Management, Januar 2002.

MANAKYAN, HERMAN/LIANO, KARTONO (1997): „Performance of Mutual Funds Before and After Closing to New Investors“, in: Financial Services Review, Vol. 6, Nr. 4, S. 257–269.

MANN, MICHAEL (2004): „Gesamtkostenquote und Fondsvolumen“, in: Performance, 5/2004, S. 90 f.

MASSA, MASSIMO (1998): „Why so Many Mutual Funds? Mutual Fund Families, Market Segmentation and Financial Performance“, Working paper, Insead.

MASSA, MASSIMO (2003): „How do Family Strategies Affect Fund Performance? When Performance-Maximization is not the only Game in Town“, in: Journal of Financial Economics, Vol. 67, S. 249–304.

MENARD, SCOTT (2001): „Applied Logistic Regression Analysis“, Sage University Paper Series on Quantitative Applications in the Social Sciences, 07-106, Thousand Oaks, Zweite Auflage.

MEYER, REGINE (2006): Kennzeichen erfolgreicher europäischer Asset Manager, Dissertation, European Business School, Oestrich-Winkel.

MILLS, HARLAN D. (1970): „On the Measurement of Fund Performance“, in: Journal of Finance, Vol. 25, Nr. 5, S. 1125–1131.

MÖHLMANN, JOHANNES (1993): „Theoretische Grundlagen und Methoden zweidimensionaler Performancemessung von Investmentfonds“, Stuttgart.

MOSSIN, JAN (1966): „Equilibrium in a Capital Asset Market“, in: Econometrica, Vol. 34, Nr. 4, S. 768–783.

MÜHLBRADT, FRANK W. (1986): „Die Leistungen von Wertpapier-Investmentfonds in Deutschland“, in: Die Aktiengesellschaft, Nr. 2/1986, S. 36–45.

MÜNSTERMANN, BJÖRN/ECKHARDT, ANDREAS/WEITZEL, TIM (2009): „Join the Standard Forces - Examining the Combined Impact of Process and Data Standards on Business Process Performance“, Proceedings of the 42th Annual Hawaii International Conference on System Sciences (HICSS 2009).

MÜNSTERMANN, BJÖRN/WEITZEL, TIM (2008): „What are Process Standards?" Proceedings of the 2008 International Conference on Information Resources Management (Conf-IRM 2008).

NANDA, VIKRAM/NARAYANAN, M. P/WARTHER, VINCENT A. (2000): „Liquidity, Investment Ability, and Mutual Fund Structure", in: Journal of Financial Economics, Vol. 57, S. 417–443.

NANDA, VIKRAM/WANG, Z. JAY/ZHENG, LU (2003): „Family Values and the Star Phenomenon: Strategies of Mutual Fund Families", in: The Review of Financial Studies, Vol. 17, Nr. 3, S. 667–698.

NARAT, INGO (2001a): „Activest will in die Liga der fünf größten Fondsanbieter aufsteigen", in: Handelsblatt, vom 6.6.2001, S. 48.

NARAT, INGO (2001b): „Amt wird bei Fondsgebühren aktiv", in: Handelsblatt, vom 5.10.2001, S. 42.

NARAT, INGO (2001c): „Trends bei den Gebühren von Publikumsfonds", in: WESTPHAL, IMMO/HÖRSTKOTTE, CHRISTIAN (Hrsg.), „Asset Management 2002", Stuttgart, S. 195–208.

NARAT, INGO (2002): „Fondsgebühren nähern sich der Schmerzgrenze", in: Handelsblatt, vom 25.1.2002, S. 35.

NARAT, INGO (2003a): „Fondsgesellschaft DIT kämpft um Martkanteile", in: Handelsblatt, vom 1.10.2003, S. 24.

NARAT, INGO (2003b): „Unsichtbare Handelskosten drücken Rendite", in: Handelsblatt, vom 13.2.2003, S. 22.

NARAT, INGO (2004): „Deka gerät noch stärker unter Druck", in: Handelsblatt, vom 22.7.2004, S. 21.

NARAT, INGO (2005a): „Cominvest sortiert einen Großteil der Fonds aus", in: Handelsblatt, vom 4./5./6.3.2005, S. 25.

NARAT, INGO (2005b): „Neuer Deka-Chef will jeden zweiten Fonds schließen", in: Handelsblatt, vom 3.3.2005, S. 24.

NARAT, INGO (2005c): „Unicredito fusioniert Fonds", in: Handelsblatt, vom 20.12.2005, S. 22.

NARAT, INGO (2005d): „Unicredito-Tochter Pioneer plant Ausbau des Fondsgeschäfts", in: Handelsblatt, vom 8.6.2005, S. 27.

NARAT, INGO (2006): „Arbeit der Profis wird teurer", in: Handelsblatt, vom 16.11.2006, S. 28.

NARAT, INGO (2007a): „Berater irritieren Fidelity-Kunden", in: Handelsblatt, vom 18.10.2007, S. 35.

NARAT, INGO (2007b): „Deka probt die Wende", in: Handelsblatt, vom 9.10.2007, S. 27.

NARAT, INGO (2007c): „Fondsprofis suchen Alternativen zur Schließung“, in: Handelsblatt, vom 27.9.2007, S. 28f.

NARAT, INGO (2007d): „Fondsprofis üben Selbstkritik“, in: Handelsblatt, vom 6./7./8.7.2007, S. 25.

NARAT, INGO (2007e): „Verkaufsmaschine Vertrieb“, in: Handelsblatt, vom 18.10.2007, S. 34.

NARAT, INGO (2008a): „'Fonds muss Mindestgröße haben'“, in: Handelsblatt, vom 4./5./6. April 2008, S. 26.

NARAT, INGO (2008b): „Kritik an Fondsgebühren“, in: Handelsblatt, vom 8.5.2008, S. 27.

NARAT, INGO (2008c): „Vorfahrt für Fonds“, in: Handelsblatt, vom 28.10.2008, S. b05.

NARAT, INGO/REZMER, ANKE (2007): „Cominvest am Wendepunkt“, in: Handelsblatt, vom 30.8.2007, S. 26.

NAVONE, MARCO (2003): „Mutual Fund Competition with Misspecified Investment Objectives“, Working Paper, Financial markets and institutions department, Bocconi University, Milano, Juni 2003.

NEUMANN, MANFRED J.M./KLEIN, MARTIN (1982): „Probleme der Theorie effizienter Märkte und ihrer empirischen Überprüfung“, in: Kredit und Kapital, Nr. 2/1982, S. 165–187.

O.V. (1998): „Wegen Beliebtheit dichtgemacht“, in: Handelsblatt, vom 28.4.1998, S. 53.

O.V. (1999a): „Adig geht an die Commerzbank“, in: Handelsblatt, vom 23.2.1999, S. 16.

O.V. (1999b): „Adig: Einbußen nach Hypo-Ausstieg“, in: Der Tagesspiegel, vom 29.7.1999, S. 21.

O.V. (1999c): „Hypo-Invest übernimmt Adig-Fonds“, in: Handelsblatt, vom 31.8.1999, S. 37.

O.V. (1999d): „Hypo-Vereinsbank verhandelt über Zukauf im Asset-Management“, in: Handelsblatt, vom 19.11.1999, S. 23.

O.V. (1999e): „Wie im echten Leben“, in: Handelsblatt, vom 19.11.1999, S. 36.

O.V. (2001): „Neugeschäft der DGZ Deka bricht ein“, in: Handelsblatt, vom 19.7.2001, S. 30.

O.V. (2002a): „Allianz und DIT schließen elf Fonds“, in: Handelsblatt, vom 12.2.2002, S. 33.

O.V. (2002b): „Das große Fondssterben hat begonnen“, in: Handelsblatt, vom 19.7.2002, S. 35.

o.V. (2002c): „Fondsgebühren klettern still und heimlich“, in: faz.net, 20.2.2002.

o.V. (2002d): „'Vom Vertrauen abhängig'“, in: WirtschaftsWoche, vom 24.10.2002, S. 196.

o.V. (2003a): „Activest plant weitere Fondsschließungen“, in: Handelsblatt, vom 16.1.2003, S. 20.

o.V. (2003b): „Fondsanleger folgen der Marktentwicklung“, in: Frankfurter Allgemeine Zeitung, vom 7.3.2003, S. 21.

o.V. (2003c): „Immer mehr Fonds werden geschlossen“, in: Handelsblatt, vom 9.5.2003, S. b2.

o.V. (2003d): „Mitgeschnitten“, in: Fonds professionell, Nr. 1/03, S. 108–110.

o.V. (2003e): „Prognosequalität von Fondsratings“, in: Performance, Nr. 9/03, S. 95f.

o.V. (2004a): „Bankenchronik“, in: Zeitschrift für das gesamte Kreditwesen, Nr. 3/2004, S. 117.

o.V. (2004b): „Massensterben bei Fonds“, in: faz.net, vom 26.4.2004.

o.V. (2004c): „Sparkassen machen Dekabank Druck“, in: Handelsblatt, vom 11.10.2004, S. 23.

o.V. (2005a): „Anlegern drohen neue Fondsschließungen“, in: Frankfurter Allgemeine Zeitung, vom 25.2.2005, S. 23.

o.V. (2005b): „Immer mehr Fonds werden geschlossen“, in: Frankfurter Allgemeine Zeitung, vom 4.3.2005, S. 21.

o.V. (2006a): „Allianz verabschiedet sich vom Namen Dit“, in: Handelsblatt, vom 12.10.2006, S. 30.

o.V. (2006b): „Börsengehandelte Indexfonds auf dem Vormarsch“, in: Frankfurter Allgemeine Zeitung, vom 20.9.2006, S. 23.

o.V. (2006c): „Deka sieht schwarz“, in: Der Spiegel, vom 9.10.2006, S. 88.

o.V. (2006d): „Fidelity schließt den größten Aktienfonds“, in: Frankfurter Allgemeine Zeitung, vom 6.4.2006, S. 19.

o.V. (2006e): „Flaggschiff in schwierigem Gewässer“, in: Frankfurter Allgemeine Zeitung, vom 14.1.2006, S. 19.

o.V. (2006f): „Flucht aus Aktienfonds hält an“, in: Süddeutsche Zeitung, vom 6.12.2006, S. 30.

o.V. (2006g): „Fondskauf am liebsten bei Bank oder Sparkasse“, in: Frankfurter Allgemeine Zeitung, vom 7.1.2006, S. 19.

o.V. (2006h): „o.T.“ in: Frankfurter Allgemeine Sonntagszeitung, vom 31.12.2006, S. 50.

o.V. (2007): „Zahl der Fondssparer nimmt zu", in: Frankfurter Allgemeine Zeitung, vom 3.3.2007, S. 21.

o.V. (2008a): „Abgeltungssteuer", in: Frankfurter Allgemeine Sonntagszeitung vom 17.8.2008, S. 49.

o.V. (2008b): „Auf Größe und Alter setzen", in: Frankfurter Allgemeine Sonntagszeitung, vom 3.8.2008, S. 47.

o.V. (2008c): „Deka und Allianz gründen Unternehmen für Fondsverwaltung", in: Frankfurter Allgemeine Zeitung, vom 17.6.2008, S. 15.

o.V. (2008d): „Investmentgesellschaften", in: Zeitschrift für das gesamte Kreditwesen, Nr. 13/2008, S. 585.

OCHNER, KURT (1995): „Aktienfonds", in: GERKE, WOLFGANG/STEINER, MANFRED (Hrsg.), „Handwörterbuch des Bank- und Finanzwesens", Stuttgart, 2. Auflage, Sp. 36–41.

ODEAN, TERRANCE (1998a): „Are Investors Reluctant to Realize Their Losses?" in: The Journal of Finance, Vol. 53, Nr. 3, S. 1775–1798.

ODEAN, TERRANCE (1998b): „Volume, Volatility, Price, and Profit When All Traders Are above Average", in: The Journal of Finance, Vol. 53, Nr. 6, S. 1887–1934.

OEHLER, ANDREAS (1998): „Do Mutual Funds Specializing in German Stocks Herd?" in: Finanzmarkt und Portfolio Management, Vol. 12, Nr. 4, S. 452–465.

OEHLER, ANDREAS (2002): „Behavioral Finance, verhaltenswissenschaftliche Finanzmarktforschung und Portfoliomanagement", in: KLEEBERG, JOCHEN M./REHKUGLER, HEINZ (Hrsg.), „Handbuch Portfoliomanagement", Bad Soden/Ts., 2. Auflage, S. 843–870.

OLBRISCH, MIRIAM (2008): „Die Krise stützt strukturierte Fonds", in: Handelsblatt, vom 19.11.2008, S. b05.

O'NEAL, EDWARD S. (2001): „Window Dressing and Equity Mutual Funds", Working Paper, Babcock Graduate School of Management, Wake Forest University.

ONVISTA (2007), www.onvista.de, 2007.

PALOMINO, FREDERIC (2005): „Relative Performance Objectives in Financial Markets", in: Journal of Financial Intermediation, Vol. 14, S. 351–375.

PATEL, JAYENDU/ZECKHAUSER, RICHARD J./HENDRICKS, DARYLL (1994): „Investment Flows and Performance: Evidence from Mutual Funds, Cross-Border Investments, and new Issues", in: SATO, RYUZO/LEVICH, RICHARD M./RAMACHANDRAN, RAMA V. (Hrsg.), „Japan, Europe, and International Financial Markets", Cambridge, S. 51–72.

PEPE, MARGARET SULLIVAN (2000): „Receiver Operating Characteristic Methodology“, in: Journal of the American Statistical Association, Vol. 95, Nr. 449, S. 308–311.

PEROLD, ANDRÉ F./SALOMON, ROBERT S. JR. (1991): „The Right Amount of Assets Under Management“, in: Financial Analysts Journal, Vol. 47, Nr. 3, S. 31–39.

PLESCHIUTSCHNIG, ULF HEINZ (2000): Die Persistenz in der Performance europäisch diversifizierter Aktieninvestmentfonds, Dissertation, Universität St. Gallen, Bamberg.

PODDIG, THORSTEN/BRINKMANN, ULF/SEILER, KATHARINA (2005): „Portfoliomanagement: Konzepte und Strategien“, Bad Soden/Ts.

PODDIG, THORSTEN/DICHTL, HUBERT/PETERSMEIER, KERSTIN (2000): „Statistik, Ökonometrie, Optimierung“, Bad Soden/Ts.

PORTER, MICHAEL (1980): „Competitive Strategy“, New York.

POSCHADEL, BURKHARD (1981): Rentabilität und Risiko als Kriterien für die Bewertung der Managementleistung deutscher Investmentgesellschaften, Dissertation, Albert-Ludwigs-Universität Freiburg im Breisgau.

POZEN, ROBERT C. (1998): „The Mutual Fund Business“, Cambridge, Massachusetts.

RABE-HESKETH, SOPHIA/EVERITT, BRIAN S. (2007): „A Handbook of Statistical Analyses Using Stata“, Boca Raton.

REA, JOHN D./REID, BRIAN K./MILLAR, KIMBERLEE W. (1999): „Operating Expenses, Ratios, Assets, and Economies of Scale in Equity Mutual Funds“, in: Investment Company Institute Perspective, Vol. 5, Nr. 5, S. 1–16.

REIMER, HAUKE/BURGMAIER, STEFANIE (2005): „Wie der neue Chef beim Fondsanbieter der Sparkassen aufräumt“, in: WirtschaftsWoche, vom 28.4.2005, S. 11.

REUTER, JONATHAN (2006): „Are IPO Allocations for Sale? Evidence from Mutual Funds“, in: The Journal of Finance, Vol. 61, Nr. 5, S. 2289–2324.

REZMER, ANKE (2004): „Deka Spezial hinkt weiter hinterher“, in: Handelsblatt, vom 6.2.2004, S. 32.

RHEE-PIENING, DANIEL (2002): „Auch Investmentfonds werden abgewickelt“, in: Tagesspiegel, vom 10.9.2002, S. 21.

RICHTER, THOMAS (2008): „Auf zu neuen Ufern“, in: Die Bank, Nr. 7/2008, S. 14–16.

RITTER, JAY/WELCH, IVO (2002): „A Review of IPO Activity, Pricing and Allocations“, in: The Journal of Finance, Vol. 57, Nr. 4, S. 1589–1622.

ROSS, STEPHEN A. (1976): „The Arbitrage Theory of Capital Asset Pricing," in: Journal of Economic Theory, Vol. 13, Nr. 3, S. 341–360.

ROTTMANN, HORST/FRANZ, THOMAS (2007): „Die Performance deutscher Aktienfonds", in: WIST, Das Wirtschaftswissenschaftliche Studium, Nr. 1, S. 16–24.

RUENZI, STEFAN (2005): „Mutual Fund Growth in Standard and Specialist Market Segments", in: Financial Markets and Portfolio Management, Vol. 19, Nr. 2, S. 153–167.

RUENZI, STEFAN (2006): Optimale Gestaltung von Fondsfamilien, Dissertation, Universität zu Köln, Wiesbaden.

RUH, SABINE THEADORA (2000): „Den Index kaufen", in: Handelsblatt, vom 1.12.2000, S. i11.

SAMUELSON, WILLIAM/ZECKHAUSER, RICHARD (1988): „Status Quo Bias in Decision Making", in: Journal of Risk and Uncertainty, Vol. 1, Nr. 1, S. 7–59.

SAWICKI, JULIA/FINN, FRANK (2002): „Smart Money and Small Funds", in: Journal of Business Finance and Accounting, Vol. 29, Nr. 5/6, S. 825–846.

SCHARFSTEIN, DAVID S./STEIN, JEREMY C. (1990): „Herd Behavior and Investment", in: The American Economic Review, Vol. 80, Nr. 3, S. 465–479.

SCHERER, BERND (1994): „Timing deutscher Investmentfonds", in: Jahrbuch für Nationalökonomie und Statistik, Band 213/2, S. 187–208.

SCHMIDT, REINHARD (2006): Präferenzbasierte Segmentierung von Fondskäufern, Dissertation, Universität Berlin, Wiesbaden.

SCHOLZ, HENDRIK/WILKENS, MARCO (2006): „Die Marktphasenabhängigkeit der Sharpe Ratio - Eine empirische Untersuchung für deutsche Aktienfonds", in: Zeitschrift für Betriebswirtschaft, Vol. 76, Nr. 12, S. 1275–1302.

SCHWERDTFEGER, HEIKE (2007): „Wie die Nonnen", in: WirtschaftsWoche, vom 19.11.2007, S. 196.

SCHWERDTFEGER, HEIKE (2008): „Den Markt aufrollen", in: WirtschaftsWoche, vom 8.9.2008, S. 140.

SCHWERDTFEGER, HEIKE/GERTH, MARTIN (2005): „Fremdes Know-how", in: WirtschaftsWoche, vom 17.3.2005, S. 106.

SHARPE, WILLIAM F. (1964): „Capital Asset Prices: A Theory of Market Equilibrium under Conditions of Risk", in: The Journal of Finance, Vol. 19, Nr. 3, S. 425–442.

SHARPE, WILLIAM F. (1966): „Mutual Fund Performance", in: The Journal of Business, Vol. 39, Nr. 1, Teil 2, S. 119-138.

SHARPE, WILLIAM F. (1992): „Asset Allocation: Management Style and Performance Measurement“, in: The Journal of Portfolio Management, Vol. 18, Nr. 2, S. 7–19.

SHEFRIN, HERSH/STATMAN, MEIR (1985): „The Disposition to Sell Winners Too Early and Ride Losers Too Long: Theory and Evidence“, in: The Journal of Finance, Vol. 40, Nr. 3, S. 777–790.

SHILLER, ROBERT J. (1984): „Stock Prices and Social Dynamics“, in: Brookings Papers on Economic Activity, Vol. 2, S. 457–510.

SHUKLA, RAVI K./VAN INWEGEN, GREGORY B. (1995): „Do Locals Perform Better than Foreigners?: An Analysis of UK and US Mutual Fund Managers“, in: Journal of Economics and Business, Vol. 47, S. 241–254.

SIAS, RICHARD W. (2004): „Institutional Herding“, in: The Review of Financial Studies, Vol. 17, Nr. 1, S. 165–206.

SIGGELKOW, NICOLAJ (2003): „Why Focus? A Study of Intra-Industry Focus Effects“, in: The Journal of Industrial Economics, Vol. 51, Nr. 2, S. 121–150.

SIMON, HERBERT A. (1955): „A Behavioral Model of Rational Choice“, in: Quarterly Journal of Economics, Vol. 69, Nr. 1, S. 99–118.

SIRRI, ERIK R./TUFANO, PETER (1993): „Competition and Change in the Mutual Fund Industry“, in: HAYES, SAMUEL L. (Hrsg.), „Financial Services: Perspectives and Challenges“, Boston, S. 181–214.

SIRRI, ERIK R./TUFANO, PETER (1998): „Costly Search and Mutual Fund Flows“, in: The Journal of Finance, Vol. 53, Nr. 5, S. 1589–1622.

SPENDIG, BERND (2003): „Zertifikate sind eine Alternative zu traditionellen Investmentfonds“, in: Handelsblatt, vom 7./8.11.2003, S. b08.

SPITZ, EDWARD A. (1970): „Mutual Fund Performance and Cash Inflows“, in: Applied Economics, Vol. 2, Nr. 2, S. 141–145.

STAUSBERG, HILDEGARD (2008): „Anleger flüchten aus Investmentfonds“, in: Die Welt, vom 27.11.2008, S. 15.

STEHLE, RICHARD/GREWE, OLAF (2001): „The Long-Run Performance of German Stock Mutual Funds“, Working Paper, Humboldt-Universität zu Berlin, Mai 2001.

STEINER, MANFRED/BRUNS, CHRISTOPH (2002): „Wertpapier-Management“, Stuttgart, 8. Auflage.

STEINER, MANFRED/WITTROCK, CARSTEN (1994): „Timing-Aktivitäten von Aktieninvestmentfonds und ihre Identifikation im Rahmen der externen Performance-Messung“, in: Zeitschrift für Betriebswirtschaft, 5/1994, S. 593–618.

STIEL, HADI (2007): „Pensionskassen entdecken Publikumsfonds für sich", in: Handelsblatt, vom 5.11.2007, S. c23.

STOLL, HANS R. (1993): „Equity Trading Costs In-The-Large", in: The Journal of Portfolio Management, Vol. 19, Nr. 4, S. 41–50.

TAYLOR, JONATHAN (2003): „Risk-Taking Behavior in Mutual Fund Tournaments", in: Journal of Economic Behavior & Organization, Vol. 50, S. 373–383.

THALER, RICHARD H. (1988): „Anomalies: The Winner's Curse", in: Journal of Economics Perspectives, Vol. 2, Nr. 1, S. 191–202.

THALER, RICHARD H. (1994): „The Winner's Curse : Paradoxes and Anomalies of Economic Life", Princeton, NJ.

THIESMEYER, MARKUS (2003): „Mittelaufkommen von Investmentfonds", Frankfurt am Main.

TREYNOR, JACK L. (1965): „How to Rate Management of Investment Funds", in: Harvard Business Review, Vol. 43, S. 63–75.

TREYNOR, JACK L./MAZUY, KAY K. (1966): „Can Mutual Funds Outguess the Market?" in: Harvard Business Review, Vol. 44, Nr. 4, S. 131–136.

UTTICH, STEFFEN (2008): „'Schluss mit den Verabredungen, jetzt wird geheiratet'", in: Frankfurter Allgemeine Zeitung, vom 14.5.2008, S. 19.

VELTMANN, TILL (2007): „Instrumente des Anlegerschutzes im Investmentrecht", Aachen.

WACHTENDORF, EGON (2006): „Unicredito-Töchter trennen bei den Gebühren Welten", in: Handelsblatt, vom 12.1.2006, S. 29.

WAGNER, NIKLAS F. (1997): Tracking des Deutschen Aktienindexes (DAX), Dissertation, Universität Augsburg, Köln.

WALTER, ANDREAS/WEBER, FRIEDRICH MORITZ (2006): „Herding in the German mutual fund industry", in: European Financial Management, Vol. 12, Nr. 3, S. 375–406.

WARTHER, VINCENT A. (1995): „Aggregate Mutual Fund Flows and Security Returns", in: Journal of Financial Economics, Vol. 39, S. 209–235.

WERMERS, RUSS (1997): „Momentum Investment Strategies of Mutual Funds, Performance Persistence, and Survivorship Bias", Working Paper, Division of Finance and Economics, University of Colorado at Boulder, März 1997.

WERMERS, RUSS (1999): „Mutual Fund Herding and the Impact on Stock Prices", in: The Journal of Finance, Vol. 54, Nr. 2, S. 581–622.

WERMERS, RUSS (2002): „Predicting Mutual Fund Returns", Working paper, Department of Finance, University of Maryland, August 2002.

WILDERINK, WILHELM (2003): Die Auflösung, die Übertragung und die Verschmelzung von Investmentfonds, Dissertation, Juristische Fakultät der Johann Wolfgang Goethe-Universität Frankfurt am Main, Frankfurt am Main.

WITTROCK, CARSTEN (2000): „Messung und Analyse der Performance von Wertpapierportfolios", Bad Soden, 3. Auflage.

WITTROCK, CARSTEN (2002): „Grundlagen und Status Quo der Performancemessung", in: KLEEBERG, JOCHEN M./REHKUGLER, HEINZ (Hrsg.), „Handbuch Portfoliomanagement", Bad Soden/Ts., 2. Auflage, S. 955–999.

WITTROCK, CARSTEN/STEINER, MANFRED (1995): „Performance-Messung ohne Rückgriff auf kapitalmarkttheoretische Renditeerwartungsmodelle", in: Kredit und Kapital, Nr. 1/1995, S. 1–45.

WITTROCK, OLAF/HUS, CHRISTOPH (2006): „Aus zwei mach eins", in: Die Zeit, vom 30.11.2006, S. 37.

WITTROCK, OLAF/HUS, CHRISTOPH (2007): „Die Bank gewinnt immer", in: Die Zeit, vom 15.2.2007, S. 29.

WOERHEIDE, WALT (1982): „Investor Response to Suggested Criteria for the Selection of Mutual Funds", in: Journal of Financial and Quantitative Analysis, Vol. 17, Nr. 1, S. 129–139.

WYLIE, SAM (2005): „Fund Manager Herding: A Test of the Accuracy of Empirical Results Using U.K. Data", in: Journal of Business, Vol. 78, Nr. 1, S. 381–403.

ZERA, STEPHEN P./MADURA, JEFF (2001): „The Empirical Relationship Between Mutual Fund Size and Operational Efficiency", in: Applied Financial Economics, Vol. 11, S. 243–251.

ZHAO, XINGE (2002): „Entry Decisions by Mutual Fund Families", Working Paper, School of Business Administration, College of William & Mary, Williamsburg, VA, Mai 2002.

ZHAO, XINGE (2004): „Why are Some Mutual Funds Closed to New Investors?" in: Journal of Banking and Finance, Nr. 28/2004, S. 1867–1887.

ZHAO, XINGE (2005): „Exit Decisions in the U.S. Mutual Fund Industry", in: Journal of Business, Vol. 78, Nr. 4, S. 1365–1401.

ZHENG, LU (1999): „Is Money Smart? A Study of Mutual Fund Investors' Fund Selection Ability", in: The Journal of Finance, Vol. 54, Nr. 3, S. 901–933.

ZIMMERMANN, HEINZ (2000): „'Survivorship' - die verzerrte Wahrnehmung von Chancen und Risiken", in: Finanzmarkt und Portfolio Management, Vol. 14, Nr. 1, S. 1–6.

ZIMMERMANN, HEINZ/RUDOLF, MARKUS/JAEGER, STEFAN/ZOGG-WETTER, CLAUDIA (1996): „Moderne Performance-Messung", Bern u.a.

ZIMMERMANN, HEINZ/ZOGG-WETTER, CLAUDIA (1992): „Performance-Messung schweizerischer Aktienfonds: Markt-Timing und Selektivität", in: Swiss Journal of Economics and Statistics, Vol. 128, Nr. 2, S. 133–160.

ZOLLENKOP, MICHAEL (2006): Geschäftsmodellinnovation: Initiierung eines systematischen Innovationsmanagements für Geschäftsmodelle auf Basis lebenszyklusorientierter Frühaufklärung, Dissertation, Universität Bamberg, Wiesbaden.

SPRINGER NATURE

GPSR Compliance

The European Union's (EU) General Product Safety Regulation (GPSR) is a set of rules that requires consumer products to be safe and our obligations to ensure this.

If you have any concerns about our products, you can contact us on ProductSafety@springernature.com

In case Publisher is established outside the EU, the EU authorized representative is:

Springer Nature Customer Service Center GmbH
Europaplatz 3
69115 Heidelberg, Germany